Friederike Klippel/Sabine Doff
unter Mitarbeit von Susanne Ehrenreich

Englischdidaktik

Die Autorinnen

Friederike Klippel ist Professorin für Didaktik der Englischen Sprache und Literatur im Department für Anglistik und Amerikanistik der Ludwig-Maximilians-Universität München, Beiratsmitglied der Deutschen Gesellschaft für Fremdsprachenforschung (DGFF) sowie Mitglied im Wissenschaftlichen Beirat zu PISA und DESI.

Sabine Doff ist Professorin für Fremdsprachendidaktik an der Universität Bremen.

Friederike Klippel
und Sabine Doff

Englischdidaktik

Praxishandbuch für die
Sekundarstufe I und II

Die in diesem Werk angegebenen Internetadressen haben wir überprüft
(Redaktionsschluss 01.08.2009). Dennoch können wir nicht ausschließen, dass unter
einer solchen Adresse inzwischen ein ganz anderer Inhalt angeboten wird.

www.cornelsen.de

**Bibliografische Information: Die Deutsche Bibliothek verzeichnet diese Publikation
in der Deutschen Nationalbibliografie; detaillierte bibliografische Daten sind im
Internet über http://dnb.ddb.de abrufbar.**

Dieser Band folgt den Regeln der deutschen Rechtschreibung,
die seit August 2006 gelten.

2. Auflage 2009
© 2007 Cornelsen Verlag Scriptor GmbH & Co. KG, Berlin
Das Werk und seine Teile sind urheberrechtlich geschützt. Jede Nutzung
in anderen als den gesetzlich zugelassenen Fällen bedarf deshalb der vorherigen
schriftlichen Einwilligung des Verlags.
Hinweis zu den §§ 46, 52 a UrhG: Weder das Werk noch seine Teile dürfen ohne eine
solche Einwilligung eingescannt und in ein Netzwerk eingestellt oder sonst öffentlich
zugänglich gemacht werden. Dies gilt auch für Intranets von Schulen und sonstigen
Bildungseinrichtungen.
Redaktion: lüra – Klemt & Mues GbR, Wuppertal
Umschlaggestaltung: Magdalene Krumbeck, Wuppertal
Satz und Layout: stallmeister publishing, Wuppertal
Druck und Bindearbeiten: CPI – Clausen & Bosse, Leck
Printed in Germany
ISBN 978-3-589-22172-1

 Gedruckt auf säurefreiem Papier, umweltschonend hergestellt
aus chlorfrei gebleichten Faserstoffen.

Inhalt

Vorwort 9

■■ **Teil I**
Das Fach Englisch im Kontext

1 Die englische Sprache in der heutigen Welt 11

2 Zur Geschichte von Englischunterricht und Englischdidaktik 15
2.1 Gründe für die Beschäftigung mit der Fachgeschichte 15
2.2 Entwicklungsmuster 16
2.3 Meilensteine der Geschichte des Englischunterrichts 17

3 Das Fach Englisch im Fächerkanon 23
3.1 Bildungsziele des Englischunterrichts 23
3.2 Englisch als erste Fremdsprache 25
3.3 Englisch als Arbeitssprache 26
3.4 Englisch an verschiedenen Schulformen 28

4 Die Konzeption von Englischunterricht und Englischdidaktik
in diesem Buch 31

■■ **Teil II**
Die Inhaltsperspektive

5 Ziele des Englischunterrichts 34
5.1 Kommunikative Kompetenz 35
5.2 Basis für schulisches und lebenslanges Sprachenlernen 37
5.3 Bildungsstandards und Lingua franca 38
5.4 Englischunterricht im Umbruch 40

6 Gegenstandsbereiche und Unterrichtsverfahren 41

7 Sprache 43
7.1 Aussprache 43

7.2	Wortschatz ... 49
7.3	Grammatik ... 57
7.4	Diskurs ... 65
7.5	Sprachbewusstheit ... 68

8	Fertigkeiten ... 72
8.1	Verstehen – Hören und Lesen ... 75
8.2	Sprechen und Schreiben ... 91
8.3	Dolmetschen und Übersetzen ... 113

9	Interkulturelles Lernen ... 116
9.1	Konzepte: Von der Landeskunde zum interkulturellen Lernen ... 116
9.2	Zielbereiche: Wissen, Können, Einstellung ... 117
9.3	Inhalte: Englischsprachige Länder und Kulturen ... 121
9.4	Unterrichtswege: Zentrale Prinzipien und zwei Beispiele ... 123

10	Texte und Literatur ... 128
10.1	Sekundarstufe I ... 129
10.2	Sekundarstufe II ... 137

11	Materialien und Medien ... 143
11.1	Unterrichten ohne Materialien? ... 144
11.2	Materialien und Medien im Überblick ... 145
11.3	Didaktisierung und Authentizität ... 150
11.4	Materialien ... 153
11.5	Medien ... 155

Teil III
Die Lehrperspektive

12	Englisch gut unterrichten ... 166

13	Unterrichtsplanung ... 169

14	Interaktion ... 175
14.1	Das Klassenzimmer als Interaktionsraum ... 176
14.2	*Classroom Discourse* ... 177
14.3	Lehrersprache – *Teacher Language* ... 179

15	Üben	187
15.1	Übung als *task*	187
15.2	Explizites und implizites Lernen	189
15.3	Individuelle Interpretation von Übungen	189
15.4	Übungsspaß	190
15.5	Intelligentes Üben	191
15.6	Üben und Prüfen	192
16	Leistungsmessung	194
16.1	Allgemeine Gütekriterien	195
16.2	Formen und Funktionen von Leistungsmessung	196
17	Umgang mit Fehlern	198
17.1	Normen und Standards	198
17.2	Die Rolle der Lehrkraft	199
17.3	Fehler aus Sicht der Lernenden	203
18	Einsprachigkeit	205
18.1	Fremdsprache *und* Muttersprache?	205
18.2	Die Lehrkraft als Modell	206
18.3	Einsprachiger Unterricht: Wann und warum?	207
19	Lehrerpersönlichkeit und professionelles Wachsen	208
19.1	Ein Blick in das Klassenzimmer	209
19.2	Lehrer als Unterrichtsexperten	210
19.3	Erfahrungswissen	215
19.4	Mehrsprachige Englischlehrkräfte	216
19.5	Lehrerbildung	217
19.6	Möglichkeiten der Weiterbildung und beruflichen Entwicklung	219

Teil IV
Die Lernperspektive

20	Spracherwerb	223
20.1	Theorien des Spracherwerbs	223
20.2	Kernbegriffe der Forschung	226

21	Lernerindividualität	231
21.1	*The Good Language Learner*	231
21.2	Motivation	233
21.3	Andere individuelle Faktoren	236
21.4	Lernstile und Lernstrategien	239
22	Lernprobleme und Lernerfolg	244
22.1	Lernprobleme und Lernerfolg im sozialen Raum	244
22.2	Beispiele und Ursachen von Lernproblemen	245
22.3	Lernerfolge fördern und messen	249

Teil V Zur Interaktion von Lehren und Lernen

23	Lehr- und Lernstile	253
23.1	Unterrichtsverantwortung	253
23.2	Kulturelle Dimensionen	254
23.3	Lehrstile	255
24	Methoden	258
24.1	Wozu Methoden kennen?	259
24.2	Wie Methoden entstehen	260
24.3	Methodenmuster: Ein Modell	262
24.4	Methodenmuster: Lehroptionen	265
24.5	Alternative Methoden	266
24.6	*Postmethod pedagogy*	268
25	Handlungsorientierung	270
25.1	Freiarbeit	272
25.2	Projektarbeit	276
25.3	Musik, Bewegung und Rhythmus	281
25.4	Spiel, Improvisation und Theater	284
26	Autonomes Lernen	288
26.1	Merkmale und Formen autonomen Lernens	289
26.2	Leistungsbewertung beim autonomen Lernen	290

Literatur ... 292
Register ... 316

Vorwort

Sie halten eine Einführung in die Englischdidaktik in der Hand, in der ein wenig mehr steckt als die im Inhaltsverzeichnis genannten Kapitel, beispielsweise mehr als vierzig Jahre Erfahrung in der Lehrerbildung, Englischunterrichtspraxis an fast allen Schularten, jahrelanges Studium der Fachliteratur und nicht zuletzt zahllose anregende Gespräche und Fachdiskussionen mit Kolleginnen und Kollegen aus der Praxis, der Forschung, der Bildungspolitik und natürlich mit Studierenden an mehreren Universitäten. Wir beide, Friederike Klippel und Sabine Doff, lehren und forschen in der Englischdidaktik; wir bilden Englischlehrerinnen und -lehrer aus und fort; vor allem aber lernen wir unaufhörlich und gern dazu. Als Fachdidaktikerinnen interessiert uns fachliches Lernen in Theorie und Praxis.

Ein Buch, das in eine Wissenschaft einführt, darf nicht zu umfangreich sein. Von Anfang an haben wir daher darum gekämpft, möglichst viele Aspekte, wenn auch knapp, zu berücksichtigen. Weder wollten wir auf die Darstellung von Forschungsergebnissen verzichten noch die aktuelle Bildungsdiskussion ausblenden; sowohl theoretische Kontroversen wie praktische Tipps sollten einen Platz haben. Zwar liegt das Hauptaugenmerk auf der Gegenwart, doch auch die lange Tradition des Fremdsprachenlernens muss unserer Meinung nach an einigen Stellen durchscheinen. Dennoch haben wir auf einiges verzichten müssen, beispielsweise auf die intensive Auseinandersetzung mit dem bilingualen Sachfachunterricht, auf die Thematisierung des Übergangs vom Grundschul-Englischunterricht in die Sekundarstufe oder auf die Rolle des Humors im Englischunterricht. Das umfangreiche Literaturverzeichnis soll denjenigen weiterhelfen, die sich zu einzelnen Fragen genauer informieren möchten.

Die Einführung in die Englischdidaktik ist Produkt eines intensiven Schreib-Lese-Prozesses, in den viele Menschen involviert waren.

Alle Kapitel wurden von kritischen Leserinnen gelesen und kommentiert, wofür wir Susanne Ehrenreich (die in der Frühphase auch ein wenig produktiv beteiligt war), Susanne Gasteiger, Karoline Knaus und Andrea Wieshuber herzlich danken. Sollte der Text noch Unklarheiten oder Redundanzen enthalten, so sind allein wir dafür verantwortlich, weil wir nicht alle ihrer Anregungen aufgreifen konnten.

Englischlehrerinnen und -lehrer haben uns an ihren Erfahrungen teilhaben lassen und zahlreiche erprobte Unterrichtstipps beigesteuert, die wir gerne an passender Stelle aufgenommen haben, weil sie die theoretischen Ausführungen gut illustrieren. Diese Tipps sind im Text deutlich abgesetzt und namentlich gekennzeichnet. Für die Praxiswürze geht unser Dank an: Kerstin Fichtner, Werner Fiebig, Susanne Gasteiger, Wolfgang Hamm, Waltraud Heinzl, Bernd Hieronymus, Christoph Hübner, Jutta Rymarczyk, Bernhard Schindlbeck, Mona Wanders und Andrea Wieshuber.

Neben einem anstrengenden Beruf ein Buch zu schreiben, kann nur gelingen, wenn man auf die Unterstützung vieler Menschen im dienstlichen und im privaten Feld rechnen kann. Wir hatten das Glück, an der Universität, in unseren Familien und im Freundeskreis Hilfe zu erhalten und Energie nachtanken zu können. Stellvertretend für viele Hilfskräfte, deren rasche und gründliche Recherchen zum rechten Zeitpunkt verfügbar waren und die ihre Computerkenntnisse bereitwillig zur Verfügung gestellt haben, sei Barbara Eckstein, Natascha Hespelein, Felicitas Strehlow und Katharina Weis gedankt. Ohne Ulrike Lehmanns felsenfeste und freundliche Zuverlässigkeit jedoch wäre der Zeitplan nicht einzuhalten gewesen; ihr schulden wir daher großen Dank.

So wie diese Einführung aus dem Gespräch erwachsen ist, so wünschen wir Autorinnen uns ein Gespräch mit den Leserinnen und Lesern über Englischdidaktik, über die Theorie und die Praxis des Englischunterrichts.

München und Frankfurt/Main, im Oktober 2006

Friederike Klippel und Sabine Doff

Teil I
Das Fach Englisch im Kontext

1 Die englische Sprache in der heutigen Welt

Wer heute durch eine beliebige deutsche Stadt geht, wird an vielen Stellen Englischsprachiges entdecken: Neben dem Reifen-Center liegt der Bike-Shop; dort verkauft man Mountainbikes und Trekkingräder. Im Discount-Laden stapeln sich Sweatshirts neben Joggingschuhen, Muffins neben Cornflakes. Fahrkarten ersteht man am Ticket Counter; aus dem Internet werden Dateien zum Download geholt. In der Umwelt der Kinder spielt das Englische – ohne dass sich die Kinder dessen unbedingt bewusst wären – ohne Zweifel eine große Rolle: Spielzeug, Sportgeräte, Süßigkeiten, elektronische Geräte und die Medienwelt der Popkultur – vieles kennen sie unter der englischen Bezeichnung und besitzen insofern ein sprachliches Vorwissen, noch ehe sie in die Schule kommen. Die wachsende Präsenz der englischen Sprache in unserem Land ist Kennzeichen eines weltweiten Sprachwandels und der Globalisierung der Märkte. Man mag diese Entwicklung begrüßen oder beklagen, wesentlich beeinflussen kann man sie nicht. Die englische Sprache befindet sich in der ganzen Welt in einem Umbruchprozess, der sich in der vergangenen Dekade sehr beschleunigt hat (GRADDOL 2006).

> ■ "We are rapidly shifting to a completely new social, economic and political order and with it a new world order in languages. English is proving to be a key part of this process. On the one hand, the availability of English as a global language is accelerating globalisation. On the other, the globalisation is accelerating the use of English." (GRADDOL 2006, S. 22) ■

Welche Folgen daraus für das Englische und seine Sprecher entstehen, ist zwar noch nicht exakt absehbar (HALLIDAY 2003), doch ist zu vermuten, dass der Trend zu zunehmender Mehrsprachigkeit auch vor den Küsten Britanniens nicht haltmachen wird. Daneben zeichnet sich unter den Neuerscheinungen bei Grammatiken und Wörterbüchern ab, dass man nicht nur die zahlreichen regionalen Varietäten des Englischen neben den traditionellen Standards des britischen und amerikanischen Englisch stärker berücksichtigt, sondern auf der Basis großer Sprachcorpora auch einem internationalen Englisch näherkommt (McArthur 2001).

■ "These developments seem to me to reflect once again the paradox of world English: that there are many and there is one (but in two principal parts). Although the many seek greater self-definition and acknowledgment at home and abroad, the one – an evolving World Standard English – remains a reality and a target." (McArthur 2001, S. 15) ■

Lange Zeit stand die Einteilung in Muttersprachensprecher (*native speakers*) und Zweit- bzw. Fremdsprachensprecher des Englischen (*non-native speakers*) im Fokus der Diskussion, die sich an dem Modell der konzentrischen Kreise – *inner circle, outer circle and expanding circle* (Kachru 1985) – orientierte, das die historische Entwicklung der Verbreitung des Englischen abbildet. Neuerdings wird öfter die Forderung erhoben, stärker die soziolinguistischen Kontexte und Merkmale der Sprechsituation sowie die kommunikative Kompetenz der Sprecher zum Ausgangspunkt eines Modells über das Englische in unserer Welt zu machen und sich nicht mehr an nationalen Grenzen zu orientieren (Bruthiaux 2003). Gerade für die Sprachenpolitik in Europa wäre ein solches Modell hilfreich.

■ "In brief, the model should make it possible to represent speech practices based on patterns of interaction and communicative, not historical, factors, and take as its premise the notion that shared linguistic knowledge and practices are generally of greater communicative consequence than national origin. [...] much is to be gained by focussing less on where speakers of English come from and more on what they do – or don't do – with the language." (Bruthiaux 2003, S. 175) ■

Allerdings darf man dabei nicht übersehen, dass regionale oder nationale Zugehörigkeit und die damit verbundene erstsprachige Sozialisation und Identität durchaus einen gewissen Einfluss auf kommunikatives Verhalten in der internationalen Sprache Englisch und auf vorhandene Einstellungen zu anderen Sprechern ausüben; nicht umsonst spielen interkulturelle Aspekte in der Kommunikation eine große Rolle (Cameron 2002). Neben sprachlichem Wissen und Können in Englisch, in dem sich Sprecher unterschiedlicher regionaler Herkunft ähneln können, bestimmt auch die interkulturelle Sensibilität und Kompetenz den Erfolg von Interaktion.

Folgerungen für den Englischunterricht

Für den Englischunterricht in Deutschland sind **globale und europäische Perspektiven** von Bedeutung (GNUTZMANN/INTEMANN 2005a). Englisch ist die am häufigsten gelernte Schulsprache in Europa und zugleich diejenige Sprache, die von den meisten Menschen anderer Muttersprache verstanden und gebraucht wird (KLIPPEL 2002). Dass dem Englischen auch in deutschen Schulen ein zentraler Platz gebührt, wird deshalb von niemandem bezweifelt. Welche Konsequenzen für Schüler, Lehrer und Fach hat die globale Präsenz von Englisch?

Schülerinnen und Schüler beginnen den Englischunterricht in der Grundschule bereits mit einem erheblichen sprachlichen Wissen, das sicherlich nicht immer korrekt oder gar bewusst ist. Im Anfangsunterricht muss man daher stärker, als das früher der Fall war, auf diesen Kenntnissen aufbauen, um sie behutsam zu erweitern und gegebenenfalls zu korrigieren. Gleichzeitig liefert die Tatsache, dass man Englisch überall benutzt und benötigt, natürlich auch einen ganz wichtigen Motivationsgrund für das Sprachenlernen, zumal diese Sprache mit positiven Lebensdingen wie Jugendkultur, Sport, Musik, Technik sowie Essen und Trinken assoziiert wird.

Der Englischunterricht an unseren Schulen kann und darf die Entwicklungen nicht ignorieren. Ob es jedoch damit getan ist, verschiedene Varietäten des Englischen stärker im rezeptiven Sprachtraining zu berücksichtigen und umfassendes kulturelles Wissen zu vermitteln, wie Gnutzmann/Intemann (2005b, S. 20) vorschlagen, mag bezweifelt werden. Denn internationales Englisch als potenzielle Zielmarke des Unterrichts stellt vor allem die Frage nach der **Bezugsnorm**, an der sich Unterricht, Lehrmaterialien und Lehrerbildung ausrichten. Ein sprachlicher Standard dient insbesondere in den frühen Stadien des Sprachenlernens in erster Linie als Orientierung für die Lernenden, auch wenn diese gleichwohl in der späteren Sprachrealität mit sehr unterschiedlichen Ausprägungen der Sprache konfrontiert werden. In der Fremdsprachendidaktik wird kontrovers diskutiert, inwieweit der Unterricht die bunte Vielfalt der Verwendung von Englisch in der Welt abbilden kann oder gar sollte oder inwieweit für Lernzwecke eine Beschränkung auf **Standards** vor allem im Hinblick auf Aussprache und Grammatik didaktisch sinnvoll und geboten ist.

Gnutzmann (2005, S. 115) konstatiert zutreffend, dass gegenwärtig noch nicht von *World Standard English* im Sinne eines allgemeingültigen Standards im schriftlichen oder mündlichen Sprachgebrauch die Rede sein kann.

Daher sei es vernünftig, sich im Bereich der Grammatik an den Normen des britischen und amerikanischen Englisch zu orientieren. Allerdings sollte man bei den Themen globale Fragen stärker einbeziehen (GNUTZMANN 2005, S. 117). Die ersten Unterrichtsvorschläge dazu gibt es bereits (SAMPEDRO/ HILLYARD 2004). Seidlhofer (2005) argumentiert demgegenüber für einen Abschied vom *native-speaker standard* und sieht vor allem die Lehrerbildung in der Pflicht, für ein größeres Bewusstsein der vielgestaltigen Formen des Englischen als **Lingua franca** zu sorgen.

Insofern existieren momentan gegenläufige Tendenzen: Einerseits versucht man durch die Einführung von Vergleichsskalen wie dem Gemeinsamen europäischen Referenzrahmen (GeR) für Sprachen und nationalen Bildungsstandards eine gewisse Standardisierung des Fremdsprachenunterrichts zu erreichen, andererseits plädieren zahlreiche Fremdsprachendidaktiker dafür, die Funktion des Englischen als internationale Verkehrssprache zur Richtschnur von Unterricht zu machen und der sprachlichen Vielfalt Raum zu gewähren, was notwendigerweise zu erheblichen Bandbreiten in rezeptiver und produktiver Kompetenz führen würde. Uns erscheinen didaktische und pädagogische Gründe ausschlaggebend: Alles was das Erlernen der Sprache erleichtert und das spätere Weiterlernen befördert, sollte im Unterricht Vorrang haben. Auf sprachliche Vielfalt kann der Unterricht angesichts der begrenzten Zeit, die ihm zur Verfügung steht, nur sehr oberflächlich vorbereiten, und die späteren Kommunikationsbedürfnisse der einzelnen Lernenden sind nicht vorhersehbar. Eine breite rezeptive Schulung gepaart mit einer gewissen Fehlertoleranz in kommunikativen Aufgaben und klaren Normen in zentralen sprachlichen Feldern könnte eine gute Basis für lebenslanges Englischlernen darstellen. Denn eines steht außer Zweifel: Waren Englischkenntnisse früher ein zusätzlicher Bonus, so sind sie heute selbstverständliche Voraussetzung für die berufliche Tätigkeit und eine Teilhabe am gesellschaftlichen Leben.

2 Zur Geschichte von Englischunterricht und Englischdidaktik

Heute dominiert die englische Sprache weltweit, und folglich findet auch Englischunterricht fast überall statt. Man kann es sich angesichts dieser Situation gar nicht vorstellen, dass es einmal anders war, dass Englischlernen nicht als Aufgabe angesehen wurde, der sich jeder, ob in der Schule oder außerhalb, unterziehen muss. Der heutige Stellenwert der englischen Sprache besitzt eine Vorgeschichte, die – je nach Betrachtungsweise – bis ins 15. oder ins 19. Jahrhundert zurückreicht: Im 15. Jahrhundert lässt sich das Englische zum ersten Mal in einem Sprachlehrbuch von William Caxton (1483) auf dem Kontinent nachweisen (HÜLLEN 1998). Das ist ein früher Beleg für den Bedarf an Materialien, um das Englische zu lernen (und zu lehren). Allerdings geschah dies vor allem außerhalb von Schulen und Universitäten. Im Schulwesen selbst fasste der Englischunterricht erst im 19. Jahrhundert richtig Fuß; 1859 wurde er an den preußischen Realanstalten zum Pflichtfach, während er zuvor immer nur ein fakultatives Angebot darstellte (KLIPPEL 1994). Den ersten Beleg für schulischen Englischunterricht besitzen wir für das Gymnasium Korbach und das Jahr 1668 (AEHLE 1938, S. 53). Das mögen interessante Fakten sein, doch warum sind sie für (angehende) Englischlehrkräfte relevant?

2.1 Gründe für die Beschäftigung mit der Fachgeschichte

Etwas über die Vergangenheit des eigenen Faches zu wissen, erweitert nicht nur den Horizont, sondern kann auch für Lehrerinnen und Lehrer im Alltagsgeschäft von Nutzen sein (HÜLLEN 2000). Ein solches Wissen
- führt zu einem tieferen Verständnis der Gegenwart mit ihren Problemen und Stärken,
- garantiert eine gewisse Gelassenheit gegenüber neuen Moden,
- macht weniger anfällig für Scharlatanerie,

- verdeutlicht, dass Sprachenlernen und -lehren wichtige kulturstiftende Tätigkeiten waren und sind,
- verschafft Einblick in die Konstanten des Fremdsprachenlernens, für die jede Epoche andere Lösungen bereit hält,
- enthält interessante Einzelerkenntnisse,
- fungiert als Vergleichsmöglichkeit zu aktuellen Fragen,
- fördert das Selbstbewusstsein von Fremdsprachenlehrkräften, weil sie erkennen, in welch langer Tradition sie stehen.

2.2 Entwicklungsmuster

Man kann die sich über mehrere Jahrhunderte erstreckende Geschichte des Englischlernens in einem kurzen Kapitel nur höchst oberflächlich skizzieren und muss interessierte Leser auf umfassendere Werke verweisen. Es gibt keinen besseren Einstieg als Werner Hüllens „Kleine Geschichte des Fremdsprachenlernens" (HÜLLEN 2005), um auf den Geschmack fachhistorischer Lektüre zu kommen und die Entdeckungsreise in die Vergangenheit des Fremdsprachenunterrichts zu beginnen.

> ■ „In allen bekannten Kulturen setzten Kontakte zwischen unterschiedlichen Sprachen entsprechende Lehr- und Lernvorgänge in Gang. Sie traten in zweierlei Erscheinungsweisen auf: als gleichsam wildwüchsige, natürlich sich selbst organisierende Erwerbsvorgänge und als formalisierte und methodisch geregelte Lernprozesse." (HÜLLEN 2005, S. 11) ■

Modern gesagt: Sprachen lernte man autonom und gegebenenfalls autodidaktisch, so wie sich die Notwendigkeit ergab, oder aber durch Unterweisung; letztere reichte vom Individual- und Privatunterricht bis zum schulischen oder universitären Sprachlehrgang in Lerngruppen. Sprachenlernen erfolgte aus unterschiedlichen Motivationen: Für Kaufleute und Händler beispielsweise war es schon immer wichtig, die Sprache der Kunden zu sprechen, und Reisende mussten sich zu allen Zeiten im Zielland verständigen können.

Eine ganz wichtige Sprachlernmotivation ist daher seit eh und je das Kommunikationsbedürfnis in Alltag und Beruf. Die zweite große Motivation zum Spracherwerb liegt eher im akademischen Bereich; Sprachen liefern den Zugang zu bestimmten Wissensfeldern und Bildungsinstitutionen. So war das Lateinische bis ins 18. Jahrhundert die europäische Lingua franca der Wissenschaften; wer gelehrte Bücher lesen wollte, musste des Lateinischen mächtig sein. McArthur (1991) bezeichnet die beiden Traditionen des Sprachunterrichts plakativ als *"marketplace tradition"* und *"monastery tradition"*. In diesen unterschiedlichen Strängen der Entwicklung des Sprachunterrichts spiegelt sich die doppelte Zielsetzung der Fremdsprachenkenntnisse – Nutzen und Bildung. Zu unterschiedlichen Zeiten und für bestimmte Sprachen rückte der eine oder andere Aspekt in den Vordergrund, wobei man, grob gesagt, den lebenden Sprachen eher Nützlichkeit zubilligt, während die klassischen Sprachen traditionell als Bildungsgüter zählen.

2.3 Meilensteine der Geschichte des Englischunterrichts

Es dauerte etwa 200 Jahre, vom Beginn des 18. bis ins frühe 20. Jahrhundert, bis die englische Sprache in Gesellschaft und Bildungswesen in Deutschland als Hauptfremdsprache etabliert war.

Englisch selbst lernen im 18. Jahrhundert

Im 18. Jahrhundert begann der Siegeszug der englischen Sprache in Deutschland. Zwar war das Englische in den ersten beiden Dritteln nur vereinzelt an den Schulen und Universitäten präsent (SCHRÖDER 1969, KLIPPEL 1994b), doch nahm unter den gebildeten Erwachsenen das Interesse am Englischlernen kontinuierlich zu. Gespeist wurde es durch die wachsende Leselust; englische Schriften zum politischen Leben, etwa die im 18. Jahrhundert populären Wochenschriften, daneben Publikationen aus Wissenschaft, Philosophie, Theologie, Technik und natürlich die englische Literatur zogen Leser an, die mangels Übersetzungen die Originale lesen können mussten (KLIPPEL 1994b, S. 43 ff.).

Das Leseverstehen war im 18. Jahrhundert somit die zentrale Fertigkeit. Für den Selbst-, den Privat- oder Schulunterricht entstand daher eine wachsende Anzahl an Sprachlehren (SCHRÖDER 1975), die neben einem Grammatikteil auch Gespräche, ein Wörterbuch und weitere Kapitel, etwa Listen von Sprichwörtern oder kurze Lesetexte enthielten, sodass alle Lernbedürfnisse abgedeckt waren. Das Inhaltsverzeichnis des Buches von Johann König „Der getreue Englische Wegweiser, oder Kurtze, doch gründliche Anleitung zur Englischen Sprache für die Teutschen" (KÖNIG 1755) zeigt dies deutlich.

Es umfasst:
- I. Eine neue und nützliche GRAMMATIC.
- II. Ein reiches und wohleingerichtetes Wörter-Buch.
- III. Englische Redens-Arten.
- IV. Auserlesene Englische Sprüch-Wörter.
- V. Gemeine Gespräche.
- VI. Einen Wegweiser durch London, von den Curiositäten, so in und bey London zu sehen sind.
- VII. Einige Anweisungen zum Brief-Schreiben.
- VIII. Nebst einigen Fabeln Æsopi, und
- IX. Einer Tabelle für Engeländer, Teutsch lesen zu lernen. (KÖNIG 1755, Titel) ∎

Die Grammatikdarstellung basiert in allen Sprachlehren der damaligen Zeit auf den traditionellen Wortarten der lateinischen Grammatik; die Regeln sind deutsch formuliert und durch Beispielsätze erläutert, die oftmals bekannten literarischen Werken entnommen sind. Die beigefügten Gespräche und Briefe decken häufige Kommunikationssituationen wie Einkäufe oder Tischgespräche im Mündlichen sowie Reaktionen auf Einladungen und Danksagungen im Schriftlichen ab.

Englisch als Schulfach im 19. Jahrhundert

Im 19. Jahrhundert setzte sich das autodidaktische Sprachenlernen Erwachsener fort; so bereiteten sich etwa die Auswanderer nach Nordamerika auch sprachlich auf die neue Heimat vor (FRANZ 2005), und das Angebot an Sprachlehren für den Selbstunterricht schwoll weiter an (SCHRÖDER 1975). Die große Neuerung bestand in der Etablierung des Englischunterrichts als Schulfach, und zwar in Knaben- und Mädchenschulen (DOFF 2002a). Die Folge war eine Differenzierung und Didaktisierung der Unterrichtsmaterialien in Form und Inhalt. Inhaltlich nahm man nun auf die Zielgruppe der Heranwachsenden Rücksicht, indem das Klassenzimmer und die Welt der Gleichaltrigen im Zielland zunehmend einbezogen wurden.

∎ "I have a book. We have a pen. Have you a ruler? I have a ruler and a knife. In a schoolroom is a table, a chair, a form, a desk, and a stove. He has a copy-book. She has a slate and a slate-pencil. Have you a lead-pencil? I have an lead-pencil, a slate-pencil and a pen. We have ink in an ink-stand. Has he a map? She has a ruler. They have a slate." ∎

∎ „Ich habe ein Buch und eine Feder. Wir haben ein Schreibbuch. Hast Du einen Bleistift? Er hat eine Schiefertafel und einen Griffel. Hat er ein Messer? Ich habe einen Tisch und einen Stuhl. In einem Schulzimmer ist ein Ofen. Hast Du einen Bleistift oder einen Griffel? Ich habe einen Bleistift und ein Messer." (PLATE 1859, S. 23) ∎

Aus dem Gesamtlehrwerk des 18. Jahrhunderts wurden formal nun mehrbändige Lehrwerke für einen schulischen Lehrgang, in dem das Lesebuch, die Schulgrammatik und eventuell ein Übungsbuch separat erschienen und das Lehrbuch ergänzen. Das gesamte Lehrwerksystem folgte einer gewissen Progression, da ein durch Lehrpläne zeitlich geregelter und inhaltlich vorbestimmter Unterricht ein stufenweises Voranschreiten erlaubte.

Globalziel des Englischlernens blieb zwar die Sprachbeherrschung, doch wurden die Teilziele schulformabhängig sowie mit Blick auf das Geschlecht der Lernenden jeweils unterschiedlich gewichtet und im gesamten Jahrhundert heftig diskutiert (vgl. KLIPPEL 1994b, DOFF 2002a, HÜLLEN 2005), unter anderem auch in klarer Abgrenzung zum Latein- und Griechischunterricht (KLIPPEL 2000d). Die Konkurrenz zwischen den im 19. Jahrhundert aufblühenden Realanstalten, in denen Naturwissenschaften und moderne Fremdsprachen einer gegenwartsorientierten und nützlichen Ausbildung dienten, und den Gymnasien, in denen die klassischen Sprachen und verknüpft mit diesen humanistische und formale Bildung und Persönlichkeitsentwicklung im Zentrum des Lehrkonzepts standen, führte zu einer intensiven und kontroversen Diskussion um die Ziele und Methoden des Englischunterrichts. Aus neueren Forschungsarbeiten (DOFF 2002a) wissen wir, dass der aus heutiger Sicht modernste Fremdsprachenunterricht der damaligen Zeit derjenige an den Mädchenschulen war, in dem – modern gesprochen – sowohl die Kommunikationsorientierung als auch erste Ansätze zum Gebrauch der Fremdsprache als Arbeitssprache realisiert waren (DOFF 2002a, S. 400 ff.). Kernargumente der Befürworter eines in erster Linie bildenden neusprachlichen Unterrichts nennt Reinhardstöttner:

> ■ „Ich schätze es gering, einen Menschen perfect Englisch sprechen zu hören, das kann jeder brauchbare Kellner, er muß es können; das französische Institutsgeplapper der Mädchen ist nicht viel werth, denn sie wissen schließlich doch nicht, warum nach dieser und jener Conjunction der Conjunctiv steht, ob sie auch die Regel wissen, daß er steht. [...] Lassen wir Mädchen parliren vom Wetter und von Spaziergängen, dem Gebildeten ist es um etwas anderes zu thun. Er will, er soll eindringen in den Genius der Sprachen, er soll die Gedanken der Nationen, die Ideen der Fremden, nicht ihre Wörter beherrschen, er soll stehen auf sprachhistorischem Boden und die Art Sprachen zu studiren, diese Methode soll und muß vom Gymnasium ausgehen. Der Gebildete, das Gymnasium, die einzige und wirkliche Pflanzschule der Gebildeten, muß Opposition machen gegenüber diesem rohen Sprachstudium [...]."
> (REINHARDSTÖTTNER 1868, S. 13 f.) ■

Gegen diese Auffassung von Fremdsprachenunterricht wandte sich die neusprachliche Reformbewegung, als deren Auslöser allgemein Wilhelm Viëtors Schrift „Der Sprachunterricht muß umkehren!" (VIËTOR 1882) gilt (HOWATT 2004, S. 188). Die Neusprachenreformer verlangten, dass lebende Fremdsprachen auch als solche gelehrt werden müssen. Die wichtigsten Forderungen der Reformer richteten sich auf die stärkere Berücksichtigung der Phonetik und der Zielkultur im Unterricht, die zentrale Stellung der Lektüre, das Zurückdrängen der Grammatikbehandlung und Übersetzung sowie auf eine vorwiegend fremdsprachige Unterrichtsführung. Zwar wurden diese Ziele durch Entwicklungen in der Wissenschaft (zum Beispiel Entstehen der Modernen Sprachwissenschaft und Phonetik, Einrichtung von Professuren für Neuphilologie), in der Technik (zum Beispiel Phonograph, Fotografie, Schallplatte, Rundfunk) und in der Lehrerbildung (zum Beispiel Einrichtung von Seminaren, Etablierung von Fachverbänden und Fachzeitschriften) unterstützt, doch konnte sich das Gedankengut der Neusprachlichen Reform nicht flächendeckend durchsetzen (RÜLCKER 1969).

Aufstieg des Englischunterrichts im 20. Jahrhundert

Wenn auch die Anstöße der Neusprachlichen Reformbewegung nicht sofort und weder in Schulen noch in den Universitäten umfassend akzeptiert und umgesetzt wurden, so hatte die Reform doch einen nachhaltigen Einfluss auf die Selbstwahrnehmung und die wissenschaftliche sowie die praktische Ausrichtung des Faches; nicht umsonst setzt fast jeder einleitungshistorische Rückblick bei der Reformbewegung an. Zugleich richtete die zuweilen sehr heftig geführte Diskussion innerhalb der Gruppe der Reformer wie auch die Auseinandersetzungen zwischen Reformern und Reformgegnern den Blick auf die zentralen Aspekte des Fremdsprachenlehrens und -lernens. Dazu zählen unter anderem Fragen nach dem Stellenwert der Grammatik und ihrer Behandlung, induktiv vom Beispiel realer Sprache ausgehend oder deduktiv von der Regel und der Reflexion über Struktur, Fragen nach der Bedeutung der Muttersprache oder der Funktion von Texten. Eine weitere Kernfrage betrifft die Rolle der fremden Realität und Kultur im Fremdsprachenunterricht: Welches Wissen zur Zielkultur soll vermittelt, welches Verständnis angestrebt werden? Gerade dieser Bereich des Fremdsprachenlernens erfuhr in der Kulturkundebewegung zu Beginn des 20. Jahrhunderts vielfältige, teils gefährliche Ausprägungen, deren Fundament in den so genannten Rickert'schen Richtlinien von 1924 gelegt wurde (HÜLLEN 2005,

S. 110 ff.). Hier finden sich eine Überhöhung des Deutschunterrichts und die Indienstnahme des Fremdsprachenunterrichts für die nationale Bildung. Im Nationalsozialismus bestand ein Ziel des Fremdsprachenunterrichts darin, den Schülern durch den Vergleich vorzuführen, dass die eigene Kultur auf der Folie der fremden als höherwertig anzusehen ist (so genannte Folientheorie; LEHBERGER 1986, S. 60 f.; HÜLLEN 2005, S. 126). Politische Zielsetzungen spielten ebenfalls eine Rolle, als man 1937/38 für das Deutsche Reich eine einheitliche Sprachenfolge festsetzte, die dem Englischen den Status der ersten Fremdsprache vor Französisch bescherte (LEHBERGER 1986, S. 61 ff.). Trotz aller schulpolitischen Regelungen und einer breiten, politisch affirmativen Diskussion von Didaktikern und Funktionären in den Fachorganen, ließ sich der konkrete Englischunterricht weniger gründlich politisch gleichschalten, als dies offiziell erwünscht war. Ein Grund dafür lag darin, dass nationalsozialistisch „eingefärbte" Lehrmaterialien erst Ende der 1930er-Jahre zur Verfügung standen, ein weiterer, dass viele dem Regime kritisch oder gleichgültig gegenüberstehende Lehrer den konkret existierenden Spielraum durch Textwahl und Texterarbeitung ausnutzten, um so andere als die politisch erwünschten Inhalte zu vermitteln (LEHBERGER 1986).

Nach 1945 fand kein Neubeginn statt (HÜLLEN 2005, S. 131). Vielmehr besann man sich auf Bewährtes aus der Zeit vor 1933. Die Entwicklung verlief in der alten Bundesrepublik Deutschland anders als in der DDR, wo das Russische erste Fremdsprache und dem Englischen nur eine reduzierte Stundenzahl in der Oberschule zugestanden wurde. Durch zentrale Lehrpläne, ein einheitlich verpflichtendes Lehrwerk und eine sich vor allem an der russischen Psychologie und Linguistik orientierenden Methodik (so hieß die Fachdidaktik in der DDR) ergaben sich zwischen 1945 und 1989 eine weitgehend einheitlich auftretende Theorie und eine fast uniforme Unterrichtspraxis, die jedoch durchaus fortschrittliche Züge besaßen.

In der BRD war das Hamburger Abkommen von 1964 ein wichtiger Meilenstein in der Entwicklung des Englischunterrichts und der Englischdidaktik. Für die Schulen bedeutete es unter anderem die Einführung von leistungsdifferenziertem Englischunterricht in der Hauptschule, wodurch die heutige Situation geschaffen wurde, nämlich ein verpflichtender Englischunterricht für alle Schülerinnen und Schüler der Sekundarstufe. Durch das Erfordernis, für den so gewachsenen Bedarf rasch Lehrer bereitstellen zu müssen, kam es zur Einrichtung von Professuren für Englisch an den Pädagogischen Hochschulen, die der Ausbildung von Grund-, Haupt- und Realschullehrkräften dienten. Dadurch gerieten Didaktik und Methodik des Englischunterrichts an nicht-gymnasialen Schularten ins Blickfeld, was zum Aufschwung der Englischdidaktik ebenso beitrug wie zur Ausdifferenzierung des wissenschaftlichen Diskurses in Fachzeitschriften, bei Fachkongressen und in Fachveröffentlichungen (KLIPPEL 2005, DOFF 2006). Seit 1989 haben sich Fremdsprachenforscher in der Deutschen Gesellschaft für Fremdsprachenforschung (DGFF) zusammengeschlossen. Die Integration der Pädagogischen Hochschulen und damit der gesamten Lehrerbildung in die Universitäten führte zur Verankerung der Englischdidaktik in der Anglistik/Amerikanistik, woraus mancherorts fruchtbare fächerübergreifende Kooperationen erwuchsen, wie etwa im Umfeld des Gießener Graduiertenkollegs „Didaktik des Fremdverstehens" in den 1990er-Jahren.

Meilensteine der jüngsten Vergangenheit und der Gegenwart, deren Fundierung und Wirkungen noch nicht hinreichend erforscht und diskutiert sind, liegen in der Formulierung des Gemeinsamen europäischen Referenzrahmens für Sprachen, der Festlegung von Bildungsstandards für den mittleren Schulabschluss, der bundesweiten Vergleichsuntersuchung zu den Englischkenntnissen deutscher Schülerinnen und Schüler DESI (www.dipf. de/desi/index.htm) und der flächendeckenden Einführung des frühen Englischunterrichts in den Grundschulen. Es ist Aufgabe der Fremdsprachendidaktik, diese Entwicklungen sowohl im Kontext der Geschichte als auch mit Blick auf die zentralen Fragen des Fremdsprachenlernens zu bearbeiten: „Die Zukunft meldet sich fast immer mit Problemen, die unsere Vorfahren schon gelöst zu haben glaubten" (HÜLLEN 2005, S. 156).

3 Das Fach Englisch im Fächerkanon

An deutschen Schulen gilt Englisch neben Deutsch und Mathematik als **Hauptfach**, und es wird in allen Schularten und auf allen Schulstufen unterrichtet. In den vergangenen Jahren hat man in fast allen Bundesländern den Englischunterricht auch in der Grundschule fest verankert – teilweise sogar ab Klasse 1 –, sodass einige Schülerinnen und Schüler die gesamte Schulzeit hindurch Englisch lernen. Englisch ist eines der Fächer, in denen nicht nur implizit (wie im Schulunterricht generell), sondern ganz bewusst sprachliche Bildung vermittelt wird. Hier ist die fremde Sprache gleichzeitig Unterrichtsgegenstand und Medium des Unterrichts. In den übrigen Fächern, abgesehen von anderen Fremdsprachen und dem Deutschunterricht, ist die Sprache ausschließlich Medium.

Englisch als Unterrichtsmedium ist nicht auf den Englischunterricht begrenzt, vielmehr kann es als **Arbeitssprache** zeitweilig oder durchgehend im Sachunterricht eingesetzt werden; dieser so genannte bilinguale Sachfachunterricht gewinnt in Gymnasien, an Realschulen sowie Beruflichen Schulen an Beliebtheit, weil er zu einem deutlichen Kompetenzzuwachs in der Fremdsprache führen kann. Das Verhältnis von „normalem" Englischunterricht und bilingualem Sachfachunterricht ist jedoch noch nicht genau bestimmt, nicht zuletzt deshalb, weil es in jüngster Zeit an Grundsatzüberlegungen zur fremdsprachlichen Bildung an unseren Schulen fehlt.

3.1 Bildungsziele des Englischunterrichts

Wer einen Blick in die Lehrpläne und Richtlinien der einzelnen Bundesländer wirft, wird viel schöne Prosa zu den Bildungszielen des Englischunterrichts finden. Den offiziellen Verlautbarungen zufolge trägt der Englischunterricht unter anderem zur Bildung mündiger Bürger bei, weckt das Interesse an fremden Kulturen und fördert die Toleranz. In neueren Veröffentlichungen der Englischdidaktik sieht man die Ziele des Englischunterrichts, sofern man sie überhaupt diskutiert, offenbar als selbstverständlich an – Kernziel ist die interkulturelle kommunikative Kompetenz (so etwa bei MÜLLER-HARTMANN/SCHOCKER-VON DITFURTH 2004), die sich als „Befähigung zum fremdsprachlichen Handeln" (TIMM 1998, S. 8) umschreiben lässt. Seit der kommunikativen Wende steht auf breiter Konsensbasis in Theorie und Praxis das funktionale Ziel der Sprachbeherrschung im Vordergrund. Anders als in der Frühzeit des schulischen Englischlehrens im 19. Jahrhundert, als die Vertreter des Faches sich intensiv darum bemühten, neben dem offensichtlichen Nutzen des Faches vor allem auch seine Bildungsqualität herauszustellen (KLIPPEL 1994b, vgl. Kapitel 2), hat der Begriff der sprachlichen Bildung heute keine Konjunktur.

Paradoxerweise setzen die 2003 beschlossenen „Bildungsstandards für die erste Fremdsprache" der KMK (2003) nicht auf Bildungsziele, sondern ausschließlich auf funktionale Kompetenzen in einzelnen Fertigkeitsbereichen. Dass man sich in Deutschland in einem relativ raschen Verfahren und ohne längere Erprobungszeit auf solche Standards verständigte, hängt zum Ersten mit dem PISA-Schock zusammen, der – ähnlich wie der Sputnik-Schock in den USA in den 50er-Jahren des 20. Jahrhunderts – einen Handlungsdruck erzeugte. Zum Zweiten lag mit der Entwicklung des Gemeinsamen europäischen Referenzrahmens für Sprachen (COUNCIL OF EUROPE 2001) ein Modell vor, das – ungeachtet der zum Teil heftigen Einwände gegen die Schwerpunktsetzungen und Lücken des Referenzrahmens (vgl. BAUSCH/BURWITZ-MELZER/KÖNIGS/KRUMM 2005) – eine Formulierung von Standards machbar erscheinen ließ.

Die Bildungsstandards betreffen in erster Linie kommunikative Teilkompetenzen und Fertigkeiten und daher nur einen Teil dessen, was man als fremdsprachliche Bildung ansehen kann. Sprachliches Können und Handlungsfähigkeit, Wissen über Sprache, Sprachgebrauch, Literatur und Kultur der Zielländer sowie die Wertschätzung von Sprache und Kultur gehören zur fremdsprachlichen Bildung (vgl. Kapitel 5). Ein Englischunterricht, der in diesem Sinne bildend wirken will, darf sich nicht auf die Einübung sprachlicher Fertigkeiten beschränken, sondern muss den Inhalten und Textformen und auch den Umgangsweisen mit diesen Inhalten und Texten erhöhte Aufmerksamkeit schenken. Er muss ebenso in der Auseinandersetzung mit fremder Kultur, mit anspruchsvollen literarischen Texten und mit der ästhetischen Dimension von Sprache erziehen und dadurch persönlichkeitsbildend wirken. Es ist das große Verdienst von Zydatiß, dass er darauf in seiner pointierten Kritik der Bildungsstandards (ZYDATISS 2005) mit Nachdruck und guten Gründen hingewiesen hat.

3.2 Englisch als erste Fremdsprache

Dem Englischunterricht kommt eine besondere Verantwortung für das Sprachenlernen und den Aufbau von Mehrsprachigkeit zu. Fast immer ist Englisch die erste in der Schule unterrichtete Fremdsprache; das gilt für Europa generell (JAMES 2000, S. 29). Die Omnipräsenz des Englischen im Alltag in Deutschland bedeutet, dass Kinder mit einigem Vorwissen in den Unterricht kommen. Die Vorteile eines **Einstiegs mit Englisch** liegen auf der Hand:
- Eltern und Kinder halten Englischkenntnisse für wichtig und notwendig,
- Englisch ist in der Umwelt vorhanden,
- Kinder haben Vorkenntnisse,
- es gibt hervorragende didaktische und viele authentische Materialien,
- der Einstieg in die englische Sprache ist relativ einfach, da man bereits mit wenigen grundlegenden Strukturen kommunizieren kann.

Englisch ist zwar die erste Fremdsprache, zumindest für die Kinder deutscher Muttersprache, sollte aber nicht die einzige Fremdsprache bleiben, wenn wir auf das Ziel einer mehrsprachigen Bevölkerung in Europa hinarbeiten möchten. Im Allgemeinen geht man von folgender Formel aus: Muttersprache plus Englisch plus eine weitere Sprache.

Ist der Englischunterricht in deutschen Schulen somit der Einstieg in das Fremdsprachenlernen, muss er den Boden für das Weiterlernen von Sprachen bereiten, und zwar durch das Wecken und Aufrechterhalten von **Sprachlernmotivation**, durch eine Hinführung zu *language awareness* und zu Freude am Umgang mit Sprache und Texten. Im Unterricht der ersten Fremdsprache erwerben Schülerinnen und Schüler zudem wichtige Lerntechniken und Einsichten in das eigene Lernverhalten, die ihnen für weiteres Sprachenlernen nutzen. Schließlich öffnet der Englischunterricht das Fenster zur Welt und bringt Begegnungen mit fremden Kulturen. Auch hierauf lässt sich gut aufbauen. Wichtig für die Nachhaltigkeit des Lernens ist jedoch, dass eine **Kontinuität** zwischen dem Fremdsprachenlernen in der Primar- und der Sekundarstufe besteht; in inhaltlicher, methodischer und sprachlicher Hinsicht sollte der weiterführende Englischunterricht das fortsetzen und erweitern, was in der Grundschule erarbeitet worden ist.

Das langfristige Ziel muss in einem **Gesamtkonzept für den Englischunterricht an deutschen Schulen** liegen, damit die für die Sprachvermittlung ohnehin schon knapp bemessene Stundenzahl effektiv und zielorientiert für die fremdsprachliche Bildung genutzt werden kann. Ein solcher Prozess deutet sich vielleicht durch die Entwicklung von allgemeingültigen Standards an, wenngleich die für den mittleren Schulabschluss geltenden Bildungsstandards im Fach Englisch in der jetzigen Fassung weder differenziert noch umfassend genug sind.

3.3 Englisch als Arbeitssprache

▪ „Die Einrichtung bilingualer Bildungsgänge ist zu einer vorrangigen Aufgabe bundesdeutscher Bildungspolitik geworden. Mehr als 500 Schulen in der Bundesrepublik Deutschland dokumentieren dies mit neuen Konzeptionen, neuen oder neu strukturierten Curricula und verschiedenartigsten Modellen." (BACH/NIEMEIER 2005, S. 7) ▪

Mit dieser Feststellung leiten Bach/Niemeier die dritte Auflage ihres Bandes „Bilingualer Unterricht" ein. Allein die Tatsache, dass dieses Buch innerhalb von fünf Jahren drei Auflagen erlebte, ist ein Signal dafür, dass der bilinguale Unterricht Konjunktur hat. Seine Wurzeln reichen zurück in die Nachkriegszeit, als das deutsch-französische Freundschaftsabkommen die verstärkte Berücksichtigung der Sprache des Nachbarlandes unterstützte. Seit den 1990er-Jahren des 20. Jahrhunderts wird das Englische zunehmend als Arbeits- und Unterrichtssprache in Sachfächern genutzt; das kann über Jahre, lediglich in bestimmten Unterrichtsabschnitten oder in themengebundenen Projekten geschehen.

Begriffe

In Deutschland spricht man von bilingualem Sachfachunterricht und bilingualen Zweigen; in Österreich ist eher der Ausdruck „Englisch als Arbeitssprache" üblich. Im Englischen hat sich im europäischen Kontext CLIL (*content and language integrated learning*) eingebürgert, nicht zuletzt dank des von David Marsh und Anne Maljers geleiteten Projekts *Profiling European CLIL Classrooms* (MARSH/MALJERS/HARTIALA 2001), das auf der Basis von Erfahrungen in mehreren europäischen Ländern die zentralen Dimensionen von CLIL zusammenstellt. Einflüsse auf das Lernen in einer zweiten oder fremden Sprache stammen zudem aus der *bilingual education* in den USA und der *immersion education* in Kanada, wo es um sprachkulturelle Eigenständigkeit in einem zweisprachigen Land geht (BACH 2005). Bilingualer Unterricht in Deutschland ist in der Regel Sachunterricht, der in einer Fremdsprache – meist Englisch oder Französisch – erteilt wird. Etwas anderes ist die bilinguale Methode Wolfgang Butzkamms (BUTZKAMM 2004 und 1980), die sich auf den Fremdsprachenunterricht und nicht auf ein Sachfach bezieht und die Muttersprache systematisch in die Erarbeitungsschritte fremdsprachiger Dialoge einbezieht.

Grundfragen des bilingualen Unterrichts

Nachdem die Diskussion über den bilingualen Unterricht lange Zeit fast ausschließlich von der Fremdsprachendidaktik vorangetrieben wurde, beteiligen sich seit kurzem auch die Fachdidaktiken der Sachfächer. Betroffen sind vor allem gesellschaftswissenschaftliche (Geschichte, Sozialkunde, Erdkunde) und naturwissenschaftliche Fächer (Biologie, Chemie, Physik, Technik); aber auch in Musik, Kunst, Sport und Religionslehre erprobt man den bilingualen Unterricht. Es ist unbestritten, dass die Ziele des Sachfachs im Vordergrund stehen, doch stellt sich die Frage nach der **Kompatibilität von Sachfachzielen und sprachlichen Zielen** in einzelnen Unterrichtsabschnitten. Weitere Fragen drängen sich auf:
- Erfordern sprachliche Zielsetzungen eine Umstrukturierung des Stoffes? Welche sprachlichen Zielsetzungen verfolgt der Unterricht?
- Sind bestimmte methodische Vorgehensweisen für den bilingualen Unterricht notwendig bzw. wünschenswert?
- Wie müssen Lehr- und Lernmaterialien gestaltet sein, um Sach- und Sprachlernen in gleicher Weise zu befördern?
- Wie wird die Leistungsmessung gehandhabt?
- Welche Ausbildung benötigen die Lehrkräfte?

Die bisherige Praxis, dass Schülerinnen und Schüler beziehungsweise ihre Eltern über den Einstieg in einen bilingualen Zweig entscheiden können, hat – so scheint es – zu einer positiven (Selbst-)Auswahl der am fremdsprachigen Sachunterricht Beteiligten geführt. Man darf daher Forschungsergebnisse nicht unkritisch auf alle anderen potenziellen Schülerinnen und Schüler übertragen.

Berichte aus betroffenen Klassen zeigen sowohl positive Lernerfahrungen auf – „wenn Frau X uns etwas auf Englisch erklärt, verstehe ich es viel besser." – wie auch Frustrationen mit der gewachsenen Sprachfülle (Fachterminologie in deutscher und englischer Sprache) und dem erhöhten Lernpensum. Dennoch scheint, so zeigen es Berichte von Lehrkräften und Schülern, die vorherrschende Haltung aller Beteiligten überwiegend positiv zu sein, denn im bilingualen Sachfachunterricht erleben die Lernenden Sprache in

Aktion und den intensiven Austausch über nicht-triviale Inhalte, die im parallel laufenden Englischunterricht zuweilen spärlich auftreten. Über das Verhältnis zwischen den in englischer Sprache unterrichteten Sachfächern und dem Englischunterricht muss man auf der Basis der neueren Entwicklungen gut nachdenken. Es kann nicht Aufgabe des Englischunterrichts sein, zuerst den bilingualen Sachfachunterricht sprachlich gezielt vorzubereiten, um ihn dann als linguistischer Reparaturdienst zu begleiten, der die sprachlichen Erklärungen und intensiven Festigungsphasen anbietet, für die im Sachfachunterricht verständlicherweise keine Zeit ist. Ebenfalls noch weitgehend ungelöst ist die Frage der Lehrerbildung. Welche Kompetenzen in der Muttersprache und in der Fremdsprache und in der Fremdsprachenvermittlung, welche Kenntnisse zu Sprachstruktur und Sprachgebrauch benötigen Lehrerinnen und Lehrer, wenn sie die sprachlichen Lernsituationen im Sachfach erfolgreich gestalten wollen? Momentan läuft, salopp formuliert, bundesweit ein großer Feldversuch in zahlreichen Fächern, Schularten, Unterrichtsmodellen und unter Beteiligung sehr heterogen vorbereiteter Lehrkräfte. Ehe man den bilingualen Unterricht in größerem Umfang einführt, wäre eine umfassende wissenschaftliche Aufarbeitung dieser Praxis sehr wünschenswert.

3.4 Englisch an verschiedenen Schulformen

Seit dem Hamburger Abkommen von 1964, das zur Einführung des Faches Englisch an allen Schularten der Sekundarstufe führte, geht man in Theorie und Praxis weitgehend davon aus, dass sich der Englischunterricht an den verschiedenen Schularten inhaltlich und methodisch nicht wesentlich unterscheidet, zumindest in den ersten Jahren der Sprachvermittlung. Das belegen zum einen die gängigen Lehrwerke, deren schulformspezifische Ausgaben einander sehr ähnlich sind, und zum anderen die fremdsprachendidaktischen Veröffentlichungen, die sich in der Regel nicht auf eine spezielle Schulform der Sekundarstufe I beziehen. Eine Ausnahme bildete mitunter lediglich die Hauptschule, für deren Schülerschaft man sowohl die Lernziele des Englischunterrichts etwas anders gewichtet, und zwar durch die Betonung der rezeptiven und der mündlichen Fertigkeiten (SCHWAB 2006), als auch den Unterrichtsverfahren besonderes Augenmerk schenkt, beispielsweise den Aufgabenstellungen (SOLMECKE 2006). Allerdings droht durch das Ende der traditionellen Zeitschrift für den Englischunterricht an Haupt- und

Realschulen, ENGLISCH, die infolge des Hamburger Abkommens im Jahr 1965 von Peter Kahl und Harald Gutschow gegründet worden war, ein völliges Verschwinden hauptschulbezogener Überlegungen und Praxisbeispiele aus der englischdidaktischen Diskussion.

Die Ergebnisse von PISA und DESI zeigen zwar, dass sich die Leistungsspektren von Haupt- und Realschule sowie Realschule und Gymnasium erheblich überschneiden, und niemand wird behaupten, dass individuelle Sprachlernprozesse in unterschiedlichen Schulformen grundsätzlich verschieden sind, dennoch ist es bedauerlich, dass die besonderen Umstände des Englischunterrichts in Hauptschulen und auch in Förderschulen von der Englischdidaktik der letzten zwei Jahrzehnte kaum aufgegriffen wurden. Dazu zählen Fragen nach dem Englischlernen in vielsprachigen, multi-ethnischen Klassen, nach den besonderen individuellen Lernvoraussetzungen im Falle von Behinderung oder Lernschwäche in den Förder- und Sonderschulen oder nach der inhaltlichen Gestaltung des Unterrichts für diejenigen, die wegen mangelnder Berufsperspektiven nur schwer zu motivieren sind. Den Englischdidaktikern der „ersten Generation", die in Zeiten des Ausbaus der Disziplin an den Pädagogischen Hochschulen in den späten 60er- und den 70er-Jahren des 20. Jahrhunderts die Herausforderung des Englischunterrichts für alle Schüler theoretisch und praxisorientiert bearbeitet haben (Appel 2004), sind Forscher gefolgt, die sich eher mit dem frühen Fremdsprachenlernen, mit bilingualem Sachfachunterricht und mit schulformübergreifenden Fragestellungen befassen. Der Englischunterricht an Haupt- und Sonderschulen besitzt momentan keine Stimme in der Englischdidaktik.

Nun suggerieren die Bildungsstandards für den mittleren Schulabschluss eine weitgehend einheitliche Phase des Erwerbs von Englisch bis Klasse 9. Nach den ersten flächendeckenden Vergleichsarbeiten wird man klarer sehen, ob diese Annahme trägt oder trügt.

Im Sinne einer immer wieder geforderten Individualisierung des Englischunterrichts und der Orientierung an den Voraussetzungen und Lernbedürfnissen der Schülerinnen und Schüler wäre es jedoch wünschenswert, wenn auch die Haupt- und Sonderschulen mehr Aufmerksamkeit erhielten. Gerade diese Lernenden sollten uns wichtig sein, wenn in unserer Welt **Englischkenntnisse als selbstverständliche Kulturtechnik** gelten. Die bestehenden Forschungslücken, die auch für die USA (Ganschow/Sparks 2001) und Großbritannien (Armstrong/Heathcote 2003) gegeben sind, müssten rasch beseitigt werden.

Die Ausprägung des Englischunterrichts an verschiedenen Schulformen orientiert sich zum einen an den Voraussetzungen der jeweiligen Schülerpopulation sowie den Zielen der betreffenden Schulform; insofern ist Differenzierung erforderlich. Zum anderen brauchen wir auch eine **Gesamtschau des Fremdsprachenunterrichts** an unseren Schulen, ein tragfähiges und schlüssiges Sprachenkonzept. Dieses muss die relative Stellung der Schulsprachen zueinander beschreiben. Es sollte das Englisch-Profil des Übergangs von der Primarstufe zur Sekundarstufe definieren, das Verhältnis von bilingualem Sachfachunterricht und Fremdsprachenunterricht reflektieren und in einer groben Struktur Lehrziele und Unterrichtszeit einander zuordnen. Im Bildungsbereich geht die gegenwärtige Entwicklung in Richtung einer Erhöhung der Autonomie der Schulen. Übermäßig detaillierte Lehrpläne sind daher überflüssig. Wesentlich ist vielmehr die klare Festlegung von Zielen und die Definition von Zwischenstufen, wobei Inhalte und Wege, wie diese erreicht werden, den Schulen bzw. den Lehrkräften freigestellt werden könnten. Mit der flächendeckenden Einführung von Grundschulenglischunterricht wird der Spracherwerb nach vorne verlegt, und es sollte überlegt werden, ob man nicht bereits früher in der Sekundarstufe I mit anspruchsvolleren Texten und Aufgaben anfangen kann, vor allem im Gymnasium und in der Realschule. Das gilt vor allem dann, wenn bestimmte kommunikative Fertigkeiten durch einen in der Fremdsprache geführten Fachunterricht zusätzliche Übungsmöglichkeiten bieten.

4 Die Konzeption von Englischunterricht und Englischdidaktik in diesem Buch

Über den Aufbau dieser Einführung in die Englischdidaktik gibt ein Blick in das Inhaltsverzeichnis Aufschluss. Die Struktur spiegelt unser Verständnis von Englischdidaktik und Englischunterricht. In den großen Abschnitten versuchen wir Antworten zu geben auf die zentralen Fragen: Welchen Stellenwert haben englische Sprache und englischsprachige Kulturen in unserer Welt? In welcher Tradition steht der heutige Englischunterricht? Was sind die Ziele des Englischunterrichts, und durch welche Inhalte und Methoden können sie erreicht werden? Wie und auf der Basis welcher individuellen Voraussetzungen lernen Schülerinnen und Schüler Englisch? Welche Handlungsoptionen stehen Lehrkräften zur Verfügung? Wie verhalten sich Lehren und Lernen zueinander?

Wir verstehen **Lernen** zum Ersten als einen individuellen Prozess, der wesentlich von den persönlichen Voraussetzungen der Lernenden und den Merkmalen der Lernsituationen beeinflusst wird. Zum Zweiten vollzieht sich schulisches Lernen immer im sozialen Gefüge der Klasse, in dem Lernverhalten von affektiven Bezügen zwischen den Beteiligten ebenso gefördert (oder behindert wird) wie von den Lernaufgaben oder -materialien. Viele Einflussfaktoren wirken auf das Englischlernen im Klassenzimmer ein; ist man sich dieser unterschiedlichen Perspektiven bewusst, so schützt dies vor Leichtgläubigkeit gegenüber vermeintlichen methodischen Patentrezepten. Ein solches Verständnis von Lernen und Unterricht zwingt aber auch zum sorgfältigen Abwägen der Faktoren sowie der Handlungsoptionen und zur ständigen Reflexion. Diese Reflexion wird sowohl in der Englischdidaktik als auch von den Lehrkräften in der Praxis geleistet; deren Erfahrungswissen und Einblick in ihr eigenes Unterrichtsverhalten sind wichtige Bausteine der Methodik.

Lehr- und Lernperspektive werden aufeinander bezogen und in gleichem Maße ernst genommen. In der Schule als pädagogischer Anstalt gehört es zu den Aufgaben der Lehrerinnen und Lehrer, zu erziehen, zu unterrichten und dabei das Lernen anzuregen, Lernerfolg zu bewerten und Schüler zu beraten. Sprachenlernen basiert nicht allein auf Verstehen und Einsicht, sondern erfordert regelmäßiges Üben und Anwenden in der Kommunikation. Da Sprache im Englischunterricht gleichermaßen Unterrichtsgegenstand und Kommunikationsmittel ist, verstärkt dies die Rollen und Funktionen der Unterrichtenden, die Lehrer und Gesprächspartner zugleich sind. Individuen besitzen eigene Lernstile; der individuelle Lernstil einer Lehrkraft prägt deren Lehrstil. Für Lehrende und Lernende gleichermaßen bedeutsam ist die Kenntnis der eigenen Lerndispositionen einerseits und die Erweiterung des Handlungsrepertoires im Lernen und Lehren andererseits.

Englischunterricht wird in diesem Buch als komplexes Faktorengefüge angesehen, für dessen differenzierte Betrachtung und kritische Analyse die Eckpunkte des didaktischen Dreiecks – Inhalt, Lehrer, Lerner – eine erste Orientierung bieten. **Lehrende** sind in diesem Gefüge die Experten, die über hohe fachliche und sprachliche Kompetenz verfügen, die in methodisch-didaktischer Hinsicht den Überblick behalten, die aus unterschiedlichen Handlungsszenarien begründet auswählen können und die zur professionellen Reflexion ihres Unterrichts in der Lage sind. Sie lieben die Sprache und die Kulturen, die sie unterrichten, und können diesen Enthusiasmus auf ihre Unterrichtsgestaltung übertragen. Zugleich sind Lehrkräfte auch Lernende, die beispielsweise in ihrer täglichen Unterrichtspraxis, durch eigene Lektüre und Reflexion, in Fortbildungen oder in Gesprächen mit Schülern sowie Kolleginnen und Kollegen offen für Neues bleiben müssen.

Oft sind Lerngruppen sehr heterogen; Schule und Unterricht besitzen einen anderen Stellenwert im Leben der heranwachsenden Generation als in der ihrer Großeltern. Auch die Wertschätzung der Schule durch die Eltern hat sich gewandelt, und Lehrer stehen viel stärker als vor einigen Jahren in der öffentlichen Kritik. Grundsätzlich sind Lernende jedoch auch unter erschwerten Bedingungen motivierbar, und es gehört zu den Aufgaben der Lehrkraft, sich auf sie einzulassen, Zugänge zu ihnen zu finden, und damit eine gute Balance zwischen Fördern und Fordern zu schaffen.

Die **Englischdidaktik** stellt das wissenschaftliche Fundament für ein Verstehen der Prozesse des Lehrens und Lernens der englischen Sprache bereit. Sie stellt sich den Fragen nach dem Sinn, den Zielen und Verfahren des Erlernens der englischen Sprache und der Auseinandersetzung mit Kultur und Literatur in der Praxis des Englischunterrichts wie im gesellschaftlichen und bildungspolitischen Kontext. Englischdidaktik umfasst daher einen weiteren und anders begrenzten Bereich als etwa die Angewandte Linguistik, deren Forschungsbereich in erster Linie unterschiedliche Kontexte und Formen des Sprachgebrauchs sind, und die Sprachlehrforschung, die sich vor allem mit der empirischen Erforschung des Sprachenlernens, mit Konzepten wie Lernerautonomie und Mehrsprachigkeit befasst. Die Englischdidaktik als „praktische Wissenschaft" habe, so Müller (2003), nicht die Erklärung von Gegebenem zum Gegenstand, wie etwa die Naturwissenschaften, sondern die „Herstellung von Noch-nicht-Gegebenem" (MÜLLER 2003, S. 9), etwa die Kompetenz in einer fremden Sprache. Konstitutiv für die Englischdidaktik ist daher das dynamische Verhältnis von **Theorie und Praxis**.

Dieses Verhältnis besitzt viele Facetten, weil weder der Begriff der Theorie noch der der Praxis exakt zu fassen ist. Unter „Praxis" sind alle denkbaren Lehr- und Lernsituationen zu verstehen, vom autonomen Englischlernen Erwachsener bis zum Englischunterricht an den unterschiedlichen Schularten. Diese Praxisbeispiele sind eingebettet in institutionelle, gesellschaftliche und soziale Rahmenbedingungen und abhängig von individuellen Voraussetzungen der Beteiligten, die in ihrer Gesamtheit Ziele und Wege des Englischlernens beeinflussen. In diesem Buch geht es vor allem um den Englischunterricht in den Sekundarstufen deutscher allgemeinbildender Schulen.

In diesem Kontext stellt eine gute Theorie nach unserem Verständnis den konzeptuellen Rahmen bereit, Praxis zu beschreiben, zu erklären und Anregungen für deren Weiterentwicklung zu geben. Englischdidaktische Theorie speist sich aus einem Kräftefeld von Bezugswissenschaften, die sich mit den Inhalten des Faches (Sprache/Linguistik, Literatur/Literaturwissenschaft, Kultur/Kulturwissenschaft), mit den Prozessen des Lehrens und Lernens (Pädagogik, Psychologie, Bildungsforschung) sowie mit den institutionellen Kontexten der Unterrichtspraxis (Soziologie, Politologie) befassen. Die Englischdidaktik ist aber mehr und vor allem etwas anderes als ein Transmissionsriemen dieser fachwissenschaftlichen Inhalte in eine Unterrichtspraxis. Sie fragt danach, welches fachliche Wissen und Können für bestimmte Zielgruppen notwendig ist, sie fragt, wie es erreicht werden kann und konkretisiert somit die Fragestellungen etwa der Lernpsychologie oder der Allgemeinen Didaktik für das Fach Englisch.

Es gibt nach Stern eine Reihe von Kriterien für gute englischdidaktische Theorie: "usefulness and applicability, explicitness, coherence and consistency, comprehensiveness, explanatory power and verifiability, simplicity and clarity" (STERN 1983, S. 23 ff.). Wir haben uns bemüht, diese Kriterien in den einzelnen Kapiteln im Blick zu behalten, denn wir sehen den Zweck unserer Einführung darin, das Faktorengefüge des Englischunterrichts auf dem aktuellen Stand der Forschung klar zu beschreiben, damit es verstanden sowie handelnd bewältigt und verändert werden kann.

Teil II
Die Inhaltsperspektive

5 Ziele des Englischunterrichts

Welche Ziele hat der Englischunterricht? Diese Frage ist leicht zu beantworten, so scheint es: Das Kernziel besteht darin, dass die Schülerinnen und Schüler Englisch lernen und nach einigen Jahren eine möglichst **hohe Sprachbeherrschung** erreichen. Dieses Ziel verfolgen alle Schularten.

Ganz so einfach ist es jedoch nicht, denn Englischunterricht ist mehr als bloßes Sprachtraining; er dient ebenfalls der Wissensvermittlung über die englische Sprache und ihren Gebrauch. Immer geht es des Weiteren auch um interkulturelles Lernen, das heißt um den Erwerb kulturellen Wissens und interkultureller Sensibilität, also darum, sich der fremden und auch der eigenen kulturellen Prägung bewusst zu werden. Zudem strebt der Englischunterricht an weiterführenden Schulen auch Kompetenzen und Einstellungen im Hinblick auf Literatur und Medien an. Schließlich trägt er als Unterricht in der ersten Fremdsprache Verantwortung dafür, die Motivation zum Fremdsprachenlernen sowie geeignete Lernstrategien aufzubauen; es sind also auch affektive und methodische Ziele zu verfolgen. Schließlich ist das Fach Englisch Teil eines Kanons von Schulfächern und trägt wie andere Fächer zu allgemeinen kognitiven, pädagogischen, sozialen, affektiven und emanzipatorischen Zielen von Schule bei (vgl. Kapitel 3).

Die Ziele des Englischunterrichts lassen sich drei Domänen zuordnen:
- dem **Erwerb von Wissen** (über Sprache, Sprachgebrauch, Kulturen, Literatur etc.),
- dem **Einüben von Können** (im Hinblick auf sprachliche Fertigkeiten, interkulturelle Handlungsfähigkeit, Fremdsprachenlernen etc.) und
- dem **Wecken von Einstellungen** (zu Sprache, zu anderssprachigen Menschen, zum Fremdsprachenlernen, zu Literatur und Kulturen).

Ziele definieren einen Endpunkt des Handelns; also liegt es nahe, den Englischunterricht für jede Schulform von seinem Ende her zu denken:

- Was sollen Schülerinnen und Schüler bis zum Abschluss ihrer Schulzeit im Fach Englisch gelernt haben?
- Mit welchem Wissens- und Könnensprofil, mit welchen Einstellungen und Erfahrungen sollen sie in Ausbildung oder Beruf eintreten?

Ausgehend von diesem Zielprofil können dann Teilschritte für einzelne Lernjahre bestimmt werden.

5.1 Kommunikative Kompetenz

Wissen und Können sind in Konzepten von Kompetenz verankert; die kommunikative Kompetenz wird seit mehr als drei Jahrzehnten als Hauptziel des Fremdsprachenunterrichts angesehen. Als leitende **Definition für Kompetenz** gilt die Darstellung von Canale und Swain (CANALE/SWAIN 1980), die kommunikative Kompetenz in grammatische, soziolinguistische (mit den Teilkompetenzen: soziokulturelle und Diskurskompetenz) und strategische Kompetenz unterteilt. In der überarbeiteten Fassung von Canale (CANALE 1983) stehen grammatische, soziolinguistische, strategische und Diskurskompetenz gleichberechtigt nebeneinander:

- "Grammatical competence is knowledge of the language code and includes, knowledge of lexical items and of rules of morphology, syntax, sentence-grammar semantics and phonology. Sociocultural competence is knowledge of the relation of language to its non-linguistic context. Discourse competence is knowledge of rules for the ,combination of utterances and communicative functions' [...]. Strategic competence [includes] ,verbal and non-verbal communication strategies'". (JOHNSON/JOHNSON 1998, S. 66)

Es ist hilfreich, zwischen handlungs- und situationsbezogenen Fähigkeiten einerseits und sprachlichem Wissen und sprachlichen Fertigkeiten andererseits zu differenzieren. Wichtig ist auch der Gedanke, dass es sich bei allen Teilkompetenzen sowohl um (kognitives) Wissen als auch um (performatives) Können handelt. Beides geht nicht immer Hand in Hand.

Für die Entwicklung von Curricula, von Unterrichtsempfehlungen und Lehrmaterialien sind solche Definitionen allerdings nur bedingt nützlich, da sie sich kaum in engere Teilkompetenzen aufspalten und operationalisieren lassen. Obwohl das Konzept der kommunikativen Kompetenz sehr breit ist, fehlt dennoch ein wichtiger Bereich – die **kreative Sprachverwendung**, die allerdings weniger stark auf das Ziel der Kommunikation mit anderen ausgerichtet ist.

Die kreative Verwendung von Sprache ist Teil des Konzepts von Sprachbeherrschung, das Stern (STERN 1983, S. 346) vertritt. Er sieht Kompetenz als *intuitive mastery* von Formen und Gebrauch:

- "In review, knowing a language, competence, or proficiency in the first or second language can be summarized as:
    1. the intuitive mastery of the forms of the language,
    2. the intuitive mastery of the linguistic, cognitive, affective and sociocultural meanings, expressed by the language forms,
    3. the capacity to use the language with maximum attention to communication and minimum attention to form, and
    4. the creativity of language use" (STERN 1983, S. 346).

Sprache als Werkzeug

Durch die Ausrichtung des Englischunterricht an Kompetenzen wird im Verständnis der Praxis ein starker Akzent auf **funktionales Können** gelegt, sodass die Wissenskomponente weniger beachtet wird, von affektiven oder auf die Einstellung bezogenen Aspekten ganz zu schweigen. So definieren beispielsweise die allgemein verbindlichen Bildungsstandards fremdsprachliche Kompetenz in verschiedenen fertigkeitsorientierten Teilbereichen. Diese Sicht von Sprache ausschließlich als Kommunikationsmittel betont deren Werkzeugcharakter. Für viele Lernende in außerschulischen Bildungseinrichtungen mag zutreffend sein, dass der Hauptzweck des Erwerbs einer Sprache darin liegt, mit deren Hilfe besseren Zugang zu Berufsfeldern, Wissensgebieten und Freizeitvergnügungen zu erhalten.

Für den schulischen Englischunterricht gilt jedoch ein wesentlich breiteres Zielspektrum, das den Erziehungs- und Bildungsauftrag der Schule widerspiegelt. Zudem muss die Wechselwirkung zwischen der Rolle des Englischen in gesellschaftlichen, wirtschaftlichen und politischen Entwicklungen der heutigen Welt und dem schulischen Englischunterricht beachtet werden, da die Schule Kinder und Jugendliche ja auf eine erfolgreiche Lebensbewältigung vorbereiten soll.

Diese Rahmenbedingungen beeinflussen wesentlich die Zielorientierung des schulischen Englischunterrichts (vgl. Kapitel 1), der kommunikationsorientiertes Sprachtraining genauso leisten muss wie **Persönlichkeits- und Geistesbildung**, der einerseits Kinder und Jugendliche fit machen soll für Beruf, Studium und Freizeit, sie aber gleichzeitig hinführt zum Verstehen von Sprachstrukturen, von Sprachgebrauch und sprachlich vermittelter Kultur, und der einen Beitrag zur Persönlichkeitsbildung leisten soll.

Als Kernaspekte des übergeordneten Ziels des Englischunterrichts, der kommunikativen Kompetenz, kristallisierten sich *accuracy* und *fluency* heraus, das heißt, es geht nicht nur um grammatische, phonologische, lexikalische und pragmatische Korrektheit von Äußerungen, sondern vor allem auch um deren flüssiges Verstehen und Produzieren. Flüssigkeit oder Geläufigkeit in einer fremden Sprache baut darauf auf, dass man nicht jedes Wort oder jeden Satz aufwändig und lange planen muss, sondern schnell auf sprachliche Versatzstücke zugreifen und sie in die eigene Rede einbauen kann. Hier sieht man Anklänge an das, was Stern (STERN 1983) mit *"intuitive mastery"* bezeichnet.

Interkulturelle kommunikative Kompetenz

Mittlerweile sind kommunikative und soziokulturelle Aspekte der Sprachbeherrschung, deren wichtiger Stellenwert allgemein anerkannt ist, mit dem von Byram (BYRAM 1997) ausdifferenzierten Ideal des *intercultural speaker* bedeutsam erweitert worden: Interkulturell kompetente Sprecher besitzen nicht nur Wissen über Zielsprache und Zielkulturen sowie um die Angemessenheit des eigenen sprachlichen Verhaltens, sie sind zudem offen für andere Kulturen und deren Werte, sie bringen die Bereitschaft mit, weiterzulernen, sich selbst zu reflektieren und eigene Einstellungen immer wieder zu revidieren. Im Ziel der interkulturellen kommunikativen Kompetenz sind somit alle drei Domänen verknüpft – Wissen, Können und Einstellung (KLIPPEL 1991) (vgl. Kapitel 9).

5.2 Basis für schulisches und lebenslanges Sprachenlernen

Englisch wird in der Regel als erste Fremdsprache unterrichtet. In fast allen Bundesländern beginnt der Englischunterricht bereits in der Grundschule; vielfach ist er ergebnis- und nicht nur erlebnisorientiert und wird als „richtiges" Schulfach im Zeugnis vermerkt, in einigen Ländern sogar bewertet. Dadurch erhält der Englischunterricht eine ganz spezielle Aufgabe und eine hohe Verantwortung für den Einstieg in das schulische und außerschulische Sprachenlernen. Lernmotivationen können hier nachhaltig geweckt oder aber auch verschenkt werden; die Einstellung zu fremden Sprachen und Kulturen als etwas Anregendem und Herausforderndem muss grundgelegt werden. Das gelingt nicht, wenn sich der Unterricht nur auf die Bewältigung des sprachlichen Lernstoffes konzentriert. Ein guter Anfangsunterricht baut ein breites und vielfältiges Repertoire an Lerntechniken auf, die die individuellen Lernstrategien der Schülerinnen und Schüler bereichern; ein weniger guter verharrt in der Monotonie der Lückentexte.

Der Englischunterricht muss seine Rolle als wichtigstes Schulsprachenfach verantwortungsbewusst ausfüllen. Er bildet nicht nur den Einstieg in das Sprachenlernen überhaupt, sondern auch in das lebenslange Englischlernen. Über die große Bedeutung von Englischkenntnissen für jedermann besteht kein Zweifel (vgl. Kapitel 1), und für viele Schulabgänger werden die aus dem Englischunterricht mitgenommenen Kenntnisse nicht ausreichen, um alle späteren Kommunikations- und Informationssituationen angemessen bewältigen zu können. Mit dem Erlernen einer fremden Sprache ist man nie fertig; die Sprache verändert sich im Laufe der Zeit ebenso wie sich die eigenen Sprachbedürfnisse wandeln. Der Englischunterricht muss daher darauf zielen, in sprachlicher, in motivationaler und in methodischer Hinsicht tragfähige Grundlagen für das spätere Weiterlernen zu schaffen. Nur nebenbei sei bemerkt, dass Lehrerinnen oder Lehrer, die ihre Schülerinnen und Schüler miterleben lassen, dass sie selbst mit dem Englischlernen noch nicht aufgehört haben, viel zu einer nachhaltigen Wirkung des Unterrichts beitragen.

5.3 Bildungsstandards und Lingua franca

Die vergleichsweise enge Sicht auf das Hauptziel der Schulung funktionaler Sprachverwendung muss heute zu der Rolle des Englischen als Lingua franca in Beziehung gesetzt werden. Jenkins (JENKINS 2000) und andere haben gezeigt, dass man im Hinblick auf die Aussprache und sicherlich auch für die Grammatik Mindestanforderungen an die Beherrschung einiger weniger Regeln (also an *accuracy*) definieren kann. Wenn man das Ziel größtmöglicher einfacher internationaler Kommunikation mithilfe der englischen Sprache vor Augen hat, dann erscheint es auf den ersten Blick als durchaus sinnvoll, Mindeststandards zu finden, die es vielen Menschen ermöglichen, sich an diesem Diskurs zu beteiligen. Wenn es ausschließlich darum geht, sich lediglich leidlich verständlich zu machen, braucht man nicht unnötig viel Lernzeit auf Dinge zu verwenden, die dazu gar nicht erforderlich sind.

Bislang ist kein deutsches Bundesland ausschließlich diesem Weg gefolgt. Als richtungsweisende Standards gelten weiterhin die akzeptierten Varietäten des Englischen, vor allem *Standard British English* und *Standard American English*. Nicht-muttersprachliche Erscheinungsformen wie *"English as an international language"* – EIL (MODIANO 2001) oder ELF (*English as lingua franca*) dienen bisher noch nicht als Richtschnur für Lehrplan- und Lehrmaterialgestaltung.

Was wären die Konsequenzen, wenn man von einer Orientierung an muttersprachlichen Standards absehen und stattdessen international gesprochenes, verständliches Englisch als Ziel ansteuern würde? Positiv wären dabei sicher die erhöhte Fehlertoleranz, der verminderte Zeitaufwand für formales Üben und Prüfen komplexer Strukturen sowie die größere Bandbreite der verwendbaren Materialien und Texte. Die zu erwartenden negativen Konsequenzen einer solchen Umorientierung sind jedoch ebenfalls bedenkenswert: Wenn man sich mit Mindestanforderungen zufriedengibt, erschwert man es den Lernenden, die fremde Sprache sehr gut zu lernen, da die notwendigen Herausforderungen und Korrekturen fehlen. Man würde dadurch wohl das Erreichen einer sehr hohen Kompetenz (*near-native competence*) ausschließen, weil sich fossilisierte fehlerhafte Ausdrucksweisen nicht ohne große Anstrengung abbauen lassen. Des Weiteren ginge mit einer solchen Zielorientierung des Englischunterrichts auch der Verzicht auf viele wichtige zielkulturelle Inhalte einher (vgl. Kapitel 9). Unklar ist bisher, wie sich eine solche Entwicklung auf das Sprachbewusstsein der Lerner (vgl. Kapitel 7.5) auswirken würde, ob – und wenn ja inwieweit – deren Identifikation mit der Zielsprache und Einsicht in Sprachstrukturen davon beeinträchtigt wären.

Die Ausrichtung des Unterrichts auf eine Art von *international English* und das vorrangige Ziel sprachlicher Verständlichkeit (*comprehensibility*) hätte ganz wesentliche Auswirkungen auf die Inhalte des Englischunterrichts. Die gegenwärtige Praxis, im Englischunterricht sprachliches Können und Wissen über die englische Sprache einerseits, interkulturelles Orientierungswissen zu englischsprachigen Ländern sowie die englischsprachigen Literaturen andererseits zu vermitteln, würde abgelöst durch eine in inhaltlicher Hinsicht weitgehend beliebige Gestaltung. Solange das Englische als europäische und weltweite Kultursprache unterrichtet und als Teil eines sprachlich verankerten schulischen Bildungsprogramms begriffen wird, werden andere Texte gelesen, als wenn es fast ausschließlich auf Fertigkeitstraining ankommt sowie darauf, dass Englisch als Arbeitssprache in möglichst vielen anderen Domänen verständlich eingesetzt werden kann.

5.4 Englischunterricht im Umbruch

Der heutige Englischunterricht befindet sich in einer Umbruchsituation, die nicht nur durch Überlegungen zur Lingua-franca-Problematik, sondern auch durch Entwicklungen wie Frühbeginn, bilingualer Sachfachunterricht, die Verkürzung des Gymnasiums sowie die drastisch abnehmende Anzahl der Hauptschulen markiert ist. Angesichts dieser veränderten Inhalte und Rahmenbedingungen ist es dringend notwendig, die Ziele von Englischunterricht in allen Schulformen zu überdenken und sie vielleicht etwas stärker zu differenzieren. Es hat manchmal den Anschein, als wären die Ziele und Anforderungen der Lehrpläne für die Hauptschulen und die unteren Leistungsgruppen der Gesamtschulen lediglich eine reduzierte Version der Vorgaben für Realschule oder Gymnasium – stattdessen wäre eine konsequente Arbeit mit den Zielen der Verständlichkeit und des Trainings der rezeptiven Fertigkeiten sowie eine Beschränkung auf grundlegende grammatische Strukturen sinnvoll. Auch scheint es an dieser Schulform, deren Absolventen vermutlich nur selten Gelegenheit haben werden, mit Muttersprachlern des Englischen in Kontakt zu kommen, wohl aber Englisch in Lingua-franca-Kontexten benötigen, vernünftig und machbar, eine Art *basic international English* in den Mittelpunkt zu stellen. Hierzu wären aber andere Lehrmaterialien erforderlich als die gängigen Lehrwerke.

An den übrigen Schulformen können die Ziele durch die Einführung des Englischen in der Grundschule neu gefasst werden, indem man ein **Gesamtkonzept für den Englischunterricht** aller Schulstufen erstellt. Wenn der Erwerb grundlegender lexikalischer, grammatischer und pragmatischer Kompetenzen früher als bisher ein gewisses Niveau erreicht, dann wäre es möglich, bereits ab dem dritten Jahr der Sekundarstufe I anspruchsvollere Inhalte einzuplanen, welche die Schülerinnen und Schüler fordern (und fördern). Zu denken ist an kulturell inhaltsreiche und an literarische Texte, an anspruchsvolle Sachtexte, an Medienprojekte, an fächerübergreifenden Unterricht, aber auch an Unterricht, der Einblicke in das System und das Funktionieren der Sprache gewährt. In der gymnasialen Oberstufe müssten dann Sprachtraining und -gebrauch auf hohem Niveau vor allem in den Fertigkeiten, die man in Studium und Beruf benötigt (zum Beispiel *presentations,* *reports, mediation, discourse competence, reading and researching skills, summaries*), gepaart sein mit dem breiten Zugang zur Literatur in englischer Sprache sowie zur Sprachanalyse (KLIPPEL 2001a). Nur so kann das Fach seinen Bildungsauftrag erfüllen.

Die Zeichen der gegenwärtigen Entwicklung stehen jedoch anders. Funktionale Ziele des Englischunterrichts dominieren; die Diskussion der Inhalte ist weitgehend verstummt. Bildungsstandards und der Gemeinsame europäische Referenzrahmen (GeR) sind vor allem an den Fertigkeiten orientiert. Dazu liefern sie durchaus hilfreiche Beschreibungen unterschiedlicher Niveaus, allerdings finden sich dort keine Hinweise auf die Inhalte von Englischunterricht. Die Inhaltsfrage ist jedoch für alle Schularten von enormer Bedeutung, wenn es darum geht, das Gerüst der Bildungsstandards sinnvoll zu füllen und den Zweck des Englischunterrichts neu zu definieren.

6 Gegenstandsbereiche und Unterrichtsverfahren

„Im Englischunterricht lernt man Englisch", könnte eine Schülerin sagen, und ihre Lehrerin ergänzt vielleicht: „Was wir im Unterricht durchnehmen, steht im Englischbuch."

Beide haben recht, aber nur teilweise. Denn hinter „Englisch" verbirgt sich eine ganze Menge: eine weltweit gesprochene Sprache, deren Wortschatz größer ist als der irgendeiner anderen lebenden Sprache, eine Sprache, die in zahlreichen unterschiedlichen Varietäten existiert (zum Beispiel australisches Englisch, indisches Englisch, Singapore-Englisch), eine Sprache, die im Verlauf ihrer Geschichte Elemente vieler anderer Sprachen wie ein Schwamm aufgesogen hat, eine Sprache, in der der größte Schriftsteller aller Zeiten geschrieben hat, eine Sprache, die von Millionen Menschen als Zweit- und Fremdsprache, als Lingua franca, gesprochen wird. Folglich stellt sich die Frage, welches Englisch in welchem Umfang im Englischunterricht an deutschen Schulen vermittelt werden soll, wenn man die im vorigen Kapitel erörterten Ziele beachtet (vgl. Kapitel 5). Nach welchen Kriterien sollen Wörter, grammatische Strukturen, Verwendungssituationen, Redemittel und Texte ausgewählt und angeordnet werden? Welche Inhalte sollen den Schülern nahegebracht werden?

Die Englischlehrwerke nehmen in dieser Hinsicht bestimmte Setzungen vor, indem sie beispielsweise ganz bestimmte Themen aufgreifen, einzelne Fertigkeiten besonders betonen oder einer grammatischen Progression folgen, die mit dem Präsens beginnt und das *simple past tense* erst am Ende des ersten Lehrjahrs einführt, obwohl gerade Geschichten im Anfangsunterricht auch in der Grundschule schon eine wichtige Rolle spielen. Die Englischdidaktik und auch jede einzelne Lehrkraft dürfen die konkreten Vorentscheidungen der Lehrwerke, die zuweilen auf nicht mehr hinterfragten Traditionen und Routinen beruhen, nicht unbesehen übernehmen, sondern müssen auf der Basis der Forschung und des Erfahrungswissens prüfen, ob die Entscheidungen für Auswahl und Anordnung der Unterrichtsinhalte fundiert und sinnvoll sind.

Die folgenden Teilkapitel diskutieren daher zunächst Vermittlung und Erwerb von Aussprache, Wortschatz, Grammatik, Diskursfähigkeit und Sprachbewusstheit im Englischunterricht, sodann das Lehren und Lernen des Umgangs mit der Sprache im aufnehmenden Verstehen durch Hören und Lesen sowie die eigene mündliche und schriftliche Sprachproduktion und das Übertragen einer Sprache in die andere im Dolmetschen und Übersetzen.

Das Fach „Englisch" dient aber nicht nur der Vermittlung von sprachlichen Fertigkeiten, sondern verfolgt auch die Persönlichkeit bildende Ziele (vgl. Kapitel 5), nämlich unter anderem interkulturelle Fähigkeiten, landeskundliches Wissen und eine offene Einstellung gegenüber der/den fremden Kultur(en) aufzubauen. Im gymnasialen Englischunterricht – ebenso wie in den oberen Klassen von Haupt-, Mittel- und Realschule – tritt die englischsprachige Literatur als weiterer Unterrichtsinhalt dazu. Der Umgang mit Texten aller Art ist für den gesamten Englischunterricht konstitutiv. Welche Texte man wann, wie und wozu behandelt, ist daher eine Kernfrage des Englischunterrichts auf allen Stufen; sie wird im Kapitel 10 behandelt.

7 Sprache

Will man eine fremde Sprache systematisch in Wort und Schrift im Unterricht lehren, so muss man wissen, welche Elemente diese Sprache besitzt, aus welchen Bausteinen sie sich zusammensetzt. Traditionellerweise unterscheidet man Grammatik und Wortschatz, Aussprache und Orthographie. Die Ausrichtung auf das Lernziel der Kommunikationsfähigkeit hat die Bedeutung zusammenhängender Rede, den Diskurs, in den Blick gerückt, denn zu Textverständnis und Textproduktion gehört mehr als Wortschatz- und Grammatikkenntnis.

7.1 Aussprache

Unter Aussprache, einem integralen Bestandteil der kommunikativen Kompetenz, versteht man einzelne Laute, deren Kombination und Repräsentation in Lautschrift, Wort- und Satzakzent, Intonation sowie Besonderheiten bei der Verbindung mehrerer Wörter in zusammenhängender Rede (*connected speech*).

Die Frage des Standards stellt sich hier ebenso wie in anderen sprachlichen Bereichen (vgl. Kapitel 17). Galt bis vor wenigen Jahren an den meisten deutschen Schulen noch *Received Pronunciation (RP)* als der einzige allgemein anerkannte Standard, so werden heute auch andere Aussprachenormen, vor allem das amerikanische Standardenglisch, weithin akzeptiert. Die Aufweichung der Aussprachestandards wird beispielsweise sichtbar in der Formulierung *Received Pronunciation Modified Standard*, die sich in aktuellen Richtlinien und Lehrplänen findet (vgl. ALTENDORF 2003).

Im Zusammenhang mit der wachsenden Bedeutung von Englisch als Weltsprache weist Jenkins (2000, S. 1) darauf hin, dass zu Beginn des 21. Jahrhunderts erstmals mehr Sprecherinnen und Sprecher Englisch als Zweit- und Fremdsprache verwenden als Muttersprachler. Sie plädiert dafür, die englische Aussprache zu „demokratisieren" (JENKINS 2001, S. 2) und statt eines muttersprachlichen Standards Verständlichkeit als zentrales Kriterium für eine gute Aussprache anzusetzen. Die Umsetzung dieses Konzepts im Schulalltag hat sich jedoch bisher als problematisch erwiesen, insbesondere deswegen, weil ein muttersprachlicher Standard ein klares und solides Orientierungsmodell für die Aussprache von Lehrenden und Lernenden bietet.

Dies gilt vor allem für fortgeschrittene Schülerinnen und Schüler, die häufig auch sehr motiviert sind, ihre Aussprache der eines Muttersprachlers anzunähern (SMIT/DALTON 2000).

Der Ansatz von Jenkins ist allerdings für die Schule insofern von Bedeutung, als mit dem sogenannten *Lingua Franca Core* (WALKER 2001) Kernaspekte der Aussprache identifiziert wurden, deren korrekte Handhabung für den Gebrauch von Englisch als Weltsprache und damit auch für Lernende in Deutschland unerlässlich ist. Wenn in der Welt unterschiedliche L1- bzw. L2-Varietäten des Englischen verwendet werden, dann ist es insbesondere für die rezeptive Kompetenz der Schülerinnen und Schüler wichtig, dass diese auch im Klassenzimmer durch unterschiedliche Sprecher repräsentiert sind.

Gute Gründe für eine gute Aussprache

Wie gut jemand eine fremde Sprache in der Aussprache beherrscht, hat eine große, oftmals unbewusste Wirkung auf Gesprächspartner, die häufig unterschätzt wird. Fehler in der Aussprache können, genauso wie Fehler in anderen sprachlichen Bereichen, zum Zusammenbruch der Kommunikation führen, nach dem Motto "small difference in sound, big difference in meaning" (vgl. BALL 2003, Beispiele sind die korrekte Aussprache von *ship* im Gegensatz zu *sheep* oder *thick* im Gegensatz zu *sick*). Fehlerhafte Aussprache kann von Gesprächspartnern als störend wahrgenommen werden; die Einschätzung der Kompetenz sowie das Prestige des Sprechers stehen damit in engem Zusammenhang (TRUDGILL 2002). Beispielsweise werden Deutsche, die Englisch sprechen, unter anderem aufgrund von Intonationsmustern, die ihrer Muttersprache folgen, häufig als unhöflich empfunden (vgl. Kapitel 7.4). Dies sind nur einige Gründe dafür, warum Aussprachetraining im kommunikativen Englischunterricht, in dem gesprochene Sprache besonders wichtig ist, einen festen Platz haben sollte. Gute Aussprache wird allerdings nicht nebenbei erlernt, sie muss gezielt geübt werden.

> **Tipp:** Gerade für die Aussprache spielt die Muttersprache der Schülerinnen und Schüler eine wichtige Rolle; eine in diesem Bereich kompetente Lehrkraft kann Ausspracheprobleme besser vorhersagen, analysieren und beheben.

Für deutsche Muttersprachler sind im Englischen beispielsweise problematisch:
- Phoneme, die im Deutschen keine Entsprechung haben, beispielsweise /w/,
- Laute, die im Englischen *minimal pairs* bilden, also phonemisch sind, im Deutschen aber nicht, wie zum Beispiel /v/ und /w/ wie in *veal* und *wheel*,
- Aussprache-Phänomene, die es zwar im Deutschen gibt, im Englischen aber nicht, beispielsweise Auslautverhärtung (z.B. wird dadurch *dog* zu *dock*),
- bestimmte Intonationsmuster, die vom Deutschen abweichen zum Beispiel in englischen *yes-/no*-Fragen (LEVIS 1999).

Wege zu einem wirksamen Aussprachetraining

Lernen am Modell spielt im Bereich der Aussprache eine zentrale Rolle; deswegen ist zusammenhängender Input (nicht nur Einzelsätze) von Seiten der Lehrerin oder des Lehrers mit modellhafter Aussprache und Intonation unabdingbar. Die Lehrersprache sollte einem gängigen Standard folgen und regelmäßig aufgefrischt werden, etwa durch eigene Auslandsaufenthalte oder regelmäßiges Hören (zum Beispiel Hörbücher und Fernsehen).

Auch Sprecher, die Englisch als Mutter- oder Fremdsprache in verschiedenen Varietäten verwenden, sollten so oft wie möglich im Klassenzimmer zu Wort kommen. Auf diesem Weg wird der Input für Schülerinnen und Schüler verbreitert und sie gewöhnen sich daran, verschiedene Sprecher zu verstehen (vgl. Kapitel 8.1). Dies ist heute leichter denn je, es gibt vielfältige Materialien zum Beispiel in Form von CDs, Videos und Hörbüchern. Auch aktuelle Lehrwerke streben bewusst eine Integration verschiedener Varietäten des Englischen an. So oft sich die Gelegenheit bietet, können überdies *native speakers* ins Klassenzimmer eingeladen werden. Verschiedene Sprecher, deren Aussprache die Schülerinnen und Schüler entweder unbewusst wahrnehmen oder für die sie vorbereitend sensibilisiert werden, bieten eine gute Möglichkeit, um die Vielfalt der englischen Sprache ins Klassenzimmer zu holen.

Es ist nicht nur wichtig, das Verstehen auf vielfältige Weise zu üben, es sollten auch Phasen des gezielten Aussprachetrainings vor allem im Anfangsunterricht immer wieder eingeschoben werden. Gezielte Übungen bieten sich insbesondere an bei der Einführung neuer Wörter sowie für Laute, Betonungen und Intonationsmuster, die für Schülerinnen und Schüler aufgrund der Muttersprache problematisch sind (siehe oben). Gezieltes Üben ist auch dann angebracht, wenn wiederholt Aussprachefehler bei einem bzw. mehreren Schülerinnen und Schülern bemerkt werden. Aussprachefehler, die zum Zusammenbruch der Kommunikation führen, sollten genauso wie vergleichbare Grammatik- oder Vokabelfehler korrigiert werden. Da Aussprache ausschließlich in gesprochener Kommunikation korrigiert wird, sind dafür besondere Korrekturstrategien notwendig (vgl. Kapitel 17).

Es folgen einige Kategorien von Ausspracheübungen mit Beispielen:

Drillphasen im Kontext (listen and repeat)
- Beispiel 1: Aus einer Liste von Wörtern kreuzen Schülerinnen und Schüler diejenigen an, die sie hören; in einem zweiten Schritt verfassen sie eine kurze Geschichte, die diese Wörter enthält und tragen sie anschließend vor.
- Beispiel 2: *Minimal pairs* lassen sich ganz einfach mithilfe von Bildern üben, auf denen Dinge abgebildet sind, deren Bezeichnung sich nur in einem Laut unterscheidet, zum Beispiel *pen – pan, pen – pin, dog – dock* etc. In Partnerarbeit werden die Bezeichnungen abwechselnd in bunter Reihenfolge (für A und B verschieden) vorgelesen und angekreuzt.
- Beispiel 3: Schülerinnen und Schüler sprechen einzelne oder mehrere Wörter bzw. Sätze im Chor oder einzeln nach. Daran haben vor allem jüngere Schülerinnen und Schüler Spaß, die stärker imitativ lernen. Beim Nachsprechen im Chor können sich schwächere Schülerinnen und Schüler beteiligen, ohne das Risiko einzugehen, Fehler zu machen und entdeckt zu werden.

Das Ziel solcher Übungen ist es unter anderem, das Hördiskriminierungsvermögen der Schülerinnen und Schüler zu trainieren, damit sie Unterschiede wahrnehmen, um diese dann in ihrer eigenen Aussprache umzusetzen. Sie können nur durch gezieltes Hören ihre eigene Aussprache verbessern und anschließend in kommunikativen Zusammenhängen automatisieren (siehe Beispiele 1 und 2).

Drills, wie in Beispiel 3 geschildert, können entweder im Klassenverband durchgeführt oder auch abwechslungsreich gestaltet werden, beispielsweise in Multimedia-Räumen bzw. mit dem Walkman. Oftmals zeigt es große Wirkung, wenn Schülerinnen und Schüler sich selbst aufnehmen und dann mithilfe individuellen Feedbacks (durch die Lehrerin oder den Lehrer oder in Partnerarbeit) ihre Aussprache gezielt verbessern. Solche Drills sind vor allem dann effektiv, wenn sie nicht zu lange dauern, wenn im Kontext geübt wird und wenn das Geübte anschließend in einer kommunikativen Phase im Zusammenhang angewendet wird. Aussprache sollte im Englischunterricht also nicht Selbstzweck, sondern Mittel zum Zweck sein (Pennington 1996).

▰▰ Ausspracheübungen bei der Neueinführung von Wortschatz

> **Lehrertipp: Nachsprechtechnik mit *time lag***
>
> Ausspracheübung, geeignet besonders für die Neueinführung von Wortschatz
> Die Präsentation von neuem Wortschatz sollte auf jeden Fall die phonologische Ebene einschließen. Diese kann zum Beispiel anhand sogenannter *brickwords* in drei Phasen geübt werden.
> **Phase 1:** Die Schülerinnen und Schüler sehen das neue Wort zunächst nur mit den lauttreuen Buchstaben auf einer Wortkarte (*brickwords*), zum Beispiel:
>
> | h _ _ rt | f _ _ tb_ll |
>
> **Phase 2:** Die Lehrerin oder der Lehrer macht durch Handzeichen deutlich, dass die Schülerinnen und Schüler nun die neuen Wörter nachsprechen sollen. Zunächst spricht die Lehrerin oder der Lehrer das Wort langsam vor, danach formt sie oder er es nochmals lautlos (ca. drei Sekunden). Auf ihr Handzeichen hin sprechen die Schülerinnen und Schüler das Wort in natürlichem Sprechton nach. Der *time lag* ist nützlich und effektiv, da das Gehirn in dieser stillen Phase ausreichend Zeit hat, um das Gehörte zu „verarbeiten". Ermüdendes und gedankenloses Nachplappern kann dadurch vermieden werden. Durch Variieren der Lehrerstimme (laut, leise, bestimmt, freundlich, flüsternd etc.) wird die Konzentration beim Nachsprechen mehrerer Wörter aufrechterhalten.
> **Phase 3:** Abschließend werden die „problematischen" Buchstaben in die Lücken der *brickwords* eingetragen.   *(W. Hamm, Hauptschule)*

▰▰ Übungen aus dem Bereich der *interlanguage phonology*
- Beispiel: Schülerinnen und Schüler verwenden – auch spielerisch – bestimmte *minimal pairs* zum Beispiel in Dialogen, in denen gezielt Sprachmaterial umgewälzt wird, das strukturelle Ausspracheunterschiede zur Muttersprache der Sprecher enthält.

Durch ein anschließendes Gespräch kann das Bewusstsein für (potenzielle) Interferenzen geweckt werden, was einer guten Aussprache mittel- und langfristig in höherem Maße dient als wiederholte Fehlerkorrekturen.

▰▰ Gezielte Übung von bestimmten problematischen Lauten
- Beispiel 1: Schülerinnen und Schüler sprechen sogenannte *tongue twisters* nach oder verfassen sie mit entsprechender Hilfestellung selbst (Beispiele, um /l- und /r/-Laute im Englischen zu unterscheiden, sind "Red lorry yellow lorry"; "Rolly really likes lollies", mehr Beispiele bei BALL 2003).
- Beispiel 2: Schülerinnen und Schüler üben schwierige Wörter sowie Wort- und Satzbetonung in Liedern und Reimen, wie der folgende Lehrertipp zeigt.

> **Lehrertipp:** *English is Write Difficult (Author unknown)*
>
> The King's English Language
> I take it you already know
> Of tough and bough
> and cough and dough?
>
> Others may stumble, but not you
> On hiccough, through,
> slough and thorough.
>
> Beware of heard, a dreadful word
> That looks like beard and sounds like bird.
> And dead: It's said like bed, not bead –
> For goodness sake
> don't call it deed!
>
> Watch out for meat and great and threat ...
> They rhyme with suite
> and straight and debt.
>
> A moth is not the moth, in mother,
> Nor both in bother,
> Nor broth in brother.
>
> And their is not a match for there,
> Nor dear and fear for bear and pear,
> And then there's dose and rose and lose,
> Just look them up –
> And goose and choose.
>
> And cork, and work and card and ward,
> And font and front and word and sword,
> And do and go, then thwart and cart
> Come, come, I've hardly made a start!
>
> A dreadful language? Why sakes alive!
> I'd learned to talk it when I was five.
> And yet to write it, the more I tried,
> I hadn't learned it at fifty-five.
>
> *(S. Gasteiger, Gymnasium)*

Inzwischen gibt es vielfältige Materialien, die für Lernende auf verschiedenen Niveaus die Möglichkeit bieten, Aussprache spielerisch zu üben (vgl. beispielsweise HANCOCK 1995).

7.2 Wortschatz

Will man sich in der Fremdsprache mitteilen, dürfen einem dazu die Wörter nicht fehlen. Das Vokabular spielt in dieser Hinsicht eine wesentliche Rolle. Systematische Wortschatzarbeit ist jedoch (zeit-)aufwändig, denn Wörter müssen nicht nur eingeführt, sondern auch regelmäßig wiederholt werden, um dem Lerner zum aktiven Gebrauch zur Verfügung zu stehen. Zudem ist die Einarbeitung neuer Wörter in den persönlichen Wortspeicher, das mentale Lexikon, ein höchst individueller Prozess, der von einer Vielzahl von Faktoren beeinflusst wird – von den zu lernenden Wörtern ebenso wie vom Lernenden und der Lernsituation. Da hilft es, zu wissen – dies belegen entsprechende Studien eindeutig (vgl. READ 2004) –, dass Phasen der Wortschatzarbeit sinnvoll genutzte Unterrichtszeit sind. In Ergänzung dazu ist aber auch das eigenständige Wörterlernen von hoher Bedeutung; auch dafür gilt es, Schülerinnen und Schüler lernstrategisch kompetent zu machen. – Das Vorbild der Lehrerin oder des Lehrers kann anspornen:

> ■ "As a teacher, possibly a learner, and definitely a user of words yourself, you should share your sense of the excitement and fascination of words with your students." (THORNBURY 2002, S. 160) ■

Wertvoll sind Unterrichtssituationen, in denen der „Lexis-Funken" überspringt, wie dies die folgende Begebenheit in einer siebten Klasse zeigt: Nachdem die Lehrerin oder der Lehrer eine Aufgabe als "easy-peasy" angekündigt hatte – die Bedeutung des Wortes war in der Situation eindeutig erschließbar, der Klang gefiel offenbar sehr –, meinte eine Schülerin spontan: „Sie kennen ja lustige Wörter." Das Wort "easy-peasy" geriet bei ihr nicht in Vergessenheit.

Theoretische Grundlagen

Eine erste wichtige Grundlage bietet die Einsicht, dass Wörter im mentalen Lexikon, dem "human word-store" (AITCHINSON 1997), systematisch in verschiedenen „Netzen" gespeichert werden (vgl. FLÄCHER 1998, KIELHÖFER 1994, KLIPPEL 1995). Dazu gehören
- Begriffs- und Wortnetze: paradigmatische Ordnungen der Wörter (Wochentage, Farbadjektive, Tiernamen),
- syntagmatische Netze: feste Wortverbindungen (*bright red, to pay a compliment*),

- Sachnetze: thematische Verbindungen zwischen Wörtern (*newspaper, article, headline, daily, to print* etc.),
- Wortfamilien: Wörter mit gleichem oder ähnlichem Wortstamm (*modern, modernistic, to modernize, modernizer, modernization*),
- Klangnetze: Wörter mit ähnlicher Lautstruktur
- und affektive Netze: Konnotationen, das heißt emotionale Nebenbedeutungen.

Durch die überlappende Verankerung von Wörtern in Ordnungssystemen erhöht sich einerseits die Speicherkapazität, andererseits wird die schnelle Abrufbarkeit lexikalischer Information erleichtert. Neue Lexik sollte demnach durch eine mehrkanalige Einführung und Erarbeitung in möglichst viele dieser Netze eingearbeitet werden.

Wie stark syntagmatische (auch: phraseologische oder idiomatische) Prinzipien insbesondere die mündliche Sprachproduktion von *native speakers* steuern, wird durch zahlreiche korpuslinguistische Untersuchungen der letzten Jahre deutlich (McCarthy 1998). Nicht das einzelne Wort ist die Grundeinheit flüssiger Sprache, sondern größere lexikalische Einheiten, die auf einem Kontinuum der Idiomatizität anzuordnen sind (*chunks, collocations, multi-word units* etc.; vgl. Nesselhauf 2003, Wray 2000). Das Verhältnis von Wortschatz und Grammatik kann demnach nicht länger als Dichotomie gedacht werden. Der *lexical approach* ist ein methodischer Ansatz, der dieser Einsicht Rechnung trägt. Sein Grundprinzip lautet: "Language consists of grammaticalized lexis not lexicalised grammar" (Lewis 1993, S. 89). Gegen eine unreflektierte Überbetonung der Idiomatizität im Englischunterricht gibt Prodomou allerdings Folgendes zu bedenken (vgl. Kapitel 5.3):

> "[W]e need to know more about which idiomatic expressions and collocations travel lightly from culture to culture, from context to context in the diverse global uses of modern English." (Prodomou 2003, S. 47)

Wörter werden nicht nur bewusst, sondern auch unbewusst und nebenbei gelernt (vgl. Kapitel 20). Im Englischunterricht sollten sich beide Erwerbsformen sinnvoll ergänzen, eine anregungsreiche Sprachumgebung spielt dabei eine wichtige Rolle. Aktuelle Forschungsergebnisse geben jedoch klare Hinweise darauf, dass der Ertrag des unbewussten Vokabellernens, der allein durch ein hohes Maß an *comprehensive input* erzielt wurde, geringer ausfällt als bislang angenommen (Read 2004).

Anregungen für die Praxis

Gezielte Wortschatzarbeit im Unterricht hat einen hohen Stellenwert; sie erfordert zudem eine gewisse Regelmäßigkeit, das heißt, Wörter müssen, sind sie einmal eingeführt, verteilt gelernt, systematisch wiederholt und variationsreich geübt werden. Soll ein Wort in den Langzeitspeicher übergehen und verfügbar sein, muss es ungefähr sieben Mal verwendet werden. Für die Wortschatzarbeit in den Lehrgangsklassen 5 bis 10 ergeben sich daher folgende vier Phasen (vgl. DOYÉ 1971): In der Darbietungsphase werden Wörter eingeführt und erläutert, die Übungsphase dient dem „Lernen" eines Wortes sowie der wiederholten Übung seiner Aussprache und Orthografie, in der Integrierungsphase steht die Verankerung des Wortes in möglichst viele Netze im Vordergrund. Schließlich dient die Leistungsfeststellung der Überprüfung des Gelernten und der Rückmeldung an Lerner und Lehrerin oder Lehrer. In der Oberstufe erfolgt die Wortschatzarbeit meist ausgehend von Themen und Texten (vgl. Kapitel 10); dabei verdient auch der mündliche Diskurs Aufmerksamkeit (MCCARTHY/CARTER 1997, READ 2004).

Vokabelauswahl

Der Basiswortschatz für die ersten Lernjahre wird weitgehend durch die geltenden Richtlinien und die darauf basierenden Lehrwerke festgelegt. Pro Schuljahr werden 500 bis 700 Wörter gelernt, wobei zwischen produktiven und rezeptiven Anteilen unterschieden wird. Nach ungefähr drei Lernjahren ist ein Grundwortschatz von ungefähr 2000 Wörtern (lexikalische Einheiten) erreicht, damit lassen sich immerhin 80 Prozent eines mittelschweren Textes verstehen. Am Ende des sechsten Lernjahres verfügen Gymnasialschülerinnen und -schüler über ungefähr 4000 lexikalische Einheiten. Dieser vorgegebene Wortschatz sollte von der Lehrerin oder dem Lehrer um neue Bezeichnungen, die aus aktuellen Entwicklungen in Gesellschaft, Technik usw. hervorgehen, ergänzt werden (*speeddating, podcasting*).

Auswahlentscheidungen sind bei der Einführung von Wörtern beispielsweise im Rahmen der Vorentlastung von Texten zu treffen. Ob bzw. wie ein Wort vorbesprochen wird, hängt von dessen Stellenwert im Text, seinem Transferwert, seiner Reichweite und Schwierigkeit ab (vgl. HEUER/KLIPPEL 1987, S. 52). Der Grad der „Schwierigkeit" eines Wortes wird unter anderem von seiner Form (Schreibung etc.), dem Gebrauch (zum Beispiel „ungewohnte" Kollokationen) und der Bedeutung (zum Beispiel unterschiedliche kulturelle Konzepte) bestimmt.

▪▪▪ Elemente der Vokabeldarbietung und Erklärungstechniken

Erinnert wird, was als relevant und merk-„würdig" erachtet wird. Die Herausforderung für die Lehrerin oder den Lehrer liegt daher darin, die Vokabeleinführung so zu gestalten, dass sie bei den Lernenden Interesse weckt und sie darin unterstützt, an Bekanntes anzuknüpfen sowie möglichst vielfältige Netzwerke ihres mentalen Lexikons zu aktivieren. Folgende Semantisierungstechniken stehen zur Verfügung (vgl. DOYÉ 1971, HEUER/KLIPPEL 1987, S. 50 ff., QUETZ 1998).

Elemente der Darbietung und Semantisierungstechniken

Elemente der Darbietung	▪ Bedeutung und Form (Aussprache und Schriftbild) ▪ Gebrauch
visuelle Semantisierung	▪ Gegenstände: Realien, Modelle ▪ *visual aids:* Bilder, Fotografien, Tabellen, Zeichnungen etc. ▪ Gestik, Mimik, Demonstration einer Handlung
verbale Semantisierung (einsprachig)	▪ Beschreibung, Definition, Paraphrase ▪ Beispielsituationen/Verwendung in typischem Kontext ▪ Synonyme, Antonyme, Über-/Unterordnung *(flower – tulip)*, Teil-Ganzes-Beziehung *(eye, mouth – face)* ▪ Sachfelder, Kollokationen ▪ Wortfamilien/Wortbildung
verbale Semantisierung (zweisprachig)	▪ Hinweis auf grafische oder akustische Ähnlichkeiten ▪ Übersetzung

Bei der Darbietung neuer Wörter müssen Bedeutung und Form präsentiert und anschließend der Gebrauch erläutert werden:

- Darbietung: Bedeutung und Form eines Wortes werden – möglichst kontextbezogen – präsentiert. In der Regel wird die Lautgestalt (akustische Form) vor dem Schriftbild präsentiert.
- Nachsprechen: Die Schülerinnen und Schüler erhalten Gelegenheit zur Produktion der Lautgestalt des Wortes („gemurmelt" oder im Chor, vgl. SIEBOLD 2004).
- Schriftbild: Das Schriftbild des Wortes wird präsentiert, auf orthografisch problematische Stellen wird hingewiesen.
- Lesen: Die im Englischen nicht immer einfache Graphem-Phonem-Beziehung wird durch das Lesen bewusstgemacht. Wichtig ist, dass die Schülerinnen und Schüler mit der Lautung des Wortes vertraut sind.

- Üben des Wortes im Satzzusammenhang: Das Wort wird in typische Kontexte eingebettet, logische Bezüge werden hergestellt.
- Abschreiben: Die richtige Schreibung des Wortes wird geübt.

> **Lehrertipp: Chorsprechen**
>
> Neues Vokabular wird grundsätzlich an der rechten Außentafel schriftlich fixiert und von den Schülerinnen und Schüler auf Karteikarten übertragen. Besonders in der Unterstufe wird großer Wert auf das Chorsprechen gelegt. Dabei wird jedes Wort mindestens dreimal im Chor wiederholt, wobei sich hier Möglichkeiten der Abwechslung bieten, zum Beispiel nur die Jungen, nur die Mädchen, nur die ersten zwei Reihen usw. Wenn dies mit etwas höherem Tempo und mal laut, mal leise geschieht, macht das besonders den Kleinen viel Spaß und erzielt eine große Wirkung. *(C. Hübner, Gymnasium)*

Welche Semantisierungstechnik jeweils ausgewählt wird, hängt vom einzuführenden Vokabular, der verfügbaren Zeit, den Ressourcen (zum Beispiel Realien), den zeichnerischen und schauspielerischen Fähigkeiten der Lehrerin oder des Lehrers sowie von der Lernergruppe ab.

- Die **Veranschaulichung** durch Gegenstände, Bilder etc. sollte nur eingesetzt werden, wenn eine unmittelbare Assoziation zwischen Bezeichnung (*signifiant*) und bezeichneter Sache (*signifié*, vgl. SAUSSURE 1916) hergestellt werden kann (*This is ...*); handelt es sich um zielkulturelle Gegebenheiten, sollten diese korrekt repräsentiert sein (Haus, Schulsystem etc.).
- **Kontextuelle Verfahren** eignen sich hervorragend zur Bedeutungserschließung, Voraussetzung ist allerdings die Herstellung eines eindeutigen und typischen Kontextes (*We wash our hands with "soap" and water*).
- **Einsprachige Techniken,** bei denen systematische Beziehungen im Wortschatz genutzt werden, sind allein schon deshalb von Bedeutung, weil durch sie wichtige Kommunikationsstrategien bewusstgemacht und eingeübt werden. Bei der Nutzung von Synonymen und Antonymen sollten fortgeschrittene Lerner auf die unterschiedliche Distribution der entsprechenden Lexeme in der Schrift- und mündlichen Sprache hingewiesen werden (z. B. *buy – purchase*), auch hinsichtlich der Kollokationen wird manche Synonym- oder Antonymbeziehung brüchig (*big – large*). Werden Wortbildungsprozesse wie Ableitungen (*to write – writer, sun – sunny* etc.), Zusammensetzungen (*wallpaper*), Konversion (*to empty*) oder Kürzungen

(*bike – bicycle*) über die reine Worterklärung hinaus in ihrer Regelhaftigkeit bewusstgemacht, ergibt sich für die Schülerinnen und Schüler eine wichtige Ressource zur eigenständigen Erschließung von Vokabular.
- Bei Verfahren, die sich die **Ähnlichkeit** eines englischen Wortes zum Deutschen zunutze machen, sind die über die Ähnlichkeit hinausgehenden Unterschiede im Schriftbild oder in der Aussprache deutlich zu machen (*spaghetti, zoo, address*).
- Die **Übersetzung** ist dann ein probates Mittel zur Bedeutungserhellung, wenn eine Erklärung in der Zielsprache nur mit sehr hohem Zeitaufwand zu bewerkstelligen ist. Allerdings sollte dabei auch die grundsätzliche Problematik vermeintlicher Wortpaar-„Gleichungen" thematisiert werden.

Der folgende Lehrertipp zeigt, wie Wörter – ausgehend vom individuellen Wortschatzwissen der Lernenden und ihrer zunehmenden Vertrautheit mit Erschließungsstrategien – gemeinsam erschlossen werden können:

Lehrertipp: Gemeinsame Wortschatzerschließung

Insbesondere ab dem zweiten Lernjahr erweist sich die gut gemeinte Vorentlastung der (vermeintlich) neuen Vokabeln oft als „Einrennen-offener-Türen", da viele Schülerinnen und Schüler die „neuen" Vokabeln teilweise schon kennen und/oder im Lauf des ersten Lernjahrs die Fähigkeit erlangt haben, neuen Wortschatz zu erschließen. Folgendes Verfahren nutzt diese sehr wünschenswerte Fähigkeit: Die neuen Vokabeln werden in der Fremdsprache auf Folie präsentiert (z. B. in Form einer Kopie der entsprechenden Spalte aus dem Vokabelverzeichnis im Lehrbuch). Die Schülerinnen und Schüler werden aufgefordert, die Wörter, die sie schon kennen oder erraten können, auf Englisch zu erklären, in einem Satz zu verwenden oder (falls sehr schwierig) zu übersetzen. Diese Wörter werden farbig markiert. Nur die verbleibenden Wörter werden im Anschluss von der Lehrerin oder dem Lehrer erklärt – oder bleiben unerklärt, bis die Schülerinnen und Schüler den Lehrbuchtext gelesen haben und (diesmal mit Kontext) einen zweiten Erschließungsversuch starten. *(A. Wieshuber, Gymnasium)*

Empfehlenswert ist es, den Schülerinnen und Schülern frühzeitig Redemittel zur Verfügung zu stellen, mit deren Hilfe sie Vokabular erfragen und Erläuterungen erbitten können (vgl. die Umschlagseiten von Lehrbüchern).

Wortschatzübungen und Wortschatzspiele

Worauf kommt es bei Wortschatzübungen an? Die in der folgenden Matrix aufgeführten Dimensionen sollten bei der Konzipierung und Auswahl von Wortschatzübungen (vgl. Kapitel 15) angemessen berücksichtigt werden:

Optionen für das Üben von Wörtern		
isoliertes Üben	Wörter im Kontext	
rezeptiv	produktiv	
schriftlich	mündlich	
lernergesteuert	lehrergesteuert	textgesteuert

Aus der Fülle der Übungsformen seien nur einige genannt: Lückentexte, Auswahlaufgaben, Rätsel, Kettenübungen, Reimübungen, Sammelübungen, Beschreibung, (Zu-)Ordnen, Manipulation von Wörtern, Interpretation (*the odd one out*), *total physical response*-Übungen, Erstellen von Mindmaps zu einem Wort, kreative Textarbeit und kreatives Schreiben, kommunikative Übungen und vieles mehr (vgl. GAIRNS/REDMAN 1986, HEUER/KLIPPEL 1987, S. 51, KLIPPEL 1984/2004, 1996b und 1998a und b, THORNBURY 2002, S. 93 ff.). Auch Übungen zur interkulturellen Ausdifferenzierung von Bedeutungsinhalten sind empfehlenswert (vgl. BYRAM 1997b).

Neben Übungen sind Spiele (vgl. Kapitel 25.4) hervorragend zur Wortschatzfestigung geeignet: *I spy, Hangman, Scrabble, word squares, chain games, Bingo, Noughts and crosses, Pictionary®, Taboo®*, Rollenspiele, szenisches Spiel und vieles mehr. Praktische Anregungen finden sich in Spielesammlungen für den Fremdsprachenunterricht (vgl. MORGAN/RINVOLUCRI 1986, THORNBURY 2002, S. 102 ff., WATCYN-JONES 1993).

Lernprozesse: Lerntechniken und Lernstrategien für das Wörterlernen

Um sicherzustellen, dass Schülerinnen und Schüler die eigenständige Vokabelarbeit kompetent und effektiv durchführen, müssen Gedächtnis- und Lerntechniken eingeübt und die notwendigen Lernstrategien bewusstgemacht werden (vgl. Kapitel 23).

- Verteiltes Lernen in mehreren kürzeren Einheiten: wenige Minuten nach dem ersten Ansehen, nach einer Stunde, am nächsten Tag, eine Woche und schließlich einige Wochen später (NATION/MEARA 2002, S. 42).

- Gedächtnistechniken (Mnemotechniken): Wortbilder, Merkverse, Schlüsselwortmethode und andere (vgl. KIEWEG/KIEWEG 2002).
- Worterschließungstechniken (Wortbildung, *guessing from context*)
- Nutzung des Vokabelteils im Lehrbuch und der darin enthaltenen Zusatzinformationen (Lautschrift, Grammatik, Beispielsätze).
- Aufzeichnung: Ein Ringbuch oder eine Kartei eignen sich besser als das traditionelle Vokabel*heft*, da diese eine flexible Gruppierung des Wortschatzes (nach Wort- und Sachfeldern, lernphasenbezogen, alphabetisch) erlauben. Neben der deutschen Entsprechung sind vor allem einsprachige Angaben zentral (Kollokationen, Beispielsätze, Definitionen etc.).
- Nachschlagetechniken zur effektiven Nutzung von ein- und zweisprachigen Wörterbüchern (vgl. KIEWEG/RAMPILLON/REISENER 2001).
- Techniken zur autonomen Wortschatzerweiterung (STEIN 2002).
- Training von Kommunikationsstrategien zur Kompensation von Wortschatzlücken (Paraphrase, Beschreibung, Synonyme und andere).
- Planung und Reflexion des eigenen Lernprozesses: Lernertagebücher, Klassengespräche zu individuellen Vorgehensweisen beim Wörterlernen.

Medien zur Unterstützung des Wortschatztrainings

Zusätzlich zu Vokabelkartei und Wörterbuch (s. o.) gibt es zahlreiche weitere mediale Hilfsmittel, die sowohl bei der häuslichen als auch in der schulischen Arbeit zum Einsatz kommen können:
- Begleitmedien der Lehrwerke (zum Beispiel Vokabeltrainer im *workbook*-Format oder auf CD-ROMs) und lehrwerkunabhängige Software.
- Elektronische Lernerwörterbücher (mit Angaben zu Grammatik, Gebrauch, Kollokationen und Häufigkeit sowie authentischen Beispielsätzen und Illustrationen). Der *Longman Language Activator®* zum Beispiel unterstützt die Lernenden bei der Textproduktion.
- Aufnahmegeräte für Ausspracheübungen.
- Lernmaterialangebot im Internet (vgl. *BBC*, *British Council* und andere).

Überprüfung des Wortschatzes/Lernzielkontrollen

Das oberste Leitziel des Englischunterrichts, die Befähigung der Lernenden zu interkultureller Kommunikationskompetenz (vgl. Kapitel 9), bedingt auch im Bereich der Lexik eine vielseitige Praxis der Leistungsmessung, die weit über das Abfragen von deutsch-englischen Vokabelgleichungen oder Einsetzübungen hinausgeht (vgl. READ 2000, THORNBURY 2002, S. 129 ff.). Grund-

sätzlich können alle Formate, die sich für Wortschatzübungen empfehlen, auch für die Leistungsfeststellung genutzt werden (vgl. Kapitel 16). Für die Frage, *was* überprüft werden soll, ergeben sich folgende Kategorien:
- Wortschatzumfang (*breadth*) – Verarbeitungstiefe (*depth*),
- rezeptiver Wortschatz – produktiver Wortschatz,
- Wörter im mündlichen Diskurs – Wörter im schriftlichen Diskurs,
- deklaratives Wissen über Wörter – prozedural-strategische Kompetenz,
- interlinguales Wissen (Übersetzung, Dolmetschen).

An die inhaltliche Entscheidung schließt sich die Frage nach dem Testformat an (vgl. READ 2000, S. 8 ff.). Erfolgt die Wortschatzüberprüfung
- isoliert oder in integrierten Aufgaben?
- im Blick auf vorab festgelegte Wörter oder wird die Reichweite lexikalischen Wissens bewertet?
- kontextunabhängig oder kontextabhängig?

Zusätzlich zur individuellen Überprüfung sind auch Gruppenformate bzw. *peer-assessment* und *self-assessment* denkbar (vgl. ASSBECK 2002). Die im Rahmen integrativer Testformate erbrachten Leistungen mögen zwar nicht mehr im konventionellen Sinne „objektiv" messbar sein, ermöglichen aber im Blick auf das oberste Lernziel des Fremdsprachenunterrichts insgesamt ein aussagekräftigeres und damit „gegenstandsangemesseneres" Urteil. Kollegiale Absprachen zum Vorgehen sind hier empfehlenswert (vgl. MÜLLER-HARTMANN/SCHOCKER-VON DITFURTH 2004, S. 149 f. mit Bezug auf GRUNDER/BOHL 2001).

7.3 Grammatik

Grammatik spielt im Englischunterricht eine wichtige Rolle – so weit sind sich alle Beteiligten einig. Welchen Stellenwert sie jedoch genau einnehmen sollte, ist umstritten, wie die folgenden Zitate zeigen:

> - „Man kann sich in einer fremden Sprache auch dann verständigen, wenn man ihre Grammatik nur rudimentär beherrscht. Fehlen einem aber die Wörter, ist Kommunikation unmöglich." (QUETZ 1998, S. 272) ■

> - "The devices of arrangement and form that constitute the grammatical materials of a language are just as necessary to express meaning as are the words, of which we are more conscious." (FRIES 1945, S. 28) ■

Welchem dieser Statements man zustimmt, ist davon abhängig, wie man Grammatik definiert. Weitgehender Konsens besteht – mit unterschiedlichen Schwerpunkten (vgl. LARSEN-FREEMAN 2001a, S. 34) – darüber, dass Grammatik erklärt, wie Wörter gebildet (Morphologie) und wie sie kombiniert werden (Syntax). Die Sprachwissenschaft unterscheidet zwischen formalen Grammatiken, die die Strukturen einer Sprache fokussieren und semantische und pragmatische Aspekte nachordnen, während funktionale Grammatiken Sprache vor allem als soziale Interaktion begreifen. Solche Fragen sind nicht reine Sache der Theoretiker, sie können weitreichende Auswirkungen auf den Englischunterricht haben, dessen Gestaltung wesentlich davon abhängt, welche Definition von Grammatik die Lehrerin oder der Lehrer zugrunde legt.

In der Englischdidaktik hat sich in den vergangenen Jahrzehnten ein weitgehender Wandel von der formalen zur funktionalen Grammatik vollzogen, der sich in Lehrwerken und Lehrmaterialien widerspiegelt (WIDDOWSON 1990): Waren bis zur kommunikativen Wende zu Beginn der 1970er-Jahre formale Ansätze dominant (*structural approach*), so wurde danach der funktionale Ansatz im Kontext des *communicative approach* zunächst radikal verfolgt ("Using English to learn it", HOWATT 1984, S. 279). Nach erheblicher Kritik an diesem einseitigen Vorgehen, das formale Aspekte der Grammatik häufig vernachlässigte (SWAN 1985), basieren methodische Konzepte heute oft auf einem formal-funktionalen Kompromiss im Sinne von "Learning to use English" (HOWATT 1984, S. 279).

In diesem Konzept von Englischunterricht kommt der Grammatik zwar eine dienende, aber dennoch wichtige Rolle zu; sie wird mitteilungsbezogen gelehrt und gelernt. Diese modifizierte Form des kommunikativen Ansatzes hebt nicht die Bedeutung grammatischer Phänomene an sich hervor, sondern deren Anwendung in der konkreten Situation.

Aus der Sicht einer kommunikativen Didaktik muss Grammatik aus zwei Gründen einen festen Platz im Englischunterricht behalten (SWAN 2002): Die sinnvolle und erfolgreiche Kommunikation vieler Inhalte kann ohne die korrekte Bildung bestimmter grammatischer Strukturen erschwert bzw. unmöglich werden (*comprehensibility*). Ferner fallen in vielen sozialen Kontexten, in denen sich Schülerinnen und Schüler bewegen (werden), Abweichungen von der muttersprachlichen Norm auch im Bereich der Grammatik negativ auf die Sprecher zurück (*acceptability*). Deshalb gilt es, Inhalte und Methoden für einen anwendungs- und schülerorientierten Grammatikunterricht auszuwählen und zu kombinieren.

Grammatik kommunikativ unterrichten

Eine große Herausforderung beim Grammatikunterricht besteht heute darin, Struktur und Kommunikation in einem Kontext so zu vereinen, dass Schülerinnen und Schüler das Gelernte auch auf Situationen außerhalb des Klassenzimmers übertragen können. Zentrale Aspekte hierbei sind die Auswahl des grammatischen Stoffs (*selection*) sowie dessen Anordnung in einer bestimmten Reihenfolge (*gradation*).

▪▪ **Tipp:** Die eigenen Kriterien bei der Auswahl und Anordnung grammatischer Inhalte sowie deren methodische Umsetzung müssen konsequent hinterfragt werden. Auch das Lehrwerk bietet keine Garantie für ein in jeder Hinsicht erfolgreiches Vorgehen. Die beste Auswahl kann eine kompetente Lehrkraft für ihre individuelle Lernergruppe am besten selbst treffen.

▪▪ **Verschiedene Modelle zur Neueinführung**
Für die Lehrerin oder den Lehrer, die bzw. der grammatische Phänomene im kommunikativen Englischunterricht einführt, gibt es verschiedene methodische Vorschläge. Solche Modelle sind nützlich, weil sie die Möglichkeit bieten, Grammatikunterricht vielfältig und abwechslungsreich zu gestalten. Dabei ist es Aufgabe der Lehrerin oder des Lehrers, diese Modelle, beispielsweise die Reihenfolge und Kombination der einzelnen Elemente, zu adaptieren, etwa im Hinblick auf die Schülerinnen und Schüler und ihre Lerntypen sowie passend zum grammatischem Stoff, der eingeführt werden soll.

In Anlehnung an die **erwerbsorientierte Methode** zur Ersteinführung von Grammatik (nach Ziegésar/Ziegésar 1992) sind die folgenden Schritte denkbar:

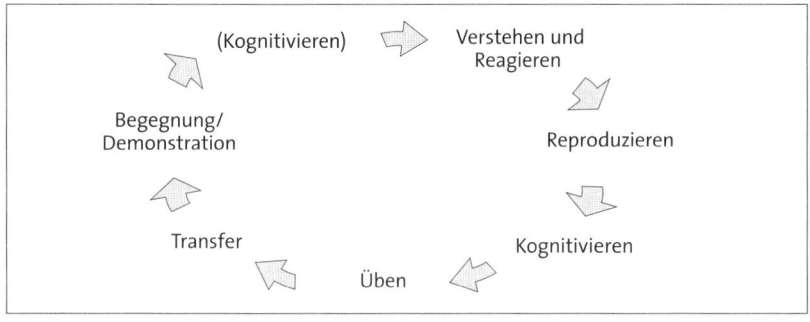

Das Grundmuster Begegnung/Präsentation – Übung – Einsicht – Anwendung ist in fast allen Unterrichtsmodellen enthalten; Unterschiede gibt es vor allem im Hinblick auf die Reihenfolge und Schwerpunkte sowie den Umfang der Bewusstmachung von grammatischen Regeln. Einflussreich in diesem Kontext ist Scriveners **ARC-Modell** (*authentic use – restricted use – clarification*; SCRIVENER 1994, S. 133–138). Demnach werden grammatische Phänomene zunächst in einem authentischen Zusammenhang, im zweiten Schritt in einem stärker restriktiven Kontext präsentiert und geübt. Es schließt sich eine Phase von *clarification and focus* an, in der Lernende sich gezielt anhand von Regeln und Beispielen mit den grammatischen Phänomenen beschäftigen. Ähnlichen Prinzipien folgt das von McCarthy und Carter vorgeschlagene Modell, dessen Phasen bezeichnet werden mit *illustration – interaction – induction* (CARTER/McCARTHY 1995).

Bei der Gestaltung von kommunikativem Grammatikunterricht ist es ferner hilfreich, sich an Prinzipien des **handlungsorientierten Ansatzes** (*task-based learning*, WILLIS 1996) zu orientieren. Demzufolge steht nicht Sprachbeschreibung, sondern Sprachhandeln im Mittelpunkt des Unterrichtsgeschehens, also die Einbettung und Anwendung grammatikalischer Phänomene in authentische(n) Zusammenhänge(n). Beispielsweise kann das *present continuous* in einer Partnerarbeit geübt werden, in der Partner A ein ihm vorliegendes Bild beschreibt, das Partner B zeichnen muss. Abschließend werden Original und „Fälschung" verglichen.

Regeln: ja oder nein?

Im Hinblick auf alle beschriebenen Modelle ist nach wie vor umstritten, ob die Kognitivierung, also die Bewusstmachung von Regeln, einen notwendigen Schritt bei der Neueinführung grammatischer Phänomene darstellt und wenn ja, in welchem Umfang sie geschehen sollte. Die Unterrichtspraxis zeigt, dass es in vielen Fällen unmöglich und überdies nicht wünschenswert ist, ohne Regeln auszukommen, die insbesondere für den analytischen Lerntyp (vgl. Kapitel 21) einen hohen Stellenwert haben. Die Frage, ob dazu die Muttersprache notwendig ist, ist nach wie vor umstritten; es gibt jedoch keine gesicherten Hinweise darauf, dass Erklärungen in der Muttersprache fremdsprachlichen Erläuterungen immer überlegen sind.

> **Tipp:** Gute und anschauliche Beispiele sind häufig mehr wert als eine komplexe Grammatikregel, auch dann, wenn sie in der Muttersprache formuliert wird.

Es ist Aufgabe der Lehrerin oder des Lehrers, jeweils zu entscheiden, ob eine Regel auf Englisch oder Deutsch formuliert wird, sowie darauf zu achten, dass Regeln – egal in welcher Sprache – bestimmte Kriterien erfüllen.

> ■■ **Tipp:** Regeln sollten wahr (weitgehend ohne Ausnahme anwendbar), einfach, klar, einleuchtend und relevant sein sowie einen abgegrenzten Gültigkeitsbereich haben.

Dies ist jedoch selbst bei Regeln, die das Lehrwerk enthält, nicht automatisch gegeben. So ist beispielsweise nur die letzte der drei folgenden Regeln wahr:

(1) The past tense refers to a definite time in the past.
(2) It is safer to write *-ize* than *-ise:* with very few exceptions, this is always correct.
(3) When these expressions are followed by a verb, the verb ends in *-ing:* It's no use ... / It's no good ...

■■ Festigung und Überprüfung

Die Festigung grammatischen Wissens und Könnens kann dann gelingen, wenn isoliertes Üben und kontextbezogenes Kommunizieren ständig in einer Art Pendelstrategie (vgl. SIEBOLD 2004, S. 20–21) aufeinander bezogen werden. Auf diese Weise werden die Schülerinnen und Schüler von der vergleichsweise isolierten Produktion grammatischer Strukturen zu deren freien Gebrauch geleitet. Im kommunikativen Englischunterricht sollten dabei die drei Dimensionen *form*, *meaning* und *use* konsequent beachtet werden und in einem ausgewogenen Verhältnis stehen (LARSEN-FREEMAN 1997 sowie 2001b). Dabei wird der Fokus vom grammatikalischen Phänomen hin zu dessen handlungsorientierter Anwendung gelenkt (RICHARDS 2002).

Im Hinblick auf die Überprüfung grammatischen Könnens und Wissens besteht die Tendenz, dass formbezogene Grammatik einen vergleichsweise großen Stellenwert in Tests (vgl. Kapitel 16) und durch den eintretenden *backwash-effect* auch im Englischunterricht selbst einnimmt. Häufig besteht ein großer Unterschied zwischen Kommunikationssituationen innerhalb und außerhalb des Klassenzimmers. So ist der Zusammenbruch einer Kommunikation im Alltag durch Grammatikfehler (zum Beispiel aufgrund falschen Zeitengebrauchs) eher selten, während sie im formbezogenen Grammatikunterricht eine zentrale Rolle spielen (SWAN 2002, S. 148–149).

Grammatik lernen und anwenden: Anregungen für die Unterrichtspraxis

Für guten Grammatikunterricht gibt es keinen simplen Anweisungskatalog, der Erfolg garantiert. Ausgehend von neueren theoretischen Grundlagen werden hier jedoch einige Leitlinien für einen handlungsorientierten und modernen Grammatikunterricht diskutiert und illustriert. Der kommunikative Englischunterricht sollte Grammatik als einen integralen Bestandteil der Sprache zeigen, der auch Spaß machen kann und so das Lernen, Üben und Anwenden von Grammatik erleichtert.

▄▍ Theoretische Grundlagen

Schülerinnen und Schüler erwerben grammatische Strukturen nicht in einem linear ablaufenden Lernprozess, sondern unterschiedlich, und zwar in Abhängigkeit von bestimmten individuellen Faktoren, wie beispielsweise Lerntyp und Alter (vgl. Kapitel 21). Auch wenn der Einfluss des Alters auf Art und Effizienz sprachlicher Lernprozesse nach wie vor umstritten ist, so besteht doch mittlerweile Klarheit darüber, dass jüngere Schülerinnen und Schüler eher imitativ lernen und daher weniger Regeln benötigen als junge Erwachsene, die stärker kognitivieren (ZIMMERMANN 1990).

Eine wichtige und einflussreiche Spracherwerbstheorie, die von Wolfgang Butzkamm stammt, geht davon aus, dass der Erwerb grammatischer und auch anderer sprachlicher Muster nach dem generativen Prinzip erfolgt (BUTZKAMM 2004, S. 163–193). Demzufolge erkennen Lerner aus der Fülle von fremdsprachlichem Input grammatikalische und lexikalische Muster und wenden diese dann selbst reproduktiv an. Durch Festigung und Automatisierung der angewandten Muster können Energien für das selektive Aufnehmen neuen Inputs freigesetzt werden.

Weitgehende Einigkeit besteht in verschiedenen neueren Spracherwerbstheorien (vgl. Kapitel 20) dahingehend, dass der Grammatikunterricht ein breites Angebot an sprachlichen Modelltexten sowie Übungs- bzw. Anwendungsmöglichkeiten für verschiedene Lerntypen bieten und dabei das Alter der Lernenden angemessen berücksichtigen muss. Die wichtige Rolle von fremdsprachlichem Input, der so breit, vielfältig und qualitativ hochwertig wie möglich sein sollte, wird in diesem Zusammenhang immer häufiger betont. Denn bevor Lernende grammatikalische Phänomene selbst sicher verstehen und anwenden können, müssen sie diesen mehrmals rezeptiv begegnet sein (rezeptiver Puffer).

▪▪ Leitlinien für einen kommunikativ orientierten Grammatikunterricht

Grammatik kommunikativ zu üben und anzuwenden wird Schülerinnen und Schüler in einem Englischunterricht erleichtert, der folgende Kriterien erfüllt:

- Grammatischer Stoff wird in *kommunikativen Zusammenhängen* präsentiert und in einem Spiralcurriculum angeordnet. Das bedeutet, dass zentrale grammatische Phänomene in regelmäßigen Abständen, in neuen Kontexten und auf unterschiedlichen Niveaus wiederholt werden.
- Ausgangspunkt von Grammatikunterricht können entweder isolierte grammatikalische Strukturen in einer vorher festgelegten Progression sein (*focus on forms*, SHEEN 2003) oder Sprachstrukturen, die in einem Kommunikationszusammenhang auftauchen, sich als problematisch erweisen und dann genauer besprochen werden (*focus on form*, LONG 1988 und 2000). Als schwierig erweist es sich im zweiten Fall, Lernende auf bestimmte Strukturen aufmerksam zu machen (*noticing*, RICHARDS 2002, S. 157) und alle wichtigen Phänomene gleichermaßen abzudecken. In diesem Prozess hat deshalb das Feedback der Lehrerin oder des Lehrers große Bedeutung (vgl. Kapitel 20).
- Die Begegnung mit neuen grammatikalischen Phänomenen erfolgt sowohl **induktiv** (vom Beispiel ausgehend) als auch **deduktiv** (von der Regel ausgehend). Das erste Verfahren kann zur Förderung entdeckenden Lernens beitragen, während ein deduktiver Ansatz von Anfang an einen einheitlichen Orientierungsrahmen für alle schafft. Dem eigenen Lernstil (vgl. Kapitel 23) entsprechend bevorzugen Schülerinnen und Schüler das eine oder andere Verfahren; insgesamt ist daher eine Mischung empfehlenswert.
- Für die Einübung werden sowohl **kognitivierende**, das heißt bewusstmachende, als auch **habitualisierende**, das heißt auf Wiederholung beruhende Verfahren angeboten. Mittel- und längerfristig ist auf ein breites Spektrum an Übungstypen zu achten, das es den Schülerinnen und Schülern ermöglicht, grammatische Phänomene sowohl gezielt als auch frei zu üben (vgl. Kapitel 15).
- Die Übungsphase ist so aufgebaut, dass die leichte, das grammatikalische Phänomen isolierende Übung der schwierigeren, gemischten Übung vorausgeht, in der beispielsweise mindestens zwei verwechselbare Tempora zusammen geübt werden. Grammatikübungen beider Typen zu verschiedenen grammatischen Phänomenen finden sich beispielsweise in Swan/Walter (1997) und Ur (1988).

- Schülerinnen und Schüler haben die Gelegenheit, grammatische Phänomene in ganz unterschiedlichen Kontexten und über längere Zeit hinweg rezeptiv zu erfahren, ehe von ihnen erwartet wird, dass sie diese selbst produktiv anwenden.
- Regelsätze sind klar und richtig und werden, um besser gespeichert und abgerufen werden zu können, durch geeignete Beispielsätze illustriert.
- Verschiedene Verfahren zur Automatisierung werden angeboten, welche grammatische Phänomene nicht ausschließlich analytisch, sondern beispielsweise durch visuelle Hilfen unterstützen. Dies stellt vor allem eine Hilfe für Schülerinnen und Schüler des visuellen Lerntyps dar, wie der folgende Lehrertipp zeigt.

Lehrertipp: Unregelmäßige Verben mit geometrischen Formen

Das Lernen unregelmäßiger Verben in alphabetisch angeordneten Listen erweist sich als sehr mühsame und oft auch ineffektive Arbeit. Anhand von drei geometrischen Grundformen (Dreieck, Kreis und Quadrat), die aus farbigem Kartonpapier ausgeschnitten werden, kann im Klassenzimmer ein mentaler Daueraushang entstehen, der als Gedächtnisstütze dient.

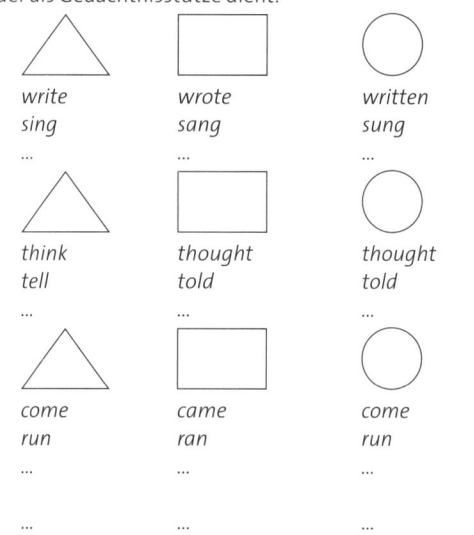

(W. Hamm, Hauptschule)

7.4 Diskurs

Seit der sogenannten kommunikativen Wende vor gut dreißig Jahren richtet sich das Augenmerk der Angewandten Linguistik und der Fremdsprachendidaktik verstärkt auf den **Diskurs als Realisierung konkreten Sprachgebrauchs**. Mit *discourse* (Diskurs) bezeichnet man Sprache, die in der Kommunikation produziert wird, etwa ein Gespräch, eine Rede, eine Bekanntmachung. Einige Linguisten verwenden die Begriffe Diskurs und Text weitgehend synonym, andere sprechen bei schriftlich fixierter Sprache von Texten, bei mündlichen Sprachproduktionen von Diskurs. Analog beschäftigen sich Diskursanalytiker mit gesprochener und Textanalytiker mit geschriebener Sprache.

Für den Fremdsprachenunterricht ist von Bedeutung, dass man nicht auf der Wort- oder Satzebene verharrt, sondern längere Textabschnitte in Betracht zieht, denn für den Erwerb von Sprechflüssigkeit oder für das Verstehen von zusammenhängenden Äußerungen ist es wichtig zu erkennen, wie Sätze miteinander verknüpft sind und welche Bezüge zwischen ihnen bestehen. Im Diskurs und in Texten spielt daher die **Kohärenz** eine wichtige Rolle. Darunter versteht man den inneren Zusammenhang eines Textes, wie er sich einem Leser oder Hörer darstellt:

> ■ "Coherence is the quality of meaning unity and purpose perceived in discourse. [...] Coherence is not an absolute quality of a text, but always relative to a particular receiver and context. A description of coherence is usually concerned with the links inferred between sentences or utterances. It is often contrasted with COHESION, which is the linguistic realisation of such links." (JOHNSON/JOHNSON 1998, S. 55) ■

Fremdsprachenlernende beherrschen die Kommunikation in ihrer Muttersprache; in ihr besitzen sie Diskurskompetenz. Diese Diskurskompetenz ist Bestandteil der kommunikativen Kompetenz (vgl. Kapitel 5) und folglich eine Fähigkeit, erfolgreich mit Sprache umzugehen. Diskurskompetenz besitzt Anknüpfungspunkte zur soziokulturellen Kompetenz und zur strategischen Kompetenz, denn es geht immer auch um die Frage nach der Bedeutung von Äußerungen in bestimmten soziokulturellen Kontexten, also um die Frage: Wer spricht wie zu wem?

Welche Diskurse im Fremdsprachenunterricht?

Diskurse treten im Fremdsprachenunterricht in vielen verschiedenen Formen auf:
- Zum Ersten stehen Lehrkraft und Lernende selbst ständig in einem Diskurs; sie kommunizieren und interagieren miteinander. Dieser *classroom discourse* folgt ganz bestimmten Mustern (vgl. Kapitel 14.2) und ist Anschauungsmaterial und Übungsplatz für das Sprachenlernen zugleich.
- Zum Zweiten begegnen den Schülerinnen und Schülern Diskurse als **Modelle für Sprachgebrauch** in Form von Hörtexten oder Lesetexten sowie in den audiovisuellen Medien. Hierbei kann es sich etwa um Aufzeichnungen realer Gespräche oder um didaktische Texte handeln; Gesichtspunkte wie Adressatenbezug, Argumentationsstruktur oder Erzählfluss, Kohärenz und Kohäsion sind für beide Arten relevant. Allerdings kann bei den didaktischen Texten die didaktische Absicht, beispielsweise eine grammatische Struktur oder bestimmte Vokabeln einzuführen, die diskursive Qualität beeinträchtigen. Im folgenden Beispiel ist jeder einzelne Satz sprachlich korrekt, und es bestehen Bezüge zwischen den Sätzen (Kohäsion durch Gebrauch des Pronomens), dennoch bleibt der Zusammenhang unklar:

- "A man was walking down the road. It was the colour of milk. It can be drunk from a cup. Most of these are made of china. That is the name of the country." (McDonough 2002, S. 44)

Mithilfe solcher defizitärer Texte lässt sich das Bewusstsein für Kohärenz wecken (vgl. Kapitel 7.5 und Kapitel 10). Es kann also durchaus aufschlussreich für die Lernenden sein, einen solchen Text einmal kritisch unter die Lupe zu nehmen.
- Zum Dritten begegnen den Lernenden Diskurse auch als **Realisierung zielkulturell angemessenen, kommunikativen Handelns**, etwa in speziellen Situationen wie Begrüßung, Gesprächseröffnung, *turn taking*. Schon vor Jahren hatte Walter (1991) festgestellt, dass selbst Oberstufenschüler kaum in der Lage sind, eine Unterhaltung auf Englisch angemessen zu führen, da es ihnen an den sprachlichen Mitteln und dem Gefühl für das jeweils angebrachte sprachliche Verhalten fehlt.

Diskurs trainieren

Für den Fremdsprachenunterricht ist es wichtig, den Fokus bewussten Lernens immer wieder zu verändern. Manchmal liegt er auf einzelnen Lauten, die geübt werden, dann wieder auf längeren Äußerungen und Texten. Sich mit dem Diskurs zu beschäftigen, ist nicht nur für die gymnasiale Oberstufe relevant, denn zusammenhängendes Sprechen und das Verstehen von Texten ist schon im Grundschul-Englischunterricht von Bedeutung. Bereits im Anfangsunterricht kann man bei den Schülerinnen und Schülern ein Gefühl dafür wecken, dass es wichtig ist, sich mit der Frage zu befassen, wer etwas sagt und schreibt, und an wen ein mündlicher oder schriftlicher Text gerichtet ist. Auch lassen sich Diskursabläufe stärker strukturierter Gesprächssituationen gut in Lern- und Rollenspielen üben, selbstverständlich auch in Podiumsdiskussionen und förmlichen *debates*, die sich aufgrund der festen Regeln gut vorbereiten lassen:

> **Lehrertipp: Podiumsdiskussion und *debate***
>
> Da eine allgemeine Diskussion in der Großgruppe bereits in der Muttersprache eine echte Herausforderung darstellt, empfiehlt es sich, im Fremdsprachenunterricht auf formalisiertere Diskussionsformen zurückzugreifen: Eine Podiumsdiskussion oder eine klassische *debate* mit klar strukturierten Redebeiträgen ist oft zielführender. Wenn man dabei noch ein Rollenspiel einführt, können gerade Mittelstufenschülerinnen und -schüler aus dem Schutz der Rolle heraus wirklich unbeschwert Meinungen ausprobieren. Zum Beispiel könnten bei einer Diskussion über Sinn und Zweck von Geschenken zu Weihnachten die Schülerinnen und Schüler in die Rollen eines Pfarrers, eines Truthahns, eines Moslems, des Nikolaus und eines fünfjährigen Mädchens schlüpfen und die verschiedenen Standpunkte vertreten. *(A. Wieshuber, Gymnasium)*

Der in der Fremdsprache durchgeführte Unterricht liefert ein konkretes Beispiel für einen – zugegebenermaßen durch institutionelle Zwänge und Rollenzuschreibungen beeinflussten – Diskurs (vgl. Kapitel 14.2). Warum sollte in linguistisch interessierten Klassen aber nicht einmal der Lehrer-Schüler-Dialog selbst unter die Lupe genommen und im Hinblick auf grammatische, lexikalische, thematische und textuelle Elemente analysiert werden? Vermutlich würde man das von Sinclair und Coulthard (1975) identifizierte Verlaufsmuster häufig erkennen: *initiation* (Eröffnungsschritt, zum Beispiel Lehrerfrage) – *response* (Antwortschritt, zum Beispiel Schülerantwort) – *feedback* (Auswertungsschritt, zum Beispiel Lob oder Hinweis auf einen Fehler).

Um die Lernenden in der fremden Sprache diskurstüchtig zu machen, reicht allein die Analyse von Gesprächen und Texten nicht aus. Man sollte einzelne Diskurselemente mit klarer Fokussierung im Unterricht behandeln, etwa textstrukturierende Elemente wie Referenz oder Verknüpfungen oder lexikalische wie die Wortwahl. Das kann an ganz einfachen Texten geschehen, die zuerst analysiert, dann nachgestaltet und abgewandelt werden (vgl. Kapitel 8.2).

In einem zweiwöchigen Unterrichtsversuch an einer mexikanischen Universität hat Sayer (2005) erprobt, ob **gezieltes Üben von Kernelementen der Konversation**, und zwar von *monitoring* (dem Gesprächspartner zuhören und auf dessen Beitrag eingehen), *negotiating of meaning* (Bedeutungen aushandeln und sich verständigen) und *turn-taking* (Sprecherwechsel), auf der Basis von Beobachtungen und Tonaufnahmen sowie deren Transkription zu einer Verbesserung führt. Indem die Aufmerksamkeit der Lernenden auf diese Diskurselemente gelenkt wurde, gelang es zum Ersten, ihnen eigene Defizite der Gesprächsführung bewusstzumachen, und zum Zweiten, diese in relevanten Übungsaufgaben verbessern zu helfen. Ein solches Training lässt sich auch in der Sekundarstufe verwirklichen.

Ein vielfältiges Repertoire an Beispieltexten und Übungen bieten folgende Bücher: Cook (1989), McCarthy (1991), Thornbury (2005).

7.5 Sprachbewusstheit

Sprachbewusstheit ist eigentlich eine alte Idee, die als vermeintlich neues Konzept vor etwa 25 Jahren wieder entdeckt wurde; seit 1992 gibt es sogar eine einschlägige Fachzeitschrift mit dem Titel *Language Awareness*. Man versteht darunter das explizite und das implizite Verständnis der menschlichen Sprachfähigkeit (in der Mutter- wie in der Fremdsprache) sowie dessen Bedeutung für das Denken, Lernen und soziale Handeln (VAN LIER 1995, S. xi). Einsicht in Sprachbau und -strukturen gehören ebenso dazu wie metalinguistisches Verstehen dahingehend, wie Sprache gebraucht wird und wie sie funktioniert. Dies gilt beispielsweise hinsichtlich der Implikationen bestimmter sprachlicher Wendungen in verschiedenen Kontexten (zum

Beispiel "he passed away" statt "he died"). Hervorzuheben ist die politische Dimension dieses Konzepts, welche Einsichten in die Zusammenhänge zwischen Sprache, Macht und Politik ermöglicht und der eine wachsende Bedeutung im Kontext von Englisch als Weltsprache zukommt. Das metalinguistische Verstehen im Hinblick auf den manipulativen Einsatz von Sprache heißt *critical language awareness* (FAIRCLOUGH 1992).

Diese Definition umfasst sowohl Mutter- als auch Fremdsprache(n) und kann ein wichtiges Bindeglied zwischen allen Sprachen darstellen, die eine Schülerin oder ein Schüler lernt bzw. spricht. Sprachbewusstheit umfasst die Gesamtheit der mitunter unterschiedenen englischen Termini *conscious* und *unconscious language awareness, knowledge about language, metalinguistic awareness, explicit knowledge* und *metacognition*. In diesem Sinne umgreift Sprachbewusstheit sowohl bewusste als auch unbewusste Sprachlernprozesse und gehört zur kommunikativen Kompetenz und damit zu den übergeordneten Zielen des Englischunterrichts. Für Englischlehrerinnen und -lehrer handelt es sich dabei also um ein zentrales Konzept, "[...] an intellectual framework which has to be in place before effective teaching and learning can begin, and it can be melody as well as accompaniment to the process" (SINCLAIR et al. 1992, S. 1).

Warum Sprachbewusstheit fördern?

Sprachbewusstheit ist für alles sprachlich fundierte Handeln von Bedeutung, weil man auf dieser Grundlage Sprache genauer analysieren, präziser verstehen und treffender interpretieren kann. Gerade für die mittel- und längerfristige Motivation im Englischunterricht ist sie deswegen ein wichtiger Faktor, da Schülerinnen und Schüler, bei denen Sprachbewusstheit früh gefördert wird, Sprache besser verstehen können und häufiger selbst ausprobieren wollen. Vor diesem Hintergrund wird verständlich, warum viele erfolgreiche Fremdsprachenlerner ein überdurchschnittliches Maß an Sprachbewusstheit besitzen (NAIMAN et al. 1978 sowie WOLFF 1993).

Die Förderung von Sprachbewusstheit unterstützt nicht nur Motivation und Lernerfolg, sie bietet auch die Möglichkeit zur Kontrastierung verschiedener Sprachen. Dazu gehören die Muttersprachen von Schülerinnen und Schülern ebenso wie andere Fremdsprachen, die gelernt werden. Der Weg zu einem mehrsprachigen Klassenzimmer wird auf diese Weise geebnet. Eine weitere politische Dimension des Konzepts wird deutlich, wenn die Schülerinnen und Schüler mittels Sprachbewusstheit in die Lage versetzt werden, sprachliche Manipulationen zu erkennen (zum Beispiel durch die kritische Analyse des Vokabulars und Satzbaus in einer brisanten politischen Rede). Auf diese Weise wird gleichzeitig die Kompetenz im eigenen Umgang mit Sprache (*critical literacy*) gefördert.

Schülerinnen und Schüler, die eine gewisse Neugier für alles Sprachliche zeigen, können einen besonders hohen Grad an Sprachbewusstheit entwickeln, wenn der Englischunterricht entsprechende Angebote macht. Beispielsweise können Lernende stärker in die Lage versetzt werden, Lernprozesse selbst zu gestalten und zu verbessern (vgl. Kapitel 26). Dabei hilft die Lehrerin oder der Lehrer durch fachkundige Beratung und indem sie eine breite Auswahl von Lernstrategien bereitstellt, aus denen die Schülerinnen und Schüler selbstständig die jeweils passenden auswählen (vgl. Kapitel 23). Auf diese Weise bildet die Förderung der Sprachbewusstheit einen Beitrag zum lebenslangen Lernen.

Dimensionen der Sprachbewusstheit

Man kann verschiedene Dimensionen von Sprachbewusstheit beschreiben, die bei einzelnen Sprechern unterschiedlich ausgeprägt sind:

- **kognitive Dimension**: sich bewusst sein, wie Sprache funktioniert, Regeln kennen und auf dieser Grundlage Fehler erläutern können;
- **affektive Dimension**: sich der kulturspezifischen Gebundenheit und der Emotionen bewusst sein, die mit Sprache verbunden sind (zum Beispiel verschiedene Arten, um Enttäuschung bzw. Freude auszudrücken);
- **soziale Dimension**: sich der Beziehung zwischen Gesprächspartnern bewusst sein, die sich zum Beispiel im verwendeten Register niederschlägt;
- **politische Dimension**: sich der Wirkung bestimmter Textsorten und Register kritisch bewusst sein, zum Beispiel im Hinblick auf den Sprachgebrauch von Politikern; sich ferner darüber bewusst sein, was die Verbreitung und der Gebrauch einer Sprache, beispielsweise Englisch als Weltsprache, implizieren können (PHILLIPSON 1992);
- **performative Dimension**: sich auf einer metalinguistischen Ebene seines Wissens über Sprache bewusst sein und diese Wissen bewusst anwenden können (HULSTIJN/DE GRAAFF 1994 sowie WOLFF 1990).

Didaktische Implikationen

Wenn man anerkennt, dass zu den Zielen des Englischunterrichts mehr gehört als die Vermittlung funktionaler Sprachfertigkeiten, gilt es, konkrete Wege zu finden, um Sprachbewusstheit zu fördern. Hierzu wird häufig ein kontrastiver Ansatz (WOLFF 1993) gewählt und auf die wichtige Rolle von Kognition und Kognitivierung (BAUSCH et al. 1998) hingewiesen. Davon ausgehend ergeben sich drei zentrale Bereiche des Englischunterrichts, die sich zur Förderung von Sprachbewusstheit in besonderem Maße eignen (GNUTZMANN 1997 sowie 2003, S. 338):

- **verstärkte Lernerorientierung**, zum Beispiel durch Wahrnehmung von mehrsprachig und multikulturell zusammengesetzten Lernergruppen sowie Kommunikation *über* Lernprozesse und *über* Kommunikation im Unterricht auf der Meta-Ebene,
- **methodische Akzentverschiebung**, zum Beispiel durch entdeckendes und kontrastives Lernen (Betonung der Kognition) sowie modifizierte Einsprachigkeit durch positive Sicht der Muttersprache (vgl. Kapitel 18),
- **Veränderungen in den Bereichen Sprache und Inhalt**, zum Beispiel durch Betonung des sprachreflexiven und sprachvergleichenden Potenzials der Übersetzung, den erhöhten Stellenwert von Fehleranalyse und -reflexion (vgl. Kapitel 17) sowie die Einbindung von Sprachvergleichen und Sprachgeschichte.

> **Lehrertipp: Exkurs in die Sprachgeschichte**
>
> Immer, wenn im Unterricht Wörter mit lateinischem, französischem oder anderem Hintergrund auftauchen, mache ich einen Exkurs in die Sprachgeschichte. Je nach Alter der Schülerinnen und Schüler reichere ich die Fakten mit mehr oder weniger Anekdoten an, um die Vergangenheit lebendiger werden zu lassen, wie zum Beispiel Liebesgeschichten zwischen einem angelsächsischen Mädchen und einem französischen Ritter.
>
> *(C. Hübner, Gymnasium)*

8 Fertigkeiten

■ „Da es beim Gebrauche der Sprache jederzeit Einen geben muß, der sich äußert, und Einen, an den die Aeußerung gerichtet ist, und da das Aeußern der Gedanken schriftlich oder mündlich geschehen kann, so gehen hieraus vier Fertigkeiten hervor, die Derjenige besitzen muß, von dem man sagen soll, er habe eine Sprache inne: er muß sie lesen, schreiben, sprechen und verstehen (im engern Sinne) können." (FALKMANN 1839, S. 5) ■

Was heißt es, eine fremde Sprache sprechen zu können? Vor mehr als 160 Jahren beschrieb ein Fremdsprachenlehrer und Schulleiter aus dem westfälischen Detmold so das Konzept einer funktionalen Sprachbeherrschung. Er war vermutlich einer der ersten, der **vier Fertigkeiten** – zwei rezeptive und zwei produktive – klar unterschied. Diese Einteilung ist seit über hundert Jahren Basis fremdsprachendidaktischer Überlegungen. Heute werden Übersetzen und Dolmetschen als fünfte Fertigkeit mitbedacht.

Das fremdsprachliche Können bezieht sich auf zwei Modalitäten, das Schriftliche (Lesen, Schreiben, Übersetzen), das im Englischen mit dem Begriff *literacy* verknüpft ist, und das Mündliche (Hören, Sprechen, Dolmetschen) sowie auf zwei Verarbeitungsweisen, nämlich **rezeptives Sprachverstehen** (Hören und Lesen) und **produktive Sprachäußerung** (Sprechen und Schreiben); Übersetzen und Dolmetschen (*mediating*) umfassen sowohl rezeptive wie produktive Prozesse.

Form der Sprachverarbeitung	Modalität	
	mündlich	schriftlich
rezeptiv	hören	lesen
produktiv	monologisches Sprechen	schreiben
	interaktives Sprechen	
sprachmittelnd	dolmetschen	übersetzen

Fertigkeiten

Die einzelnen Fertigkeiten bauen aufeinander auf, indem das Hören dem Sprechen vorausgeht und das Lesen dem Schreiben. Daraus leitet sich für den Unterricht eine gewisse Reihenfolge von Darbietung und Übung ab, obwohl man die einzelnen Fertigkeiten von Anfang an überwiegend integrativ trainiert.

Eine fremde Sprache zu lernen heißt auch, sich in eine fremde Klangwelt einzuhören, eine anders strukturierte Sinnwelt zu entdecken und die von der Muttersprache her gewöhnten Ausdruckspfade zu verlassen. Englischlehrerinnen und -lehrer, die das Englische seit vielen Jahren, oft seit Jahrzehnten, gut beherrschen, können zuweilen vergessen, wie schwer es für Lernanfänger ist, dem fremden Lautstrom zu folgen, ihn in bedeutungstragende Elemente zu zerlegen und deren Sinn zu erfassen. Ganz heilsam ist es daher, wenn Lehrerinnen und Lehrer selbst eine weitere Sprache neu lernen, um das **Gefühl für die Lernerperspektive** wieder zu erlangen, um Lernproblemen bei den eigenen Schülerinnen und Schülern sensibel begegnen zu können und um das Bewusstsein für die Erfordernisse und die Möglichkeiten zu Hilfestellungen bei Darbietung, Übung und Anwendung des sprachlichen Stoffes zu verstärken.

Guten Sprachlehrerinnen und -lehrern gelingt es, im Unterricht die vielfältigsten Lernsituationen zu schaffen. Dazu müssen sie zum einen die Prozesse kennen, die bei bestimmten Aufgabenstellungen in den Köpfen der Lernenden ablaufen, etwa die Planungsschritte, die zu einer mündlichen Äußerung in der Fremdsprache führen. Zum anderen benötigen sie ein differenziertes und reichhaltiges methodisches Repertoire, um passende Aufgaben und Materialien zu entwickeln oder auszuwählen, um adäquat Hilfestellung zu leisten und gezieltes Feedback zu geben.

Die fünf in diesem Kapitel behandelten Fertigkeiten machen einen äußerst wichtigen Teil fremdsprachlicher Kompetenz aus. Man darf sie jedoch nicht mit Kompetenz gleichsetzen, denn zur Kompetenz, der Grundlage kommunikativer Handlungsfähigkeit, gehört noch mehr, wie das folgende Zitat aus dem Gemeinsamen europäischen Referenzrahmen (GeR) zeigt:

> ■ *„Kompetenzen* sind die Summe des (deklarativen) Wissens, der (prozeduralen) Fertigkeiten und der persönlichkeitsbezogenen Kompetenzen und allgemeinen kognitiven Fähigkeiten, die es einem Menschen erlauben, Handlungen auszuführen. [...] Kommunikative Sprachkompetenzen befähigen Menschen zum Handeln mithilfe spezifisch sprachlicher Mittel." (Council of Europe 2001, S. 21) ■

Obwohl sich die Verfasser des Gemeinsamen europäischen Referenzrahmens der **Mehrdimensionalität von Kompetenz** bewusst sind, definiert der GeR vor allem Niveaustufen für die sprachlichen Fertigkeiten, die sich auf monologisches und interaktives Sprechen, auf Hörverstehen, Lesen und Schreiben sowie Übersetzen/Dolmetschen beziehen. Die Ausführungen zu deklarativem Wissen sind denkbar knapp (Council of Europe 2001, vgl. Kapitel 5). Hier eröffnet sich daher für Englischlehrende und die Lehrplandiskussion ein Gebiet, in dem eigene Schwerpunkte gesetzt werden können. Der schulische Fremdsprachenunterricht – und darauf wurde bereits hingewiesen – bereitet die Kinder und Jugendlichen auf die spätere Verwendung der englischen Sprache in Ausbildung, Beruf und Freizeit vor und will gleichzeitig im Unterricht selbst Kommunikations-, Verstehens- und Ausdrucksbedürfnisse befriedigen. Daraus folgt erstens, dass reale Formen der Verwendung der Fremdsprache außerhalb von Unterricht vorab simuliert und eingeübt werden müssen, um sie „im Ernstfall" einsetzen zu können, und zweitens, dass die fremde Sprache für die Mitteilungsbedürfnisse innerhalb des Unterrichts benötigt wird. Letztere können sich aus dem Zweck des Englischunterrichts ergeben, aber auch aus dem sozialen Zusammenspiel in der Lerngruppe. Im sozialen Gefüge der Klasse können Schülerinnen, Schüler und Lehrerin oder Lehrer sich gegenseitig über die im Lehrbuch und Lehrplan definierten Ziele hinaus anregen – etwa, indem sie den neuesten Harry Potter-Band im Original lesen oder Vorlieben aus der aktuellen Musik teilen. Das Klassenklima und das dieses Klima tragende Geflecht persönlicher Beziehungen und gegenseitiger Wertschätzung übt einen beachtlichen Einfluss auf Lernbereitschaft und Lernverhalten aus.

Weitere Einflussfaktoren für den erfolgreichen Erwerb der Fertigkeiten liegen in Themen, Texten und Materialien. Für das Training rezeptiver und produktiver Fertigkeiten ist es keineswegs trivial, was man hört oder liest und worüber man spricht und schreibt. Alle Funktionen von Sprache – Information, Mitteilung, Überzeugung, Beziehungspflege, kreativer Ausdruck und metasprachliche Verständigung (das heißt Verständigung über die Sprache selbst) spielen für ein effektives und erfolgreiches Arbeiten an den fremdsprachlichen Fertigkeiten eine Rolle: *listening for fun* ist damit ein ebenso berechtigtes Unterrichtsziel wie das Schreiben von Geschäftsbriefen, das Gespräch über Kollokationen oder das Lesen von Zeitungstexten mit anschließendem Streitgespräch zu einem aktuellen Thema.

Die im GeR beschriebenen sechs Kompetenzniveaus von der elementaren bis zur selbstständigen Sprachverwendung für die einzelnen Fertigkeiten können Englischlehrerinnen und -lehrern sowohl Hilfestellung bei der Unterrichtsgestaltung, der Formulierung von Arbeitsaufgaben und Übungsanleitungen geben als auch Hinweise darauf, wie Schülerleistungen eingeschätzt und bewertet werden. Allerdings steht uns im schulischen Englischunterricht noch eine Phase der Erprobung solcher Skalen und der zu ihrer Überprüfung entwickelten Messinstrumente bevor. Bislang verfügen wir nicht über eindeutige und trennscharfe Verfahren zur Leistungsmessung, die an Standards oder Kompetenzniveaus ausgerichtet sind. Wesentliche Voraussetzung dafür, dass Schülerinnen und Schüler etwas lernen, ist jedoch weniger das Messverfahren als ein guter Unterricht. Darauf kommt es vor allem an.

8.1 Verstehen – Hören und Lesen

Wenn man Lehramtsstudierende fragt, welches die wichtigsten Fertigkeiten für die Kommunikation und insofern auch für einen kommunikativen Englischunterricht sind, dann nennen die meisten das Sprechen, denn Kommunikation wird einfach gleichgesetzt mit Miteinander-Sprechen. Dabei ist das **Hören viel wichtiger.** Von der Zeit, die wir mit Kommunikation verbringen, entfallen 45 Prozent auf Hören, 30 Prozent auf Sprechen, 16 Prozent auf Lesen und 9 Prozent auf Schreiben (vgl. HEDGE 2000, S. 228). Zusammengenommen machen die rezeptiven Fertigkeiten knapp zwei Drittel der Kommunikation aus – eine für viele überraschende Einsicht. Daher soll das Verstehen von gesprochener oder geschriebener Sprache zuerst behandelt werden.

Die Rolle, die das Verstehen für die Kommunikation spielt, spiegelt sich bislang kaum in den Lehrwerken und Lehrplänen und somit auch nicht im Englischunterricht. Dabei erfahren Hör- und Leseverstehen durch die zunehmende Präsenz von Unterhaltungs- und Informationsmedien (Fernsehen, DVDs, Internet etc.) weitere Aufwertung (vgl. Kapitel 11). Wenn wir Schülerinnen und Schüler befähigen wollen, sich selbstständig in diesen Bereichen zu bewegen, müssen wir sie dementsprechend vorbereiten.

In der Unterrichtspraxis tendiert man vielleicht dazu, dem Resultat des Lesens und Hörens, also dem Verstehen oder Nicht-Verstehen eines Textes vorrangig Aufmerksamkeit zu schenken, denn der Erfolg des Unterrichts misst sich in gewisser Weise an seinen Ergebnissen. Für die Unterrichtsplanung, für die Befähigung der Lernenden, zunehmend selbstständig mit fremdsprachigen Texten umzugehen und ihnen dabei zu helfen, ist es unabdingbar, die Prozesse des Verstehens zu kennen und durch geeignete unterrichtliche Maßnahmen zu unterstützen (FIELD 1998).

Zwecke und Ziele

Hören und Lesen im muttersprachlichen Alltag unterscheiden sich in vielerlei Hinsicht von den Zwecken und Zielen der Hör- und Leseübungen im Englischunterricht. Deren Ziel jedoch liegt darin, die Lernenden zu kompetenten Teilhabern an fremdsprachiger Kommunikation zu machen. Insofern sollten alle Unterrichtsaktivitäten, auch wenn sie Teilfertigkeiten üben und an eng umrissenen Sprachelementen arbeiten, dieses Fernziel nicht aus den Augen verlieren. Die Unterschiede beziehen sich zum einen auf die Hör- und Lesetexte, denen man im Alltag und im Unterricht begegnet, zum anderen aber auch auf die durch die Texte ausgelösten Handlungen. Im Englischunterricht erfordert das Hören oder Lesen in der Regel eine auf den Inhalt oder die Sprache gerichtete Reaktion, anhand derer die Lehrerin oder der Lehrer erkennen möchte, ob die Schülerin oder der Schüler den Text oder die Aufgabe versteht. Im Alltag dagegen hört und liest man vieles, ohne anderen darüber Rechenschaft ablegen zu müssen. Stilles Lesen und genießendes Hören sollten auch im Unterricht nicht völlig ausgeschlossen werden.

Funktion	Fertigkeit	im Alltag (z. B.)	im Englischunterricht (z. B.)
Informationsaufnahme	Hören	Durchsagen, Vortrag, Radionachrichten	Anweisungen, Lehrervortrag
	Lesen	Zeitung, Fachbuch, Bedienungsanleitung	Sachtext, Erläuterung zur Sprache, Wörterbuch
soziale Beziehung pflegen	Hören	Gespräch führen, Telefonieren	(Smalltalk)
	Lesen	E-Mail-Korrespondenz, Briefe	(E-Mail-Kontakt zu Partnerklasse)
Meinungen kennenlernen	Hören	Kommentar, Talkshow, Gespräch	Diskussion, Debatte, Klassengespräch
	Lesen	Kommentar, Brief	nicht-fiktionale Texte
Sprachmodell wahrnehmen	Hören	--	Hörtexte zielgerichtet aufnehmen
	Lesen	--	Lehrbuchtexte, Materialien genau erarbeiten
Sprache und Text genießen	Hören	Musik, Theater, Hörbücher, Lesungen	Popsongs, Geschichten, Reime
	Lesen	Literatur	literarische Texte

Zwecke des Hörens und Lesens

Verstehensprozesse

Fremdsprachliche Texte, seien sie gesprochen oder geschrieben, zu entschlüsseln, ist ein komplexer Prozess, den Fremdsprachenlehrerinnen und -lehrer genau kennen müssen, wenn sie geeignete Hilfen und Aufgaben anbieten möchten. Denn Lesen und Hören schließen mehrere rasch und simultan ablaufende mentale Prozesse ein (GRABE 2002), die sowohl getrennt trainiert als auch kombiniert geübt werden sollten.

Vereinfacht gesagt, sind **zwei gegenläufige, jedoch miteinander interagierende Prozesse** am Werk: *bottom-up processing* und *top-down processing*. Die deutsche Leseforschung spricht hierbei von „hierarchieniedrigen" und „hierarchiehohen Prozessen" (RICHTER/CHRISTMANN 2002).

Bottom-up processing

Mit *bottom-up processing* beschreibt man das Entschlüsseln von Lauten, Wörtern und Ausdrücken auf der Grundlage vorhandenen sprachlichen Wissens, jeweils ausgehend und aufsteigend von den kleinsten Einheiten, den Lauten oder Buchstaben, dann Wörtern und Wortverbindungen. In der Muttersprache erkennen wir die meisten Wörter, die wir hören oder lesen, ganz automatisch, ohne lange nachdenken zu müssen. Dass dieser Prozess automatisiert abläuft, zeigt sich daran, dass wir ihn gar nicht bewusst abschalten können (GRABE 2002). Durch die weitgehende Automatisierung der Worterkennung wird Verarbeitungskapazität freigesetzt, und Leser/Hörer können ihre Aufmerksamkeit auf anderes lenken, etwa das Informationsziel, die Autorenmeinung oder den Kontext.

Beim verstehenden Hören oder Lesen in der Fremdsprache – zumindest im Anfangsunterricht und solange der verfügbare Wortschatz relativ klein ist – läuft die Worterkennung noch nicht reibungslos und drängt sich in den Vordergrund der Sprachverarbeitung. Dadurch sind Lernende vor allem auf das Verstehen von Einzelwörtern fixiert und können den syntaktischen Phänomenen, der Diskursstruktur und den textumgebenden Elementen nur geringe Aufmerksamkeit schenken. Das gilt für Hören und Lesen in ähnlicher Weise. Wenn wir jemandem zuhören, der eine uns völlig fremde Sprache spricht, dann können wir nichts verstehen, solange wir uns allein auf ein *bottom-up processing* verlassen müssen. Wir wissen dann beispielsweise nicht, wo sich die Wort- und Satzgrenzen befinden, und wir kennen die einzelnen Wörter nicht. Zwar kann man in englischer Spontansprache kurze Pausen im Sprechfluss etwa alle zwölf Silben beobachten (FIELD 2003), doch hilft dies nicht, wenn einzelne Wörter nicht erkannt und verstanden werden. Wenn wir allerdings teilnehmend zuhören, das heißt den Sprecher beobachten, gelingt es aus der Situation, aus Mimik und Gestik des Sprechers sowie aus Intonation, Sprechgeschwindigkeit und Lautstärke einiges über das Gesagte zu erraten. Dies ist Teil des *top-down processing*.

Top-down processing

Der situative Kontext erlaubt es uns, bestimmte Erwartungen zu entwickeln, indem auf der Basis unseres Weltwissens Schemata aktiviert werden, die uns helfen, das Gesagte mit Bedeutung zu versehen. Sollte also ein Sprecher vor einem mit Geschenken beladenen Tisch stehen und unter den festlich gekleideten Anwesenden insbesondere eine Person freundlich ansprechen, so lässt sich vermuten, dass es sich um eine Glückwunsch- oder Verabschiedungsrede handelt. Für das *top-down processing* aktivieren wir also Weltwissen und Lebenserfahrung einerseits und gewinnen andererseits Informationen aus dem **situativen Kontext** (beim Hören) oder bestimmten Merkmalen des Textes und seinem Veröffentlichungsort (beim Lesen).

Diese knappe Charakterisierung des beim Hören und Lesen ganz ähnlichen Vorgangs zeigt, dass jüngere Englischlernende generell mehr Hilfen bei der Entschlüsselung benötigen, weil sie weder über hinreichend sprachliches Wissen noch über eine breite Lebenserfahrung und differenziertes Vorwissen verfügen. Auch sind sie noch nicht so versiert darin, rasch logische Verknüpfungen zwischen einzelnen von ihnen verstandenen Wörtern herzustellen, um daraus auf den globalen Sinn des Textes zu schließen. In den ersten Jahren des Englischunterrichts wird man daher etwa das Hörverstehen so praktizieren, dass nacheinander an geeigneten Hörtexten oder Situationen im Unterricht gezielt die einzelnen Erschließungsverfahren erprobt und geübt werden, zum Beispiel das Inferieren und Raten auf der Grundlage von Hinweisen im Text, das Beachten von Kontextinformationen (dazu unten mehr) und – beim Hören – das Aufnehmen und Interpretieren von Stimmqualität, Sprechgeschwindigkeit und Intonation. Wenn die Lernenden bestimmte Strategien kennen (vgl. Kapitel 23), die sie bewusst einsetzen, um Hör- und Lesetexte besser zu erschließen, dann steigert dies nicht nur die Effizienz des Verstehens, sondern verschafft den Lernenden mehr Selbstvertrauen in die eigenen Fähigkeiten. Vandergrift (1999) nennt unter anderem *planning and monitoring* als wichtige Strategien für erfolgreiches Verstehen spezieller Hörtexte. Dabei sollte nicht vergessen werden, dass auch Unterricht in der Zielsprache ein exzellentes Hörtraining darstellt.

> **Lehrertipp: Verstehenshilfen bewusstmachen**
>
> Vielen Schülerinnen und Schülern ist nicht selbstverständlich klar, welche Verstehenshilfen sich aus Wissen über den Kontext (zum Beispiel ist manchmal relativ klar, wie eine bestimmte Episode aus dem Lehrbuch wohl weitergehen wird), über die Textsorte (zum Beispiel werden in Märchen die Guten siegen) oder über den Schauplatz (so weiß beispielsweise jeder, was an einem Bahnhof zu erwarten ist) ergeben. Auch dass Illustrationen zum Text gehören, ist für viele Schülerinnen und Schüler durchaus überraschend. Gerade bei Hörverstehenstexten empfiehlt es sich, mögliche Verstehenshilfen gezielt mit den Schülerinnen und Schülern zu besprechen: zum Beispiel *What has happened so far? What do you know about fairy tales? Which things can happen at a station?* Dies erfolgt am besten, bevor man die Schülerinnen und Schüler mit dem Text konfrontiert, um auch (sprachlich) schwächeren unter ihnen Erfolgserlebnisse zu vermitteln. Diese Mobilisierung von Erwartungen an den Text auf der Basis von Wissen über die eigene Lebens- bzw. die bisherige Textwelt kann dabei ggf. teilweise auf Deutsch erfolgen. *(A. Wieshuber, Gymnasium)*

Nicht nur die Verstehensprozesse sind für Hören und Lesen fremdsprachiger Texte sehr ähnlich, sondern auch die Lernziele gleichen sich weitgehend. Der Unterricht möchte auf den autonomen Umgang mit der fremden Sprache vorbereiten sowie den Lernenden Motivation, Selbstvertrauen und das nötige Rüstzeug vermitteln. Im Hinblick auf das übergreifende Lernziel des Englischunterrichts kommt es bei Hör- und Leseverstehen sowohl auf *accuracy*, nämlich ein möglichst exaktes Verstehen der Texte, als auch auf *fluency* an, nämlich rasches und problemloses Entschlüsseln, damit die Lernenden in der Lebenswelt kompetent mit englischsprachigen Verstehenssituationen umgehen können. Beides zusammen sollte zu Lesefreude und Hörbegeisterung führen und in Folge zum freiwilligen Hören und Lesen englischer Texte, einfach deshalb, weil es Spaß macht.

> **Tipp:** Generell gilt: Je mehr man in der Fremdsprache hört und liest, desto besser wird man.

Unterschiede zwischen Hör- und Leseverstehen

Trotz aller Ähnlichkeit der beim Verstehen gesprochener und geschriebener Sprache ablaufenden Prozesse bestehen doch erhebliche Unterschiede zwischen den rezeptiven Fertigkeiten, die auch Auswirkungen auf deren unterrichtliche Berücksichtigung haben. Geht man von der Lebenswirklichkeit aus, so steht das Hörverstehen normalerweise unter erheblichem Zeitdruck, weil sich der Lautstrom nicht aufhalten und beliebig wiederholen lässt. Natürlich kann man in einem Gespräch nachfragen oder eine Radiosendung speichern, um sie mehrmals anzuhören, doch ist die **Flüchtigkeit des gesprochenen Worts** der Regelfall. Dies setzt den Zuhörer unter erheblichen Druck, besonders dann, wenn Hintergrundgeräusche die Sprachaufnahme schwierig machen, während der Leser, der den Text vor sich hat, jederzeit zurückblättern oder neu ansetzen kann.

Auch die vorhandenen **Kontextinformationen** sind unterschiedlich. Hört man einem Sprecher im persönlichen Gespräch zu, dann liefern Stimme und Verhalten zusätzliche Anhaltspunkte. Ein geschriebener oder gedruckter Text muss solche Informationen etwa durch die Textsorte oder durch geeignete Wortwahl, Formatierung und Interpunktion liefern; oder er benötigt aussagekräftige Illustrationen. Schülerinnen und Schüler müssen lernen zu erkennen, wie hilfreich solche Hinweise für das Verstehen sind.

Im Gegensatz zu schriftlich niedergelegten Texten weist gesprochene Sprache oft Redundanzen auf. Diese erleichtern es Zuhörern, bereits beim einmaligen Hören vieles zu verstehen. Dies ist insbesondere dann der Fall, wenn ein Hörtext über Tonträger (Kassettenrekorder, CD-Spieler) dargeboten wird und man die Sprecher nicht sieht, dadurch also auf die eben beschriebenen zusätzlichen Hinweise wie Gestik und Mimik verzichten muss und nur eine **körperlose Stimme** (*disembodied voice*) hört. Ein redundanter Text, in dem die Informationen mehrfach enthalten sind, ist hier von Vorteil. Ist Redundanz in gesprochener Sprache nützlich und üblich, so gilt sie in geschriebener Sprache eher als verpönt, es sei denn die Textsorte erfordert eine mehrmalige Darbietung derselben Information (etwa im Werbetext oder im Liebesbrief).

Neben Zeitrahmen und Kontextinformationen, die sich bei Hör- und Leseverstehensprozessen häufig unterscheiden, spielt auch die Sprache selbst, etwa durch ihre regionale Färbung, für das genaue Verstehen im *bottom-up-processing* eine nicht zu unterschätzende Rolle. Gedruckte Texte bedienen sich in der Regel einer dem Standard angenäherten oder ihm entsprechenden Sprache; das heißt, es gibt vollständige, wohlgeformte Sätze. Schwierigkeiten für den Fremdsprachenlernenden als Leser ergeben sich aus unbekanntem Vokabular, aus nicht erkannten Verknüpfungen zwischen Sätzen und Abschnitten (Verweise, Bezüge) und aus der Struktur des Textes. Spontane gesprochene Sprache ist demgegenüber oft Umgangssprache und enthält Verschleifungen, Satzabbrüche, Pausen, Wiederholungen und individuell geprägte Formulierungen. Gerade wenn man verstärkt authentische Materialien im Englischunterricht einsetzt, können solche Verstehensprobleme auftauchen. Die Wortgrenzen sind im Englischen nicht immer hörbar, sodass es Lernenden schwerfällt, semantisch zusammengehörige Einheiten (*sense groups*) zu erkennen. Zusätzlich können individuelle Merkmale der Sprecher wie regionale Akzente, Dialektausdrücke und bestimmte Sprechereigenschaften das Verstehen erschweren. Bereits die falsche Wahrnehmung eines einzigen Lautes kann zu ganz anderen **Hörerwartungen** und Missverständnissen führen, wenn man beispielsweise "I won't go to London" als "I want to go to London" wahrnimmt (so FIELD 2003, S. 325).

> ■ "(But) this mistake may impact upon the interpretation of what comes next, and may even influence understanding of the text as a whole. Once learners have constructed a set of expectations for a text, they are notoriously reluctant to revise them, even if evidence comes in that contradicts them." (FIELD 2003, S. 325) ■

Dieses Beispiel illustriert die Bedeutung des Zusammenwirkens von *top-down-* und *bottom-up-*Verstehensprozessen. Schülerinnen und Schüler müssen im Englischunterricht lernen, beide Herangehensweisen an fremdsprachige Texte gleichzeitig zu praktizieren, um durch den stetigen Abgleich der jeweils erworbenen Informationen, Einsichten und Erwartungen zu einem besseren Verständnis zu gelangen.

Prinzipien und Verfahren

Das Ziel des Englischunterrichts, die Schülerinnen und Schüler fit zu machen für den autonomen Umgang mit der englischen Sprache innerhalb und vor allem außerhalb der Schule, bestimmt Prinzipien und Verfahren des Trainings der rezeptiven Fertigkeiten. Der allgemeine Grundsatz für das Sprachenlernen, dass man Kommunikationsfähigkeit vor allem durch Üben der Kommunikation erreicht, gilt auch hier. Es ist jedoch keineswegs gleichgültig, wie und woran man Hör- und Leseverstehen übt. Monotones und mechanisches Üben ist wenig lerneffektiv.

Drei Grundsätze

- Der erste Grundsatz lautet daher: **Was Schülerinnen und Schüler im Englischunterricht hören oder lesen, muss relevant sein.**
Themen und Textsorten müssen die Heranwachsenden ansprechen, sie zum Zuhören und Weiterlesen motivieren. Wenn es für das Verstehen bedeutsam ist, an Vorwissen und Vorerfahrungen anknüpfen zu können, dann beeinflusst die Textwahl auch Einschätzungen darüber, ob einzelne Schülerinnen und Schüler hierzu bereits etwas wissen könnten. Relevanz lässt sich auch an längerfristigen Lernzielen festmachen, solange man diese den Schülerinnen und Schülern erläutert, etwa nach dem Motto: „Wir trainieren an diesem Hörtext Techniken, die wir für unseren Besuch des englischen Theaterstücks in der nächsten Woche gut gebrauchen können." Relevantes Material auszuwählen, bedeutet daher nicht automatisch und ausschließlich auf sogenannte authentische Hörsituationen oder authentische Texte zurückzugreifen, selbst wenn diese dem späteren Sprachgebrauch außerhalb des Klassenzimmers entsprechen mögen. Vielmehr erfüllen authentische Hörsituationen (die man nur ein einziges Mal hörend aufnehmen darf, wenn sie echt sein sollen) und die Arbeit mit didaktischen Hörmaterialien jeweils andere, gleichermaßen relevante Funktionen.
- Der zweite Grundsatz lautet: **Was Schülerinnen und Schüler im Englischunterricht hören oder lesen, muss übertragbar sein.**
Sowohl inhaltliche Einsichten, sprachlicher Wissens- und Könnenszuwachs wie auch neu erworbene Arbeitstechniken und Teilfertigkeiten sollten auf neue Lernsituationen übertragbar sein. Dazu müssen die Lernenden erkennen können, worin der Kern einer Entschlüsselungstechnik besteht oder welche sprachlichen Phänomene sie beim Umgang mit einem Text gelernt haben. Voraussetzung ist, dass sich die Lehrerin oder der Lehrer darüber im Klaren ist, welche Lernziele erreicht und wie diese zu einem späteren Zeitpunkt bei einer neuen Hör- oder Leseverstehensaufgabe aufgegriffen und erweitert werden können. Da eine systematische, progressive Hör- und Leseverstehensschulung in den gängigen Lehrwerken des Englischen bislang höchstens in kleineren Ansätzen verwirklicht ist, kommt der langfristigen Planung solchen Fertigkeitstrainings hohe Bedeutung zu. Schülerinnen und Schüler, die keine Angst vor fremdsprachigen Texten haben, weil sie wissen, dass sie mit ihnen zurechtkommen, auch wenn sie nicht jedes Wort verstehen, werden eher von sich aus Englisches hören und lesen. Und darum geht es letztendlich.

Unterrichtliche Aufgaben müssen sinnvoll sein, zumindest aus Sicht derjenigen Person, die den Unterricht zielorientiert plant und gestaltet. Daran ist der dritte Grundsatz geknüpft.

■ Der dritte Grundsatz lautet: **Übungen müssen sinnvoll sein und das Gebot der Passung erfüllen.**

Es sollte nämlich immer eine Passung zwischen Hör- und Lesetext, den daran durchzuführenden Aufgaben und den Gegebenheiten der Lerngruppe bestehen: also weg von den noch weithin üblichen *questions on the text* nach gleichem Muster zu differenzierten und vor allem sinnvollen Aufgaben. Eine Grundüberlegung dabei ist: Lässt sich eine Frage zu einem Text eventuell auch ohne einen Blick in den Text beantworten? Dann wäre sie schlecht gestellt. Die Frage bzw. Aufgabe sollte die Lernenden beispielsweise dazu veranlassen, eine Textstelle nochmals genau zu hören (oder zu lesen), um die Antwort zu finden oder Verknüpfungen zwischen verschiedenen Informationen herzustellen.

■■ **Drei Phasen der Arbeit mit Hör- und Lesetexten**

Diese Aufgaben lassen sich **drei großen Phasen** zuordnen, die allgemeinem Konsens in der Fremdsprachendidaktik folgend als *pre-listening-* oder *pre-reading-*, *while-listening/reading-* und *post-listening/reading-*Phase bezeichnet werden. Eine gründliche Beschäftigung mit einem Text und seinem Thema wird in der Regel alle drei Phasen umfassen, jedoch ist es weder günstig, stets auf die gleiche Weise vorzugehen – denn nichts lässt Lernfreude so schnell welken wie Monotonie –, noch wird man die drei Phasen für unterschiedliche Texte und Aufgaben gleich gewichten können.

Teil II: Die Inhaltsperspektive

pre-reading / pre-listening	while-reading / while-listening		Status	post-reading / post-listening
(evtl. sprachliche Vorentlastung)	textinterne Informationen aufnehmen	Text als Ganzes (skimming) → Hauptaussage / → Texttyp		sprachlich handeln und thematisch anknüpfen
	Sprache entschlüsseln	Textteile → Beziehungen nennen		Text weiterschreiben
Vorwissen aktivieren				Text verfremden
		Textinformationen entnehmen (scanning) → Informationen einschätzen	Textverstehen ist erreicht	Text ergänzen
Erwartungen wecken und fokussieren		↑		Text umgestalten
Kontextinformationen wahrnehmen	kommunikative Situation erfassen (v. a. beim Hörverstehen)	↑ Einstellungen/ Autorenhaltungen erkennen		Text zusammenfassen
Skript aktivieren	Textsorte erkennen			Thema weiterbearbeiten
				Gegentext verfassen
				Textaussage paraphrasieren

Ziele und Aufgaben des Einsatzes von Hör- und Lesetexten

Die vorangehende Abbildung zeigt die Hauptaufgaben jeder Phase in Bezug auf die Verstehensprozesse; sie ist zugleich ein einfaches Schema für die Darstellung fremdsprachlicher Hör- und Leseverstehenskompetenz, indem sie in der *pre-reading/listening*-Phase auf Tätigkeiten abzielt, die **textexternes Wissen** und **themenbezogene Erwartungen** aktivieren, in der *while-reading/listening*-Phase die mentalen Operationen aufführt, die auf **textinternen Informationen** basieren und für die *post-reading/listening*-Phase Aufgaben benennt, die **sprachlich und thematisch weiterführen**, jedoch nicht mehr Teil des Hör- und Lesetrainings sind.

Aufgaben und Aktivitäten

Den drei Phasen der unterrichtlichen Arbeit mit Hör- und Lesetexten lassen sich zahlreiche Aufgaben und Aktivitäten zuordnen. Eine Englischlehrerin oder ein Englischlehrer, der oder dem *listening and reading for enjoyment* am Herzen liegt, wird gelegentlich mit Hör- und Lesetexten arbeiten, für die es kein anderes Ziel gibt als das des Zuhörens oder stillen Selbst-Lesens. Wenn die Lehrerin oder der Lehrer eine Geschichte oder einen Witz erzählt, müssen diese Texte nicht unbedingt analysiert und bearbeitet werden; wenn sie oder er einen *cartoon* zeigt oder einen Song vorspielt, so fördert es die Freude, folgen danach nicht immer Verständnisfragen.

Zwar soll kostbare Unterrichtszeit nicht vergeudet werden, doch erfordert der Erhalt von Lernmotivation und -bereitschaft gelegentlich unorthodoxe Aufgaben oder Abstriche am Arbeitsprogramm, um die Schülerinnen und Schüler erleben zu lassen, wie schön es ist, eine englische Geschichte oder einen Song einfach nur zu hören (und vielleicht selbst darüber nachzudenken).

Für diejenigen Unterrichtsphasen, in denen das Fertigkeitstraining im Zentrum steht, bietet die folgende Aufstellung, die Anregungen aus vielen Quellen zusammenträgt, ein paar Hinweise, die zur leichteren Umsetzung in Arbeitsanweisungen gleich in Englisch formuliert sind. Weitere Ideen finden sich in zahlreichen Beiträgen in den gängigen Fachzeitschriften sowie in einschlägigen Handbüchern (zum Beispiel UR 1984, UNDERWOOD 1989, ROST 1991, NUTTALL ²1996).

> **Lehrertipp: Falsch gehörte Liedtexte**
>
> Gerade für Original-Songs aus englischsprachigen Ländern kann es unterhaltsam sein, sich anzusehen, wie bekannte Lieder auch von Muttersprachlern falsch verstanden und damit völlig uminterpretiert wurden. Auf den Internetseiten www.kissthisguy.com (Stand: August 2006) und www.amiright.com (Stand: August 2006) finden sich zahlreiche instruktive und lustige Beispiele nach Songs und Künstlern geordnet. Auch wird dokumentiert, wie lange jemand an den „falschen" Text geglaubt hat und bei welcher Gelegenheit der Groschen fiel. Dadurch erkennen die Schüler, dass es auch in der Muttersprache schwierig ist, Liedtexte genau zu entschlüsseln, und man sich als Fremdsprachenlernender nicht schlecht fühlen muss, wenn man den Text nicht auf Anhieb begreift. Vielleicht erinnern sie sich auch an eigenes Missverstehen. Und vor allem tragen solche Beispiele dazu bei, das Sprachgefühl zu schärfen, indem man sieht, wie stark Erwartungen das eigene Hören beeinflussen können und wie hartnäckig sich Missverständnisse halten. *(F. Klippel, Universität)*

1. **Listening training in general**
- *Discrimination:* Ear training in minimal pairs: Find the matching sounds; match picture and sound (tape: ship, sheep; picture of sheep)
- *Segmentation:* Teacher dictates a text (or short passage of authentic spoken discourse) which contains contractions, weak forms, assimilation and elision. Learners listen to passage while reading the transcript, they underline contractions etc.
- *Anticipation:* Teacher plays (or speaks) half a sentence or a phrase, pupils have to finish it.

2. **Reading training in general**
- *Guessing words from context:* Teacher creates sentences in which the possible meaning of a nonsense word has to be deduced (e.g. They bought another *wurt*, although they already had two poodles, a dalmatian and a golden retriever. I'm not allowed to eat any *boogs*, because I'm allergic to fruit.).
- *Fast word recognition:* Learners have to quickly pick out a given word out of a line of similar words (e.g. automatic – automobile, atomic, automatic, automaticity, antonym, autocratic).
- *Improving reading speed:* Learners are asked to read a passage against the clock and mark the place they got to after 60 seconds, in a second and third attempt with the same passage they should get further. The teacher sets out a short text in sense groups which can be read a lot faster. A native speaker reads about 250–300 words per minute (GRABE 2002). More exercises for speeding up reading in NUTTALL 1996, pp. 54.

3. **Pre-listening/pre-reading phase**
- *Visual clues:* Which pictures accompany the text? In which way does the picture set the tone? Which feelings do they arouse?
- *Topical focus:* What do you know about the topic? Name some facts and issues connected with the topic. What does the title or headline tell you about the topic? What do you expect to hear/read about?
- *Goal setting and planning:* Think of specific information you want to get from the text. Why are you reading/listening to this text? Which task was set?
- *Language preview:* Which words are you likely to encounter?
- *Language preparation:* Here are some key words from the text (teacher explains important words beforehand).
- *Context:* Teacher explains the situation which the listening text is taken from.

4. **While-listening/while-reading phase (vgl. Kapitel 10)**
- *Word attack skills:* What could the word mean in this sentence/context? Relate it to other similar words you know. What word field does it belong to? What is the grammatical function of this word? Students have to learn to decide which unknown words to ignore (because they are not necessary for basic comprehension of the text) and which words to look up (dictionary skills).
- *Extracting textual information – whole text:* Skim (listen once to) the text – what is it about? What is the overall structure? Divide the text into parts. Underline/write down five key words. How many people are talking (for listening text)?
- *Extracting textual information – text elements:* Scan the text for information: Which examples are given for …? What figures are given for …? How many …? Where …? When …? For how long …? Which of these statements is true/false? Transfer information from the text into a chart/a diagram/a picture. Find the mistakes. Tick the items mentioned in the text. Fill in the gaps. …
- *Analysing the text:* Finding references, discourse markers. …
- *Assessing the text and its information value:* Which arguments are raised? Are they plausible? Which information is missing? What did you expect to hear and did not learn from the text? …
- *Assessing the text as a reader or listener:* In what way does the speaker/author convince you of his argument? What kind of language triggers your emotional reactions? …
- *Monitoring comprehension:* Fill in a performance checklist (list of wh-questions on the text itself plus reflection on difficulties and problems in understanding the text).

Anregungen für Aufgaben in der *post-listening/post-reading*-Phase sind in der Tabelle auf S. 84 enthalten.

Hör- und Leseverstehen überprüfen

Viele der Übungsformen, mit denen man Hör- und Lesetexte im Unterricht bearbeiten kann, sind auch als **Formen der Überprüfung** von Hör- und Leseverstehen geeignet. Möchte man trennscharf feststellen, wie gut Hör- oder Leseverstehen bei einzelnen Lernenden entwickelt sind, muss man Aufgaben zur Überprüfung wählen, die nicht gleichzeitig andere Fertigkeiten zur Bewältigung verlangen (*discrete-point testing*). Wenn eine Schülerin oder ein Schüler Fragen zu einem Hörverstehenstext beantworten soll, dann könnte eine schwache Leistung auch darin begründet sein, dass der Betreffende Probleme hat, seine Antwort frei zu formulieren, er aber durchaus in der Lage wäre, die betreffende Information in einer Tabelle anzukreuzen. Aufgaben zur Überprüfung von Hör- oder Leseverstehen sollten in Bezug auf eventuelle zusätzliche Anforderungen unbedingt vorab analysiert werden (vgl. Kapitel 16).

Meistens wird man fremdsprachliche Leistungen jedoch nicht scharf getrennt unterrichten und prüfen, sondern vielmehr im Verbund mehrerer Fertigkeiten und Leistungsbereiche (*integrative testing*). Für das Hörverstehen ist die Kombination mit dem Sprechen besonders sinnvoll, denn wer gut zuhört, kann sich auch gut am Gespräch beteiligen, weil er weiß, wie Gesprächsbeiträge auf Zuhörer wirken. Lynch (1996) betont, dass es bei einer richtigen Unterhaltung sowohl auf das Zuhören als auch auf das Mitreden ankomme und gerade die Interaktion zwischen Zuhörenden und Sprechern produktiv sei, denn im Gespräch könnten die Zuhörer durch Nachfragen, durch nonverbale Anzeichen von Nichtverstehen und von lebhafter Zustimmung oder Ablehnung den Verlauf beeinflussen.

Für das Lesen diskutiert Alderson (2000) auf der Basis der Überlegungen von Bachman/Palmer (1996) Vorzüge und Nachteile unterschiedlicher **Testformate** wie *cloze test* und Lückentexte, Multiple-Choice-Verfahren, Sortier- und Zuordnungsaufgaben sowie Nacherzählungen und Zusammenfassungen. Zudem bietet sich für die Überprüfung des Leseverstehens eine Verknüpfung mit dem Schreiben an. Viele kreative Schreibaufgaben basieren in einem ersten Schritt auf dem Lesen und Analysieren geeigneter Mustertexte, die man als Modell und Ausgangspunkt für die eigene sprachliche Gestaltung nimmt. Wer viel liest, schreibt besser, bestätigt die Leseforschung (GRABE 1991, S. 394). Das leuchtet sofort ein, denn erfahrenen Lehrerinnen und Lehrern ist der Übungseffekt des häufigen Umgangs mit Sprache wohlbekannt.

Einige offene Fragen

Die Entwicklung der rezeptiven Fertigkeiten ist zwar bereits relativ gut erforscht, doch gibt es sowohl in der Wissenschaft als auch in der Unterrichtspraxis noch eine Reihe von Fragen, über die keine Einigkeit herrscht:

- **Lautes Lesen**
Im Unterricht gerne und häufig praktiziert, weil es zur Beruhigung und (vermeintlichen) Konzentration der Lernenden beiträgt, wird das laute Lesen von Texten, die allen vorliegen (etwa aus dem Lehrbuch), in der Wissenschaft eher abgelehnt. Zwar dient es der Überprüfung der Beherrschung der Aussprache der jeweiligen Lesenden, doch garantiert es weder, dass der Leser den Sinn des Gelesenen erfasst, noch, dass die Zuhörer – sollten sie wirklich zuhören und nicht nur erleichtert abschalten, weil sie nicht „dran" sind – vom Vorgelesenen für das Verstehen profitieren (WESTHOFF 2001).

> **Tipp:** Lautes Vorlesen ist vor allem dann sinnvoll, wenn der Leser den Text bereits verstanden hat, ihn daher gestaltend vortragen kann und die Zuhörer ihm folgen müssen, weil ihnen selbst der Text nicht vorliegt.

Szenisches Lesen von Dramentexten mit verteilten Rollen oder auch das textgestützte Rezitieren von Gedichten bauen auf dem Textverständnis auf und gehören somit eher zur Sprachgestaltung/-produktion.

- **Mitlesen**
Ob man den Schülerinnen und Schülern über Tonträger dargebotene Hörtexte gleichzeitig schriftlich vorlegen sollte, wird unterschiedlich beurteilt. Hier entscheidet letztlich das gewählte Lernziel. Geht es darum, das Hörverstehen zu üben und bestimmte Erschließungstechniken zu trainieren, dann sollte der Text erst nachträglich zur Kontrolle ausgegeben werden. Steht jedoch das möglichst rasche und gründliche Entschlüsseln eines Hörtextes im Vordergrund, so kann insbesondere für visuelle Lerntypen die Vorlage des schriftlichen Textes sehr hilfreich sein.

- **Authentische vs. didaktische Texte**
Mit der kommunikativen Wende hat die Frage nach Authentizität im Hinblick auf Kommunikationssituationen und Materialien für den Unterricht stark an Bedeutung gewonnen (vgl. Kapitel 11) und ist vielfach zu einer emotional besetzten Debatte geworden. Während die einen glauben, dass das Hauptziel, nämlich die Teilhabe an authentischer Kommunikation, auch alle Schritte dorthin dadurch bestimmen müsse, dass nur authentische Sprache, authentische Texte und am realen Sprachgebrauch ausgerichtete Aufgaben zum Einsatz kommen dürfen, sehen die anderen durchaus eine Rolle für didaktisierte Materialien und präkommunikative Aufgaben vor allem auf den unteren Lernstufen.

Die letztere Ansicht wird auch von uns geteilt, denn allgemeine pädagogische und didaktische Prinzipien wie das Gebot der Passung, der Relevanz und der Übertragbarkeit gelten für den Fremdsprachenunterricht ebenso wie für andere Schulfächer. Die von den Lernenden zu erbringende Leistung muss erreichbar sein, das Lernergebnis übertragbar auf andere Anwendungssituationen und das Material sowie die Aufgaben sinnvoll für die jeweilige Lerngruppe. Manchmal sind speziell konstruierte didaktische Texte eher prototypisch als authentische, was die Übertragbarkeit unterstützt. Folglich ist eine Grundsatzentscheidung, nur das eine oder das andere zu verwenden, nicht sinnvoll.

Tipp: Als Faustregel kann gelten: So viel Authentizität wie möglich, so viel Didaktisierung wie nötig.

Hausaufgaben

Die Unterrichtszeit für das Englischlernen ist knapp bemessen. Da liegt es nahe, zeitaufwändige Tätigkeiten wie das Lesen oder Hören längerer Texte auszulagern. Mit Blick auf das Ziel des späteren autonomen Umgangs mit der englischen Sprache erscheint dies auch sinnvoll, kann man doch dadurch die Verantwortung jedes Einzelnen für das eigene Lernen stärken. Vielfach wenden Lehrerinnen und Lehrer jedoch ein, dass Hör- oder Lese-Hausaufgaben nur selten von allen Schülerinnen und Schülern erledigt würden. Eine – wenn auch extrinsische – Motivation kann dadurch erzeugt werden, dass die Ergebnisse des häuslichen Hörens oder Lesens die Basis der folgenden Stunde bilden, indem man daran anknüpft. Eine weitere Möglichkeit besteht darin, dass jeweils Kleingruppen unterschiedliche Aufgabenstellungen im Anschluss an die Textaufnahme erledigen müssen (Beispiel: Gruppe 1: Gliederung in Sinnabschnitte, Gruppe 2: Schlüsselbegriffe, Gruppe 3: Textstellenbelege für bestimmte Themen/Aussagen, Gruppe 4: Charakterisierung einer Person/Situation).

Verhältnis von Lesen in der Erst- und Lesen in der Zweitsprache

Aus der Lernprozessforschung ist bekannt, dass ein gewisses Fundament an sprachlichem Wissen (vor allem Lexik) vorhanden sein muss, ehe Hören und Lesen in der Fremdsprache zügig erfolgen können. Kleine Kinder lernen meist erst lesen, wenn sie etwa 6000 Wörter und die wichtigsten grammatischen Strukturen in ihrer Muttersprache kennen (GRABE 2002). Im Englischunterricht wird mit dem Lesen begonnen, lange bevor ein ähnliches sprachliches Wissen erworben ist. Unklar ist bislang, welche muttersprachlichen Strategien, Fertigkeiten und sprachliche Wissensbestände im Einzelnen auf das Lesen in der Fremdsprache übertragbar sind und dieses befördern.

■ "One cannot assume that the transfer of all reading skills and strategies from the L[anguage] 1 is easy, automatic, or uniformly positive. Only two useful generalisations can be made at present. The first is that many instances of transfer lead to interference for L[anguage] 2 reading comprehension. The second is that researchers do not know the full range of situations on which positive transfer does or does not occur, or when [negative] transfer occurs." (GRABE 2002, S. 56 f.) ■

Sicherlich wird die individuelle Bandbreite in jeder Englischklasse im Hinblick auf Lese- und Hörverstehen groß sein.

Die Schule hat die Aufgabe, Kindern und Jugendlichen **Textkompetenz** – *literacy* – zu vermitteln. Im Englischunterricht gehört dies ebenfalls zu den Kernbereichen und ein umfassendes, differenziertes Training rezeptiver Fertigkeiten legt sowohl die Grundlage für einen kompetenten produktiven Gebrauch der fremden Sprache als es auch den Schlüssel zur Teilhabe an fremder Kultur bereitstellt. Gesprochene und geschriebene englische Sprache verstehen zu können, ist somit ein ganz wesentliches Ziel des Englischunterrichts.

8.2 Sprechen und Schreiben

Eine fremde Sprache sprechen zu können, erscheint vielen Lernenden und Unterrichtenden als das Hauptziel des Fremdsprachenunterrichts in der Schule.

■ "The ability to speak in a foreign language is at the very heart of what it means to use a foreign language." (ALDERSON/BACHMAN 2004, S. IX) ■

Vielfach wird das Sprechen daher auch als *core skill* (BROADY 2005, S. 55) bezeichnet. Auf die eher verborgene, wenn auch keinesfalls geringere Bedeutung der rezeptiven Fertigkeiten wurde bereits hingewiesen (vgl. Kapitel 8.1).

Zwecke und Ziele

Für die gesamte Dauer des Englischunterrichts – von der Grundschule bis zum Abitur und darüber hinaus – ist die **Förderung der Sprechfertigkeit** ein zentrales Ziel. Demgegenüber tritt die Fertigkeit des Schreibens in der Fremdsprache im Englischunterricht etwas zurück. In der Grundschule dient das Ab- und Aufschreiben oftmals lediglich als Lernhilfe; in Hauptschulen und den leistungsschwächeren Kursen der Gesamtschule wird das Schreiben ebenfalls nicht besonders intensiv und breit geübt, soweit es sich um das selbstbestimmte Schreiben handelt. Vor allem in Realschulen und Gymnasien besitzt das Schreiben jedoch einen hohen Stellenwert.

Natürlich wird im Englischunterricht viel geschrieben; es werden Übungen schriftlich erledigt, Hausaufgaben angefertigt und fast alle Klassenarbeiten und Leistungsüberprüfungen schriftlich verfasst. Das Schreiben in solchen Arbeits- und Prüfungssituationen dient vor allem Lern- und Prüfungszwecken und stellt nur einen geringen Bruchteil derjenigen Schreibanlässe dar, aufgrund derer jemand außerhalb der Schule eventuell in englischer Sprache schreiben muss.

Damit ist ein grundsätzliches Problem des Fremdsprachenunterrichts angesprochen, das gerade mit Blick auf die produktiven Fertigkeiten besonders auffällig ist. Das Ziel des Unterrichts, nämlich die spätere selbstständige Verwendung der fremden Sprache in einer Vielzahl von Kommunikationssituationen in Ausbildung, Freizeit und Beruf macht eine gezielte Vorbereitung auf solche sprachlichen Anforderungen notwendig. Dem stehen jedoch die pädagogischen und institutionellen Zwänge des Unterrichts in gewisser Weise entgegen, da Sprech- und Handlungsrollen im Klassenzimmer klar definiert sind und eben gerade nicht denjenigen entsprechen, denen man außerhalb von Schule begegnet.

Während es leichter ist, authentische Sprache in Form von Hördokumenten oder Lesetexten in den Unterricht einzubringen, um dadurch die rezeptiven Fertigkeiten an echtem Sprachmaterial zu schulen, kann man viele Kommunikationssituationen, in denen es um Sprachproduktion geht, im Unterricht bestenfalls simulieren. Das bedeutet aber auch, dass all jene Situationen, in denen es zu einem echten Meinungs- und Gedankenaustausch, zu realer Information und Interaktion zwischen den Lernenden untereinander oder zwischen Lehrerin oder Lehrer und Klasse kommt, für die Förderung der produktiven Fertigkeiten der Lernenden genutzt werden (vgl. Kapitel 14.2). Ferner sollten gerade solche Projekte, die mithilfe der neuen

Medien den schriftlichen oder mündlichen Kontakt zu Sprechern oder anderen Lernenden des Englischen herstellen, zum Beispiel E-Mail-Projekte, Videokonferenzen, Chat, immer wieder mit interessanten Themenstellungen in den Englischunterricht integriert werden. Selbstverständlich sind persönliche Begegnungen mit Muttersprachlern des Englischen für das Sprechen ganz besonders anregend und förderlich; im normalen Schulalltag werden solche Sternstunden der Kommunikation wohl so lange seltene Ereignisse bleiben müssen, wie nicht muttersprachliche Lehrassistenten in größerer Zahl verfügbar sind.

Sprachfunktionen

Sprache besitzt im Englischunterricht zwei zentrale Funktionen: Schülerinnen und Schüler sowie die Lehrkraft benutzen die englische Sprache im Unterricht mündlich und schriftlich einerseits zu Übungs- und Lernzwecken (*medium-oriented communication*, vgl. BLACK/BUTZKAMM 1977) oder *rehearsal language* (HAWKINS 1981), denn man spricht über die Sprache, man erläutert sprachliche, inhaltliche und soziokulturelle Zusammenhänge und Regeln. Andererseits dient die Fremdsprache dem Austausch über Begebenheiten, Fakten, Vermutungen, Ansichten, Wünsche und Ideen, die durch persönliche Interaktion, durch (visuelle) Medien, durch Texte oder Situationen angeregt sein können. Sie kann in diesem Kontext als „mitteilungsbezogene Kommunikation" (*message-oriented communication*, BUTZKAMM 2000) bezeichnet werden. Gemeinsames Ziel ist die flüssige, korrekte, angemessene und differenzierte Beherrschung der Fremdsprache in Wort und Schrift – *fluency, accuracy, appropriateness and complexity*.

Es ist hilfreich, sich einmal vor Augen zu führen, wie vielfältig die Zwecke und Situationen sind, für die und in denen wir Sprache produktiv gebrauchen. In der Linguistik der vergangenen hundert Jahre hat es eine ganze Reihe von unterschiedlichen Kategoriensystemen für die funktionale Verwendung von Sprache gegeben. Gemeinsamer Kern dieser Kategorien sind die folgenden Funktionen:
- referenzielle Funktion (jemanden informieren),
- direktive oder appellative Funktion (jemanden zu einer Handlung bewegen),
- expressive Funktion (Gefühle und Meinungen ausdrücken),
- phatische Funktion (Beziehungspflege),

- poetische oder ästhetische Funktion (sprachliche Gestaltung und Kreativität).

In den letzten 40 Jahren wurden insbesondere durch die Aktivitäten des *Council of Europe* verschiedene Versuche unternommen, das zu lernende sprachliche Inventar funktional, das heißt am jetzigen und vor allem am späteren Gebrauch, auszurichten und die traditionelle grammatische Progression der Lehrmaterialien durch eine Gliederung nach Sprechakten und Sprachfunktionen zu ersetzen (TRIM/RICHTERICH/VAN EK/WILKINS 1980). Die curricularen Konzepte, die allein auf Sprechakten und Sprachfunktionen aufbauen, haben sich in der schulischen Praxis jedoch nicht breit durchsetzen können, und moderne Lehrwerke für den Fremdsprachenunterricht enthalten zumeist eine grobe, an grammatischen Strukturen ausgerichtete Progression, die durch themen- und äußerungsbezogene Aspekte ergänzt ist.

Sprechen und Schreiben in der Lebenswelt

Ein wichtiger Ausgangspunkt für curriculare Überlegungen zum Training aller Fertigkeiten und zur Festlegung sprachlicher Lerninhalte ist die Ausrichtung auf vermutlich zu bewältigende **Kommunikationssituationen**, eine *needs analysis*. Nun ist für Schülerinnen und Schüler allgemeinbildender Schulen nur schwer vorherzusagen, was sie später tun werden und in welchen der Situationen der Ausbildung, der Freizeitbeschäftigung oder des Berufs sie einmal Englisch sprechen und schreiben können müssen.

Im Hinblick auf das Englischsprechen geht man davon aus, dass **monologisches Sprechen**, etwa beim Präsentieren einer Sache, und die interaktive **Teilnahme am Gespräch** gleichermaßen von Bedeutung sind. Ein Vortrag oder eine mündliche Darstellung basiert oftmals auf schriftlichen Notizen und ist somit planbar. Dennoch vermag die Aufgabe, etwas Zusammenhängendes in der Fremdsprache vorzutragen, bei Lernenden oft mehr Angst und Sprechhemmung auszulösen als die Beteiligung an einem Gespräch. Demgegenüber erfordert eine Gesprächsteilnahme spontanes Reagieren, wodurch der Sprecher einem gehörigen Zeitdruck ausgesetzt wird. In Verbindung mit der Erfordernis, dass sich ein Gesprächsbeitrag auf vorhergehende Äußerungen beziehen und an diese anknüpfen sollte, erscheint das interaktive Sprechen in der Fremdsprache als der komplexere Vorgang.

■ "The vast bulk of spoken material is spontaneous, face-to-face, informal conversation. This kind of discourse is generally unplanned, dynamic and context dependent." (HUGHES 2002, S. 13) ■

Diese Eigenschaften des **spontanen Sprechens** führen dazu, dass sich die in solchen Kommunikationssituationen produzierte mündliche Sprache stark von der geschriebenen unterscheidet, denn auch die Spontansprache von Muttersprachlern enthält unvollständige Sätze, Satzabbrüche, sprachliche Zusammenziehungen und nur durch den Kontext verständliche Bezüge, dazu Redundanzen und Verzögerungen.

Im Gegensatz dazu ist **geschriebene Sprache** in stärkerem Maße sprachlich korrekt, das heißt dem Standard angenähert und somit weniger individuell geprägt, explizit, weniger redundant und kontextabhängig. Gesprochene Sprache ist flüchtig, es sei denn, man zeichnet sie auf einem Tonträger auf; ein geschriebener Text ist beständig und kann beliebig oft gelesen werden. Durch die technischen Entwicklungen der letzten Jahre, insbesondere die Computertechnologie und das mobile Telefon, haben sich Sprechen und Schreiben im Alltag einander angenähert. Textnachrichten, die per Mobiltelefon versendet werden, enthalten selten vollständige Sätze, sondern leben von Abkürzungen, Vereinfachungen und einem ganz spezifischen Slang (HASENEDER 2004). Ebenso wie die im Chat spontan in einen Gesprächskontext am PC geschriebenen Beiträge sind Textnachrichten im Prinzip flüchtig – man erhält eine Nachricht, liest und beantwortet sie und löscht sie schnell wieder. Insofern sind sie gesprochener Sprache näher gerückt. Ähnliches gilt auch für E-Mails, welche anderen, weniger strikten Schreibkonventionen unterliegen als Briefe. Die traditionell klare Unterscheidung in geschriebene und gesprochene Sprache existiert also in diesen Kommunikationskanälen nicht mehr, und der Englischunterricht wird nicht umhinkönnen, dies zu berücksichtigen.

Schriftliche wie mündliche Texte lassen sich auf einer **Skala der Förmlichkeit** anordnen, die von Slang und Umgangssprache an einem Ende bis zu förmlicher und vielleicht sogar ritualisierter Sprache am anderen Ende reicht. In der Muttersprache beherrscht man mehrere Register. Während ihrer primären und sekundären Sozialisation lernen Kinder, welches Sprachregister für welche Situationen und Personen angemessen ist. Für eine gelingende Kommunikation in der Fremdsprache ist es erforderlich, ein gewisses Gespür für die soziokulturelle Passung von Rede und Text zu entwickeln, wobei die rezeptiven Kompetenzen hierbei in der Regel breiter ausgeprägt sind als die produktiven.

Produktionsprozesse

Levelts (1989) Modell des mündlichen Sprachproduktionsprozesses verdeutlicht, wie komplex die Schritte von der Idee oder Sprechabsicht bis zur konkreten Äußerung sind. So muss die vorsprachliche Absicht sprachlich umgesetzt, das heißt grammatisch und phonologisch realisiert werden. Dabei greift der Sprecher auf sein mentales Lexikon und sein Repertoire an grammatischen Strukturen zurück. Schließlich erfolgt die Artikulation. Es leuchtet ein, dass eine solche Sprachproduktion nur dann zügig erfolgen kann, wenn diese Prozesse weitgehend überlagernd verlaufen und durch häufiges Üben so automatisiert wurden, dass sie über weite Strecken ohne bewusste Steuerung realisiert werden können. Sobald der Lernende in der Fremdsprache nach Formen, den passenden Wörtern oder der richtigen Aussprache sucht, verlangsamt sich der Sprechfluss, oder er kommt ganz zum Erliegen.

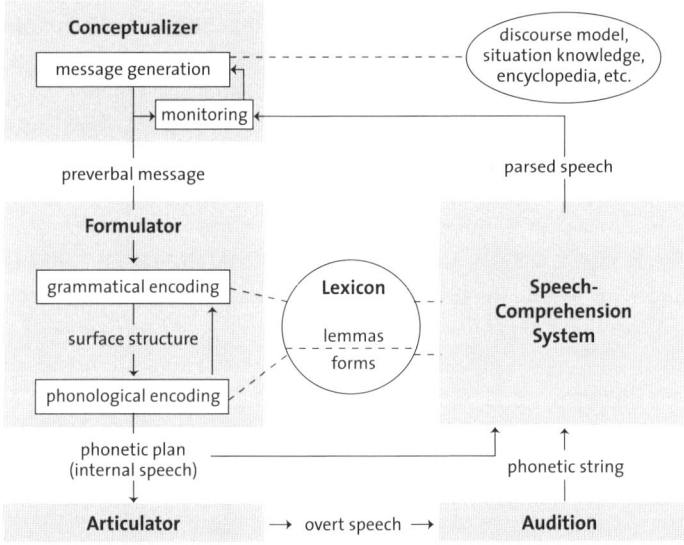

Modell des mündlichen Sprachproduktionsprozesses (nach LEVELT *1989)*

Es hilft sehr, wenn Fremdsprachenlernende einzelne Ausdrücke oder Wortkombinationen, so genannte *chunks,* als Einheiten speichern, die sich schneller abrufen lassen als die einzelnen Elemente einer solchen Äußerung. Da sich *chunks* durch häufige Verwendung im Verstehen (Lehrersprache, Texte) wie im Sprechen einprägen, kann die Lehrerin oder der Lehrer durch gezielte Steuerung der eigenen Sprache im Unterricht das Sprechen der Schülerinnen und Schüler anregen. Teilsätze wie *"I'd like you to … begin/read/think about …"*, oder *"but not … here/today/right now …"* sind in zahlreichen Unterrichtssituationen verwendbar. Natürlich darf das Unterrichtsgespräch nicht nur unter dem Aspekt gesehen werden, dass es sprachliche Vorgaben liefert, denn das wäre eine Reduktion auf eine ausschließlich sprachbezogene Perspektive. Wie etwas gesagt wird, ist ebenso wichtig, wie das, was gesagt und mit welchem Ziel es gesagt wird (vgl. Kapitel 14.2).

Der Prozess des Schreibens in der Fremdsprache ist bislang nicht so intensiv erforscht worden wie der des Sprechens, wenn man die Flut der einschlägigen Veröffentlichungen der vergangenen zwanzig Jahre betrachtet. Oberflächlich betrachtet geht ein Schreiber jedoch ähnlich vor: Eine Äußerungsabsicht muss versprachlicht werden, wozu das sprachliche Inventar abgerufen, die grammatischen Strukturen gewählt und, bei schriftlichen Äußerungen, die Orthografie überprüft werden. Ein großer Unterschied zum Prozess der mündlichen Sprachproduktion besteht jedoch in den intensiveren Planungs-, Überprüfungs- und Revisionsprozessen beim Schreiben. Hierbei spielen Lesen und Schreiben zusammen, denn Schreiben macht wenig Sinn ohne Lesen.

Die Forschung, aber auch die fremdsprachendidaktische Handbuchliteratur hat in der jüngeren Vergangenheit den Blick eher auf den **Prozess des Schreibens** gelenkt als auf das Endprodukt, den geschriebenen Text. Dabei hat man versucht, den Planungs- und Überarbeitungsstrategien auch im Verhältnis zum Schreiben in der Muttersprache auf die Spur zu kommen. HEDGE hat beobachtet, dass jemand, der schreibkompetent in der Fremdsprache ist, sich beim Schreiben eher auf inhaltliche Fragen konzentriert als auf Aspekte sprachlicher Form:

> ■ "… good writers concentrate on the overall meaning and organization of a text, and engage in planning activities." (HEDGE 2000, S. 305) ■

Das ist nicht weiter überraschend, denn die größere Verfügbarkeit an sprachlichen Ausdrucksmöglichkeiten setzt mentale Kapazität für andere Überlegungen frei. Diese wird auch dazu genutzt, um den entstandenen Text immer wieder zu überarbeiten, insbesondere im Hinblick auf die Textsorte und die Adressaten des Textes. Wer diese Schreibstrategien in seiner Muttersprache beherrscht, wird sie auch erfolgreich bei der Fremdsprache anwenden.

Für den Englischunterricht heißt dies, dass Verfahren und Aufgaben gefunden werden müssen, die Schülerinnen und Schüler mit unterschiedlichen **Planungsschritten** (Stoffsammlung, Gliederung) und **Revisionsverfahren** vertraut zu machen, die es ihnen gestatten, am Modell zu lernen und ein Gespür für die **Ausrichtung am Leser** (Adressaten des Texts) zu entwickeln. Folglich verändert sich die Funktion der Lehrerkommentierung eines Schülertextes.

> **Tipp:** Keinesfalls darf der Lehrer lediglich die sprachlichen Fehler anstreichen, denn das ermutigt nicht zur Überarbeitung. Positive Bemerkungen zu inhaltlich gelungenen Passagen, hilfreiche Anregungen zu Gliederung, Kürzung oder Erweiterung des Textes, zu Registerwahl und Kohärenz helfen den Lernenden eher dabei, ihre Schreibfähigkeiten stetig zu verbessern. Allerdings muss das Überarbeiten mit den Schülerinnen und Schülern systematisch geübt werden. Besonders einsichtig und notwendig ist es dann, wenn Schülertexte in irgendeiner Form veröffentlicht (Wandzeitung, Schülerzeitung, Klassenkorrespondenz etc.) werden.

Der kommunikative Englischunterricht zielt immer darauf, die Schülerinnen und Schüler so weit zu führen, dass sie eigene Gedanken, Gefühle oder Informationen in der Fremdsprache ausdrücken können. Daher sollten Schreibaufgaben ebenso wie Gesprächssituationen Spielräume für eine individuelle inhaltliche und sprachliche Gestaltung eröffnen.

Sprechen üben

Die Ziele des Englischunterrichts in Bezug auf das Sprechen sind anspruchsvoll, nämlich die Korrektheit, Flüssigkeit, Komplexität und Angemessenheit von Äußerungen in der Fremdsprache. Daher erfordern sie in allen Stadien des Englischunterrichts intensives Üben in unterschiedlichen Lernsituationen. **Spontanes Sprachhandeln lässt sich nicht exakt vorherplanen.** Deshalb müssen Lehrerinnen und Lehrer in jeder Unterrichtsstunde bereit sein, Gelegenheiten zur Interaktion zu schaffen, sich ergebende Sprechanlässe produktiv zu nutzen und vor allem bereit sein, die Lernenden zu ermuntern und zu befähigen, diese Situationen effektiv wahrzunehmen.

Infolge der kommunikativen Ausrichtung des Englischunterrichts wurden in den vergangenen dreißig Jahren eine große Anzahl an neuen Übungsformen und Sprachaktivitäten entwickelt, die der Förderung des Sprechens dienen. Daneben verfügen wir über traditionelle, oftmals vorkommunikative Verfahren. Sie helfen den Lernenden, zusammenhängendes oder interaktives Sprechen dadurch vorzubereiten, dass bestimmte Sprachmuster oder Ausdrücke geläufiger werden, um so Verarbeitungskapazität für das spontane Sprechen freizustellen.

In der **audiolingualen Methode**, die in den 50er- und 60er-Jahren des 20. Jahrhunderts vorherrschte, spielte imitatives und reproduzierendes Sprechen nach dem Muster von *stimulus-response-drills*, Lückenübungen und Satzschalttafeln (*substitution tables*) eine große Rolle. Damals sah man den Hauptzweck dieser stark gesteuerten Übungen darin, dass die Lernenden angeleitet wurden, korrekte Sätze zu produzieren, wenngleich sie auf deren Inhalt gar keinen oder nur wenig Einfluss hatten.

On Sundays	my mother	rides his/her bike.
	my father	bakes a cake.
	my brother	walks the dog.
	my teacher	goes to the cinema.
	my friend	plays football.
	my baby sister	sleeps a lot.
	our neighbour	goes to church.
	Susan	goes to work.

Satzschalttafel

Solche fast schon mechanischen Übungen sind heute zu Recht aus den Lehrbüchern verschwunden, denn spontanes Kommunizieren lernt man auf diese Weise nicht. Die audiolinguale Methode ist ebenfalls weitgehend in Vergessenheit geraten. Freilich hat das Bearbeiten solcher Übungen einen gewissen einprägenden Effekt, der bereits auf der mehrmaligen Wiederholung des Satzmusters beruht, welches der Fremdsprachenlernende später analog abwandeln kann. Auf diese Weise üben kleine Kinder spielerisch Sätze in der Muttersprache, wobei sie Wort- oder Satzbildung ausprobieren oder sich auch am Klang erfreuen.

■ „Mamalein
Papalein
Wauwaulein
Teelein"
(BUTZKAMM 2004, S.165) ■

Butzkamm (2004, S. 163–195) spricht hier vom **generativen Prinzip**, das er auch im Fremdsprachenunterricht für zielführend hält, zumal diese Art, eine Sprache zu lernen, eine jahrhundertelange Tradition besitzt. Die von ihm entwickelte Lehrtechnik der halbkommunikativen Strukturübung nutzt die Lernstrategie des Analogieschlusses und ergänzt sie um inhaltliche Variationen: Erst werden die von der Lehrerin oder vom Lehrer vorgegebenen Sätze nur imitiert, dann in einem Element verändert und schließlich zu kleinen Dialogen zusammengefügt. Wie man mit dieser Lehrtechnik im Englischunterricht arbeiten kann, ist auf der DVD zu sehen, die dem Buch "Let's Talk" (SIEBOLD 2004) beiliegt und konkreten Englischunterricht zeigt. "Let's Talk" versammelt 18 Lehrtechniken, die vor allem der Förderung des Sprechens dienen und vom nachvollziehenden Lesen bis zum interaktiven Gespräch im Gehen reichen, also vom sprachbezogenen zum mitteilungsbezogenen Üben. Die Lehrtechniken besitzen unterschiedliche sprachliche Schwerpunkte: Das Fragenstellen und die Arbeit mit Dialogen bereiten dabei vor allem auf die kommunikative Interaktion vor, während die Arbeit mit Geschichten eher das zusammenhängende Sprechen fördert.

Aussprache und Intonation sind Teil des Sprechens, sie sollten im Englischunterricht von Anfang an gefördert werden (vgl. Kapitel 7.1). Die folgende Aufstellung zeigt in aufsteigender Progression, welche hauptsächlichen Schwerpunkte den Formen mündlicher Sprachverwendung zuzuordnen sind und welche sozialen Organisationsformen dafür im Englischunterricht als besonders geeignet erscheinen.

Äußerungsform	Fokus	Sozialform
Nachsprechen	Korrektheit in Aussprache und Intonation	Einzelarbeit, Klassenunterricht
Rezitation	ästhetische Sprachverwendung	Einzelarbeit, Klassenunterricht
reproduzierendes Sprechen (gesteuert)	Korrektheit in Grammatik	Einzelarbeit, Partnerarbeit, Klassenunterricht
zusammenhängendes Sprechen	Komplexität, Kohärenz, Flüssigkeit	Einzelarbeit (vor der Klasse)
interaktives Sprechen	Flüssigkeit, Angemessenheit	Partnerarbeit, Gruppenarbeit

Formen mündlicher Sprachverwendung

■■ Nachsprechen

Lehrbuchtexte, Gedichte, Reime, Abzählverse und Zungenbrecher, Sketche, Dramentexte und Lieder – sie alle eignen sich hervorragend zum Nachsprechen. In Einzelarbeit lassen sich Intonation und Aussprache auch mithilfe moderner Medien wie Kassetten, CDs, CD-ROMs, Computerprogrammen, Fernseh- oder Filmausschnitten und anderen Tonträgern üben. Nachsprechen ist ein erster Schritt zum freien Sprechen; es enthält mehr Potenzial für kreative Spracharbeit, als man glaubt. Das Sprechen eines schriftlich fixierten Texts ist immer auch eine Interpretation. Wie man dafür sensibilisieren kann, zeigen Maley und Duff in ihrem schon fast klassisch zu nennenden Buch "Drama Techniques" (vgl. MALEY/DUFF ³2005, S. 205–228).

■■ Reproduzierendes Sprechen

Hierzu bieten Lehrbücher und Unterrichtsmaterialien reichlich Vorlagen, aber auch authentische Dialoge lassen sich in Rollenspielen gut umgestalten. Viele einfache Lernspiele, etwa *chain games* (KLIPPEL 1984), Ratespiele (KLIPPEL ²²2004, S. 31–39) oder Befragungen (Interviews, Meinungsbild in der Klasse erstellen etc., vgl. KLIPPEL ²²2004, S. 12–57; SIEBOLD 2004, S. 90 ff.) stützen sich auf wenige Satzmuster, die reproduktiv gebraucht und dadurch eingeübt werden.

Lehrertipp: *Class Survey*

Anhand eines *survey sheet*, in das thematisch zum Unterricht passende Leitfragen eingetragen werden, führt eine Gruppe von ca. fünf Schülerinnen und Schülern ein Interview durch, wobei ein Schüler die Rolle des Interviewers übernimmt. Er befragt seine Mitschüler und notiert sich deren Antworten. Anschließend berichtet er dem Plenum unter Verwendung dieser Notizen.

A survey	name	name	name	name
Have you ever ...				
Have you ever ...				

Diese Technik ist gut geeignet, um neue Strukturen aus dem Bereich der Grammatik situativ und kommunikativ anzuwenden. *W. Hamm, Hauptschule*

Gerade in Lernspielen sorgt die Lust am Spielen und der Wunsch, das Spielziel zu erreichen dafür, dass auch häufiges Wiederholen des gleichen Satzmusters – beispielsweise einer Frageform – nicht ermüdend wirkt (vgl. Kapitel 25.4).

Zusammenhängendes Sprechen

Hierzu gibt es viele unterschiedliche Formen der Realisierung, die sich am realen Sprachgebrauch und an den Erfordernissen der Schule orientieren: Man kann zum Beispiel ein persönliches Erlebnis berichten, eine Geschichte erzählen, einen Vorgang erklären, einen Standpunkt darlegen, jemanden vorstellen oder etwas ankündigen, eine Präsentation vortragen, einen Vortrag halten. Auslöser für das Sprechen sind neben den individuellen Erfahrungen, Meinungen und Lebensumständen der Lernenden vor allem Texte, Bilder und andere Medien.

Viele dieser Darbietungsarten lassen sich bereits auf einem elementaren Niveau üben, indem man etwa die Sprechzeit eng begrenzt (Beispiel "*30-second stimulus talks*", LINDSTROMBERG 2004, S. 76 f.) und dadurch die Hürde überspringbar macht oder es den Lernenden durch sprachliche Vorgaben von einleitenden, überleitenden und abschließenden Sätzen erleichtert, einen Kurzvortrag zu einem von ihnen selbst gewählten Thema zu gestalten (Beispiel: "*Timed topic talks*", LINDSTROMBERG 2004, S. 193 ff.). Auch einige Lehrbücher haben erkannt, dass Präsentationen gezielt trainiert werden müssen und bieten sprachliche Hilfen für die einzelnen Elemente an, wenngleich der Vergleich mit einschlägigen Publikationen aus dem *Business English* zeigt, wie weit wir noch davon entfernt sind, solche Sprechformen systematisch zu üben (KURTZ 2005).

Der Fremdsprachenunterricht kann zudem von der Entwicklung der grundschulgemäßen Arbeitsweise profitieren, für die Geschichten ein zentrales Element darstellen. Etwas erzählen können ist in der Mutter- wie in der Fremdsprache eine erstrebenswerte Kompetenz, die praktische Relevanz besitzt. Viele der für die Grundschule entwickelten Verfahren, das zusammenhängende Sprechen anhand von Flussdiagrammen, Bildern oder Realien zu üben (vgl. KLIPPEL 2000a, S. 159 ff.), lassen sich mit anderer inhaltlicher Füllung auch in der Sekundarstufe einsetzen. In dieser Hinsicht kann der Unterricht in Klasse 5 gut an den Grundschul-Englischunterricht anknüpfen. Eine Geschichte liefert dem Erzähler ein Handlungsgerüst, das es ihm erleichtert, zusammenhängend zu sprechen. Viele Anregungen für den Einsatz von narrativen Texten (nicht nur zur Übung des Sprechens) liefert das Buch "Stories" von Wajnryb (2003).

Zusammenhängendes Sprechen muss immer wieder mit steigendem Anforderungsniveau hinsichtlich Länge, Kohärenz und Form gefordert und geübt werden.

> **Lehrertipp:** *Picture of the week*
>
> Abwechslung in den Unterrichtsalltag bringt ein "picture of the week" als Folie oder Dia. Dies sollte aus den verschiedensten Bereichen der Zielkulturen stammen und als Sprech- oder Schreibanlass dienen sowie den Wortschatz erweitern. Abwechslung ist dabei oberstes Gebot (also zum Beispiel nicht jede Woche ein Landschaftsbild aus den Nationalparks der USA vorlegen). Mit dieser Methode lässt sich bereits nach wenigen Monaten Englischunterricht arbeiten, sie ist aber auch in einem Leistungskurs noch sehr erfolgreich. Quellen für Material sind schuleigene Sammlungen, aber auch Zeitungen und Magazine sowie eigene (längst vergessene?) Alben und Diareihen. Zeitbedarf ca. 10–15 Minuten. Wichtig ist der **Kontrast** zu den vorangegangenen Inhalten.
>
> *(B. Hieronymus, Gymnasium)*

Lummel (2000) hat seinen Englischunterricht auf allen Stufen konsequent so gestaltet, dass **zusammenhängendes, eigenständiges Sprechen** immer wieder von den Schülerinnen und Schülern verlangt wird, beispielsweise durch Kurzporträts der eigenen Familie, Präsentationen zu landeskundlichen Themen, Kommentare zu gelesenen Lektüren, Übernahme einer Rolle und Halten einer Rede.

- „Im Laufe der Zeit können die mit den entsprechenden Arbeitstechniken vertrauten Schüler auch zunehmend eigenständig Informationen erarbeiten und sich sprachlich wie inhaltlich nicht vorentlastete Aufträge erschließen und präsentieren." (LUMMEL 2000, S. 63)

Damit wäre das erreicht, was der Englischunterricht anstrebt, nämlich den selbstständigen kompetenten Umgang mit der englischen Sprache. Lummel resümiert seinen unterrichtlichen Ansatz, der nicht nur für das Gymnasium Relevanz besitzt:

- „In der Kontinuität und Konsequenz liegt der Schlüssel zum erfolgreichen mündlichen Kommunizieren. Wenn unsere Abiturienten in einer globalisierten Realität über die immer mehr dominierende Weltsprache Englisch in Vorträgen, Diskussionen, Gesprächen etc. aktiv verfügen sollen, müssen wir genau dies beständig im Englischunterricht einüben, um sie für ihre Zukunft kompetent zu qualifizieren." (LUMMEL 2000, S. 67)

Kontinuität und Konsequenz sind Schlüsselbegriffe für sprachliches Lernen, das ständiger Förderung durch geschickte Hilfen, konstruktives Feedback sowie inhaltlich ansprechende Materialien bedarf und gleichzeitig durch stetig komplexer werdende Aufgaben sprachliche Leistung fordert.

Zusammenhängendes Sprechen ist auch in einigen interaktiven Situationen angebracht, so etwa bei einer klassischen *debate*. Dazu müssen die Schüler zunächst die Hauptgesichtspunkte für bzw. gegen die zu diskutierende These sammeln, notieren und strukturieren (ein schönes Unterrichtsbeispiel dazu schildert ARENDT 2000). Erst dann kann die Debatte stattfinden. Dieses Beispiel macht auch deutlich, wie stark die einzelnen Fertigkeiten miteinander verknüpft sind, denn dem zusammenhängenden Sprechen geht oftmals das informierende Lesen oder Hören und auch das Notieren von Stichpunkten voraus.

Interaktives Sprechen

Dies ist die häufigste Form des Sprechens in der Lebenswelt – wir reden miteinander und gelegentlich auch aneinander vorbei. Letzteres sollte natürlich nicht im Unterricht geübt werden. Für ein gelingendes Gespräch ist zunächst wichtig, dass die Gesprächsteilnehmer einander verstehen; **interaktives Sprechen ist ohne Zuhören daher nicht möglich.** Stärker als beim Vortrag, der sich zwar auch an eine Zuhörerschaft wendet, muss man im Dialog auf das Gegenüber eingehen. Dies hat nicht nur inhaltliche und sprachliche Konsequenzen, sondern auch soziokulturelle. Wie und worüber man miteinander spricht, ist kulturell geprägt. Das Stereotyp der aus englischer Sicht unhöflichen Deutschen hängt eng mit der direkten Art zusammen, Fragen zu stellen, Bitten und Anweisungen zu formulieren, die wir eins zu eins ins Englische übertragen. Interaktive Sprechübungen besitzen somit eine weitere Dimension (vgl. Kapitel 9).

> "When people talk and listen to each other, they are driven by a quest for meaning, but meanings are not always clear and explicit. Moreover people know that anything that is said has not just one meaning but many: it says something about some topic or other, but it also indicates the speaker's attitude towards the topic and towards the other participant(s) and reflects the speaker's knowledge about the history of the topic, his or her view about what might be happening next, and more." (LUOMA 2004, S. 21)

Luomas Beschreibung macht zum Ersten die **Komplexität mündlicher Kommunikation** deutlich, zum Zweiten deren ganz individuelle Färbung. Diese ist beim interaktiven Sprechen am stärksten ausgeprägt, denn hier sprechen wir in der Regel als wir selbst und bringen somit Vorlieben, Gefühle, Einstellungen, Stimmungen und Absichten ins Gespräch ein. Bei Fremdsprachenlernenden ist die Persönlichkeit zunächst durch die muttersprachliche Sozialisation geprägt, weshalb der Weg zu einer hohen mündlichen Kompetenz in einer Fremdsprache als *intercultural speaker* immer auch einen Prozess der Veränderung der eigenen Identität einschließt. Diese Tatsache hat für den Englischunterricht zwei Konsequenzen. Als Lehrerin oder Lehrer sollte man sich bewusst sein, dass es eine enorme Bandbreite der individuellen Entwicklung fremdsprachlicher Identität gibt und daher den Schülerinnen und Schülern genügend Spielraum zugestehen sowie ihnen Gelegenheit verschaffen, an ihren persönlichen Kommunikationsstil anknüpfen zu können. Für die Leistungsmessung wirft dies natürlich gewisse Probleme auf.

Mündliche Übungsformen

Welche Übungen eignen sich zur Förderung des interaktiven Sprechens? Wichtig ist vor allem, die Aufgabe so zu stellen, dass die Lernenden sprechen müssen und ein Thema oder eine Situation zu wählen, die so interessant ist, dass die Lernenden etwas sagen wollen und schließlich die Anforderungen so festzulegen, dass die Sprachkompetenz der Beteiligten ausreicht, auch etwas sagen zu können.

Zu den traditionellen Übungen des interaktiven Sprechens gehören Rollen- und Lernspiele sowie Dialogübungen. Die Methodik des kommunikativen Fremdsprachenunterrichts erweiterte dieses Repertoire um *information gap activities* und *opinion gap activities*. Umfassendere Unterrichtsaktivitäten, in denen interaktives Sprechen ebenfalls von Bedeutung ist, sind Improvisationen (KURTZ 2001a), Simulationen und Projekte (vgl. Kapitel 25).

Das Prinzip des *gap*, der Lücke, sei es, dass diese im Faktischen oder im Bereich persönlicher Meinung liegt, sorgt für eine hohe Sprechmotivation:
- Wer etwas wissen will oder erfahren muss, wird sein Gegenüber gerne fragen.
- Wer sich seiner Meinung zu einem Thema vollkommen sicher ist, wird versuchen, seine Gesprächspartner mit Argumenten davon zu überzeugen, dass er recht hat.
- Wer in gemeinsamer Anstrengung mit Partnern eine Aufgabe zu lösen hat, wird sich darüber unterhalten, wie man am besten vorgeht.

Information gap-Übungen verlangen oft Partnerarbeit und verwenden unterschiedliche Materialien für beide Gesprächspartner, die einen Vergleich provozieren sollen, ohne dass man sich die Bilder gegenseitig zeigt:
- So muss Partner A sein Bild beschreiben und B muss durch Nachfragen eventuelle Diskrepanzen herausfinden.
- In einer anderen Übung erhält A eine Reihe von ähnlichen Bildern und muss durch geschicktes Fragen und Beschreiben von Partner B erfahren, welches dieser Bilder er in der Hand hält.

- Wenn A eine Zeichnung vorliegt, die B, ohne sie zu sehen, möglichst genau nachzeichnen soll, dann stellt das erhebliche Anforderungen an A's Beschreibungskunst und Sprachpräzision.

In *jigsaw tasks*, einer Variante der *information gap*-Übungen, erhält jedes Mitglied der Gruppe einen anderen Teil der Information, die zu einem Endprodukt zusammengefügt werden muss; dabei kann es sich beispielsweise um Bruchstücke eines Textes oder um Bilder handeln, die wieder zusammenzusetzen sind.

Mit *questioning activities* bezeichnet man unter anderem Umfragen in der Klasse, durch die bestimmte Informationen zusammengetragen werden, etwa zu den Lieblingsfilmen oder bevorzugten Sportarten. Da die Lernenden dabei mit Blatt und Stift umhergehen, um alle zu befragen, heißen einige dieser Übungen *mingles*.

Zentrales Element der *opinion gap activities* sind Meinungsunterschiede. Der erste Schritt einer solchen Übung besteht immer darin, unterschiedliche Meinungen festzustellen oder zu schaffen, etwa dadurch, dass jeder bestimmte Dinge in eine Rangordnung bringen muss (etwa die Eigenschaften, die ein guter Freund haben sollte, oder die Beliebtheit von Berufen). Andere *opinion gap activities* haben eine Problemsituation als Ausgangspunkt, zu der man in der Gruppendiskussion eine Lösung finden muss.

In **Diskussionsspielen** bestimmt die Regel, wodurch eine ganz normale Diskussion eines Themas spannender wird: vielleicht durch einen Satz, den man in die Unterhaltung schmuggeln muss, ohne dass es jemand merkt, oder durch die Aufgabe, über einen Gegenstand zu sprechen, der nicht erwähnt werden darf oder durch Übernahme einer bestimmten Rolle in der Diskussion, die anderen nicht bekannt ist (jemand, der alles ablehnt; jemand, der alle Vorschläge gut findet etc.).

Zu allen genannten und weiteren Übungsformen existiert eine schier unüberschaubare Zahl an Übungssammlungen und Handbüchern auf dem Markt, z. B. Ur (1981), Wingate (1993), Klippel ([22]2004), Watcyn-Jones (1997), Klippel (2001b), Maley/Duff ([3]2005), um nur einige zu nennen. Jede Lehrerin und jeder Lehrer wird sich aus dem reichen Angebot an Vorschlägen im Laufe der Zeit ein persönlich erprobtes Repertoire zusammenstellen.

Die folgende Grafik fasst die Hauptgedanken zusammen:

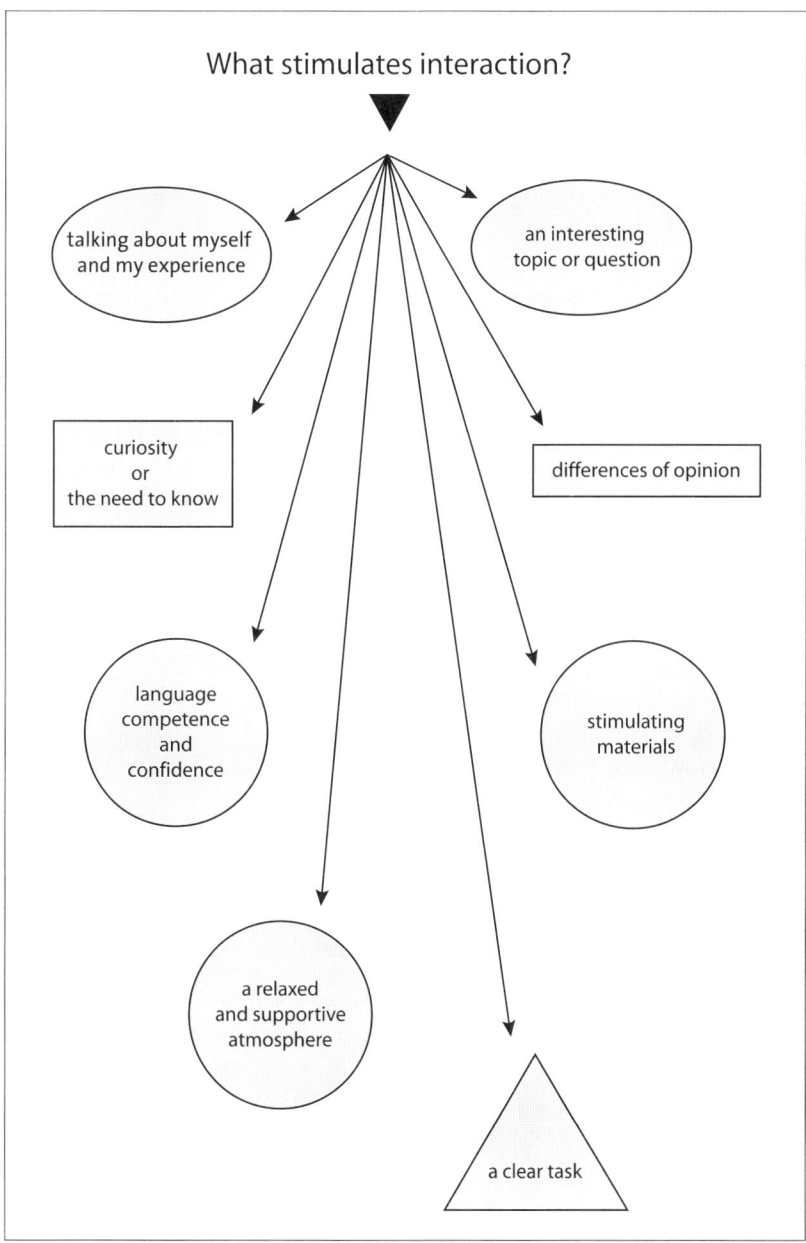

Interaktionsstimuli

Schreiben üben

Lesen und Schreiben sind die beiden Fertigkeiten, die am engsten mit dem Konzept der Literalität, im Englischen *literacy*, verknüpft sind. Geschriebene englische Sprache zu verstehen und selbst gebrauchen zu können, wird zunehmend wichtiger in einer Welt, die vom *Global English* geprägt ist und in der man das Internet nur richtig nutzen kann, wenn man das Englische lesen und schreiben kann.

Wie auch das Sprechen, so wird die Fertigkeit des Schreibens in zweierlei Weise im Englischunterricht realisiert – als sprachorientierte Tätigkeit zu Lernzwecken (Ausfüllen von *worksheets*, Anfertigen von Hausaufgaben etc.) und als mitteilungsbezogene oder kreative Äußerung (z. B. Schreiben von persönlichen Briefen oder von Gedichten). Schreiben braucht Zeit, aber anders als beim Sprechen liegt am Ende des Schreibprozesses ein dauerhaftes Produkt vor – ein Text.

Die **Schreibschulung** in der Fremdsprache bezieht sich also auf zwei Domänen, den Prozess des Schreibens, der klare Phasen besitzt, und das Produkt. Ziel ist es, die Lernenden zu befähigen, den Schreibprozess selbstständig, effizient und kompetent zu bewältigen, und am Ende einen englischen Text geschaffen zu haben, der (weitgehend) sprachlich korrekt, kohärent und den Adressaten sowie der Textsorte angemessen ist.

Für das Üben der für das Schreiben erforderlichen Teilkompetenz Orthografie eignen sich die zahlreichen Lernspiele, in denen Wörter geschrieben werden (vgl. KLIPPEL 1980; GREENALL 1984). Textkohärenz und Adressatenbezug kann man mit den Schülern durch die **Analyse guter Textbeispiele** üben und indem man die Aufmerksamkeit auf den Aufbau, die textinternen Verknüpfungen und Bezüge, die Wortwahl und anderes lenkt. So schärft man das Gespür dafür, wie gute Texte im Englischen konstruiert sind.

Der Schreibprozess

Das kommunikative, kreative Schreiben im Englischunterricht, also alle jene Schreibanlässe, in denen es nicht um schriftliches Üben von Grammatik oder Lexik sowie um schriftliche Sprachlernaufgaben geht, besteht aus drei großen Phasen: Planung, Entwurf, Revision.

1. In der **Planungsphase** sammeln die Lernenden Ideen für ihren Text. Das geschieht etwa mithilfe

- einer an der Tafel oder im Heft zu erstellenden *mind map*,
- einer vorgegebenen Ideenliste, aus der ausgewählt wird,
- einer Folie, die reihum durch Lernende beschriftet wird,
- einer *Brainstorming*-Phase.

In dieser Phase steht der Textinhalt im Vordergrund: Worum soll es im Text gehen? Gibt es einen Ausgangstext, auf den der neue Text reagiert (zum Beispiel Briefwechsel)? Knüpft das Schreiben an einen Modelltext an, der nachgestaltet (zum Beispiel Gedicht) oder umgeschrieben werden soll (zum Beispiel Short Story in Hörspiel)?

Sobald die Stoffsammlung abgeschlossen ist, müssen die Ideen geordnet und strukturiert werden. Wie das geschieht, hängt unter anderem von der geplanten Textsorte und den Adressaten des Texts ab. Soll beispielsweise eine Zeitungsmeldung über eine Naturkatastrophe den Stoff für die E-Mail eines Betroffenen liefern, wären eher persönliche Erlebnisse und ein narratives Gerüst erforderlich, dient die Stoffsammlung als Grundlage für einen offiziellen Bericht der örtlichen Behörde, so werden Fakten, Abläufe und Ergebnisse im Vordergrund stehen.

2. Dann entsteht der erste **Entwurf des Textes** in Einzel-, Partner- oder Gruppenarbeit. Welche Sozialform zum Einsatz kommt, ist zum einen durch die Textsorte bedingt, zum anderen durch die Vertrautheit der Klasse mit bestimmten arbeitsteiligen Verfahren. In dieser Phase stehen den Lernenden Hilfsmittel wie Wörterbuch, Kollokationslexikon oder Mustertexte zur Verfügung. Lehrerin oder Lehrer halten sich bereit, um Fragen zu beantworten.

3. Wenn der erste Entwurf vorliegt, beginnt die **Revision** in Einzelarbeit oder in Zusammenarbeit mit anderen. Dazu stellt man sich Fragen wie: Enthält der Text alle wichtigen Gedanken/Fakten? Ist der Textaufbau schlüssig? Müssen Teile umgestellt, erweitert, gekürzt werden? Kompetente Autoren konzentrieren sich in der Revisionsphase viel stärker auf inhaltliche und strukturelle Aspekte des Textes und viel weniger auf Fragen der Orthografie und der grammatischen Korrektheit, obwohl natürlich auch diese Textqualitäten überprüft werden müssen.

Nicht immer sind ausgedehnte Revisionsphasen nötig. Einen Tagebucheintrag wird man spontan verfassen, an einem wichtigen Brief sicherlich intensiv feilen. Soll der Text überzeugen, sollte er korrekt, gut strukturiert, inhaltlich differenziert und kohärent sein und die intendierte Leserschaft auf adäquate Weise durch Wortwahl, Register, Aufbau, eventuell Anrede ansprechen. Insofern ist Schreiben durchaus interaktiv.

4. Lehrerfeedback: Was geschieht nun mit dem fertigen Text? Normalerweise wird die Lehrerin oder der Lehrer die Texte einsammeln und mit Bemerkungen zu Fehlern zurückgeben. Dabei darf es jedoch nicht bleiben.

> ▪▪▪ **Tipp:** Wenn das Schreibtraining dazu führen soll, dass Lernende viel, gern und gut in der Fremdsprache schreiben, und wenn der Unterricht den Schreibprozess in allen Stadien fördern will, dann darf sich die Lehrerin oder der Lehrer nicht nur zu sprachlich-formalen Eigenheiten des Textes äußern. Vielmehr sollte das Feedback helfen, noch vorhandene Schwächen des Textes zu erkennen und vor allem die gelungenen Teile identifizieren, die Autorin oder den Autor dafür loben und ihn ermuntern, weiter in Englisch zu schreiben.

Schülerinnen und Schüler investieren viel Mühe und Arbeit in Texte, wenn diese hinterher angemessen gewürdigt werden. Schülertexte kann man zu einer Wandzeitung zusammenfassen, jüngeren Klassen zur Lektüre geben, in der Schülerzeitung veröffentlichen, beim Schulfest aushängen, bei einer Lesung zu Gehör bringen oder in das eigene Dossier abheften, das somit nach und nach die individuellen Leistungen dokumentiert.

> **Lehrertipp: Schreibprojekt**
>
> Von November bis Juni schrieben die Schülerinnen und Schüler der 8. Klasse Kurzgeschichten, in denen ein vorher festgelegter Satz vorkommen musste. Nach einer Korrekturphase wurden die Geschichten von anderen Schülerinnen und Schülern illustriert und dann im Verfahren des *desktop publishing* veröffentlicht. Im Copyshop wurde die Geschichtensammlung gebunden. Die jungen Autorinnen und Autoren waren auf ein solches Produkt natürlich zu Recht stolz. *(W. Heinzl, Gymnasium)*

Welche Texte?

Was soll im Englischunterricht geschrieben werden? Hedge (1988, S. 96) hat in einer Tabelle verschiedene Arten von Texterstellung zusammengefasst, die das Spektrum aus der Vor-Computerzeit verdeutlichen; die Tabelle wurde (in Kursivschrift) um aktuelle mediengestützte Schreibaktivitäten ergänzt.

Types of writing		
Personal writing	**Public writing**	**Creative writing**
diaries, journals, shopping lists, reminders for oneself, packing lists, addresses, recipes; web logs	letters of enquiry/ complaint/request, form filling, applications; emails of enquiry/ complaint/request, email applications, homepage	poems, stories, rhymes, drama, songs, autobiography; travel report
Social writing	**Study writing**	**Institutional writing**
letters, invitations, notes of condolence/thanks/ congratulations, cablegrams, telephone messages, instructions to friends or family; text messages, *emails, chat contributions,* postcards	making notes while reading, taking notes from lectures, making a card index, summaries, synopses, reviews, reports of experiments/ workshops/visits, essays, bibliographies	agendas, minutes, memoranda, reports, reviews, contracts, business letters, public notices, advertisements, posters, instructions, speeches, curriculum vitae, notemaking

Types of writing (nach HEDGE *1988, S. 96)*

Aus dieser Liste können Englischlehrerinnen und -lehrer verschiedener Schulformen diejenigen Textsorten und Schreibaufgaben auswählen, die für ihre Lernenden relevant sind.

Interaktives Schreiben

Was sicherlich für viele Schülerinnen und Schüler schreibmotivierend wirkt, ist das **Briefeschreiben**. In einem solchen interaktiven Schreibprozess mit anderen wirkt die Spannung auf die Antwort oft als Motor des Schreibens. Dank neuer Kommunikationstechnologien lassen sich E-Mails mit aller Welt in Windeseile austauschen. Allerdings verleitet das schnelle Medium Muttersprachler und Fremdsprachenlernende gleichermaßen dazu, die verfassten Texte oft nicht mehr genau durchzulesen und zu schnell den Senden-Knopf zu drücken.

Briefe und Mails müssen nicht immer in die weite Welt gehen. Sie können auch zwischen Lehrer oder Lehrerin und Schülerinnen und Schülern hin- und hergehen. Durch Briefe treten Schreiber und Empfänger in einen wechselseitigen Dialog ein, den beide gestalten. Die Schulklasse ist eine Kommunikationsgemeinschaft, in der jedoch kaum Raum für das Zwiegespräch zwischen einzelnen Schülerinnen und Schülern und ihrem Lehrer ist. Hier können Briefe einen geschützten Raum des Austausches bilden. Natürlich wird kein Lehrer je mit allen Schülerinnen und Schülern gleichzeitig korrespondieren können; dafür fehlt die Zeit. Aber warum sollten im Laufe eines Schuljahres nicht diejenigen mit ihrer Lehrerin oder ihrem Lehrer korrespondieren dürfen, denen dies ein Anliegen ist?

▪▪ Kreatives Schreiben

Am anspruchsvollsten, aber auch am ehesten zu realisieren ist das kreative Schreiben. Weil jeder Lernende immer nur so gut schreiben kann, wie es seinem Sprachleistungsstand entspricht, und weil er seine ganz persönlichen Ideen in den Text steckt, sind die kreativen Schreibaufgaben grundsätzlich individualisiert.

Während bei anderen Formen des Schreibens der Schreibprozess selbst ein hohes Maß an Aufmerksamkeit verlangt, zielt das kreative Schreiben auf ein **möglichst überzeugendes Produkt**. Natürlich sind dazu ebenfalls Entwurfs- und Revisionsphasen notwendig, doch sorgt die Individualisierung für recht unterschiedlich ausgeprägte Schreibprozesse.

1. Ein sehr beliebtes und immer wieder neu zu akzentuierendes Verfahren ist die **künstlerische Nachgestaltung eines Ausgangstexts** mit anderer Perspektive, anderem Inhalt oder auch neuer Formgebung. So können bereits in den ersten Jahren des Englischunterrichts einfache kurze Gedichte oder sogenannte *mini sagas* nachgestaltet werden (SIEBOLD 1998; CASPARI 1995).
2. Wenn es keinen Ausgangstext gibt, der Thema und evtl. Gattung festlegt, dann können andere **Verfahren der Anregung zum kreativen Schreiben** zum Einsatz kommen:
   - Der erste und letzte Satz des Textes stehen fest,
   - der Titel steht fest,
   - ein festgelegter Satz muss eingebaut werden,
   - bestimmte Gegenstände müssen in dem Text eine Rolle spielen,
   - Bilder legen Personen und/oder Ort fest,
   - der Text entsteht in freier Assoziation zu einem Instrumental-Musikstück,
   - Geräusche müssen verarbeitet werden,

- jeder schreibt einen Text zum gleichen Thema, aber in einer anderen Textsorte, zum Beispiel Beschwerdebrief, SMS, politische Rede, Nachricht, Gedicht, Dialog etc.,
- der Text darf nur eine genau einzuhaltende Zahl an Wörtern haben.

Das kreative Schreiben lässt der Lehrkraft und den Schülerinnen und Schülern viel Spielraum. In einem Englischunterricht, der auch Freude am Umgang mit fremder Sprache vermitteln möchte, sollte er so weit und so oft wie möglich ausgenutzt werden.

8.3 Dolmetschen und Übersetzen

Die Sprachmittlung zwischen zwei Sprachen, sowohl in der mündlichen Form des Dolmetschens als auch in der – meist schriftlichen – Form des Übersetzens, ist für den Englischunterricht von Bedeutung. Sie kann als „fünfte Fertigkeit" eigens geübt oder als spezifische Übungsform eingesetzt werden; bisweilen dienen Formen der Sprachmittlung als Verständnis- oder Sprachkompetenzüberprüfung; im Rahmen eines Kommunikations-Strategientrainings und der Ausbildung von Sprachbewusstheit (vgl. Kapitel 7.5) spielen Dolmetschen und Übersetzen ebenfalls eine gewisse Rolle.

Formen und Funktionen des Dolmetschens und Übersetzens

Das Übersetzen war in früheren Epochen ein etablierter Bestandteil des Fremdsprachenunterrichts, man denke nur an die Tradition des altsprachlichen Unterrichts und die Grammatik-Übersetzungsmethode. Im Blick auf den neusprachlichen Unterricht allerdings wurde der Stellenwert der Übersetzung schon von Vertretern der neusprachlichen Reform hinterfragt und diese als Spezialfertigkeit für den Englischunterricht abgelehnt (vgl. Viëtor 1882). Heute gilt es, den didaktischen Sinn des Übersetzens/Dolmetschens für den kommunikativen Englischunterricht herauszuarbeiten.

Für deutschsprachige Lerner ist das Herübersetzen (auch: Version) aus dem Englischen in das Deutsche leichter als das Hinübersetzen in das Englische. Im mündlichen Bereich ist für den schulischen Englischunterricht hauptsächlich das „sinngemäße" Dolmetschen relevant, professionsbezogene Ausprägungen des Dolmetschens (Simultan- und Konferenzdolmetschen) bleiben der beruflichen Ausbildung vorbehalten (Heuer/Klippel 1987, S. 98 f.).

Gelegentlich setzen Lehrkräfte das Übersetzen als Mittel zur Verständnisüberprüfung (zum Beispiel bei der Textarbeit) ein. Als kontrastive Bewusstmachung sprachlicher Ausdrucksformen kann dies bei ausgewählten Passagen sinnvoll und für analytische Lerntypen sehr geeignet sein, generell sind jedoch für die Förderung des fremdsprachlichen Leseverstehens einsprachige Verfahren vorzuziehen.

Der Stellenwert des sinngemäßen Dolmetschens wurde im Zuge der Kommunikationsorientierung in den 1980ern wieder neu entdeckt und gewinnt gerade auch im Zusammenhang mit der Ausbildung von Kommunikationsstrategien (Reduktions-, Kompensations-, Abrufungsstrategien, vgl. FAERCH/ KASPER 1983) zunehmend an Gewicht. Das Dolmetschen dient der Förderung metasprachlichen und -kognitiven Wissens und steht daher auch in einem engen Begründungszusammenhang mit neueren fremdsprachendidaktischen und -politischen Konzepten wie beispielsweise der Sprachbewusstheit (vgl. Kapitel 7.5) und der Zielvorstellung der europäischen Mehrsprachigkeit. Eine dogmatische Einsprachigkeitsforderung, basierend auf einem überholten behavioristisch-strukturalistisch geprägten Sprachlernverständnis und der Vorstellung, der Lerner speichere Sprachen separat ab, ist daher aufzugeben. Vielmehr geht es darum, vielfältige Vernetzungen sowohl innerhalb eines Sprachsystems als auch zwischen verschiedenen Sprachen zu fördern und die Schülerinnen und Schüler somit zu sprachlicher Flexibilität zu befähigen.

Dolmetschen und Übersetzen im Englischunterricht

Das Dolmetschen im Englischunterricht sollte anhand möglichst realitätsnaher Situationen geübt werden. Rollenspiele, die auf dem Vokabular und den Redemitteln der jeweiligen Lehrbuchlektion aufbauen, eignen sich gut dafür. Ideal sind selbstverständlich echte Kontaktsituationen mit englisch- oder anderssprachigen Menschen innerhalb, aber auch außerhalb des Unterrichts.

Bei der Planung von Dolmetschübungen sollte die unterschiedliche Komplexität verschiedener Dolmetschformen beachtet werden. Wenn man unterschiedlich schwere Aufgaben (Hindolmetschen oder Herdolmetschen) an geeignete Lernende überträgt, lässt sich binnendifferenzierend arbeiten. Für sprachflexible Schülerinnen und Schüler besteht die Herausforderung im gleichzeitigen Hin- und Herdolmetschen. Insgesamt sollte der Fokus auf dem direkten Dolmetschen (das heißt ohne Verwendung der indirekten Rede) liegen. Im Blick auf zukünftige Realsituationen ist es angebracht, den Schülerinnen und Schülern bewusstzumachen, dass es nicht nur um eine korrekte Übertragung in sprachlicher Hinsicht, sondern auch um kulturelle Angemessenheit geht (Kramsch 1998b; vgl. Kapitel 9).

Bei Übersetzungsaufgaben gilt es, auf die Spezifik verschiedener Textgattungen hinzuweisen und die Kontextgebundenheit von Texten und Konzepten zu beachten (vgl. dazu die „Grenzfälle interkultureller Übersetzung" *breakfast, baked beans,* sitzenbleiben, Schrebergarten, unter anderem bei Gnutzmann/Kiffe 1998, S. 325 f.). Die Bedeutung von Kollokationen (vgl. Kapitel 7.2) ist den Lernenden schon in frühen Lernjahren aufzuzeigen. Im Oberstufenunterricht geht es zusätzlich darum, „Stategien für translatorisches Problemlöseverhalten sowie übersetzungskritische Beurteilungskompetenz" – zumindest in Ansätzen – zu vermitteln (Weller 2003, S. 69).

Eine stärkere Prozessorientierung verspricht auch für den Dolmetsch- und Übersetzungsunterricht Gewinn. So können beispielsweise Laut-Denk-Protokolle angefertigt und besprochen oder das schnelle Finden von „Mitteilungsäquivalenten" als zentraler Bestandteil von Kommunikationsstrategien bewusstgemacht werden. Königs (2003, S. 316) schlägt daher vor, den eigentlichen Übungen zur Sprachmittlung entsprechende Vor-Übungen (Strategieübungen, Umgang mit Hilfsmitteln für das Übersetzen, gelenkte Übersetzungen und andere) vorzuschalten.

Übersetzung in der Lehrerausbildung

Erst nach und nach wird an den Hochschulen die Übersetzung als Instrument zur Überprüfung der sprachpraktischen Kenntnisse von Lehramtskandidatinnen und Kandidaten durch andere Verfahren ersetzt bzw. ergänzt. Wünschenswert wäre die Wende von einem „prüfungsdeterminierten zu einem kommunikativen und fertigkeitsorientierten Übersetzungsunterricht" (Weller 2003, S. 68) allzumal, denn auch Ausbildungsangebote zu einer Didaktik des Übersetzens sind eher selten. Noch ist also in vielen Fällen davon auszugehen, dass angehende Fremdsprachenlehrkräfte das Übersetzen sprachlernbiografisch fast ausschließlich aus der Perspektive des Sprach*lerners,* nicht aber des Sprach*lehrers* kennengelernt haben. Umso wichtiger ist es, die eigenen Erfahrungen als Schülerin oder Schüler (vgl. Lortie 1975) und Lehrerin oder Lehrer zu reflektieren (vgl. Wallace 1991) und sich der eigenen Leitvorstellungen und deren Wurzeln bewusst zu werden (vgl. Kapitel 19.4).

9 Interkulturelles Lernen

Kultur gehört zu den wichtigsten Inhalten des Englischunterrichts. Wenn Sprache das Skelett des Englischunterrichts ist, sind Literatur und Kultur dessen Fleisch und Blut. Im Folgenden werden zunächst zentrale Konzepte und Ziele interkulturellen Lernens im Englischunterricht erörtert, danach wird am Beispiel auf Inhalte und Unterrichtswege eingegangen.

9.1 Konzepte: Von der Landeskunde zum interkulturellen Lernen

Kommunikation im Englischunterricht basiert nicht allein auf Faktenwissen über englischsprachige Länder und Kulturen – ein derartiger Unterricht in einer *lebenden* Fremdsprache wäre wohl wenig motivierend. Ein zentrales Ziel des Englischunterrichts heißt heute interkulturelle kommunikative Kompetenz und umschließt neben dem reinen Faktenwissen unter anderem auch die Fertigkeiten, sich in einer fremden Kultur zurechtzufinden und diese sowie die eigene Kultur kritisch zu reflektieren. Der Bezug zu englischsprachigen Ländern und Kulturen kann ferner dazu beitragen, die Motivation der Schülerinnen und Schüler zum Erlernen der Fremdsprache zu erhöhen (vgl. Kapitel 21.2). Lehrerinnen und Lehrer, deren eigene interkulturelle kommunikative Kompetenz hoch ist, die also die Fremdsprache nicht nur als Werkzeug benutzen, sondern sie „leben", können Englischunterricht durch ihren eigenen Enthusiasmus mitreißend gestalten.

Der Bezug zu englischsprachigen Ländern und ihren Bewohnern spielt im Englischunterricht spätestens seit der Neusprachlichen Reformbewegung, also seit über 100 Jahren, eine wichtige Rolle. Das Konzept von Kultur, das dabei zugrunde gelegt wird, hat sich allerdings im Laufe des 20. Jahrhunderts grundlegend verändert (vgl. WILLIAMS 1958, S. 6): Die Orientierung an *Culture with a capital C* (zum Beispiel historische Fakten, Meisterwerke der englischsprachigen Kunst und Literatur) wurde erweitert um *culture with a small c*, sodass heute auch Alltagskultur, Lebensgewohnheiten und Werte zum interkulturellen Lernen gehören.

Die Ausdifferenzierung des Konzeptes von Kultur und die damit verbundenen Lernziele bildeten seit den 1970er-Jahren einen Schwerpunkt der fremdsprachendidaktischen Diskussion, die die Gestaltung von Englischunterricht heute nachhaltig beeinflusst hat. Stand zunächst noch das Wissen über Zielkulturen (Landeskunde; zentrale Frage: Was?) im Vordergrund, so wurde im Zuge dieser Fachdiskussion nicht nur das zugrunde gelegte Konzept von Kultur, sondern auch die darauf aufbauende Zielpalette verbreitert hin zu dem, was heute interkulturelles Lernen genannt wird (weitere zentrale Frage: Wie?). Etwas problematisch in diesem Bereich ist, dass beispielsweise der Gemeinsame europäische Referenzrahmen (COUNCIL OF EUROPE 2001), der mittlerweile den Englischunterricht in Deutschland prägt, interkulturelles Lernen im europäischen Fremdsprachenunterricht zwar als wichtigen Zielbereich nennt, im Hinblick auf konkrete Lernziele jedoch viel zu vage bleibt.

9.2 Zielbereiche: Wissen, Können, Einstellung

Interkulturelles Lernen umfasst Ziele in drei Kompetenzbereichen, nämlich Wissen, Können und Einstellung. Diese sind nicht voneinander trennbar, sondern können im Englischunterricht am besten als Einheit wirksam werden (vgl. BUTTJES/BYRAM 1991, BYRAM 1997a, von dem die im Folgenden ergänzte englischsprachige Terminologie stammt, sowie KLIPPEL 1991 und 1994a). Das veränderte Konzept von Kultur (s.o.) bringt es auch mit sich, dass interkulturelles Lernen nicht mehr allein der gymnasialen Oberstufe vorbehalten ist, sondern im Englischunterricht von Anfang an angeregt werden soll.

Wissen (*knowledge*) ist nötig, um Können und Einstellung weiter zu entwickeln und um das Interesse aufrechtzuerhalten und wachsenzulassen. Damit ist landeskundliches Faktenwissen im modernen Verständnis gemeint, das heißt deklaratives Wissen über englischsprachige Länder, Lebensräume, Literaturen und Kulturen, das in Zusammenhänge eingebettet wird, welche für Gegenwart, Alltag und Lebensgefühl der Landesbewohner relevant sind (BYRAM 1997a, S. 51 f.) und das den Schülerinnen und Schülern dabei hilft, sich im Zielland zu orientieren (Orientierungswissen).

Mit **Können** (*skills*) bezeichnet man Fertigkeiten, die notwendig sind, um sich mit einer fremden Kultur auseinanderzusetzen und im Zielland erfolgreich zu handeln (Handlungswissen). Dazu zählt, erfolgreich auf Englisch zu kommunizieren mit Sprechern, deren Muttersprache nicht Deutsch ist und dabei auf kulturellen Unterschieden beruhende Missverständnisse zu vermeiden bzw. zu klären. Im Einzelnen versteht man darunter:

- **Skills of interpreting and relating** (BYRAM 1997a, S. 52): Schülerinnen und Schüler können Ereignisse, Begegnungen mit und Dokumente aus einer fremden Kultur (zum Beispiel die „Entdeckung" Amerikas durch Kolumbus) interpretieren und in einen Kontext stellen (zum Beispiel gegenwärtige Situation der Indianervölker des nordamerikanischen Kontinents) und einen Bezug zur eigenen Kultur herstellen (zum Beispiel Umgang mit Minderheiten in Deutschland).
- **Skills of discovery and interaction** (BYRAM 1997a, S. 52 f.): Schülerinnen und Schüler erwerben neues Wissen über Zielkulturen sowie kulturelle Praktiken und wenden es in der Interaktion an. Dies ist beispielsweise in Form eines E-Mailaustauschs mit einer gleichaltrigen nordamerikanischen Schulklasse möglich, in dem gemeinsam über ein englischsprachiges Jugendbuch (vgl. Kapitel 10) diskutiert wird, das alle beteiligten Schülerinnen und Schüler gelesen haben.

Entsprechende Fertigkeiten gilt es nicht ausschließlich für den Umgang mit Dokumenten aus der Zielkultur oder für die Kommunikation in Schriftform zu trainieren, sondern auch für die Interaktion mit englischsprachigen Gesprächspartnern in „Echtzeit". Diese erfordert besondere Fertigkeiten von einem interkulturell kompetenten Sprecher, zu denen unter anderem folgende gehören (adaptiert nach WOODMAN 2003a, S. 114):

- **Kommunikationsprobleme analysieren,** zum Beispiel solche Probleme an Missverständnissen statt an Personen festmachen,
- **Kommunikationssituationen reflektieren,** zum Beispiel die affektive Ebene eines Gesprächs im Auge behalten und steuern,
- einen gemeinsamen Rahmen für eine Kommunikation herstellen, zum Beispiel den Gesprächspartner kontextbezogen informieren,
- **Kommunikationsstörungen beheben,** zum Beispiel Korrekturtechniken anwenden, die klar und höflich zugleich sind,
- **Nervosität überwinden,** zum Beispiel in passenden Situationen über eigene Unsicherheiten sprechen, ohne das Selbstbewusstsein zu verlieren.

Es stellt eine große Herausforderung für den Lehrer dar, den Erwerb und das Training solcher Fertigkeiten in den Englischunterricht zu integrieren. Dies ist jedoch durch gezielte Übungen (vgl. Kapitel 15) und durch Kontakt mit *native speakers* möglich. Innerhalb des Klassenzimmers können beispielsweise englische Muttersprachler eingeladen oder per Videokonferenz zugeschaltet werden. Daneben gilt es, Schülerinnen und Schüler auf entsprechende Erfahrungen außerhalb des Klassenzimmers, etwa beim Schüleraustausch, vorzubereiten, sie dazu anzuregen und ihr Interesse zu fördern.

Unter **Einstellung** (*attitudes*) versteht man die Neugier und Offenheit gegenüber anderen Kulturen (KLIPPEL 1991 sowie BYRAM 1997a, S. 50), die es im Englischunterricht im Vergleich zu anderen Fächern in besonderem Maße zu fördern gilt. Der Blick auf andere Kulturen verändert idealerweise auch den auf die eigene, indem ein Bezug zwischen beiden hergestellt und das Bewusstsein dafür (*cultural awareness*) geschärft wird. Bei diesem Prozess kommt es darauf an, Wertungen weitgehend zu relativieren bzw. sie in jedem Fall bewusstzumachen. Stereotypen können hilfreich sein, um komplexe Phänomene in einer fremden Kultur zu begreifen, müssen in weiteren Schritten aber kritisch hinterfragt und relativiert werden, damit sie sich nicht zu Vorurteilen, also negativen Wertungen ohne fundierte Grundlage, verfestigen.

Besonders der Englischunterricht steht in der Verantwortung, ein Bewusstsein für sprachliche und nichtsprachliche kulturelle Unterschiede sowie darauf aufbauend Verhaltensweisen und Strategien zum sinnvollen Umgang mit diesen Unterschieden zu fördern. Dies kann, wie der folgende Lehrertipp zeigt, schon von Anfang an geschehen und auch für schwächere Lerner zu Erfolgserlebnissen führen.

Lehrertipp: *Smile, please!*

Interkulturelles Lernen ist wohl noch mehr als alles andere Lernen ein lebenslanger Prozess. Schulunterricht kann hier wahrscheinlich nicht mehr leisten, als das Bewusstsein dafür zu wecken, dass es kulturelle Unterschiede gibt und ein respektvoller Umgang mit anderen Kulturen eine gewisse Bereitschaft zum Genau-Hinschauen, Gut-Zuhören und Sensibel-Nachfragen erfordert! Besonders trickreich sind dabei die verschiedenen Vorstellungen von Höflichkeit. Zunehmend fehlt ja bereits innerhalb der „Heimatkultur" vieler Schülerinnen und Schüler das Bewusstsein für diese Problematik. Umso wichtiger ist es, auch und gerade im Fremdsprachenunterricht sprachliche wie nichtsprachliche kulturelle Unterschiede möglichst früh und oft zu thematisieren. Fest steht: Freundlich lächeln und "please" sagen kann jeder, und zwar ab der ersten Englischstunde, weit bevor er/sie die höheren Weihen des *conditional* erreicht hat. Schließlich hat es ja (gerade für schwächere Schülerinnen und Schüler) auch etwas sehr Beruhigendes, dass erfolgreiche Kommunikation oft sehr viel mehr mit Freundlichkeit und gutem Willen als mit korrekter Grammatik zu tun hat.

(A. Wieshuber, Gymnasium)

Eine wesentlich auf den Ausführungen von Byram (1997a) basierende Visualisierung der drei Hauptzielbereiche interkulturellen Lernens kann die Vielschichtigkeit dieses übergeordneten Lernziels verdeutlichen, das im schulischen Kontext in einem breiteren **pädagogischen Rahmen** steht und im Kontext von Erziehung zu Toleranz und zu kulturellem wie politischem Bewusstsein zu sehen ist:

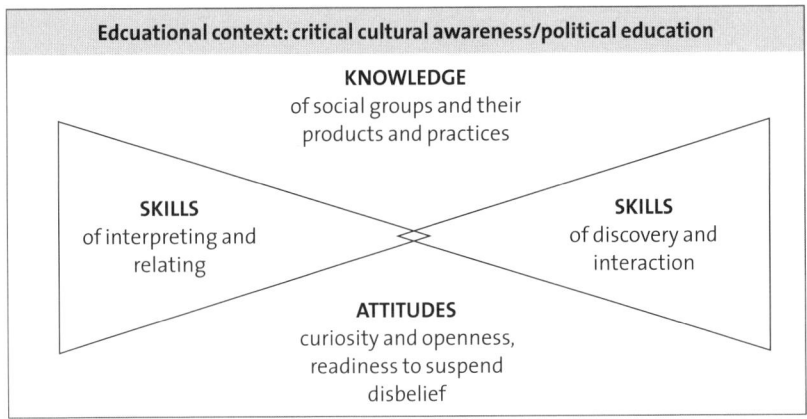

Hauptzielbereiche interkulturellen Lernens (nach BYRAM *1997a)*

Aus diesen Teilkompetenzen setzt sich das übergeordnete Lernziel des Englischunterrichts, die interkulturelle kommunikative Kompetenz zusammen. Sie befähigt Schülerinnen und Schüler zum kritischen Blick auf die eigene Kultur und auf die fremde Kultur. Angestrebt wird dabei nicht, in Sprache und/oder Verhalten einen *native speaker* möglichst exakt zu imitieren oder zu kopieren (KRAMSCH 1993), sondern in einem Prozess, den BYRAM (1997a: 42) *decentring* nennt, die Perspektive des anderen auf die eigene Kultur einzunehmen, dabei mögliche Probleme und Irritationen vorwegzunehmen und sich entsprechend zu verhalten (WOODMAN 2003a, S.119). Dazu gehört auch die Bereitschaft, den Eindruck, den man von einer Kultur und ihren Vertretern hat, immer wieder zu revidieren und sein eigenes Urteil infrage zu stellen (WOODMAN 2003b, S.114).

Interkulturelles Lernen kann und soll nicht nur innerhalb des Klassenzimmers stattfinden, sondern auch außerhalb. Die Beschäftigung mit englischsprachigen Ländern und Kulturen im Englischunterricht bietet Schülerinnen und Schülern die Voraussetzung, später in Beruf und Freizeit fremden Kulturen aufgeschlossen und lernbereit gegenüberzutreten (**lebenslanges Lernen**).

9.3 Inhalte: Englischsprachige Länder und Kulturen

Eine lebende Fremdsprache wie Englisch zu lernen, wurde in der langen Geschichte des Englischunterrichts in Deutschland seit jeher mit den zwei Argumenten Bildung und Nutzen begründet. In jüngerer Zeit wächst die Bedeutung von Englisch als Lingua franca und damit auch das Interesse bestimmter Lernergruppen, Englisch vor allem als Werkzeug nutzen zu können. Diese Entwicklung birgt die Gefahr, dass über dem Aspekt der reinen Nützlichkeit des Englischen als globale (und damit letztlich „kulturlose") Sprache der Bildungsgedanke zu sehr in den Hintergrund rückt. Die Zielpalette für den schulischen Englischunterricht geht über diese reine Funktionalität jedoch deutlich hinaus (vgl. Kapitel 5). Daher ist es erforderlich und angemessen, englischsprachigen Ländern und Kulturen weiterhin einen breiten Raum im Englischunterricht einzuräumen.

Darüber hinaus ist es für Schülerinnen und Schüler motivierend, sich mit englischsprachigen Ländern und Kulturen zu beschäftigen. Die Vielfalt und der Perspektivenreichtum der englischsprachigen Welt können dazu beitragen, die englische Sprache nicht nur zu „können", sondern sie auch „kennen-" und lieben zu lernen. Inhalte wie Kultur und Literatur bieten die Möglichkeit zur persönlichen Identifikation mit einer Sprache und ihrer Kultur sowie zur lebenslangen Beschäftigung mit ihnen.

Das Spektrum der englischsprachigen Länder ist breit gefächert, und diese Vielfalt gilt es in den Englischunterricht zu integrieren. Zur englischsprachigen Welt gehören heute nicht nur Länder, in denen Englisch Muttersprache ist, also Großbritannien, die USA, Kanada, Irland, Australien und Neuseeland. Auch Länder und Kulturen, in denen Englisch als Zweitsprache benutzt wird, wie beispielsweise Indien, Malta und viele afrikanische Länder, sowie Kontexte, in denen Englisch als Lingua franca gebraucht wird, haben mittlerweile ihren Platz im Englischunterricht.

Die Inhalte und Materialien, die sich für das interkulturelle Lernen im Englischunterricht anbieten, sind genauso vielfältig wie die Länder und Kulturen, von denen sie geprägt sind. Deswegen sollen nachfolgend nur einige Beispiele aufgeführt werden:

- In besonderer Weise eignet sich **englischsprachige Literatur** zum interkulturellen Lernen. Literarische Texte bieten nicht nur auf sprachlicher Ebene die Gelegenheit zum Eintauchen in die fremde Kultur, sondern vermitteln auch Informationen über die Zielkultur und geben den Lesern die Möglichkeit zur Identifikation und/oder zum kritischen Vergleich mit der eigenen (kulturellen) Situation. Im Hinblick auf die Literatur englischsprachiger Länder und Kulturen bieten sich je nach Kompetenz der Lernenden authentische oder auch bearbeitete Texte an. Letztere liegen in großer Vielzahl, etwa als so genannte Reader für alle Schularten und Altersstufen vor (vgl. Kapitel 10 sowie Beispiel zu Indien, siehe unten).

- Eine Bereicherung für das interkulturelle Lernen sind **Medienprodukte** aller Art. So erleichtern zum Beispiel zahlreiche englischsprachige Websites, die vielfach auch Audio- und Videoclips enthalten, das Beschaffen von (aktuellen) Informationen über fremde Länder und Kulturen. Auf der Grundlage von Spielfilmen und Dokumentationen können Schülerinnen und Schüler Menschen in bestimmten Situationen in der Zielkultur beobachten und analysieren. Die Verfilmung eines englischsprachigen Romans stellt häufig eine gute Ergänzung zu dessen Lektüre dar, denn sie bietet neben dem Text eine zusätzliche kulturell geprägte Interpretationsebene und eröffnet nicht nur visuellen Lernern neue Zugänge (vgl. Kapitel 10).
- **Konkrete und virtuelle** Begegnungen mit Mitgliedern englischsprachiger Länder und Kulturen gehören ebenfalls zu den zentralen Inhalten des Englischunterrichts. Wichtige Zielbereiche interkulturellen Lernens, wie beispielsweise die erläuterten *skills of discovery and interaction* (siehe oben), können mittels solcher Begegnungen am besten verwirklicht werden. Oftmals werden Kontraste und Gemeinsamkeiten durch derartige Kontakte am eindrücklichsten sichtbar gemacht, was eine wichtige Voraussetzung für interkulturelles Lernen darstellt. Die Möglichkeiten für konkrete und virtuelle Begegnungen sind heute innerhalb und außerhalb des Klassenzimmers vielfältiger denn je. Schülerinnen und Schüler können beispielsweise
  - sich in einem thematisch gebundenen E-Mailprojekt mit einer Partnerklasse aus einem zielsprachigen Land austauschen;
  - an einem Schüleraustausch teilnehmen und sich bei dessen Vorbereitung (zum Beispiel Planung) und Nachbereitung (zum Beispiel Reflexion der vielfältigen Erfahrungen) engagieren;
  - im Tandem mit einem anderen Nichtmuttersprachler (mit vergleichbarer Kompetenz im Englischen) mittels gemeinsam benutzter Softwareprogramme üben und sich darüber austauschen;
  - Diskussionen mit englischsprachigen Partnerklassen in Videokonferenzen vorbereiten, durchführen und evaluieren;
  - *native speakers* ins Klassenzimmer einladen und/oder sie zu bestimmten Themen interviewen.

9.4 Unterrichtswege: Zentrale Prinzipien und zwei Beispiele

Im Englischunterricht soll den Schülerinnen und Schüler die Vielfalt englischsprachiger Länder und Kulturen durch Personalisierung ohne Trivialisierung nahegebracht werden. Dabei können je nach Lernergruppe Themen aus der Alltagskultur ebenso wichtig oder sogar bedeutsamer sein als beispielsweise die Kenntnis des amerikanischen Wahlsystems. Verschiedene Elemente, die zur Förderung interkulturellen Lernens im Englischunterricht dienen, werden nachfolgend kurz erläutert:

- Eine wichtige Voraussetzung dafür, dass interkulturelles Lernen im Englischunterricht stattfinden kann, ist, dass die sprachliche und **kulturelle Identität der Lernenden** anerkannt wird (vgl. BREDELLA/DELANOY 1999, S. 15). Das bedeutet, dass Inhalte und Lerneraktivitäten so ausgewählt und aufeinander abgestimmt werden müssen, dass die Schülerinnen und Schüler ausreichend Raum für die Artikulation ihres Vorwissens, ihrer Erwartungen und Erfahrungen erhalten.
- Gesondert hervorzuheben ist in diesem Kontext die Rolle der **neuen Medien** (siehe auch Beispiel 1). Über das Internet sind Informationen über englischsprachige Kulturen so einfach erhältlich wie noch nie zuvor. Das Medium bietet vielfältige und aktuelle Informationen sowie die Möglichkeit zur direkten Kontaktaufnahme mit Vertretern englischsprachiger Kulturen, beispielsweise über *netmeeting*.
- Interkulturelles Lernen kann besonders gut realisiert werden in der **interdisziplinären Zusammenarbeit** mit anderen Fächern; für viele Themen bieten sich beispielsweise fächerübergreifende Projekte mit Geografie und Geschichte, aber auch mit Musik, Religionslehre und Kunst an.
- Interkulturelles Lernen muss im Sinne von **lebenslangem Lernen** auch für Lehrkräfte stattfinden. Es gilt, das eigene Erfahrungswissen in der Aus- und Weiterbildung konsequent zu erweitern und zu reflektieren. Der während der ersten Ausbildungsphase empfohlene Auslandsaufenthalt ist dabei nur ein Baustein, wenn freilich auch ein wichtiger (EHRENREICH 2004). Der Enthusiasmus, mit dem gute Englischlehrkräfte ihren Unterricht gestalten, speist sich häufig aus ihrem anhaltenden Interesse und ihrer Motivation, englischsprachige Länder und Regionen mit Neugier zu bereisen, Kontakte aufzubauen und zu pflegen und ihr eigenes Wissen weiterzugeben.

Die beiden nachfolgenden Unterrichtsbeispiele zeigen, wie zentrale Lernziele des Englischunterrichts im Bereich interkulturellen Lernens umgesetzt werden können. Sie decken unterschiedliche Schwerpunkte ab (Beispiel 1: neue Medien, Land mit Englisch als Muttersprache; Beispiel 2: textbasierter Zugriff, Land mit Englisch als Zweitsprache) und sind ab Jahrgangsstufe 9 adaptierbar.

Beispiel 1: Webquest National Parks in Britain

Im Mittelpunkt dieses *webquests* steht die Vermittlung landeskundlicher Kenntnisse über die Nationalparks in Großbritannien. Ein *webquest* ist eine internetbasierte Unterrichtseinheit, die in der Regel einem Schema von sechs Schritten folgt (vgl. die Website von BERNIE DODGE, der *webquests* beständig weiterentwickelt und Beispiele zu den verschiedensten Themen gesammelt hat unter http://webquest.sdsu.edu/). Ein *webquest* zum Thema *National Parks in Britain* könnte wie folgt aussehen (DOFF 2004):

WEBQUEST NATIONAL PARKS IN BRITAIN
Step 1: Introduction
Ein Einleitungssatz kontextualisiert die Aufgabenstellung in Schritt 2.
Step 2: Task
You have decided to take part in this year's "Get to know our national parks"-competition, which is funded every year by the Queen for pupils from all over the world. The prize is a free 10-day round trip to national parks in Britain for three. To take part in the competition you have to hand in a detailed description of your planned trip which has to impress the jury. The categories they pay special attention to are: interest, fun, variety and efficiency. The overall aim of the trip is that your group gets a good impression of the national parks in Great Britain. Your task now will be to produce a detailed plan for a 10-day trip following the jury's categories and attach it to a short letter of application to the committee.
Step 3: Resources
Die Lehrerin oder der Lehrer gibt einige vorher recherchierte Websites an, etwa zu *national parks* in Britain (zum Beispiel www.lake-district.gov.uk/), zu Flügen und öffentlichem Nahverkehr in Großbritannien (zum Beispiel www.pti.org.uk/) sowie weitere Websites, die für die Schülerinnen und Schüler hilfreich sein können.

Step 4: Process
Your task now is to work in groups of three and plan your trip describing which national parks you want to visit, which means of transport you will use, where you will stay overnight and what you plan to do during those 10 days (maximum amount of money paid for your flights, transportation and overnight stays: 3000 Euros for the whole group). There will be extra money for food and for your activities in the national parks, provided your suggestions are convincing.
[Je nach Bedarf können die Einzelschritte, in denen die Schülerinnen und Schüler vorgehen sollen, sowie die Anforderungen noch detaillierter erläutert werden.]
Step 5: Conclusion
Die Lernziele des *webquest* werden für die Schülerinnen und Schüler verständlich zusammengefasst.
Step 6: Evaluation
Die Kriterien, die bei der Bewertung des *webquest* eine Rolle spielen, werden erläutert.

Beispiel 2: Indien

Indien ist zwar noch kein verpflichtender Bestandteil der meisten Lehrpläne und Richtlinien für den Englischunterricht, aber ein Land, in dessen Geschichte und soziokulturellem Kontext Englisch eine wichtige Rolle spielt. Eine Unterrichtseinheit zu Indien in der Sekundarstufe I oder II ermöglicht zum einen eine spannende Annäherung an die englischsprachige Welt und bietet zum anderen die Gelegenheit, deren Vielfalt aufzuzeigen sowie einer euro- bzw. amerikazentrischen Sichtweise im Englischunterricht gegenzusteuern.

Zu Indien gibt es mittlerweile Unterrichtsmaterialien und vereinfachte literarische Texte, die schon in der Sekundarstufe I eingesetzt werden können. Für die Sekundarstufe II bieten sich Romane und Kurzgeschichten in Originalform, Zeitungsartikel, Websites, Filme sowie interdisziplinäre Projekte beispielsweise mit Erdkunde, Geschichte, Religion, Musik und Kunst an. Im Englischunterricht ist es besonders lohnenswert, über Texte in das Thema „Indien" einzusteigen, weil viele exzellente Autoren aus dem indischen Kulturraum in englischer Sprache schreiben (zum Beispiel Monica Ali, Hanif Kureishi, Rohinton Mistry, Ruth Prawer Jhabvala, Arundhati Roy,

Salman Rushdie, Vikram Seth; zu konkreten Textvorschlägen siehe unten). Das große Angebot an Verfilmungen aus dem oder über den indischen Kulturraum, die häufig ebenso wie die Literatur zum Beispiel die Beziehungen zu Großbritannien kritisch thematisieren, macht eine solche Unterrichtseinheit zusätzlich attraktiv.

Bei der Planung und Auswahl der für die jeweilige Lerngruppe geeigneten Materialien sind zwei zentrale Aspekte zu bedenken:

- Indien ist ein riesiger und sehr diverser Subkontinent, sowohl was geografische Gegebenheiten, Klima, Kultur und Literatur als auch vieles mehr betrifft. Eine Auswahl muss deshalb sorgfältig getroffen werden, wird jedoch dennoch immer ausschnitthaft bleiben.
- Das in Deutschland vorherrschende Indien-Bild ist von zahlreichen Klischees und Stereotypen geprägt, wie zum Beispiel Unterentwicklung, Hunger, Armut, exotisch-spirituelle Sinnfindung und alternative Medizin. Im Sinne des oben erläuterten Konzepts von interkulturellem Lernen sollte eine entsprechende Unterrichtseinheit dazu beitragen, „Negativ-Stereotypen zu überwinden und die indischen Kulturen und Gesellschaften als gleichberechtigte Lebensformen anzuerkennen" (WANDEL 2001, S. 7).

Auch im Internet gibt es inzwischen ein breites und aktuelles Angebot zu Indien, mittels dessen sich das Land selbst als aufgeschlossene und globale Nation präsentiert. Konkrete Aufgabenstellungen und Projekte, die sich im Zusammenhang mit Indien anbieten, könnten sein:

- eine Ausstellung über die Beziehungen zwischen Indien und Großbritannien sowie über die Rolle der englischen Sprache im Wandel der Jahrhunderte,
- ein Projekttag über Mahatma Gandhi,
- ein themengebundener E-Mailaustausch über einen Roman der oben genannten Autoren mit einer Schulklasse in Indien,
- eine Darstellung der Charakterisierung Indiens in den Filmen des sogenannten *Bollywood*-Kinos,
- eine vergleichende Analyse der Probleme und Chancen von Romanfiguren (beispielsweise in den Romanen Monica Alis oder Salman Rushdies), die zwischen der indischen und der angloamerikanischen Kultur bzw. in beiden leben.
- Weitere konkrete Aufgabenstellungen und Vorschläge finden sich im Themenheft zu Indien *Der fremdsprachliche Unterricht* (50/2001). Von dieser Zeitschrift liegen auch Themenhefte zu vielen anderen englischsprachigen Ländern und Kulturen (neben Kanada, Neuseeland und Australien bei-

spielsweise auch afrikanische Länder und Malaysia) vor, in denen man zahlreiche Anregungen und Ideen für interkulturelles Lernen im Englischunterricht findet.

■ **Unterrichtsmaterialien zum Thema Indien für die Sekundarstufe I**
BYRNE, DONN (1983): Gandhi – His life was the message. Harlow.
DASGUPTA, SHAHANA(1991) : India – Old and New. Berlin.
DERKOW DISSELBECK, BARBARA (1998): Indian Adventure. Berlin.
GOODWRIGHT, CAROL/OLEANSKI, JANET (Hrsg.) (1998): In the English-Speaking World. Berlin.

Anthologien indischer Kurzgeschichten
CHANDRA, VIKRAM (1997): Love and Longing in Bombay. London.
NARAYAN, R. K. (1987): Under the Banyan Tree. London.
RUSHDI, SALMAN (1994): East, West. London.

Romane zum Thema Indien für die Sekundarstufe II
ALI, MONICA (2003): Brick Lane. London.
KUREISHI, HANIF (1990): The Buddha of Suburbia. London.
PRAWER JHABVALA, RUTH (1975): Heat and Dust. New York.
ROY, ARUNDHATI (1998): The God of Small Things. London.

10 Texte und Literatur

Texte bildeten schon immer einen Mittelpunkt des Sprachenlernens. Das hängt natürlich damit zusammen, dass sprachliche Zeichen nur in einem Kontext Sinn ergeben. Wenn Schülerinnen und Schüler verstehen, was sie lesen, und wenn diese Texte anregend sind, dann können sich aus der Lektüre heraus überdies motivierende Sprech- und Schreibanlässe ergeben.

Textarbeit im Englischunterricht bietet zahlreiche Möglichkeiten, sich mit den grundlegenden Funktionen von Texten zu befassen. Dazu gehören:

- **Deskriptive Funktion:** In Texten organisieren Verfasser Informationen über die Welt, die von anderen bestätigt, abgelehnt und überprüft werden können.
- **Soziale Funktion:** Mittels Texten etablieren Verfasser Beziehungen zu anderen, erhalten diese aufrecht und verändern sie.
- **Expressive Funktion:** In Texten bringen Verfasser ihre eigene Meinung, ihre Vorurteile und Lebenserfahrung zum Ausdruck.

Texte, die für den Englischunterricht geeignet sind, lassen sich auf einer oder mehreren dieser drei Ebenen didaktisch interpretieren, zum Beispiel:

- zur Vermittlung von Informationen,
- zur Unterhaltung,
- als Sprachmodell,
- als kulturelles Modell,
- zur persönlichen Identifikation und Weiterentwicklung.

Die Arbeit mit Texten kann sowohl der Sprachrezeption als auch der Sprachproduktion dienen: Sinnvoll ausgewählte Texte eignen sich als Sprechanlass und Artikulationsmodell gleichermaßen. Sprach- und Literaturunterricht lassen sich in der Textarbeit gut miteinander verbinden, vorausgesetzt, es werden Texte zugrunde gelegt, die geeignet sind, diese Doppelfunktion zu erfüllen. Dies trifft allerdings selbst für Lehrbuchtexte nicht automatisch zu; es bleibt daher Aufgabe der Lehrerin oder des Lehrers und nicht des Lehrwerks, auf eine sinnvolle, auf die individuelle Gruppe von Lernenden abgestimmte Textauswahl zu achten.

Viele Lehrbuchtexte sind grammatische, das heißt an die Bedürfnisse und die Sprachkompetenz der Leserinnen und Leser angepasste Texte (didaktisierte Lerntexte). Daneben spielen im Englischunterricht aber auch genuine Texte aus der Zielkultur (Lesetexte) eine wichtige Rolle, und zwar nicht erst

in der Sekundarstufe II. Zu einer abwechslungsreichen Textarbeit kann ferner eine gute Mischung zwischen den beiden Textarten beitragen:
- **Sachtexte** vermitteln Informationen über die zielsprachige Welt.
- **Literarische Texte** unterscheiden sich von Sachtexten durch ihre Selbstreferenzialität und Fiktionalität (BREDELLA 2003, S. 55). Sie lassen durch den Appell an die Vorstellungskraft der Leserinnen und Leser eine zielsprachige Umgebung entstehen und bieten die Möglichkeit zur Identifikation mit einzelnen Charakteren sowie zum Vergleich mit eigenen Erfahrungen.

Obwohl durch die wichtige Rolle von Texten eine Kontinuität im Englischunterricht gegeben ist, unterscheiden sich die weiteren Schritte bei der Auswahl und beim Umgang mit Texten in der Sekundarstufe I und II sowie in den verschiedenen Schulformen deutlich voneinander.

10.1 Sekundarstufe I

Lesen im Englischunterricht für 9–15jährige Schülerinnen und Schüler nimmt im Fachlehrplan aller Schularten einen breiten Raum ein. Es ist eine der Hauptaufgaben der Lehrkräfte, den Umgang mit Texten zielorientiert zu gestalten, das heißt
- den Leserinnen und Lesern verschiedene **Textsorten** mit **altersgemäßen Verfahren** nahezubringen,
- Lesemotivation zu wecken,
- das Interesse und die Freude am Lesen fremdsprachlicher Texte über den Englischunterricht hinaus zu fördern.

Auch das Training von Lesestrategien (vgl. Kapitel 8.1) spielt in diesem Zusammenhang eine wichtige Rolle. Mittlerweile liegen praxisorientierte Studien zur Textarbeit in dieser Altersstufe vor, und zwar sowohl schulspezifisch als auch schulübergreifend (BURWITZ-MELZER 2003, CASPARI 1994, HELLWIG 2000 sowie HUNFELD 1982). Die Lehrkraft ist auch hier Modell, sie muss selbst gern lesen, um Lesefreude zu vermitteln.

Lerner als Leser und ihre Motivation

Eine heterogene Schülerpopulation macht die Arbeit mit Texten im Englischunterricht der Sekundarstufe I zu einer großen Herausforderung. Sie tritt besonders klar hervor, wenn die Schülerpopulation eines Jahrgangs zum

Beispiel in Gesamtschulen zusammengefasst ist. Diese Altersstufe umfasst Phasen der Vorpubertät und der Pubertät, die bei einzelnen Schülerinnen und Schülern auch innerhalb einer Klasse zeitversetzt eintreten. Bei der Textarbeit ist also zu berücksichtigen (vgl. BURWITZ-MELZER 2004a, S. 213–215), dass die Leserinnen und Leser

- sich in unterschiedlichen Phasen der kognitiven, sozialen und soziokulturellen Entwicklung befinden, das heißt in einem Übergangsstadium, das der **Identitätsfindung** dient; dies beeinflusst den Leseprozess.
- in der Regel stark divergierende/s **Leistungswilligkeit und -vermögen** zeigen.
- oftmals **heterogene sprachliche und Lesekompetenzen** in ihrer Muttersprache und in der/n Fremdsprache/n haben.

Die Doppelfunktion, die Texte im Englischunterricht als Sprechanlässe einerseits und als Artikulationsmodelle andererseits erfüllen (s.o.), wird in letzter Zeit zunehmend schulformspezifisch in Richtlinien und Lehrplänen ausdifferenziert. Übergreifende Aspekte dabei sind Lesekompetenz und textanalytische Fertigkeiten sowie landeskundliche Kenntnisse bzw. interkulturelle Kompetenzen. Vielfach vernachlässigt wird der spielerische und kreative Umgang mit Texten.

Gerade dieser Zugang ist jedoch wichtig, da in dieser Altersstufe unter anderem aufgrund heterogener Lernergruppen die Lesemotivation von besonderer Bedeutung ist (vgl. Kapitel 22). Konkrete Ansätze, um Lesemotivation speziell in der Sekundarstufe I gezielt zu fördern, sind:

- Bei der Arbeit mit Texten werden Angebote für **verschiedene Lernertypen** (vgl. Kapitel 21) gemacht und insbesondere das kreative Potenzial von Texten genutzt, um die Vorstellungskraft der Schülerinnen und Schüler anzuregen. Diese kann auf verschiedenen Wegen ausgedrückt werden, von denen Versprachlichung in der Zielsprache nur einer ist (CASPARI 1994; zu konkreten Beispielen s.u.). Altersgerechte spielerisch-kreative Verfahren sollten in der Sekundarstufe I dominant analytische Zugänge zu Texten ergänzen.
- **Vorwissen und Erfahrung der Schülerinnen und Schüler** spielen bei der Textarbeit eine wichtige Rolle. Kinder kennen Texte und haben Erfahrungen im Umgang damit, zum Beispiel Märchen aus der Vorschulzeit, Gebrauchstexte aus dem Alltag und literarische Texte aus dem Unterricht in der Muttersprache. Der Englischunterricht in der Sekundarstufe I darf diese Erfahrungen nicht ignorieren und muss das Besondere an fremdsprachlichen Texten verdeutlichen; sie bieten eine „vielfältige […] Ver-

gleichsmöglichkeit, die zugleich eine Verstehens- und Erfahrenserweiterung bedeutet" (Hunfeld 1982, S. 37). Literarische Texte in der Zielsprache, die aus einem anderen sprachlichen und kulturellen Raum stammen, eignen sich gut als Gegenentwurf, „der den Leser zugleich sich selbst gegenüberstellt und ihm alternative Lebensentwürfe präsentiert" (Hunfeld 1982, S. 37). Auf diese Weise können fremdsprachliche Texte gerade in der Sekundarstufe I eine wichtige Perspektivenerweiterung bei der Identitätsfindung der Jugendlichen bieten. Dies gilt für alle Schulformen und insbesondere auch für Schülerinnen und Schüler, deren Muttersprache nicht Deutsch ist und die bereits Erfahrung im Umgang mit fremden Sprachen und Kulturen mitbringen.

- Die Lehrkraft und die Schülerinnen und Schüler sowie die Schülerinnen und Schüler untereinander treten in einen relevanten **Dialog**, der von den Texten ausgeht und das altbekannte Frage-Antwort-Spiel ablöst. Freie Rede wie in der Sekundarstufe II kann hier nicht das Ziel sein, aber ein Gespräch über die eigene Reaktion auf fremdsprachige Texte ist auch mit begrenzter Sprachkompetenz möglich. Es kann durchaus sinnvoll sein, dass die Sprecher dabei zum Teil auf vorgefertigte Fragenkataloge oder sprachliche Versatzstücke zurückgreifen. Eventuell sind solche Dialoge sprachlich dann immer noch nicht ganz korrekt, aber verständlich und ernsthaft. Dadurch besteht die Möglichkeit, die Dominanz der Lehrkraft zu relativieren, die Eigeninitiative der Schülerinnen und Schüler zu fördern, und über Dinge zu sprechen, die berührt haben oder interessant sind (Hunfeld 1982, S. 45).

> **Tipp:** Eine wichtige Frage zur Überprüfung der „Relevanz" eines Gesprächs über Texte im Englischunterricht lautet: Wäre das Gespräch noch interessant bzw. wichtig, wenn es in der Muttersprache stattfinden würde? (vgl. Butzkamm 1997, S. 182 ff.)

Arbeit mit dem Lehrwerk und mit anderen Texten

Lehrwerke sind eine wichtige Orientierungshilfe für Lehrkräfte und Schülerinnen und Schüler und stehen in vielen Phasen des Englischunterrichts im Mittelpunkt. Allerdings darf der Englischunterricht nicht allein auf die Arbeit mit dem Lehrwerk reduziert werden; die letzte Instanz für die Auswahl von Texten und deren methodische Aufbereitung bleibt die Lehrkraft, die diese

auf die lernergruppenspezifischen Ziele und Interessen abstimmt (vgl. WIESHUBER 2002).
Die Arbeit mit dem Lehrwerk ist nach den Prinzipien **Progression** und **Variation** organisiert (KURTZ 2001b, S. 89 f.). Der Kern der meisten Lehrbuchlektionen besteht aus einem Text, um den herum verschiedene Aufgaben und Arbeitsanregungen angeordnet sind; die Gesamtheit der Lektionstexte folgt einer sprachlichen und inhaltlichen Progression. Ein gutes Lehrwerk zeichnet sich durch Vielfalt bezüglich der zu erbringenden geistigen Operationen und sprachlichen Aufgaben aus. Die Arbeitsaufträge sollten beispielsweise auch im Hinblick auf Medieneinsatz und Sozial- oder Arbeitsform (zum Beispiel Einzelarbeit oder Freiarbeit) der Lehrerin oder dem Lehrer (ggf. in Abstimmung mit den Lernern) die Möglichkeit geben, das aufbereitete Lektionsangebot abwechslungsreich zu gestalten bzw. bei Bedarf auch zu kürzen oder zu ergänzen (Variation).

Die Arbeit mit den Lehrwerktexten strukturiert sich zumeist traditionell nach einem dreiphasigen Schema in *pre-, while-* und *post-reading*-Phasen (vgl. Kapitel 8.1) sowie die Ausführungen zur Sekundarstufe II unten). Der Dreischritt von Annäherung an bzw. Vorbereitung auf den Text, Lesen des Textes und anschließende Beschäftigung damit ist didaktisch sinnvoll, sollte aber keinesfalls monoton für alle Texte angewendet werden, sondern nach Möglichkeit variieren, was Breite und Tiefe sowie individuelle Gestaltung der einzelnen Phasen angeht. Dies zeigt der folgende Lehrertipp am Beispiel der *pre-reading*-Phase.

Lehrertipp: Lehrbuchtexte

Gleichgültig, welche Art von Lehrwerktext man als Lehrer präsentiert, man darf nie vergessen, dass man selbst (oder der Schulbuchverlag!) den Text ausgesucht hat – nicht die Schülerinnen und Schüler! Im Gegensatz zu Texten, die diese selbst und freiwillig zur Hand nehmen, stoßen die im Unterricht vorgelegten Texten somit meist nicht auf genuines Leseinteresse bei den Schülerinnen und Schülern. Deshalb sollte man sich unbedingt (auch und gerade bei Lehrbuchtexten!) die Zeit nehmen, dieses Interesse am Text zu wecken. Ein Einstieg über die Überschrift, über Schlagwörter oder über eventuelles Bildmaterial sind dabei einige Möglichkeiten, die helfen, eine gewisse Erwartungshaltung zu erzeugen, *bevor* die Schülerinnen und Schüler dem Text begegnen: Die Lernenden sollten zunächst völlig frei spekulieren, was ihres Erachtens in einem Text mit dieser Überschrift/diesem Thema/diesen neuen Wörtern, … enthalten sein könnte. Vor dem Hintergrund einer eigenen Erwartungshaltung können zudem auch deutlich mehr Texterschließungstechniken mobilisiert werden.

(A. Wieshuber, Gymnasium)

Lehrwerktexte sind für Schülerinnen und Schüler nicht immer relevant und können die Textarbeit schwerfällig machen. Deswegen sollten sie von der Lehrerin oder dem Lehrer oder gegebenenfalls auch von den Lernern selbst ersetzt bzw. ergänzt oder auch einmal dekonstruiert und erweitert werden. Dabei ist auf den Schwierigkeitsgrad, die Relevanz sowie auf Bandbreite der verwendeten Texte, beispielsweise was die Textsorte und die Gattung betrifft, zu achten (HERMES 1979; zu Auswahlkriterien vgl. die Ausführungen zur Sekundarstufe II unten).

Von großer Bedeutung ist in diesem Zusammenhang ferner die Weiterentwicklung vom Lehrbuch zum Lehrwerk, das heute nicht mehr ausschließlich aus einer Textsammlung, sondern aus einem Medienverbund besteht. Aktuelle Lehrwerke bieten zusätzliches Material auf CDs, auf Internetseiten etc., das vielen Schülerinnen und Schülern den Zugang zu Texten und den Lehrkräften die abwechslungsreiche Gestaltung des Englischunterrichts erleichtert.

Kreative Verfahren im Umgang mit literarischen Texten in der Sekundarstufe I

Kreative Verfahren im Umgang mit literarischen Texten eignen sich prinzipiell für alle drei Phasen der Textarbeit.

Insbesondere für lernschwache Schülerinnen und Schüler ist es wichtig, Sprachrezeption, also den Leseprozess, von der Sprachproduktion, zum Beispiel den versprachlichten Antworten auf Fragen zum Text, wenigstens teilweise abzukoppeln und ihnen dadurch Gelegenheit für Erfolgserlebnisse zu geben. Dazu eignen sich kreative Verfahren besonders gut.

Nachfolgend werden mehrere Vorschläge für *post-reading activities* gemacht, die im Anschluss an das Lesen verschiedener literarischer Textsorten wichtig sind. Insbesondere sind solche Verfahren auch für Gedichte anwendbar, die noch vergleichsweise wenig im Englischunterricht der Sekundarstufe I eingesetzt werden, obwohl diese Textgattung bei richtiger Auswahl dafür durchaus geeignet ist (KESSLING 1995 sowie MARTIN 2002). Die nachfolgend erläuterten Vorschläge eignen sich sämtlich für unterschiedliche Zielgruppen innerhalb der Sekundarstufe I; sie sind im Schwierigkeitsgrad und besonders auch für sprachlich schwächere Schüler adaptierbar.

Einige solcher kreativer Verfahren, die **Sprachrezeption und Sprachproduktion entkoppeln**, sind:
- die Stimmung eines Gedichts in einer **Collage** oder einer **Zeichnung** wiedergeben,
- ein **Lesezeichen** entwerfen, das zum Buch passt,
- ein **Werbeplakat** für das Buch entwerfen,
- einen Text durch **Bilder** illustrieren,
- Szenen aus einem Text in *freeze frames* pantomimisch darstellen lassen; dieses Verfahren kann mit einem Ratespiel verbunden werden.

Beispiele für auf **Sprachrezeption in Verbindung mit Sprachproduktion** basierende kreative Verfahren sind:
- einen **Dialog** (zum Beispiel zwischen zwei Nebenfiguren) ausarbeiten und nachspielen, der im Text nicht ausgeführt wird,
- besonders interessante oder spannende Passagen des Textes laut und mit **verteilten Rollen** vorlesen,
- eine Geschichte aus der Sicht einer Nebenfigur in einem **Tagebucheintrag** schildern,
- ein **Hörspiel** oder eine **Inszenierung** aus einem Buch oder Teilen davon machen,
- einen **Brief** an den Autor/die Autorin oder an einen der Protagonisten schreiben,
- eine **Kritik** über das Buch für ein Jugendmagazin schreiben,
- besonders interessante **Wörter und Wendungen** aus einem Text heraussuchen und in einer neuen, eigenen Geschichte verwenden,
- einen Text (zum Beispiel Zeitungsausschnitt) in eine **andere Textsorte** mit gleichem Inhalt (zum Beispiel Kurzgeschichte) umschreiben,
- einen **alternativen Schluss** für eine Geschichte finden,
- eine Geschichte „nach vorne" ergänzen (*What happened before the story began?*),
- ein **Gedicht** mit gleicher Bedeutung neu schreiben.

Jugendliteratur und weitere geeignete Textsorten

Als Lektüre neben dem Lehrwerk bieten sich im Englischunterricht der Sekundarstufe I insbesondere Werke der Jugendliteratur an, also direkt an die jeweilige Altersgruppe gerichtete englischsprachige Romane oder literarische Kurzformen. Der Einsatz von solchen Texten, die je nach Kompetenz der Lernenden entweder in bearbeiteter Form, das heißt gekürzt bzw. mit entsprechenden Hilfen versehen, oder im Original gelesen werden können, bietet sich in der Sekundarstufe I aller Schularten an, weil diese literarischen Formen aus verschiedenen Gründen sehr motivierend wirken können (vgl. BEDNAREK 2000, S. 9–14):

- Jugendbücher schlagen eine Brücke zwischen **schulischer und außerschulischer Realität** und können dadurch auch zur Lektüre außerhalb des Klassenzimmers anregen. Die Themen sind altersgruppenspezifisch, die Figuren in Jugendbüchern regen zum Vergleich mit der eigenen Situation an.
- Viele Schülerinnen und Schüler sind stolz, wenn sie die Lektüre längerer Texte bewältigen. Bei Jugendbüchern kann dies aufgrund der **kindgerechten Sprache** besser gelingen; sie bieten Jugendlichen die Chance, die eigene Sprachbarriere zu überschreiten und sich auf den Inhalt zu konzentrieren.
- Insbesondere im sogenannten „realistischen Jugendbuch" (LEHBERGER 1981) ist die Handlung in nationale, regionale, geschichtliche, soziale und kulturelle **Aspekte des Ziellandes** eingebettet, über das Leserinnen und Leser sozusagen „nebenbei" eine Menge lernen. Durch die Identifikation mit einer oder mehreren Figuren kann Verständnis für englischsprachige Kulturen geweckt und ein Beitrag zum Erwerb interkultureller kommunikativer Kompetenz geleistet werden (vgl. Kapitel 9). Aufgrund der Vielzahl englischsprachiger Kulturen ist das Angebot an Jugendbüchern in englischer Sprache groß; eine Auswahl konkreter Beispiele findet sich bei O'SULLIVAN/RÖSLER 2002; siehe außerdem unten angeführte Vorschläge).

Ob die Originalversion oder die bearbeitete, das heißt vereinfachte Fassung eines Textes verwendet wird, hängt vor allem von der Sprachkompetenz der Lernenden ab. Möglicherweise muss nicht ein gesamter Text von allen vollständig gelesen werden, denkbar wären auch arbeitsteilige Lösungen, bei denen beispielsweise einzelne Schülerinnen und Schüler Teile eines Buches lesen und davon für die anderen Zusammenfassungen erstellen. Die Bearbeitung eines fremdsprachlichen Textes, beispielsweise in Form von Vokabelannotationen oder Kürzungen, kann durch die Lehrerin oder den Lehrer erfolgen; bei Bedarf lassen sich auch von Verlagen bearbeitete Versionen verwenden. Die Auswahl in den Katalogen einschlägiger Schulbuchverlage ist groß; viele Lektüren liegen heute bereits auch mit Hörbuch vor.

Weitere fremdsprachliche Textsorten, die sich für die Arbeit in der Sekundarstufe I anbieten, sind beispielsweise Comics (vgl. DOFF/WANDERS 2005), Bücher zum Film, einschlägige Jugendzeitschriften in englischer Sprache und Sprachzeitschriften wie zum Beispiel *Spotlight* (inklusive deren Online-Auftritte) sowie weitere Sachtexte, etwa englischsprachige Pressetexte; dabei kann es sich auch um kurze und relativ einfache Texte handeln, beispielsweise aus der englischsprachigen Tagespresse.

Die hier vorgeschlagenen Werke der Jugendliteratur wurden speziell im Hinblick auf die abwechslungsreiche Darstellung kultureller Inhalte ausgewählt und haben Protagonisten, die im ähnlichen Alter wie die Leser/innen der Sekundarstufe I. Die Texte können je nach Leistungsstand der Lerner von Klasse 8 bis 10 eingesetzt werden und liegen zum Teil als sogenannte *Easy Readers* bei deutschen Schulbuchverlagen vor.

- **Australien und andere englischsprachige Länder**

  KIDD, DIANNA (1989): Onion Tears. New York. (Krieg und seine Konsequenzen, Problem von Flüchtlingen)

  MOLONEY, JAMES (1994): Gracey. Brisbane. (Assimiliation und identity politics)

  GLEITZMANN, MORRIS (1989): Two Weeks with the Queen. Stuttgart. (Krankheit und Tod, Erfahrungen eines australischen Jungen in London)

  NAIDOO, BEVERLY (1997): Journey to Jo'burg. 2. Aufl. München. (Konkrete Folgen der Apartheid für eine schwarze Familie)

- **UK und Nordirland**

  SWINDELL, ROBERT (1997): Smash. London. (Folgen von Rassismus und kategorialem Denken für eine pakistanische Familie)

  DHONDY, FARRUKH (1976): East End at Your Feet. Basingstoke. (Kurzgeschichten über asiatische Kinder in London)

  CARTER, PETER (1977): Under Goliath. London. (Nordirland-Konflikt)

  LEESON, ROBERT (1980): It's my life. London. (Konflikte in einer englischen Familie nach dem Weggang der Mutter)

- **USA**

  HEWITT, LORI (1988): Coming of Age. Berlin. (Intra- und interethnische Beziehungen dreier afro-amerikanischer Jugendlicher)

  BEALS, MELBA PATILLO (1994): Warriors don't cry. New York. (Civil Rights Movement und der Kampf um Integration)

  LEE, MARIE G. (1996): Necessary Roughness. New York. (Probleme eines koreanischen Jungen in einer amerikanischen Kleinstadt)

  RHUE, MORTON (1981): The Wave. London. (Prozess der politischen Bewusstwerdung bei Jugendlichen)

10.2 Sekundarstufe II

Die Sprachkompetenz der Lernenden in der Sekundarstufe II ermöglicht eine Begegnung mit authentischen Texten höheren Schwierigkeitsgrades und eine Auseinandersetzung mit komplexeren Fragestellungen literarischer und kultureller Art. Dies spiegelt sich nicht nur in der Textauswahl wider, sondern auch im dialogischen Umgang insbesondere mit literarischen Texten sowie im Hinblick auf kreative Verfahren, die altersgemäß eingesetzt auch für ältere Schülerinnen und Schüler anregend sind. Da intensive Textanalyse und kreative Textproduktion sich in der Sekundarstufe II vor allem auf literarische Texte beziehen, werden diese im Folgenden schwerpunktmäßig berücksichtigt.

Kriterien für die Auswahl von Texten

Da das Lehrwerk in der Sekundarstufe II nicht mehr im Mittelpunkt des Englischunterrichts steht, nimmt die Bedeutung der Auswahl anderer passender Texte zu. In den meisten Fällen geschieht dies durch die Lehrkraft, aber auch Schülerinnen und Schüler können in dieser Altersstufe Texte vorstellen und zur Behandlung im Unterricht vorschlagen. Einige der zentralen Kriterien für eine gute Auswahl von geeigneten Texten für den Englischunterricht sind:

- **Abwechslungsreichtum**, formale und thematische Breite: Die Texte bieten im Hinblick auf die Textarten, Gattungen, Entstehungszeiten und Themen eine gute Mischung.
- **Altersgemäßheit**: Das Alter und der kognitive Entwicklungsstand der Lernenden werden durch die Auswahl der Texte berücksichtigt. Wenn man den Schülerinnen und Schülern Texte anbietet, die sie sprachlich und/oder thematisch unterfordern, kann schnell Langeweile entstehen.
- **Interesse**: Die Interessen möglichst vieler Leser werden berücksichtigt. So kann man beispielsweise durch Fragebögen herausfinden, welche Themen die Schülerinnen und Schüler interessieren oder die Lernenden können selbst Texte für die Behandlung im Unterricht vorschlagen. Es liegt allerdings in der Hand der Lehrkraft, ein breites Angebot für eine Vorauswahl zu machen. Schülerinnen und Schüler sollten auch Autoren und Themen begegnen, mit denen sie sich vorher nicht beschäftigt haben, und hoffentlich dafür begeistert werden. In den meisten Fällen gestalten Leh-

rerinnen und Lehrer dann guten Literaturunterricht, wenn sie die zugrunde gelegten Texte selbst mit Begeisterung lesen und vorstellen.
- **Verschiedenheit der Lebenswelten**: Literarische Texte rufen unter anderem dann eine Wirkung hervor, wenn für Leserinnen und Leser Anlass besteht, ihr eigenes Vorwissen und ihre Wertvorstellungen einzubringen, sie denjenigen des Textes kritisch gegenüberzustellen und im Rezeptionsprozess zu verändern (BREDELLA 2004, S. 65–68). Dies wird erleichtert, wenn die Lebenswelt der Schülerinnen und Schüler sich von der im Text dargestellten in wichtigen Punkten unterscheidet.
- **Aktualität**: Die Behandlung aktueller Sachtexte (zum Beispiel von Zeitungstexten oder politischen Reden) sowie literarischer Texte der Gegenwart wird im Englischunterricht häufig vernachlässigt. So können klassische Werke des Kanons durch neuere Werke mit ähnlichen thematischen Schwerpunkten ersetzt werden, die diese in aktuelleren Kontexten behandeln (zum Beispiel George Orwells *1984* durch Margaret Atwoods *The Handmaid's Tale*).
- Einbezug der gesamten **englischsprachigen Welt**: Texte aus möglichst vielen englischsprachigen Kulturen stellen den Englischunterricht auf eine breitere Grundlage (vgl. Kapitel 9). Viele Jugendliche haben in der globalisierten Welt zwar schon Vorkenntnisse über andere Kulturen; Texte aus Ländern der neueren englischsprachigen Literaturen wie beispielsweise aus Indien, Südafrika und aus der Karibik bieten sich dennoch für „fiktionale Entdeckungsreisen" (BRAUN-BAU 2002) an: Im Rahmen der Lektüre solcher multikultureller Erzähltexte (SURKAMP/SOMMER 2002) können Identifikationspotenziale für die Annäherung an das Fremde genutzt und ethnische Konflikte lebensnah thematisiert werden. Zudem wird die Bedeutung von Englisch als Weltsprache auf diese Weise eindrucksvoll vermittelt.
- **Medienverbund**: Einige Texte können anhand eines zusätzlichen Mediums präsentiert werden, um den Lernenden den Zugang auf verschiedenen Wegen zu ermöglichen. Dafür eignen sich Aufnahmen von politischen Reden ebenso wie Hörbücher und Romanverfilmungen.

> **Lehrertipp: Romanverfilmungen**
>
> Der Lektüreunterricht ab der 10. Jahrgangsstufe hat durch die in praktisch unbegrenztem Umfang verfügbaren Romanverfilmungen auf DVD oder Video eine wertvolle Bereicherung erfahren. (Es ist erfreulich, dass auch Schulbuchverlage verstärkt solche Filme mit Schullizenz anbieten, wenn auch im Augenblick noch zu überhöhten Preisen). Lektüre ist heute im modernen Fremdsprachenunterricht ohne Film nicht mehr denkbar, zu breit und offenkundig sind die Einsatzmöglichkeiten, als dass man auf dieses Medium verzichten möchte. Egal, ob man von einer intensiven Betrachtung des Filmes ausgeht und den dazugehörigen Roman nur in Ausschnitten liest, oder ob man nach der Lektüre einen kritischen Vergleich mit der Filmversion anstellt, Film und Buch ergänzen sich für den Unterricht in optimaler Weise. Wenn dann Vergleiche zum Buch (zum Beispiel "About a Boy" und "High Fidelity" von Nick Hornby oder "Bridget Jones" von Helen Fielding) gezogen werden, hat der Lektüreunterricht gleich ein Stück Medienerziehung geleistet. *(W. Fiebig, Gymnasium)*

Rezeptionsästhetische Prämissen

Die neuere rezeptionsästhetische Literaturdidaktik, die auch für den schulischen Fremdsprachenunterricht einen brauchbaren Ansatz bietet, orientiert sich an der Interaktion zwischen Text und Leser und schreibt den Lernenden als Lesern eine aktive und konstitutive Rolle zu: Sie nehmen einerseits eine Innenperspektive ein und entwickeln dadurch Empathie, andererseits kommt ihnen auch eine Beobachterrolle zu. Beim Umgang mit literarischen Texten geht es also sowohl darum, mit den Charakteren zu fühlen (und dadurch ethnische und kulturelle Grenzen zu überschreiten), als auch darum, die Rolle der Zuschauer einzunehmen, also das Handeln der Charaktere kritisch zu beurteilen. Der fremdsprachliche Literaturunterricht in der Sekundarstufe II lebt wesentlich aus dieser Spannung zwischen Innen- und Außenperspektive.

Dialogischer und kreativer Umgang mit Literatur

Zur Umsetzung der erläuterten rezeptionsästhetischen Prämissen eignen sich vor allem dialogische und kreative Verfahren, die je nach ausgewähltem Text und je nach Lesergruppe unterschiedlich ausfallen. Die folgenden Vorschläge können deshalb zwar grundlegende Prinzipien darlegen, ihre Umsetzung auf der Grundlage beispielsweise eines Romans von Monica Ali, eines Dramas von William Shakespeare oder einer Kurzgeschichte von

> Edgar Allan Poe wird aber – zum Glück – jeweils unterschiedlich ausfallen. Dies gilt auch für das hier zugrunde gelegte Drei-Phasen-Modell.
>
> ▪▪ **Tipp:** Für alle drei Phasen bieten sich sowohl dialogische als auch kreative Verfahren, im konkreten Fall aber eine gute Mischung zwischen beiden an. Die Grundlage für kreative Verfahren in der Sekundarstufe II bildet vor allem in der *while*- und *post-reading*-Phase ein gutes Textverständnis, das in diesen Phasen zunächst einmal gesichert und vertieft werden muss.

Pre-reading-Phase: In dieser Phase wird das Interesse für den Inhalt und/oder die Form des Textes geweckt und das Vorwissen der Leser aktiviert. Hierzu bieten sich häufig Impulse durch ein anderes Medium (zum Beispiel ein Bild, eine Karikatur oder einen Comic Strip) an, die zum Thema hinführen. Möglich sind auch kurze Diskussionen über ein kontroverses Statement oder die Anfertigung einer Mindmap zum Thema bzw. zu einem mit dem Thema verknüpften Wortfeld. Für einen Einstieg mit dem Text eignet sich unter anderem dessen Titel oder ein kurzer Ausschnitt, anhand dessen sich Anlässe zu Voraussagen ergeben.

While-reading-Phase: In dieser Phase geht es um die erste bzw. die erneute Begegnung der Leser mit dem Text, die im schulischen Fremdsprachenunterricht in der Regel gesteuert erfolgt. Dies geschieht zumeist mittels eines Arbeitsauftrages, der vor der ersten Lektüre gestellt wird. Dieser Auftrag kann sich auf den Text als Ganzes beziehen, also beispielsweise in der Umsetzung des ersten Leseeindrucks in Form eines mündlichen oder schriftlichen Statements, eines Bildes oder einer grafischen Struktur bestehen. Der Arbeitsauftrag kann sich aber auch darauf richten, bestimmte Informationen, etwa über eine oder mehrere Personen, während des Lesens dem Text zum Beispiel durch (gegebenenfalls verschiedenfarbiges) Unterstreichen zu entnehmen. Die *while-reading*-Phase dient der ersten Verständnissicherung. Dabei kann die aktive Rolle des Lesers beispielsweise durch die sogenannte Puzzletechnik (also das Zusammensetzen auseinandergeschnittener Textteile) oder das Füllen von zuvor hergestellten Textlücken (mit oder ohne Auswahlantworten) gestärkt werden.

Post-reading-Phase: In dieser Phase findet die Vertiefung des Textverständnisses, die inhaltliche und sprachliche Auswertung von Texten sowie deren Interpretation statt. Bei Brusch (1986) konstituiert in dieser Phase der Wechsel von pädagogischem Dialog (bei dem die Lehrerin oder der Lehrer die Antworten kennt) und echtem Gespräch, bei dem Antworten für alle offen sind, das textdeutende Gespräch.

> **■■ Tipp:** Nimmt man die aktive Rolle des Lesers ernst, so sind es vor allem die Schülerinnen und Schüler, die in dieser Phase Fragen an den Text stellen, und zwar sowohl solche, die im Text beantwortet werden, als auch solche, zu denen der Text nichts aussagt und die kreativ beantwortet werden können.

Für dieses wie für andere kreative Verfahren im Umgang mit Texten (CASPARI 1994) gilt, dass sie auf der Grundlage einer genauen Textlektüre und exakter Textkenntnis aufbauen. Man muss einen Text also genau verstanden und für sich persönlich interpretiert haben, ehe man beispielsweise mit dem Umschreiben eines Kapitels aus der Sicht einer Nebenfigur, der Ausformulierung eines im Text angedeuteten Dialogs oder dem Brief an die Protagonistin beginnen kann.

Schülerorientierter Literaturunterricht

Die verschiedenen Phasen beim Umgang mit Texten bilden eine Einheit, bei der die Interaktion zwischen Text und Leser im Mittelpunkt steht. Im Englischunterricht besteht oftmals eine Tendenz dazu, die aktive Rolle des Lesers zu vernachlässigen. Dabei bringen Schülerinnen und Schüler vor allem in der Sekundarstufe II reiches Vorwissen nicht nur auf der sprachlichen Ebene, sondern auch in Form von Wertvorstellungen, literarischem und kulturellem Wissen mit. Dies trifft insbesondere auch für Schülerinnen und Schüler zu, deren Muttersprache nicht Deutsch ist oder die extensive Auslandserfahrung haben. Der Literaturunterricht hat unter anderem die Aufgabe, dieses Vorwissen bewusstzumachen, in den Leseprozess einzubeziehen und die Gelegenheit zu dessen Veränderung anzubieten.

Durch einen derart gestalteten Umgang mit Literatur kann es gelingen, Lesen auch im Rahmen des Englischunterrichts zu einem Prozess werden zu lassen, an dem Kognition und Emotion der Schülerinnen und Schüler beteiligt sind. Kreative Verfahren werden dabei heute noch häufig vernachlässigt, obwohl dadurch nicht nur die mittel- und längerfristige Festigung des Gelesenen, sondern auch Strategien des Umgangs mit Texten sowie lebenslanges Lesen nachhaltig gefördert werden können.

Sowohl in der Einleitungs- als auch in der Erarbeitungs- sowie der Abschlussphase spielt das Unterrichtsgespräch beim Umgang mit Texten eine zentrale Rolle (NISSEN 1974). Genau wie Verfahren in der *pre-*, *while-* und *post-reading*-Phase des Literaturunterrichts sind Unterrichtsgespräche variabel. Der Lehrerin oder dem Lehrer kann es aber helfen, dabei konsequent einige Fragen im Blick zu behalten (in Anlehnung an BURWITZ-MELZER 2004b, S. 249–250):

- Wie verhält sich die Lehrkraft während des Gesprächs? Hat sie eine feste eigene Interpretation im Kopf? Akzeptiert sie auch abweichende Schüleräußerungen?
- Wie verhalten sich die Lernenden? Nehmen sie eine aktive Rolle bei der Interpretation eines Textes wahr und begründen sie ihre Äußerungen? Haben kognitive und emotionale Aspekte dabei eine gleichermaßen wichtige Bedeutung?
- Wie ist der Bezug zwischen Gesprächsinhalt und Text? Gelingt es, an ein textnahes Gespräch dialogische und kreative Verfahren anzuschließen, die den Rückbezug auf den Text konsequent einschließen?

Literaturunterricht hat auch die Aufgabe, Lernende zum Lesen außerhalb des Klassenzimmers anzuregen. Dies kann beispielsweise durch eine Beteiligung der Schülerinnen und Schüler an der Textauswahl sowie durch das Aufbrechen der klassischen Stundengestaltung oder durch ein entsprechend breitgefächertes Angebot englischsprachiger Bücher in einer Klassenbibliothek geschehen.

> **Tipp:** Ein mittlerweile im Literaturunterricht in den USA vielfach erprobtes Verfahren ist die Arbeit mit Texten in kleineren Gruppen. In sogenannten *literature study groups* erhalten Oberstufenschülerinnen und -schüler die Möglichkeit, sich ausgehend von konkreten Arbeitsaufträgen und Anregungen in Kleingruppen von vier bis sechs Mitgliedern mit dem Text auseinanderzusetzen und sich darüber auszutauschen (FLIETHMANN 2002).

Ein reflexiv gestalteter Literaturunterricht, der die Leser ernst nimmt, muss schließlich auch ihr abschließendes Urteil über Texte ernst nehmen. Ein Grund dafür, Texte mit Schülerinnen und Schülern zu lesen, die diese seit Generationen langweilig finden (vgl. PETERS/UNTERWEG 2005), besteht dann nicht mehr.

11 Materialien und Medien

Englisch wird auf der ganzen Welt gelehrt und gelernt; dementsprechend umfangreich ist das Angebot an **didaktischen Materialien** für Unterricht und Selbststudium. Selbst in Deutschland hat man Mühe, sich einen kompletten Überblick über den Lehr- und Lernmittel-Markt für den Englischunterricht zu verschaffen. Die Palette reicht vom mehrbändigen Lehrwerk mit Lehrerhandbuch, Zusatzmedien und Internetforum über Text- und Übungssammlungen zu Software und Lektüren. Für den „Nachmittagsmarkt", die außerschulische Beschäftigung mit Englisch, gibt es Spiel- und Geschichtenbücher, dazu CDs und Kassetten, Videos und andere Medienangebote. Lehrkräften und Schülerinnen und Schülern stehen darüber hinaus spezielle Internetseiten mit wechselnden Inhalten (unter anderem Material, Unterrichtshilfen, Gedankenaustausch) zur Verfügung. Der Einstieg in diese Welt gelingt über die deutschen Bildungsserver (www.bildungsserver.de) oder das Learning & Teaching Support Centre der PH Karlsruhe (http://ltsc.ph-karlsruhe.de). Schließlich bieten die Fachzeitschriften in zunehmendem Ausmaß konkrete Unterrichtsvorschläge, Arbeitsblätter und Texte an; auch Rundfunk und Fernsehen strahlen regelmäßig Sendungen zum Englischunterricht aus, sodass die noch vor dreißig Jahren häufig gehörte Klage, zu einem Thema gäbe es nichts, heute sicherlich nicht mehr geäußert werden kann. Kurzum, es herrscht **Materialschwemme**.

Im Englischunterricht arbeitet man nicht nur mit didaktischen Materialien; vielmehr ist alles Englischsprachige potenziell zum Sprachenlernen einsetzbar: Tageszeitung, Werbeplakat, Bedienungsanleitung, Gedicht, Popsong, *soap opera*, politische Rede, Sportreportage, Cartoon, Kinderbuch, Brettspiel, Börsenbericht, Nachrichtensendung, Quizprogramm und viele weitere **authentische Texte und Medien** mehr. Anders als die Lehrerinnen und Lehrer der übrigen Fächer verfügen Englischlehrerinnen und -lehrer über die große Freiheit, fast alles gewinnbringend im Unterricht verwenden zu können, was in englischer Sprache vorliegt. Und nicht nur das – auch Gemälde, Fotografien, Zeichnungen und reale Gegenstände dienen als Anregung und Gegenstand für Englischsprechen oder -schreiben. Man sieht, der Fundus an Materialien ist fast unerschöpflich.

11.1 Unterrichten ohne Materialien?

Sind denn Materialschlachten im Englischunterricht erforderlich? Manche sagen nein. Analog zur Dogme95-Bewegung im Film, die von Lars von Trier Mitte der 1990er-Jahre gegründet wurde, und sich dezidiert von technikdominierter Filmproduktion abwandte, um zum Ursprung des Filmemachens, nämlich dem Erzählen einer Geschichte mit handgehaltener Kamera und ohne künstliches Licht zurückzukehren, rief Thornbury (2000) zur Rückbesinnung auf die *bare essentials* auf. Darunter verstehen Thornbury und seine Anhänger die zentralen Beteiligten am Englischunterricht, nämlich die Lernenden und den oder die Unterrichtenden (THALER 2004). Deren Interessen, Sorgen, Wünsche und Kommunikationsbedürfnisse müssten im Mittelpunkt stehen und den Ausgangspunkt für sprachliches Arbeiten bilden. Das bedeutet auch den **Abschied vom Lehrbuch** und von einer vorab festgelegten sprachlichen, insbesondere grammatischen Progression. Ferner heißt es, dass didaktische Fragen (*display questions*), deren Antworten die Lehrerin oder der Lehrer schon kennt, ebenso verpönt sind wie vorgefertigtes Hörmaterial.

Vieles im *vow of chastity* der fremdsprachendidaktischen Dogme-Bewegung mutet zunächst etwas seltsam an, wie etwa die Regel, dass der Lehrer sitzen solle, wenn auch die Lernenden sitzen, doch steht dahinter eine Erkenntnis, die in der letzten Zeit etwas in Vergessenheit geraten ist: Der Unterricht schafft einen **sozialen Raum**, in dem Personen miteinander auf vielfältige Weise interagieren. Hinter den durch Lehrwerk, Medien und Materialien bestimmten Unterrichtsinhalten können die tatsächlichen **Lerninteressen und Mitteilungsbedürfnisse** einzelner Lernender leicht aus dem Blick geraten. Gerade beim Sprachenlernen geht es nicht nur um Stoffvermittlung, sondern um den Erwerb eines zusätzlichen Kommunikationsmittels, das in die eigene Persönlichkeit integriert werden muss und diese – wenn auch oft unbemerkt – verändert. Es ist deshalb immer wieder notwendig, sich dieser Zusammenhänge bewusst zu werden.

Tatsächlich kann man für die vergangenen zwei Jahrzehnte in der internationalen Englischdidaktik eine gewisse Technokratie und Materialhuberei auf der einen Seite und einen zu starren Blick auf allgemeingültige Erwerbstheorien nach dem *input-output*-Muster auf der anderen Seite konstatieren. Doch hat die Gegenbewegung bereits eingesetzt: Neben der vor allem unterrichtsmethodischen Dogme-Initiative, deren wissenschaftliche Fundierung noch aussteht, mehren sich die Stimmen, die dafür plädieren, den sozialen

Raum des Sprachenlernens (BLOCK 2003, VAN LIER 2004) und die individuellen Voraussetzungen und Verarbeitungsweisen der einzelnen Lernenden (SKEHAN 1989, DÖRNYEI 2005) verstärkt zu untersuchen, um zu differenzierten und realitätsnahen Vorstellungen des Fremdsprachenlernprozesses zu gelangen.

Wenn im Folgenden Einsatzmöglichkeiten der unterschiedlichen Medien und Materialien vorgestellt werden, dann geschieht dies unter der Prämisse, dass diese Unterrichtshilfen eine **dienende Funktion** besitzen. Man verwendet sie nicht um ihrer selbst willen, sondern um bestimmte Unterrichtsziele besser zu erreichen. Dazu gehören auch Ziele wie Motivierung, soziales Lernen im Team oder affektive Ansprache, wobei darüber die zentrale Aufgabe des Englischunterrichts, nämlich Anbahnung interkultureller kommunikativer Kompetenz nicht in den Hintergrund gedrängt werden darf. Gerade weil moderne Unterhaltungsmedien ganz selbstverständlich zum Alltag unserer Schülerinnen und Schüler gehören, muss der unterrichtliche Einsatz solche Medien wohlüberlegt sein. Zwar kann er an vertrauten Mustern der Mediennutzung anknüpfen, darf sich jedoch nicht auf einen Medienkonsum beschränken, sondern sollte das Ziel der *media literacy* neben den sprachdidaktischen Zielen im Blick behalten.

> ■■ **Tipp:** Bevor sich eine Lehrkraft dafür entscheidet, das Material X oder das Medium Y in den Unterricht zu integrieren, muss sie sich fragen, ob Planungs-, Organisations- und Zeitaufwand einerseits und Lernertrag andererseits in einem sinnvollen Verhältnis zueinander stehen. Guter Unterricht soll Lernmöglichkeiten optimieren; dazu ist weniger Aufwand manchmal mehr.

11.2 Materialien und Medien im Überblick

Es existieren verschiedene Modelle zur Systematisierung und Charakterisierung von Medien, deren Bezugsrahmen jeweils ein anderer ist. So unterscheidet man **nicht-technische** und **technische Medien**, bei Letzteren dann Hardware und Software, oder man nimmt die Art der Wahrnehmung als Kriterium der Klassifizierung; mal werden dabei Lehrperson und Lehrbuch eingeschlossen, ein anderes Mal nicht. Die hier getroffene Einteilung beschränkt sich auf nicht-personale Medien, das heißt, die Lehrenden und

Lernenden werden nicht als „Medien" verstanden, auch wenn es natürlich der Realität guten Englischunterrichts entspricht, wenn Unterrichtsinhalte, Gesprächsthemen und Anregungen von den beteiligten Personen kommen.

Zu den **Materialien** zählen wir in erster Linie schriftliche Textdokumente aller Art, während die **Medien** vor allem Ton-, Bild- und digitale Dokumente umfassen. Reale Gegenstände kann man zu den Unterrichtsmaterialien, aber auch zu den visuellen Medien rechnen. Bei den Medien bietet es sich an, den jeweils bevorzugten Wahrnehmungskanal als Ordnungskategorie zu wählen, wodurch sich **vier Arten von Medien** ergeben: **visuelle**, **auditive**, **audiovisuelle** und **multimediale** Medien. Letztere umfassen alle Computeranwendungen; sie werden auch als interaktive Medien bezeichnet, weil man viele dieser Anwendungen nicht nur hörend oder sehend aufnehmen, sondern aktiv gestaltend in sie eingreifen kann oder sogar muss.

Für den praktischen Unterricht sind solche Klassifizierungen vielleicht weniger bedeutsam als die konkreten Beispiele für einzelne Medienarten und deren Funktionen im Sprachlernprozess. Dennoch kann ein Überblick über das gesamte Feld für Unterrichtsplanung und -durchführung sehr hilfreich sein.

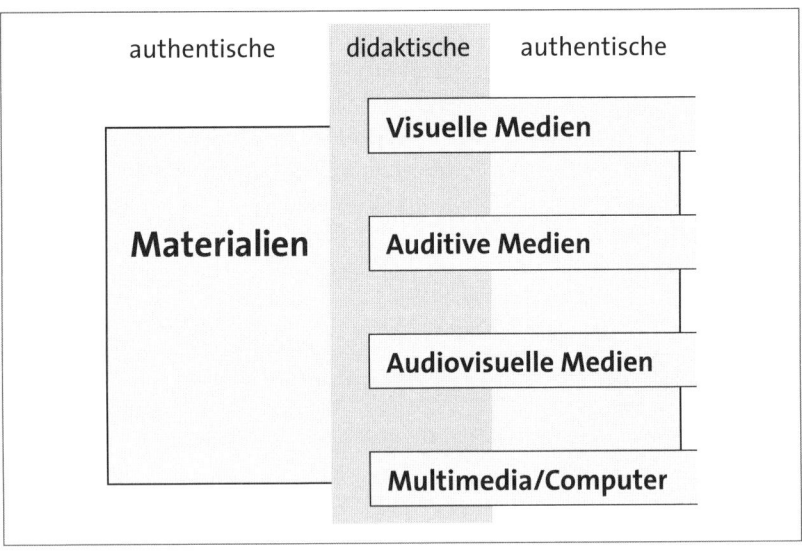

Medien- und Materialien-Überblick

Die teilweise Überlappung zwischen Materialien und Medien wird in dieser Abbildung deutlich. Des Weiteren zeigt die Grafik, dass der Löwenanteil an Materialien und Medien nicht für den Schulgebrauch hergestellt wurde, sondern sich an muttersprachliche und/oder fremdsprachenkompetente (Lingua franca) Zielgruppen richtet. Dies sind die **authentischen Materialien und Medien**. Demgegenüber bilden die **didaktischen**, also die für einen Lehr- oder Lernzweck produzierten Materialien und Medien einen vergleichsweise kleinen Teil. Diese didaktischen Unterrichtsmittel sind mit Blick auf die Englischlernenden entweder an einem ganz bestimmten Sprachniveau ausgerichtet, wie etwa die vereinfachten Texte und Lektüren, oder sie fokussieren bestimmte sprachliche Lernziele, wie etwa CD-ROMs für das Vokabellernen, oder aber sie informieren zu bestimmten fachlichen Inhalten, wie etwa Schulfernsehserien zu landeskundlichen Themen.

> ■ **Tipp:** Der didaktisch sinnvolle Umgang mit Materialien und Medien zählt zur handwerklichen Kompetenz einer Englischlehrkraft. Man muss wissen, was man wo findet und wie einsetzt. In Zeiten des Internets wird es zunehmend wichtig, die großen Portale zu kennen, über die man die einschlägigen Webseiten erreicht:
> - Deutscher Bildungsserver: http://www.bildungsserver.de
> - Karlsruher Portal: http://ltsc.ph-karlsruhe.de

Um die schier unüberschaubare Fülle der theoretischen und auf den Unterricht bezogenen Literatur für Berufseinsteiger zu gliedern, sei hier eine kurze Liste einschlägiger Fachzeitschriften aufgeführt.

Englischdidaktische Standardwerke sind im Literaturverzeichnis durch ein Schraubenschlüssel-Symbol gekennzeichnet.

Fachzeitschriften

Name	Hefte pro Jahr	Schwerpunkt	Sprachen	Verlag
Englisch betrifft uns	4	Unterrichtsmaterialien	Englisch	Burgmoser & Höller
Praxis Fremdsprachenunterricht	6	Praxis und praxisbezogene Theorie	Englisch, Französisch, Russisch	Cornelsen
Der fremdsprachliche Unterricht Englisch	6	überwiegend praxisbezogen	Englisch	Friedrich
ELT Journal	4	Unterrichtsforschung international	Englisch	Oxford University Press
TESOL Quarterly	4	Forschung	Englisch	TESOL
Zeitschrift für Fremdsprachenforschung	2	Forschung	moderne Fremdsprachen	Schneider
Die Neueren Sprachen	4	erscheint ab 2007		Diesterweg
Zeitschrift für interkulturellen Fremdsprachenunterricht	3	Forschung	Deutsch als Fremdsprache und andere Sprachen	Online
Neusprachliche Mitteilungen	4	bildungspolitische Diskussion	moderne Fremdsprachen	Cornelsen
ForumSprache (online)	2	Forschung und Best Practice	Englisch, Französisch, Deutsch als Fremdsprache und andere	Hueber

Funktionen

Es wird deutlich, dass Materialien und Medien sehr unterschiedliche Funktionen im Englischunterricht haben können:
- Sie können **alle Phasen des Unterrichts,** zum Beispiel die Einführung neuer Sprachmuster, das Üben und Wiederholen sowie das Anwenden gestalten und unterstützen,

- sie können **Sprachverstehen und Sprachproduktion** der Schülerinnen und Schüler fördern,
- sie können zur **Abwechslung** in der Unterrichtsgestaltung, zur **Veranschaulichung** und **Motivierung** beitragen,
- sie erlauben es Lernenden, andere **sprachliche Ausdrucksformen**, Register und Sprechweisen sowie regionale Sprachen kennenzulernen,
- sie können einen Beitrag zu **Individualisierung und Differenzierung** im Englischunterricht leisten,
- sie erlauben einen Blick in die **Realität der englischsprachigen Welt**,
- sie können **autonomes Lernen** ermöglichen.

Auswahlkriterien

Bei einer solchen Medien- und Materialfülle und dieser Vielzahl an möglichen unterrichtlichen Funktionen muss man genau überlegen, welche Auswahlkriterien für die Verwendung von Materialien und Medien anzulegen sind. Neben allgemeinen didaktischen Überlegungen etwa zur altersgemäßen Passung, die für Themen, Texte und Aufgaben jedes Unterrichts gelten, geht es zunächst um die sprachliche Eignung der Materialien:

Diese Fragen sollten sich Lehrerinnen und Lehrer stellen:
- Ist das sprachliche Niveau dem der Lerngruppe angemessen?
- Ist die verwendete Sprache einem Standard angenähert? (Texte, die viel Slang enthalten, sind oft weniger geeignet.)
- Ist die (Text)Länge angemessen?
- Lassen sich didaktisch sinnvolle Aufgaben anschließen?
- Ist das Thema ansprechend?
- Knüpfen Material oder Medium an Lebens- oder Unterrichtserfahrungen der Lernenden an?
- Steht der Aufwand der Erarbeitung des Materials/Textes/Mediums in einem vernünftigen Verhältnis zu den angestrebten (sprachlichen oder interkulturellen) Lernzielen?
- Verliert man zu viel Zeit, um technische Vorbereitungen zu treffen? (Ein Gang in den Computerraum, um einige Wörter im Online-Wörterbuch nachzuschlagen, wäre sicherlich Zeitverschwendung.)

Nicht nur der Blick auf die Lernenden beeinflusst die Wahl von Medien und Material, auch die Lehrkraft selbst muss sich fragen, ob sie mit den zur Verfügung stehenden Ressourcen gern und gut unterrichten kann. Hier spielt der eigene Lehrstil eine gewisse Rolle. Wer selbst gern mithilfe von Visualisierungen lernt, wird auch im Unterricht eher zu Folien oder Bildern als zum Hörtext greifen (vgl. Kapitel 23). Natürlich sollte man als gute Englischlehrerin oder guter Englischlehrer auch mit denjenigen Medien und Materialien professionell umgehen können, die dem eigenen Lern-Habitus nicht ganz so nahe stehen. Schließlich werden auch die speziellen Verhältnisse an der Schule den Medieneinsatz fördern oder behindern. Sind die Klassenräume so ausgestattet, dass man Filme zeigen oder CDs abspielen kann, wird man dies eher tun, als wenn die nötigen Geräte Wochen im Voraus reserviert, dann in die Klasse getragen werden müssen und man aus Erfahrung weiß, dass sie oftmals nicht funktionieren.

11.3 Didaktisierung und Authentizität

Es ist ein altes pädagogisches Prinzip, dass man vom Leichten zum Schwierigen fortschreitet und den Lernstoff so gestaltet, dass Schülerinnen und Schüler Zugang zu ihm finden können. Man lernt nur das, was man begreifen kann, also nur die Inhalte und Fertigkeiten, die an Vorwissen und bestehendes Können anknüpfen. Jedes Lernen ist somit ein Dazulernen. Die Kunst der Lehrkraft besteht nun darin, den Unterrichtsstoff so zu strukturieren und aufzubereiten, dass er für die Lernenden zugänglich und fassbar wird, ohne ihn zu verfälschen. Das wäre eine gekonnte Didaktisierung.

Im modernen Englischunterricht wird diese Aufgabe den Lehrerinnen und Lehrern oft gar nicht mehr zugemutet, denn für alle Lernstufen und unterschiedlichen Schulformen bietet der Markt ausgefeilte, progressiv angelegte Unterrichtsmaterialien, die vom Lehrwerkverbund mit allen Zusatzelementen über Lektüren und Arbeitsblätter bis zum Computerprogramm reichen. Dennoch müsste eine Englischlehrerin auch diese Materialien eigentlich auf ihre Klasse individuell zuschneiden, das heißt schon Bekanntes vielleicht auslassen oder kürzen, thematisch Anknüpfendes ausbauen, bestimmte Übungsformen durch geeignetere ersetzen etc. Ein Lehrwerk kann zwar eine sprachliche und landeskundliche Progression in sich stimmig umsetzen, damit jedoch nicht alle Klassen gleichermaßen optimal bedienen.

Im **Prozess der Didaktisierung** verliert die Sprache einiges an Vielschichtigkeit, Komplexität und praller Lebendigkeit. Jahrzehntelang hat man den Englischlehrbüchern erfolgreich nachgewiesen, dass deren Dialoge gestelzt und deren Texte konstruiert sind (zum Beispiel GILMORE 2004). Dabei war die Didaktisierung der Lehrbücher eine große Errungenschaft des 18. und 19. Jahrhunderts. Vorher setzte man von Anfang an im Sprachunterricht Originaltexte der englischen Literatur ein und machte den Anfängern gegenüber bestenfalls Zugeständnisse in der Textlänge, indem Anekdoten oder Fabeln zu Beginn gelesen wurden und Romanausschnitte erst später. Nur in den Gesprächsbüchern lieferte man schon Jahrhunderte früher didaktische Texte, um Redewendungen und Vokabeln in einen Kontext einzubetten (HÜLLEN 2005, KLIPPEL 1994b).

Als Gegenmodell zum Unterrichten mit didaktischen Materialien diskutiert man seit Beginn des kommunikativen Englischunterrichts das Konzept der **Authentizität**. Darunter verstehen viele den ausschließlichen Einsatz von Materialien und Medien, die den englischsprachigen Zielkulturen entstammen und nicht für Unterrichtszwecke intendiert sind:

■ "With communicative language teaching has come pressure to use authentic materials, in other words, materials which have not been designed especially for language learners and which therefore do not have contrived or simplified language." (HEDGE 2000, S. 67) ■

Es liegt nahe, dass ein Unterricht, der auf eine kommunikative Verwendung einer Fremdsprache abzielt, die real gesprochene Sprache berücksichtigen muss. Strittig ist jedoch, wie, wann und in welchem Umfang das zu geschehen hat. Viel wichtiger ist es zu überlegen, wie die Lernenden mit einem Text umgehen können und sollen, ob dementsprechend die Arbeitsaufgabe „authentisch" ist. Insbesondere Widdowson (1979 und 1990) betont, dass zwar das Ziel des Englischunterrichts sei, authentische Sprachverwendung zu erreichen, dies aber keineswegs bedeute, auch alle Lernschritte und Materialien dem Diktat der Authentizität unterwerfen zu müssen, zumal der Unterricht selbst eine relativ eng definierte Kommunikationssituation darstellt. Decke-Cornill (2004) ist zuzustimmen, wenn sie insistiert, dass man sich auf die zentrale Aufgabe der Schule, guten Fremdsprachenunterricht zu realisieren, zurückbesinnen muss und nicht einem Traum von Authentizität nachhängen darf, der wegen der unüberbrückbaren Distanz zwischen Schule und Leben unerfüllt bleiben wird. Bislang hat man diese Mahnung nicht recht hören wollen, und man gewinnt weiterhin den Eindruck, als sähen Fremdsprachendidaktiker und Lehrer das Merkmal „authentisch" automatisch als Qualitätssiegel an.

Dabei ist der **Einsatz von authentischen Materialien** nicht ohne Tücken, denn diese müssen viel genauer in Bezug auf ihr sprachliches Anspruchsniveau, ihre Inhalte und die mit ihnen verknüpften Lerngelegenheiten analysiert werden, ehe sie im Unterricht sinnvoll eingesetzt werden können. Zudem erfordern authentische Materialien, etwa Zeitschriftenartikel, Fernsehsendungen oder auch Kinderbücher oftmals von der Lehrkraft landeskundliches Orientierungswissen, damit Bezüge erkannt, Anspielungen verstanden und ein Text angemessen besprochen werden kann. Einfache authentische Materialien, etwa die beliebten Speisekarten, Stadtpläne oder Realien (Lebensmittel, Spiele) lassen sich schneller und oft besser in den Unterricht einbauen als komplexe Texte oder Medienprodukte.

> **Lehrertipp: Original statt Fälschung**
>
> Übungen mit Stadtplänen ("telling the way") beruhen in Englischbüchern häufig auf Fantasieplänen. Auch im Anfangsunterricht gewinnen sie an Authentizität, wenn man echte Pläne verwendet. Sie sind im Original in ausländischen tourist offices zu bekommen oder man lädt sie aus dem Internet herunter. Andere Quellen sind Reiseführer oder Atlanten. Damit lassen sich hervorragend auch gleich andere, landeskundliche Lernziele abdecken! *(B. Hieronymus, Gymnasium)*

Festzuhalten bleibt, dass beiden Arten, den didaktischen und den authentischen Materialien, ein fester Platz im Englischunterricht gebührt. Wenn man sie für unterschiedliche Lernziele einsetzt und mit passenden Aufgaben versieht, können sie in Kombination einen abwechslungs- und inhaltsreichen Unterricht sicherstellen.

> ■■■ **Tipp:** Mithilfe **didaktischer Materialien und Medien** erfolgt vorrangig das **sprachbezogene Arbeiten** an einzelnen Strukturen und Fertigkeiten in Darbietungs- und Übungsphasen, während **authentische Materialien und Medien** in **Anwendungsphasen** und für die inhaltliche Arbeit mit textlich-literarischen, landeskundlich-interkulturellen oder auf Sprachbewusstheit zielenden Aufgaben geeignet sind.

11.4 Materialien

Mit welchen Materialien lässt sich im Englischunterricht arbeiten? Die Antwort ist ganz einfach – mit fast allen. Wichtig ist lediglich, dass die Aufgabenstellung dem Alter und Sprachstand der Klasse sowie dem Material angemessen ist. Methodisch erfinderische Lehrerinnen und Lehrer können Gegenstände des alltäglichen Lebens, alle Arten von Texten (vgl. Kapitel 10) und jegliches Printmaterial aus einer der Zielkulturen auf der Basis herausfordernder Arbeitsaufgaben sinnvoll einsetzen. Auch Schülerinnen und Schüler haben häufig neue Ideen, die es aufzugreifen lohnt, und zwar nicht nur, wenn es sich um die obligaten Popsongs handelt. Des Weiteren lohnt es sich auch zu überlegen, inwieweit man Material aus dem eigenen zweiten Fach oder anderen Sachfächern nutzbar machen kann. Die große Freiheit des Sprachunterrichts, sich sprachlich mit fast allem auseinandersetzen zu können, wird noch viel zu selten erkannt und ergriffen.

> **Lehrertipp: Verborgene Schätze**
>
> Geht es um die Beschaffung von Bildmaterial oder Anschauungsobjekten, schlummern in den Materialsammlungen Ihrer Kolleginnen und Kollegen anderer Fächer oft verborgene Schätze. Wenn man freundlich darum ersucht, wird einem selten verweigert, auch einmal in den Gebieten Geschichte, Erdkunde, Biologie, Französisch etc. zu stöbern. Bitte pfleglich behandeln, pünktlich zurückgeben und selbst großzügig sein! Ab und an ergibt sich so sogar die Möglichkeit zu zunehmend erforderlichem fächerübergreifenden Unterricht und zur Projektarbeit! *(B. Hieronymus, Gymnasium)*

Viele der didaktischen Materialien sind selbsterklärend, was die mit ihnen durchzuführenden Aufgaben im Englischunterricht betrifft; eine Herausforderung für die Lehrerin oder den Lehrer ist es jedoch, für die authentischen Materialien anders gelagerte **Aufgaben** zu entwickeln, die dem Charakter dieser Materialien sowie der Lerngruppe gerecht werden. So macht es Lernenden wahrscheinlich wenig Freude, in einer gut gemachten Broschüre zu einem amerikanischen Nationalpark alle Passivkonstruktionen zu finden. Bittet man aber einzelne Gruppen, die möglichen Freizeitaktivitäten, die Informationen zu Fauna und Flora, die Preise und die Anreisemöglichkeiten herauszusuchen und in einer kleinen Präsentation zusammenzustellen, um für den Besuch dieses Parks zu werben, dann wird dies eher als anregend empfunden (vgl. Kapitel 9). Gerade authentische Materialien verlangen Aufgabenstellungen, die realitätsnah sind und denjenigen Aktivitäten nahekommen, die diese Materialien auch im Alltag auslösen würden. Insofern wird dann im Klassenzimmer eine Annäherung an tatsächliches sprachliches Handeln erreicht.

Als Anregung zum eigenen Weiterdenken stellt die folgende Tabelle einige Materialien zusammen.

	Didaktische Materialien	Authentische Materialien
sprachlich	z. B. Übungssammlungen *Workbooks* Wörterbücher Vokabelkartei Schulgrammatik Lektüren Lernspiele Rollenspiele Schülerzeitschriften	z. B. literarische Texte aller Gattungen Broschüren, Prospekte Bedienungsanleitungen Sachtexte Pressetexte Poster Magazine, Zeitschriften Brettspiele, Gesellschaftsspiele
nichtsprachlich	Cuisenaire-Stäbchen (farbige Holzstäbchen aus dem Grundschul-Mathematikunterricht) Handpuppe	Realien: Gegenstände des täglichen Lebens Spielzeug (Lego, Spielzeugautos, Stofftiere etc.) Masken Originalwaren aus englischsprachigen Ländern
außerfachlich	Karten Statistiken	Karten Statistiken

Didaktische und authentische Materialien

Didaktische Materialien eignen sich nicht nur für den Klassenunterricht, sondern auch für das häusliche oder selbstständige Arbeiten. Auch freie Unterrichtsformen, wie Stationenlernen oder Freiarbeit (vgl. Kapitel 25), benötigen einen großen Fundus an Materialien, mit denen sich die Schüler selbsttätig auseinandersetzen können. Hierzu können beide Arten, didaktische und authentische Materialien und Medien, Verwendung finden.

> ■■ **Tipp:** Für didaktische und authentische Materialien gilt gleichermaßen, dass eine lernintensive Beschäftigung mit ihnen nur dann erfolgt, wenn sowohl das Material selbst als auch die Aufgabenstellung anregend und passend ist.

11.5 Medien

Die Fremdsprachendidaktik geht heute davon aus, dass ein moderner Englischunterricht ohne Medieneinsatz gar nicht denkbar ist. Die einzelnen Medienarten haben eine unterschiedlich lange Vorgeschichte. Am traditionsreichsten sind die **visuellen Medien**. Seit dem 17. Jahrhundert, als Comenius den *Orbis Pictus* schrieb, sind Bilder eng mit dem Sprachenlernen und -lehren verknüpft (REINFRIED 1992). Früher waren es Kupfer- oder Holzstiche, mit denen Sprachlehren illustriert oder Lehrbilder geschaffen wurden, ab dem Ende des 19. Jahrhunderts begann der Einzug der Fotografie in die Lehrbücher. Inzwischen haben die Bilder laufen gelernt, und die neue DVD-Technologie erlaubt sogar den mehrsprachigen Unterrichtseinsatz.

Mit der Etablierung der Phonetik als Wissenschaft im späten 19. Jahrhundert und den parallelen technischen Entwicklungen unterschiedlicher Verfahren der Tonaufzeichnung nahm der Siegeszug der **auditiven Medien** seinen Lauf. Recht früh erkannten Fremdsprachenlehrer die große Bedeutung dieser Technologien für das Sprachenlernen, die es sowohl ermöglichen, Originalstimmen in den Unterricht zu holen als auch durch eigene Tonaufnahmen von Lernersprache und den Vergleich mit dem muttersprachlichen Vorbild die eigene Aussprache viel exakter zu üben.

Heute betrachten wir eine Vielzahl von Medien ganz selbstverständlich als Teil unseres Alltags; wir sehen fern und zeichnen Fernsehsendungen auf; überall telefonieren wir und hören Musik, und auch das Arbeiten am Laptop, der E-Mail-Austausch, das Spielen und das Surfen im Netz werden zunehmend mobil. Der intensive und häufige Umgang mit Medien, der schon im Kinderzimmer beginnt, bleibt nicht ohne Wirkung auf den Medieneinsatz im Fachunterricht.

Visuelle Medien

Wir leben in einer reich bebilderten Welt. Unser selbstverständlicher Umgang mit visuellen Darstellungen und Symbolen mag zu dem Schluss verleiten, Bilder seien wahr, leicht entzifferbar, eindeutig und würden von allen in gleicher Weise verstanden. Das ist natürlich nicht der Fall. Bilder geben uns Rätsel auf; wir wissen, dass man Fotografien manipulieren kann und dass Bilder ganz unterschiedlich auf uns wirken. Das heißt für den Unterricht, dass Bilder von Schülerinnen und Schülern ganz anders verstanden und empfunden werden können, es entsteht ein *perception gap* – ein Wahrnehmungsunterschied. Über solche lässt sich trefflich reden, wie der folgende Lehrertipp zeigt.

> **Lehrertipp: Das Potenzial von Bildern nutzen**
>
> Bilder werden im Fremdsprachenunterricht oft und gern genutzt. Illustrationen erleichtern den Lernenden das Verständnis einzelner Lexeme oder der Handlung einer Geschichte. Häufig dienen sie auch als Einstieg in eine bestimmte Thematik. Hierbei ist allerdings festzustellen, dass die Lehrerinnen und Lehrer selbst bei Bildern, die uns emotional sehr ansprechen, weil sie witzig, provokant oder gar beängstigend sind, oftmals nur zur Beschreibung anregen – und damit das eigentliche Potenzial des Bildes verschenken.
> Gehen Sie über das einfache "What can you see in the picture?" hinaus! Greifen Sie die ersten Reaktionen Ihrer Schüler und Schülerinnen auf. Äußerungen zur Wirkung eines Bildes sind lernerorientiert und führen auf natürlichem Weg in die Thematik, weil sie wesentlich authentischer sind als steife Beschreibungen bzw. Aufzählungen der Bildinhalte. Mögliche Fragen sind "Do you like this?" – "What can you use it for?" – "What do you think about this?" – "What does it make you feel like?" – "How would you react?", etc.   *(J. Rymarczyk, Pädagogische Hochschule)*

Das Angebot an visuellen Medien, die speziell für den Englischunterricht geschaffen, in ihm selbst gestaltet oder aus der Zielkultur geholt werden können, ist enorm. Jedes Klassenzimmer besitzt eine Tafel, auf der Lehrer und Schüler Dinge festhalten und skizzieren können. Daneben findet sich häufig ein Overheadprojektor, für den es lehrbuchbegleitende und lehrbuchunabhängige **Folien** gibt (zum Beispiel KLIPPEL 1996b, 1999, 2001b). Für Lehrerinnen und Lehrer eröffnen sich mithilfe von Kopierer und Drucker endlose Möglichkeiten, eigene Folien für den Unterricht zu entwerfen, selbst wenn man kein begnadeter Grafiker ist. Sind Klassenräume mit Beamer und Computer bestückt, so lassen sich PowerPoint-Präsentationen gut einsetzen. Daneben kann man unabhängig von technischen Geräten den Unterricht durch mitgebrachte Bilder, Fotos, Poster, Grafiken, Cartoons, Comics, Schilder, Gegenstände und vieles mehr bereichern. Auch das Lehrbuch ist in der Regel bilderreich und voll von grafischen Elementen, denen man im Unterricht oft keine Aufmerksamkeit schenkt.

Alle visuellen Medien sollen letztlich das Ziel des Englischunterrichts fördern, nämlich die fremde Sprache und Kultur verstehen zu lernen und handlungsfähig zu werden. Im Einzelnen dienen visuelle Medien dazu,

- den **visuellen Lerntypen** (vgl. Kapitel 21) angemessene Lerngelegenheiten zu verschaffen,

- den Unterricht zu **strukturieren**: zum Beispiel klare Tafelnutzung, visuelle Signale (etwa Folie) bei Phasenwechsel,
- die **Semantisierung** zu erleichtern: zum Beispiel Bilder zur Erläuterung neuer Vokabeln, *semantic webs* zur Illustration des Verhältnisses der Bedeutungen in Wortfeldern (vgl. Kapitel 7.2),
- **sprachliche Strukturen zu verstehen:** zum Beispiel Diagramme zur Grammatik (vgl. Kapitel 7.3),
- **globales Textverstehen** zu erreichen: zum Beispiel Visualisierung eines *plot* oder eines Beziehungsnetzes für die handelnden Figuren (vgl. Kapitel 10),
- **Sprechanlässe** zu liefern: zum Beispiel *information gap*-Übungen in Partnerarbeit mit leicht unterschiedlichen Bildern (KLIPPEL [22]2004), *opinion gap*-Übungen mit rätselhaften oder kontroversen Bildern, Bilder als *jigsaw puzzle*,
- **Sprechen oder Schreiben vorzubereiten:** Mindmaps als Gedankensammlung anlegen oder ergänzen, Bilder ordnen,
- **kreatives Schreiben** zu initiieren: zum Beispiel Reportage zu drei sehr unterschiedlichen Fotos verfassen, Ansichtspostkarte schreiben,
- **Rollenspiele** zu steuern: zum Beispiel Terminkalendereinträge sowie Bild- und Textdokumente als Materialien zur Problemlösung in Gruppen,
- **spielerisch zu üben:** zum Beispiel Ratespiele zu Wimmelbildern, Kimspiele zu Gegenständen,
- **landeskundliche Informationen und Impressionen** bereitzustellen: zum Beispiel Fotos aus Zielländern, Poster, Broschüren.

Bilder können vereinfachen, veranschaulichen, verführen, verbergen. Der souveräne Umgang mit visuellem Material will gelernt sein; das ist sicher kein zentrales Ziel des Englischunterrichts, könnte aber ein willkommener Nebeneffekt sein. Weitere Anregungen zu Gestaltung und Einsatz von *visual aids*, wie visuelle Medien im Englischen auch genannt werden, bieten neben den gängigen Fachzeitschriften verschiedene Fachbücher (unter anderem WRIGHT 1989, GERNGROSS/PUCHTA 1992, SCHERLING/SCHUCKALL 1992).

Auditive Medien

Vor dem Sprechen kommt das Hören. Damit die Lernenden im Unterricht nicht nur auf die Lehrerstimme und die Lehrersprache geeicht werden, ist von Anfang an der **Einsatz von Tonaufnahmen** erforderlich. Allerdings ist es viel schwerer, *disembodied voices* zu verstehen als Sprecher, die man sieht und deren Körpersprache zusätzliche Verstehenshilfen bietet. Insbesondere authentische Medien, etwa Original-Radiosendungen, fordern aufgrund der Sprechgeschwindigkeit und der vielleicht verkürzten oder stark kondensierten Sprechweisen erhebliche Anstrengungen von den Englischlernenden. Schülerinnen und Schüler sollten lernen, sich durch Verstehenslücken nicht entmutigen zu lassen und das Einhören als langfristigem Prozess zu akzeptieren (vgl. Kapitel 8.1). Da mag es vernünftig erscheinen, zunächst über didaktisches Material einzusteigen, das in der Regel weniger schnell gesprochen wird und sprachlich vereinfacht ist.

Ebenso wie visuelle Medien den heutigen Lehrwerken beigegeben sind, gehören auch Tonaufnahmen auf Kassette, heute häufiger auf CD, zum Angebot der Schulbuchverlage. Darüber hinaus herrscht auch bei den auditiven Medien eine Materialschwemme an didaktischen und anderen Tonaufnahmen in englischer Sprache. Zudem senden die BBC und amerikanische Radiostationen, aber auch zunehmend andere Sender weltweit in Englisch; vielfach lassen sich englischsprachige Rundfunksendungen über das Internet abrufen. Schließlich zählt auch das Telefon zu den auditiven Medien, erlaubt es doch neben Hören und Sprechen sogar den Kontakt zu Muttersprachlern.

In den Schulen existieren die alten Sprachlabore bestenfalls noch als Not-Klassenräume; funktional sind sie wohl nirgends mehr. Moderne Multimedialabore sind in Schulen noch relativ selten. Es ist somit schwierig, im Klassenverbund **Hör- und Sprechübungen** mit individualisierendem Material durchzuführen. Daher bietet es sich an zu überlegen, inwieweit technische Neuerungen, die unter Jugendlichen verbreitet sind, wie Discman®, MP3-Spieler, Minidisc-Player, Walkman® oder iPod® für das Sprachenlernen nutzbar gemacht werden können, etwa indem die Lehrerin oder der Lehrer Audiodateien in digitalisierter Form einzelnen Schülern zum Üben und Erarbeiten bereitstellt, oder indem Schülerinnen und Schüler ihr eigenes Sprechen (zum Beispiel für eine Präsentation oder ein Interview) aufnehmen, damit es die Lehrkraft beurteilen kann. Moderne CD-ROMs bieten Möglichkeiten der Sprachaufnahme am PC. Dadurch kann die Lernersprache mit dem gespeicherten Modell verglichen werden; das Ergebnis wird grafisch bekanntgegeben.

Die oben getroffene Unterscheidung in didaktische und authentische Medien trifft auch hier zu, wobei das Spektrum der außerschulischen auditiven Medien das der didaktischen erheblich übertrifft. Schließlich lassen sich mit Fantasie auch Dinge im Unterricht gewinnbringend einsetzen, die keinerlei

Sprache enthalten, wie etwa Instrumentalmusik oder Geräusche, die den Ausgangspunkt für Diskussionen oder Anregungen zu kreativem Schreiben liefern können, etwa indem zu einer Geräuschfolge (Türeschlagen, Bremsquietschen, Schrei, weglaufende Schritte, Katzenmiauen etc.) eine zusammenhängende Geschichte verfasst werden muss.

Didaktische auditive Medien	Authentisches auditives Material
Hörtexte und Übungen auf CD zum Lehrwerk ■ Schulfunk ■ Lernsongs ■ Hörspiele ■ Ausspracheübungen ■ Lernkassetten oder CDs	■ Musik und Geräusche ■ Songs ■ Radiosendungen aller Art (Nachrichten, Features, Hörspiele, Musiksendungen, Reportagen, Interviews) ■ Internetradio (Burger 2004) ■ Hörbücher (Diehr 2005) ■ Kinderkassetten ■ Soundtracks zu Filmen

Aus pädagogischen und motivationspsychologischen Gründen wird zu Recht empfohlen, die englischsprachige Pop- und Jugendkultur, mit der die Schülerinnen und Schüler sich in der Freizeit beschäftigen, auch im Englischunterricht nicht auszublenden. Da es im Unterricht jedoch nicht um einen schlichten Nachvollzug des Freizeitverhaltens gehen kann, müssen sowohl sprachliche als auch inhaltliche Gesichtspunkte (SETZER 2003) in Betracht gezogen werden.

> **Lehrertipp: Songtexte**
>
> Der Einsatz von Songtexten stößt fast immer auf große Zustimmung in allen Altersstufen. Zwar nicht mehr neu, aber textlich und musikalisch ansprechend, vor allem aber mit einer Fülle von Lehrplaninhalten in Übereinstimmung zu bringen sind Texte von Tracy Chapman und vor allem Billy Joel, die in zahlreichen preiswerten CD-Editionen erhältlich sind. Folgende Songs lassen sich mit großem Erfolg heranziehen (alle auch auf Video erhältlich!): "Leningrad" (Geschichte des Kalten Krieges), "We Didn't Start the Fire" (Geschichte der USA von den 1950ern bis in die 1980er-Jahre), "The Downeaster Alexa" (Verarmungstendenzen auch in Teilen der weißen US-Bevölkerung), "I Go to Extremes" (Gefühle und Emotionen). *(B. Hieronymus, Gymnasium)*

Bei den auditiven Medien steht ohne Zweifel das hörende Verstehen im Vordergrund. Ziel ist es, authentische gesprochene Sprache ohne Schwierigkeiten verstehen zu können. Jedoch können Lernende mithilfe tonaufnehmender Geräte auch die eigene Aussprache und das Sprechen üben. Trotz des reichen Angebots an auditiven Medien ist das Sprachverhalten der Lehrerin oder des Lehrers insbesondere im Anfangsunterricht das zentrale Vorbild (vgl. Kapitel 14), da es Aussprache, Intonation und Sprechduktus der Englischschüler beeinflusst.

Audiovisuelle Medien

In audiovisuellen Medien sind Bild und Ton verknüpft, was den Vorteil mit sich bringt, dass man die Sprecher in der Regel sieht und durch den situativen Kontext sowie durch Mimik und Gestik Verstehenshilfen erhält. Als Nachteil mag man ansehen, dass das Bildgeschehen vom gesprochenen Wort ablenken kann. Auch wenn Kinder und Jugendliche heute in einer Medienflut aufwachsen und oft ein eigenes Fernsehgerät besitzen, bedeutet dies noch lange nicht, dass sie gelernt haben, genau hinzusehen und das, was sie sehen, kritisch zu hinterfragen. Die Schule und auch der Englischunterricht müssen einen Beitrag zur *media literacy,* zur Medienerziehung leisten.

Im Alltag erfüllen audiovisuelle Medien, also **Fernsehen, Video, DVD, Spiel- und Dokumentarfilme**, für viele Menschen vor allem eine Unterhaltungsfunktion. Im Unterricht tritt die Unterhaltungsfunktion zurück, es sei denn, sie lässt sich mit der Information über die englischsprachige Welt verknüpfen. Eine englischsprachige Comedy-Sendung kann Schülerinnen und Schülern Spaß machen und ihnen gleichzeitig Einblicke in britischen oder amerikanischen Humor verschaffen. Viele der Vorabendserien aus Australien, England oder den USA werden inzwischen in synchronisierten Fassungen im deutschen Fernsehen ausgestrahlt, sind also bekannt und damit eventuell weniger interessant. Wenn man sie im Englischunterricht kritisch analysiert, baut man zwar auf dem Vorwissen der Jugendlichen auf, kann ihnen aber auch den Spaß am bloßen Serienkonsum ein wenig verderben.

Ähnlich mag es ihnen mit **Musikvideoclips** ergehen, die wohl zu den beliebtesten Sendungen für Jugendliche zählen. Kurze, oft aufwändig produzierte Filme zu aktuellen Popsongs verpacken Musik und gelegentlich aussagekräftige Texte in nur wenige Minuten. Ausgehend von der Pionierarbeit von Thaler (1999), der die Phänomenologie dieses Mediums gründlich erörtert und vielfältige Einsatzmöglichkeiten im Unterricht bis hin zur Eigenproduktion vorstellt, sind Clips zu einer willkommenen Erweiterung des Englischunterrichts geworden. Wenn die Textanalyse und die Bezüge des Textes zu aktuellen Ereignissen oder Gefühlen auch oft den Ausgangspunkt bilden, so werden im fortgeschrittenen Unterricht zunehmend Fragen der filmischen Umsetzung thematisiert.

Um Fragen der Verfilmung geht es auch im **Literaturunterricht der Oberstufe**, wenn die Kombination von Textanalyse und Medienrealisierung dem Englischunterricht neue Dimensionen erschließt (GYMNICH/NÜNNING 1998). Zunehmend halten auch Filme in den Unterricht Einzug, die nicht an einen Ausgangstext, einen Roman oder ein Theaterstück, gekoppelt sind (BADDOCK 1996). Durch die DVD-Technologie ist es einfach geworden, ausgewählte Filmsequenzen zu zeigen, zu wiederholen, sie ohne Ton oder mit freier Sprachwahl abzuspielen. Der aus der Textbehandlung bekannte methodische Dreischritt – *pre-viewing, while-viewing and post-viewing* – gilt hier ebenfalls. Neue technische Möglichkeiten, die auch das Freizeitverhalten der Jugendlichen verändert haben (man denke nur an die neue Beliebtheit der schon fast totgesagten Kinos) eröffnen der Filmanalyse im Unterricht interessante Perspektiven (SCHNEIDER 2002, SURKAMP 2004), und zwar sowohl im Hinblick auf eine Medienerziehung als auch in Bezug auf interkulturelle Lernziele.

Multimedia – Computeranwendungen im Englischunterricht

Ebenso wie die Unterhaltungsmedien gehört auch der Computer inzwischen zum alltäglichen Umfeld von Kindern und Jugendlichen. Der Ausstattungsgrad der Schulen wird ständig verbessert, und es gibt wohl kaum eine deutsche Sekundarschule, die nicht über einen Computerraum oder doch wenigstens einige Computer in der Bibliothek verfügt. Meistens sind diese Medienräume jedoch nicht für den Fremdsprachenunterricht ausgerüstet.

> ■■ Tipp: Für den Computer und seine Möglichkeiten gilt wie für alle anderen Medien die grundsätzliche Frage nach dem **didaktischen Mehrwert**. Nicht die Tatsache, dass etwas technisch möglich ist, liefert die Begründung für einen unterrichtlichen Einsatz, sondern die Überlegung, dass man damit ein Unterrichtsziel besser, effektiver, gründlicher, individuell differenzierter oder nachhaltiger erreichen kann.

In der Tat hat die Computertechnologie in den letzten Jahren den Unterricht für Lehrende und Lernende, aber vor allem auch die Fremdsprachenforschung stark verändert, und das zum einen durch die enorme Speicherkapazität des Mediums, zum anderen insbesondere durch das Internet, das weltweite Kommunikation und Information ermöglicht. Folgende multimediale Funktionen können unterschieden werden:

Funktion	Beispiele
Tutor	Sprachlernprogramme im Netz oder auf CD ROM, Webseiten mit Übungen etc.
Kommunikation	E-Mail, Chat, Video-Konferenz etc.
Recherche und Information	Textverarbeitung, Datensammlung, Grafikprogramme, Bildbearbeitung etc.
Werkzeug	Textverarbeitung, Datensammlung, Grafikprogramme, Bildbearbeitung etc.
Unterhaltung	Spiele, Download von Musik etc.

Funktionen des vernetzten Computers

In vielen Veröffentlichungen wird diskutiert, wie die Computertechnologie das Ziel des Fremdsprachenunterrichts, die Erreichung kommunikativer Kompetenz, und seine methodischen Möglichkeiten verändert (zum Beispiel RÖSLER 1998). Die Literatur zu computergestütztem und web-basiertem Sprachenlernen ist inzwischen fast so unübersichtlich, wie es die Angebote selbst sind. Unter den Praktikern sieht Chapelle (2003) zwei Lager: die Technikbegeisterten und die Skeptiker. Wichtig erscheint es ihr, dass man abseits von Euphorie oder Ablehnung nüchtern erkennt, in welcher Weise sich Sprache, Sprachforschung, Sprachunterricht und Sprachanwendung unter dem Einfluss der neuen Medien wandeln:

- Die Erstellung großer **Sprachcorpora** (Datenbanken zu schriftlichem und mündlichem Sprachgebrauch) befruchtet die Forschung, aber auch die Produktion von Wörterbüchern, Lehrmaterial und Grammatiken sowie den Unterricht, indem die Lernenden selbstständig Regularitäten des fremden Sprachgebrauchs recherchieren können (MUKHERJEE 2002).
- Per **E-Mail** können Menschen in aller Welt Kontakt aufnehmen, und solche Kontakte zu Muttersprachlern oder anderen Englischlernenden bereichern den Unterricht in sprachlicher und interkultureller Hinsicht (DONATH 1996).
- Die **E-Mail-Kommunikation** verändert den Kommunikationsstil und folglich den Sprachgebrauch; dadurch werden die traditionellen Standards

einer korrekten Sprachverwendung etwa in Briefen abgeschwächt (MUK-
HERJEE 2006).
- Für das **Sprachenlernen** bietet der Computer nicht nur Software und Internetseiten in großer Auswahl (EASTMENT 1999), sondern erlaubt durch das rasche Feedback zu Aufgabenlösungen des Lernenden auch autonomes Arbeiten. Online-Tutoren helfen bei Lernproblemen.
- Computergestützte **Sprachtests** erleichtern das Testen großer Probandengruppen.
- Der Einsatz von **Hypertexten** im Unterricht führt zu einem Wandel von Lesegewohnheiten.
- Computer schaffen Möglichkeiten der breit angelegten Erarbeitung (Recherche, Texterstellung, Illustration) und **Veröffentlichung** von Projektergebnissen (Webseite).

Dies sind nur einige der laufenden Entwicklungen, deren Motor bisher der technische Fortschritt und nicht so sehr ein didaktisch-methodischer Innovationswille war. Es ist an der Zeit, dass die Möglichkeiten der neuen Medien realistisch eingeschätzt und unter sprachlernbezogenen Gesichtspunkten weiterentwickelt werden. Um nur ein Beispiel zu nennen: Rein mechanisch auszufüllende Lückenübungen werden dadurch nicht sinnvoller und auf die Dauer motivierender, dass man das Ausfüllen am Bildschirm erledigt und bei richtiger Lösung ein "that's right" ertönt. Je selbstverständlicher Computer zu Leben und Schule gehören, desto geringer ist der Motivationsgewinn bei ihrem Einsatz.

> **Tipp:** Ausschlaggebend für die Motivation wird sein, **was** man am Computer bearbeitet, und nicht, **dass** man an ihm arbeitet.

Jede Englischlehrkraft, die Unterricht mithilfe des Computers vorbereitet, kennt bereits eine Anzahl der verfügbaren Arbeitsfunktionen, etwa in der **Textbearbeitung**. Was liegt also näher als die Überlegung, wie man diese Funktionen sinnvoll nutzen kann? So könnte eine Lehrerin einen ihr per E-Mail-Anhang zugesandten Schülertext mit Markierungen und Kommentaren versehen zurücksenden. Oder es ließe sich aus dem Lehrbuchtext (oder irgendeinem anderen Text) mithilfe von Streichungen oder Ergänzungen ein neuer Text schreiben, der einer anderen Textsorte angenähert oder wesentlich förmlicher ist.

Die **Kommunikationsfunktion** des Computers wird von den Schülerinnen und Schülern privat breit genutzt, daher sind schulische E-Mail-Projekte heute nur noch dann anregend, wenn sie mehr liefern als den Austausch banaler persönlicher Informationen. Einige Alternativen sind die folgenden:

- Klassen in unterschiedlichen Ländern lesen den gleichen (literarischen) Text und diskutieren ihre Interpretationen per E-Mail.
- Klassen in unterschiedlichen Ländern arbeiten gemeinsam an einem Projekt und tauschen sich dazu aus. Abschließend werden die Ergebnisse im Web veröffentlicht.
- Klassen in unterschiedlichen Ländern diskutieren ein aktuelles gesellschaftliches, kulturelles oder weltpolitisches Thema in einem Internet-Forum oder per Mail.

Die Kommunikation zwischen Jugendlichen aus unterschiedlichen Kulturen verläuft nicht immer reibungslos; auch stellen sich interkulturelles Bewusstsein und die Sensibilität für den Umgang mit den anderen nicht automatisch ein, doch liefern gerade gut geführte E-Mail-Projekte hervorragende Möglichkeiten für interkulturelles Lernen (MÜLLER-HARTMANN 1999).

Die Computertechnologie bietet viele Chancen, die Ziele des Englischunterrichts besser und mit stärkerer individueller Differenzierung zu erreichen. Dazu müssen sich die Lehrerinnen und Lehrer darauf einlassen, die vertrauten Verfahren und Rituale des Fremdsprachenunterrichts auf den Prüfstand zu stellen und zu verändern. Die Handbuchliteratur gibt dazu zahlreiche Anregungen (KALLENBACH/RITTER 2000, KOHN 2003, DE SZENDEFFY 2005). Wichtig ist jedoch, das Hauptziel des Sprachunterrichts nicht aus den Augen zu verlieren, nämlich möglichst ausgedehnte, intensive und effektive Lernsituationen zu schaffen.

Teil III
Die Lehrperspektive

Lehrerinnen und Lehrer sind wichtig für das Lernen. Selbstverständlich ist es möglich, dass ein motiviertes Individuum eine fremde Sprache völlig autonom aus eigenem Antrieb ohne Lehrer und Unterricht lernt; die Regel ist dies jedoch nicht. Im schulischen und außerschulischen Englischunterricht übernimmt die Lehrkraft erstens die Planung der Lernsituationen, zweitens ihre Umsetzung in der Lerngruppe und drittens die Einschätzung des Lernergebnisses, das wiederum die weitere Planung beeinflusst. Dieser Prozess steht unter dem Zwang, innerhalb eines durch einen Lehrplan festgesetzten Zeitrahmens bestimmte Kompetenzziele für die Lernenden erreichbar zu machen, denn einem Kurs oder Schulfach steht keine unbegrenzte Lernzeit zur Verfügung. Dabei stützt sich das Lehren auf die Erkenntnisse der Didaktik zu den erforderlichen Lerninhalten und den effektiven Lernwegen im Hinblick auf die Lernziele.

Guter Unterricht führt zu guten Ergebnissen. Also werden im Folgenden zunächst Aspekte der Unterrichtsqualität vorgestellt und diskutiert, sodann Fragen der Planung und Durchführung von Englischunterricht, der Leistungsmessung und Behandlung von Fehlern.

Die Lehrperspektive ist eng verknüpft mit der Person, die den Unterricht gestaltet, denn das Klassenzimmer ist ein Ort der Interaktion zwischen Lernenden und Lehrer. Die Lehrerpersönlichkeit, das Erfahrungswissen der Lehrkräfte und auch die Lehrerbildung beeinflussen den Unterricht direkt und indirekt. Der Blick auf das Lehren schließt den Blick auf die Lehrenden selbst ein.

12 Englisch gut unterrichten

Die Frage „Was ist guter Unterricht?" wird von Schülerinnen und Lehrern, von Eltern, Schulbehörden oder den Medien vermutlich immer wieder ein wenig anders beantwortet. Einigkeit dürfte jedoch insoweit herrschen, dass guter Unterricht lernwirksam und mit positiven (Lern-)Erfahrungen verknüpft sein sollte. Motiviert durch die großen internationalen Vergleichsstudien wie TIMSS und PISA, die allerdings nicht den Englischunterricht betrafen, hat sich die erziehungswissenschaftliche Forschung (HELMKE 2005, MEYER 2004) ebenso wie die pädagogische Ratgeberliteratur (unter anderem UNRUH/PETERSEN 2006) mit der Frage der Unterrichtsqualität beschäftigt. Zusammenfassend lässt sich festhalten, dass es kein optimales Unterrichtsschema, keine immer erfolgreiche Unterrichtsmethode, keinen allein ausschlaggebenden Faktor für guten Unterricht gibt. Vielmehr entfaltet der Unterricht Wirkungen aufgrund des Zusammenspiels von unterrichtsimmanenten Faktoren wie Lehrerpersönlichkeit, Unterrichtsgestaltung, individuellen Schülervoraussetzungen und externen Faktoren wie Lernumgebung und schulischer Kontext (zum Beispiel HELMKE 2005, S. 42).

Lehrern kommt als Dramaturgen des Unterrichts die Schlüsselrolle zu, denn sie sind erstens Experten in fachlicher und pädagogisch-psychologischer Hinsicht (vgl. Teil II); sie kennen zweitens den Kontext des Unterrichts und verstehen ihn zu nutzen (vgl. Teil III); sie reflektieren drittens das eigene Handeln und lernen in fachlichen und didaktisch-pädagogischen Feldern ständig dazu (vgl. Kapitel 19). Gute Lehrkräfte schaffen vielfältige, möglichst anregende Lernsituationen und geben Rückmeldungen zum Lernstand (vgl. Kapitel 16). Sie nutzen den Unterricht als soziale Situation für Kommunikation und Interaktion in der Fremdsprache (vgl. Kapitel 14). Unter der Prämisse der Schülerorientierung erfordert dies eine Berücksichtigung der individuellen Voraussetzungen der Lernenden (vgl. Teil IV) und eine hohe Diagnosekompetenz. Gute Lehrer fordern Aufmerksamkeit und Leistung; sie fördern das Lernen jedes einzelnen Schülers.

Unterrichtsqualität

Die Merkmale guten Unterrichts, die als Ergebnis erziehungswissenschaftlicher Forschung vorliegen, müssen für die besonderen Bedingungen des Englischunterrichts reflektiert werden. Große Übereinstimmung herrscht generell im Hinblick auf die zentralen Merkmale von Unterrichtsqualität, wie man in der folgenden Tabelle sehen kann: Klarheit in Zielen, Anforderungen, Strukturen und Inhalten, daneben methodische Vielfalt, individuelle Förderung und Zeit zum Lernen in gutem Klima und anregender Lernumgebung. Das trifft für jeden Unterricht zu.

nach HELMKE 2005	nach MEYER 2004
Merkmale der Lehrperson und Unterrichtsqualität ■ Engagement und Lehrmotivation ■ subjektive Theorien und Selbstreflexion	
■ fachwissenschaftliche Expertise	■ (=Klarheit im Inhalt)
■ didaktische Expertise ■ Klarheit	■ klare Strukturierung ■ Klarheit im Inhalt ■ transparente Leistungserwartungen
■ Methodenvielfalt	■ Methodenvielfalt ■ intelligentes Üben
■ Individualisierung	■ individuelles Fördern
■ Motivierungsqualität ■ Klassenführung ■ diagnostische Expertise	■ sinnstiftendes Kommunizieren ■ Klima ■ (= individuelles Fördern)
Unterrichtsquantität: Lehr- und Lernzeit	■ echte Lernzeit
Qualität des Lehr- und Lernmaterials	■ vorbereitete und anregende Lernumgebung

Merkmale von Unterrichtsqualität im Allgemeinen

Überträgt man diese Qualitätsmerkmale auf den Englischunterricht, so ist einiges zu ergänzen. Zur fachwissenschaftlichen Expertise, der Sach- und Fachkompetenz, die HELMKE (2005, S. 59 ff.) beschreibt, gehören im Fremdsprachenunterricht unabdingbar sowohl die fremdsprachliche Kompetenz der Lehrkraft wie auch deren positive Einstellung gegenüber Sprache und Kultur(en), die Unterrichtsgegenstand sind.

> **Tipp:** Wer Englisch nicht gut spricht, kann es nicht unterrichten. Wer selbst nicht für die englischsprachigen Kulturen aufgeschlossen ist, kann Lernenden auch keine positive interkulturelle Einstellung vermitteln.

Diese erforderliche Identifikation mit dem Fach geht im Falle des Fremdsprachenunterrichts über das Merkmal „Engagement und Lehrmotivation" (HELMKE 2005, S. 50 f.) hinaus, denn sie schließt persönlichkeitsbezogene und affektive Faktoren ein. Das Beste, was Lehrerinnen und Lehrer tun können, ist Lernlust wecken, das Lernen anregen und Lernergebnisse sichern. Sie müssen die Schülerinnen und Schüler zum Lernen verführen und ihnen dadurch idealerweise Lust auf ein selbstständiges Weiterlernen verschaffen. Nicht alle Schülerinnen und Schüler reagieren jedoch auf den Unterricht in gleicher Weise, nicht alle lernen gleich gern, gleich gut, gleich viel und gleich schnell. Auch Lehrende haben mal einen schlechten Tag, und Klassen können an solchen Tagen, an denen vieles zusammenkommt, nur schwer zur Unterrichtsarbeit zu motivieren sein. Es gibt keine Garantie für den Lehrerfolg durch Lernzuwachs, keine immer und in jeder Klasse funktionierenden Verfahren oder Handlungsschritte; die Unterrichtssituation bleibt stets dynamisch, in jeder Hinsicht. Dies macht das Unterrichten zugleich anstrengend und spannend, denn eine gute Lehrerin oder ein guter Lehrer stellt sich stets aufs Neue auf Schüler und Kontext ein. Guter Unterricht macht Lehrenden und Lernenden gleichermaßen Freude.

Jeder Unterricht ist komplex, denn kognitive, affektive, soziale Prozesse laufen für Einzelne und Gruppen gleichzeitig und einander überlappend ab. Erfahrene Lehrkräfte behalten dennoch den Überblick und auch das Unterrichtsziel im Auge. Meyer (2004, S. 25 ff.) hält das Merkmal „Klarheit" für das wichtigste im Hinblick auf den Lernerfolg. Klarheit bezieht sich sowohl auf das Unterrichtsmanagement, also u. a. Klassenführung, Phasierung, Lehrer-Schüler-Interaktion, als auch auf die didaktisch-methodische Gestaltung des Unterrichts, u. a. die Klarheit im Hinblick auf Aufgabenstellungen, Anforderungen, Einstiege und Übungssituationen sowie die eindeutige und hilfreiche Rückmeldung zu den Schülerleistungen. Ein klar strukturierter Unterricht enthält daher viel echte Lernzeit für jeden Einzelnen.

Nachfolgend werden zentrale Lehrtätigkeiten vorgestellt: Unterricht planen, mit Schülern interagieren, Sprache üben, Leistungen bewerten und Lernen evaluieren. Das Spektrum des Englischunterrichts geht darüber natürlich hinaus. Auch die anderen Kapitel des Buches enthalten zahlreiche Vorschläge für unterrichtliches Handeln.

13 Unterrichtsplanung

Weder die Phasen noch die Sozialformen einer Englischstunde stehen in ihrer Art oder Abfolge fest. Dies eröffnet einen großen Handlungsspielraum für die Lehrkraft, bedeutet aber auch Verantwortung bei der Planung, da es *die* perfekte Englischstunde eben nicht gibt. Die Planung von Unterricht gehört deswegen zu den wichtigsten Aufgaben einer Englischlehrkraft und bildet einen wichtigen Bestandteil aller drei Phasen der Lehrerbildung.

Gründe für die Planung

Nur wer Lernziele klar definiert, kann prüfen, ob sie erreicht wurden. Zum zielorientierten Unterrichtshandeln gehört auch, in Lehrbüchern vorgegebene Lernziele zu hinterfragen. Bei der Planung einer Unterrichtsstunde wird in der Regel ein Grobziel formuliert und in Feinziele operationalisiert. Dabei bieten Lehrpläne, Lehrerhandbücher und Lehrwerke zwar wichtige Orientierungshilfen; die Verantwortung dafür, dass die breite Palette von Zielen des Englischunterrichts, zum Beispiel im erzieherischen, sprachlichen und inhaltlichen Bereich, sinnvoll abgedeckt wird, liegt jedoch in der Hand der Lehrkraft.

Um möglichst guten Englischunterricht zu gestalten, sind zahlreiche reflektierte Entscheidungen der Lehrkraft notwendig, die in der Regel vor einer Unterrichtsstunde getroffen und im Verlauf des Unterrichts ständig angepasst werden. Das Modell der *best practice* geht davon aus, dass fremdsprachendidaktisches Wissen einer Lehrkraft in deren Praxis hinein- und auf der Basis der Reflexion des eigenen unterrichtlichen Handelns von dort aus auch wieder zurückwirkt. Die Handlungskompetenz der einzelnen Lehrkraft wächst bei kontinuierlich reflektiertem Unterrichtshandeln auf diese Weise mit dem Erfahrungswissen (für den Englischunterricht APPEL 2000 sowie allgemein JANK/MEYER 1994).

> ■■ **Tipp:** Ganz gleich nach welchem methodischen Ansatz man vorgeht, um Planung und Organisation des Unterrichts kommt man nicht herum. Ziel ist es, eine Stunde zu konzipieren, in der die Schülerinnen und Schüler freudig, erfolgreich und nachhaltig lernen, und die geplanten Lernziele – und vielleicht sogar noch mehr – erreichen.

Insbesondere offene Unterrichtsformen, beispielsweise Lernzirkel und Projektarbeit (vgl. Kapitel 25.2), erfordern im Vorfeld eine genaue Planung. Deren Durchführung basiert nicht auf der lehrergesteuerten Abwechslung von Unterrichtphasen und Sozialformen. Vielmehr besteht hier für die Schülerinnen und Schüler in der Regel eine Wahlmöglichkeit, zum Beispiel hinsichtlich Auswahl, Bearbeitungsreihenfolge und/oder -form. Diese Offenheit in der Durchführung kann nur auf der Grundlage einer präzisen Planung und Vorbereitung gelingen.

> **Tipp:** Gute und effiziente Unterrichtsplanung bedeutet nicht, dass der einmal gelegte Grundriss für eine Unterrichtsstunde oder -einheit auf jeden Fall starr durchgezogen werden muss. Mit wachsendem Erfahrungswissen und größerer unterrichtlicher Handlungskompetenz vergrößert sich der Raum für Modifikation und spontane Entscheidungen, die aber – wie auch erfahrene Englischlehrkräfte immer wieder bestätigen – besser auf der Basis solider Planung getroffen werden können.

Prinzipien der Planung

Die Beachtung bestimmter Planungsprinzipien kann zum Erfolg von Englischunterricht erheblich beitragen und dabei helfen, ineffiziente Unterrichtsstunden (WRINGE 1994) zu vermeiden. Dazu zählen unter anderem:
- Planung dient dazu, bestimmte **Fragen** im Vorfeld des Englischunterrichts zu beantworten. Dies geschieht in den verschiedenen Stadien der Unterrichtstätigkeit sowie der Ausbildung auf unterschiedlichen Niveaus (für Berufsanfänger MEYER 1993 sowie für den Englischunterricht MINDT 1995). Zu den wichtigsten Fragen gehören:
    - WAS UND WARUM?
    - WOZU?
    - WIE UND WARUM SO?
    - WER, WANN, WAS?
- Jeder Stunde oder größeren Unterrichtseinheit liegt eine **Idee** (zum Beispiel hinsichtlich Stoff, Verfahren oder Ziel) zugrunde, die bei ihrer Durchführung, Planung und Evaluation nicht aus dem Blickfeld gerät.
- Beim Aufbau einer Stunde ist die **Abstimmung von Lerninhalten und methodischen Schritten** (beispielsweise Phasierung, Sozialformen und Medieneinsatz) sowohl aufeinander als auch auf die individuellen Lerner

und die Lehrkraft wichtig, sodass sie ein Ganzes ergeben. Je nach Fokus ist eine Unterrichtsstunde bildlich vorstellbar als ein Kreis oder eine Spirale oder als ein dramatischer Spannungsbogen.
- Eine Unterrichtsstunde ist idealerweise so geplant, dass sich Phasen, die für alle Schülerinnen und Schüler gleich sind, abwechseln mit Abschnitten, die für lernschwache und lernstarke Schülerinnen und Schüler unterschiedlich ausfallen. So wird **Differenzierung** im Unterricht ermöglicht (BÖNSCH 2000). Dafür ist Planung dringend notwendig, ebenso wie für die Abstimmung einer Unterrichtsstunde auf die engeren und weiteren Rahmenbedingungen, zum Beispiel die Medienausstattung und den Lehrplan.
- **Abwechslung** als Planungsprinzip garantiert, dass verschiedene Phasen (mit klarem Aufbau) das Unterrichtsgeschehen transparent und nachvollziehbar machen. Unterschiedliche Sozialformen, wie beispielsweise Einzel- und Gruppenarbeit, stellen Angebote für viele Lernende dar und können dabei helfen, Langeweile zu vermeiden, ohne dabei jedoch in blinden Aktionismus zu verfallen. So kann die Schüleraktivität erhöht und Lernerfolg gesteigert werden (WOODWARD 2001, 162–179).
- Die Planung von Unterricht muss nicht Sache der einzelnen Lehrkraft bleiben; **Kooperation** bietet sich sowohl mit Schülerinnen und Schülern, zum Beispiel bei der Auswahl von Texten für die Lektüre, an, als auch mit Kolleginnen und Kollegen, etwa bei der Planung interdisziplinärer Unterrichtseinheiten.
- Eine sinnvolle Planung auf der Grundlage dieser Prinzipien und auf der Basis eigener Kreativität kann sich nicht auf ein starres und monotones Nachvollziehen des **Lehrbuchs** beschränken.

Orientierungshilfen bei der Planung

Sowohl die Phasen einer „traditionellen" Englischstunde als auch die Sozialformen bilden ein festes Repertoire, an dem Lehrkräfte sich in der Planungsphase orientieren können. Die neuere Diskussion um die Planung von Englischunterricht ist ferner durch verschiedene Modelle geprägt, die abschließend vorgestellt werden.

Phasen einer Englischstunde

Die hier erläuterten Grobphasen beziehen sich auf eine Englischstunde, in der neuer Stoff eingeführt wird. Sie finden jedoch keine Anwendung beispielsweise in reinen Übungs- oder Wiederholungsstunden oder im Rahmen offener Unterrichtsformen. Auch für die Planung einer „traditionellen" Englischstunde sind sie nicht als starre Vorgabe, sondern als flexibles Orientierungsraster zu verstehen.

- Die **„Aufwärm"-Phase** ist eine interaktive Kurz-Phase, die beispielsweise in Form eines Mini-Rätsels oder mittels *small talk* gestaltet werden kann. Sie dient dazu, mit Schülerinnen und Schülern ins Gespräch zu kommen und ermöglicht allen Beteiligten das „Einhören" in die Fremdsprache.
- Die **Motivationsphase** weckt bei den Schülerinnen und Schülern Interesse für das Thema, aktiviert ihr Vorwissen, knüpft an die vorangegangene(n) Stunde(n) an und führt zum Thema der Stunde hin.
- In der **Präsentationsphase**, die bei Bedarf eine Phase der Vorentlastung oder Ähnliches beinhalten kann, findet die Begegnung der Schülerinnen und Schüler mit dem neuen Stoff statt. Hier geht es in der Regel darum, eine Fragestellung zu erarbeiten, eine Problematik bewusstzumachen und Verständnis auf der sprachlichen und inhaltlichen Ebene zu sichern.
- Daran schließt sich die **Übungs- und Vertiefungsphase** an, innerhalb derer auch die Übertragung und Adaptierung auf neue Anwendungssituationen erfolgt und der Schülerbezug verdeutlicht wird.
- Die abschließend gestellten **Hausaufgaben** gehen organisch aus der Unterrichtsstunde hervor.

Sozialformen

Sozialformen müssen zum Inhalt und zu den Lernzielen der Phase passen, in der sie eingesetzt werden; sie sind ein wichtiges Element der Planung, da mit dem Phasenwechsel häufig ein Wechsel der Sozialform einhergeht.

- Der **Frontalunterricht** stellt allgemein hohe Ansprüche an Lehrerinnen und Lehrer (GUDJONS 2003) und spielt im Englischunterricht seit jeher eine wichtige Rolle, da die Lehrkraft sprachliches Modell ist. Lehrersprache im Englischunterricht muss hohen Ansprüchen genügen, weil sie modellhaften Input darstellt.
- Andere Sozialformen wie **Partner- und Gruppenarbeit** ermöglichen die Aktivierung von Schülerinnen und Schülern, erhöhen deren Sprechzeit und geben den Lernenden die Gelegenheit, untereinander in der Fremdsprache Bedeutungen auszuhandeln (*negotiation of meaning*). Solche Phasen entlasten die Lehrkraft und können dem Training von Schlüsselqualifikationen, wie beispielsweise Kooperationsfähigkeit, dienen, wenn diese im Anschluss entsprechend evaluiert werden (KIEWEG 2001). Die

angebliche Fehlerhäufung und -fossilisierung in solchen Phasen ist unter anderem mit dem Argument der Erhöhung der Schülersprechzeit inzwischen weitgehend entkräftet. Es ist Aufgabe der Lehrerin oder des Lehrers, den Gebrauch der Fremdsprache in solchen Phasen konsequent einzufordern.

- **Einzelarbeit** ermöglicht Schülerinnen und Schülern das Arbeiten im eigenen Tempo und bildet oft eine kurze Ruhephase innerhalb einer Englischstunde.

Modelle für die Planung

Gegenwärtig werden unterschiedliche Modelle der Unterrichtsgestaltung diskutiert, die für die Planung relevant sind:

- **PPP** steht für *presentation – practice – production*. Dieses Modell ist vor allem für Anfangslerner und zur Einführung bzw. Übung isolierter sprachlicher Phänomene geeignet. In jüngerer Zeit werden Möglichkeiten der Schülerorientierung auch im Rahmen dieses Modells diskutiert (LONG/ KURZWEIL 2002 sowie LOVELOCK 1996).
- **TBL** steht für *task-based learning*, ein induktiv ausgerichtetes Modell, in dem zu einem sprachlichen und/oder inhaltlichen Problem oder einer Aufgabe (*task*) eine Fall-Lösung erarbeitet wird. Die Bewältigung handlungsorientierter Aufgaben steht im Vordergrund; eine solche Aufgabe besteht beispielsweise in der Vorbereitung eines Interviews zu einem vorgegebenen Thema mit einer bekannten Persönlichkeit auf Englisch. Im Unterricht wird das Interview im Rollenspiel durchgeführt, auf Kassette aufgenommen und abschließend analysiert. Im Rahmen handlungsorientierten Englischunterrichts ist die Sprache nicht Selbstzweck, sondern wird über die Bewältigung einer Aufgabe funktional eingesetzt und danach fokussiert (WILLIS 1996).
- **ARC** (*authentic use – restricted use – clarification*, SCRIVENER 1994, S. 133–138) ist ein vieldiskutiertes Modell, das sich besonders für die Neueinführung von Grammatikstoff anbietet (vgl. Kapitel 7.3).

Ein gemeinsames Merkmal dieser Modelle besteht darin, dass sie alle dem Grundmuster des Dreischritts von Neuvorstellung, Erarbeitung und Anwendung folgen.

> ■■■ **Tipp:** Es ist nicht sinnvoll, sich konsequent an ein Modell zu halten; die Kenntnis mehrerer solcher Modelle verbreitert den Handlungsspielraum der Lehrkraft und gibt ihr die Möglichkeit, bei der Planung begründete Entscheidungen zu treffen und – je nach Stoff oder Lernergruppe – bereits in der Vorbereitungsphase unterschiedliche Schwerpunkte zu setzen.

Umfangreiches Material zu diesem Thema findet sind insbesondere bei Meyer (1993), Mindt (1995) und Woodward (2001).

14 Interaktion

Der Begriff „Interaktion" entstammt den Sozialwissenschaften und wurde in den letzten Jahren zunehmend in die Fremdsprachendidaktik eingeführt (BAUSCH/CHRIST/KÖNIGS/KRUMM 2000). Mit Blick auf den Englischunterricht kann „Interaktion" zum Ersten das Unterrichtsgeschehen selbst bezeichnen; in diesem Fall schließt Interaktion **Lehrer-Schüler-** und **Schüler-Schüler-Gespräche** ein, des Weiteren auch die verbale oder non-verbale Auseinandersetzung der Lernenden mit Materialien. Zum Zweiten stellt die Interaktion das sprachliche Ziel von Lernsituationen dar, die im Unterricht durch Lehrkraft oder Material geschaffen werden. Diese Lernsituationen – seien es Rollenspiele oder Problemlösungsaufgaben, Diskussionen oder Lerngespräche über einen gelesenen Text – verkörpern das Übungs- und Anwendungsfeld fremdsprachlichen Lernens im Unterricht.

Schließlich besagt die Interaktions-Hypothese, dass eine Sprache vor allem in der Interaktion mit anderen gelernt werde (vgl. LIGHTBOWN/SPADA [2]1999, S. 42 ff.), was in erster Linie auf die Erstsprache zutrifft (vgl. Kapitel 20). Durch das Aushandeln von Bedeutungen (*negotiation of meaning*), das heißt den Versuch, sich zum einen verständlich zu machen und zum anderen die Kommunikationspartner zu verstehen, erfolgt eine Erweiterung des rezeptiven und produktiven Sprachkönnens. Den sprachlich kompetenten Sprechern, sei es die Mutter, die mit ihrem Kind spricht, oder der Lehrer, der seiner Klasse etwas erläutert, kommt in solchen Interaktionen eine ganz wichtige Aufgabe zu. Sie müssen nämlich ihre eigene Sprachproduktion dem Verstehensniveau der Partner anpassen und durch geeignetes **Feedback** deren sprachliche Äußerungen korrigierend interpretieren sowie durch Hilfen fördern und bestärken. Es liegt auf der Hand, dass dabei affektive und soziale Komponenten ebenso eine Rolle spielen wie kognitive. Dies trifft sowohl auf die Interaktion zwischen Lehrkraft und Lernenden als auch auf die Interaktion der Lernenden untereinander zu. Wenn man Sprache durch die Interaktion mit anderen Menschen lernt, dann ist zu fragen, wie solche Interaktionen im Englischunterricht beschaffen sein müssen, um effektives und nachhaltiges Lernen zu ermöglichen.

14.1 Das Klassenzimmer als Interaktionsraum

Zu den Rahmenbedingungen für die Interaktion zählt auch die physische Umgebung. Für einen Englischunterricht, der Kommunikationsfähigkeit in der fremden Sprache zum Ziel hat, ist es wichtig, dass eine vernünftige Ausgangssituation gegeben ist:

- Wir kommunizieren natürlicherweise von Angesicht zu Angesicht. Eine Anordnung der Schülertische in Reihen hintereinander behindert die Interaktion der Lernenden untereinander.
- Die Lehrerin oder der Lehrer sollte jeden Lernenden sehen können. Ein überfülltes Klassenzimmer, in dem man sich nicht zu einzelnen Schülerinnen und Schülern hinbewegen kann, legt Frontalunterricht nahe.
- Damit Interaktion auch in Kleingruppen erfolgen kann, sollte das Mobiliar beweglich sein, um eine Umorganisation zu erlauben.
- Der Geräuschpegel darf nicht verhindern, dass man einander hört.

Selbst wenn ideale räumliche Bedingungen erfüllt sind, muss die Lehrerin oder der Lehrer weitere Gegebenheiten der Interaktion im Auge behalten. **Unterrichtliche Interaktion ist öffentlich.** Das heißt, dass jeder Sprecher sich stets bewusst ist, wer seinen Äußerungen zuhört. Für die Lehrerin gilt das ebenso wie für die Schüler. Folglich spielen bei Schüleräußerungen nicht nur Fragen des Sprechenkönnens eine Rolle, sondern auch jene des Sprechenwollens und der Selbstdarstellung vor den anderen in der Klasse. Schülerinnen und Schüler in der Pubertät wollen vielleicht nicht an Glaubwürdigkeit in der Gruppe verlieren, indem sie sich am Unterricht beteiligen, wenn es in der Klasse als „cool" gilt, Mitarbeit zu verweigern. Schüler mögen zudem zögern, eine Frage zu stellen, wenn sie annehmen, dass alle anderen Bescheid wissen. Auch Form und Inhalt von Schüleräußerungen können durch die intendierte Publikumswirkung bestimmt sein. Die Lerngruppe ist daher nicht nur zufälliges Beiwerk der unterrichtlichen Interaktion, sondern einer ihrer konstituierenden Faktoren (vgl. insbesondere ALLWRIGHT 1998). Eine ökologische Sicht des Fremdsprachenlernens, wie sie van Lier (2004) vertritt, schreibt zentrale Bedeutung dem Kontext zu, der Gewichtung und Ausprägung der einzelnen Situationsbestandteile beeinflusst.

Zu diesem Kontext gehören auch die sozialen Beziehungen der Unterrichtsteilnehmer und ihre **Rollen in der Institution Schule.** Lehrende haben etwa die Aufgaben, Unterricht zu gestalten, Lernsituationen zu schaffen, Leistungen zu bewerten und Disziplin zu gewährleisten. Im Fremdsprachenunterricht erledigen sie viele, vielleicht alle, dieser Aufgaben in der Fremdsprache. Es entsteht ein *classroom discourse*, eine unterrichts- und schülerbezogene Kommunikation, die sich vom stärker inhaltsbezogenen Unterrichtsgespräch, dem Lerngespräch (NISSEN 1998), zu Sprache, Texten oder fremdkulturellen Inhalten unterscheiden lässt. Die Interaktion im Unterricht ist immer eine Ko-Produktion der Beteiligten, ganz gleich, ob es sich um *classroom discourse* oder ein Unterrichtsgespräch handelt. Allwright betont, dass es wichtig sei

> ■ "to consider interaction in the classroom not just as an aspect of 'modern' language teaching methods but as the fundamental fact of classroom pedagogy." (ALLWRIGHT 1984, S. 156). ■

Lehrer und Schüler sind jedoch nicht nur Träger bestimmter Rollen, sondern auch Personen und Persönlichkeiten, die auf individuell unterschiedliche Weise miteinander umgehen und aufeinander reagieren. Gerade der Fremdsprachenunterricht benötigt ein erhöhtes Bewusstsein für die individuellen Merkmale der Kommunikation und der Interaktion, wenn er sein Ziel erreichen will.

> ■■ **Tipp:** Die fremde Sprache muss zum persönlichen Eigentum jedes Schülers und jeder Schülerin werden, wenn es gelingen soll, die Identifizierung mit der Fremdsprache und deren Integration in die eigene Identität zu fördern.

Insofern besitzt der Kommunikationsstil der Lehrkraft, ihr persönlicher Umgang mit der Fremdsprache insbesondere im Anfangsunterricht Modellcharakter. Das Klassenklima, die Lehrerpersönlichkeit und die Gruppendynamik beeinflussen die Interaktion nachhaltig.

14.2 *Classroom Discourse*

Im kommunikativen Fremdsprachenunterricht misst man allen Formen der sprachlichen Interaktion hohe Bedeutung zu. Die Diskussionen um funktionale Lernziele (vgl. Kapitel 5) und um das Prinzip der Einsprachigkeit (vgl. Kapitel 18) haben dazu beigetragen, dass gerade denjenigen Lehreräußerungen, die man früher als weniger bedeutsam eingeschätzt hat, heute verstärkte Beachtung zukommt. Man denke an die Regelung organisatorischer Fragen, das informelle Gespräch zu Beginn der Stunde, an Ermahnung oder Lob. Durch *classroom discourse* in der Fremdsprache erweitert sich der fremdsprachliche Input für die Lernenden in quantitativer und qualitativer Hinsicht. Dennoch mag es Situationen geben, in denen die Lehrerin oder der Lehrer aus nachvollziehbaren Gründen die Muttersprache einsetzt oder in denen Schülerinnen und Schüler das, was sie sagen wollen, noch nicht in Englisch ausdrücken können.

Solche Situationen sind nützliche **Lerngelegenheiten,** denn hier kann ein kommunikatives Bedürfnis gleich in die Fremdsprache umgesetzt werden. Von der ersten Englischstunde an können Lehrerin und Klasse somit gemeinsam ein Repertoire an Redemitteln erarbeiten und festigen, das es nach und nach gestattet, möglichst viele Unterrichtssituationen und Ereignisse des Schulalltags in englischer Sprache zu bewältigen. Unterricht wird von Lehrern geplant und durchgeführt, demzufolge bestimmen Lehrer auch in der Regel das Thema des Unterrichtsgesprächs und stellen dazu Fragen. Will man Schülerinnen und Schüler zum autonomen Gebrauch der Fremdsprache führen, dann müssen sie frühzeitig in die Lage versetzt werden, selbst Fragen stellen zu können und die Gelegenheit erhalten sowie ermuntert werden, dies auch zu tun.

Die folgende Aufstellung gibt einen Überblick über wichtige Fähigkeiten, die den Lernenden die Teilhabe am *classroom discourse* ermöglichen. Schülerinnen und Schüler können

- Gegenstände des Klassenzimmers und des Unterrichts (Materialien, Medien etc.) in der Fremdsprache benennen,
- Fragen stellen zu Zielen, Verfahren, Aufgaben, Unklarheiten etc.,
- Anregungen und Wünsche äußern,
- sich angemessen beschweren und entschuldigen,
- Gefühle artikulieren,
- zuhören,
- auf Vorredner Bezug nehmen.

Viele konkrete Hinweise zur sprachlichen Umsetzung dieser Sprachfunktionen bieten praktische Handbücher wie Cattliff/Thorne (1988), Gressmann/Rich (1982) und Salaberri (1995).

Wenn in einer Unterrichtsstunde nur 45 Minuten zur Verfügung stehen, um ca. 30 Schülerinnen und Schüler aktiv am Unterrichtsgespräch zu beteiligen, dann sind ein klares **Zeitmanagement** und regelmäßige Partner- und Gruppenarbeitsphasen unabdingbar, in denen Lernende interagieren und voneinander lernen. Weitere Möglichkeiten im Bereich der schriftlichen Interaktion bieten interaktive Dialog-Tagebücher, die zwischen Lehrkraft und den Tagebuchschreibern hin- und herwandern und dem Austausch zu bestimmten Themen (etwa begleitend zur häuslichen Lektüre) oder zum eigenen Lernverhalten (etwa Beschreibung und Kommentierung gewählter Lernstrategien oder -techniken) dienen können. Lehrerinnen und Lehrer, die dialogbereit und offen sind, werden zahlreiche Gelegenheiten zur Interaktion nutzen.

14.3 Lehrersprache – *Teacher Language*

Die Lehrersprache im Englischunterricht muss unter qualitativer und quantitativer Perspektive betrachtet werden. Welchen Anteil die Lehrkraft an der Gesamtsprechzeit des Unterrichts hat, hängt unter anderem vom Thema der Stunde, vom Niveau der Klasse und vom Lehrstil ab. Durchschnittsberechnungen gehen davon aus, dass mindestens zwei Drittel der **Sprechzeit** von der Lehrperson bestritten werden (vgl. CHAUDRON 1988, S.150 ff.; R. ELLIS 1994b, S.582). Die DESI-Videostudie ergab einen Lehrersprechanteil von etwa 50 Prozent; in 23,5 Prozent der Unterrichtszeit sprechen Schülerinnen und Schüler; der verbleibende Stundenanteil enthält keine mündliche Sprachproduktion (vgl. www.dipf.de).

Natürlich sollen die Lernenden so oft und so ausgedehnt wie möglich zu Wort kommen, dennoch ist die Lehrerin oder der Lehrer als sprachliches Modell äußerst wichtig, denn **Quantität und Qualität der Lehrersprache** tragen erheblich zum Unterrichtserfolg bei (WULF 2001; WALSH 2002). Wie für andere Bereiche des Englischunterrichts gilt hier die Faustregel:

> ■■ **Tipp:** So viel Lehrersprechzeit wie nötig,
> so viel Zeit und Gelegenheit für Schüleräußerungen wie möglich.

Der Zeitfaktor spielt auch in anderer Hinsicht eine Rolle: Lernende benötigen zu Beginn des Sprachenlernens besonders viel Zeit, um die fremden Strukturen und Bedeutungen zu verarbeiten und eigenes Sprachhandeln zu planen. In keinem anderen Fach ist die Distanz zwischen dem Sprachkönnen der Schüler und dem der Lehrerin so groß wie im Fremdsprachenunterricht. Das kann bei den Lernenden ein Gefühl der Hilflosigkeit hervorrufen.

Gerade im Anfangsunterricht muss die Lehrerin daher zum Ersten ihre **Sprechgeschwindigkeit** dem Verstehensniveau der Klasse anpassen. Zum Zweiten sollte sie den Schülerinnen und Schülern genügend Zeit für das eigene Sprechen einräumen und nicht auf rasche Reaktionen drängen.

Die qualitative Adaptation der Lehrersprache zum *teacher talk* oder *teacherese*, also zum langsamen Sprechen in einfachen Strukturen, das heißt kurzen Sätzen mit reduzierter Komplexität, hilft Lernanfängern, den Zugang zur fremden Sprache zu finden. Allerdings muss man darauf achten, dass aus dem *teacher talk* kein *classroom pidgin* wird, also keine Spezialform einer unzulässig verkürzten Sprache, die den Schülern zwar verständlich ist, mit normaler Kommunikation außerhalb des Klassenzimmers aber nichts mehr zu tun hat. Sicherlich gibt es **Merkmale der Lehrersprache** und des Unterrichtsdiskurses, die man als institutionell geprägt ansehen kann – dazu gehören didaktische Fragen, deren Antwort die Lehrkraft bereits kennt, das Lehrerecho und das Interaktionsmuster des Dreischritts: Lehrerfrage – Schülerantwort – Lehrerfeedback; dennoch ist es gerade im kommunikativen Englischunterricht unerlässlich, dass die Lehrkraft auch natürlichen Sprachgebrauch modelliert und sich nicht völlig auf die unterrichtlichen Sprachroutinen zurückzieht (so auch SENIOR 2006, S. 89 ff.).

Funktionen der Lehrersprache

Im Englischunterricht sind Lehrerinnen und Lehrer nicht nur diejenigen, die den Stoff vermitteln, sondern – stärker als in anderen Fächern – auch Gesprächspartner ihrer Schüler. Darüber hinaus gehören zur Lehrerrolle Unterstützung und Förderung von Sprachverstehen und -produktion der Lernenden (vgl. KLIPPEL 2003). Die einzelnen Funktionen sind in der Grafik zusammengestellt.

TEACHER AS PARTNER IN COMMUNICATION

	style and voice	
functions		
		social interaction
		small talk
		maintaining discipline
		organising
		story telling
		giving feedback
		evaluating
aid	paraphrasing	
	scaffolding	
		eliciting
		asking questions
		setting tasks
		explaining
		error correction
		presentation
		instruction
	style and voice	

TEACHER AS INSTRUCTOR

Funktionen der Lehrersprache

Aus den aufgeführten Funktionen der Lehrersprache sollen nur drei herausgegriffen werden, die für den Sprachunterricht besonders bedeutsam sind: *scaffolding*, Fragen stellen, Aufgaben formulieren. Weitere, wie etwa Fehlerkorrektur (vgl. Kapitel 17), werden an anderer Stelle behandelt.

Scaffolding

Ein *scaffold* ist ein Gerüst. Mit *scaffolding* bezeichnet man daher **verbale Hilfen** der Lehrerin oder des Lehrers, die es den Lernenden gestatten, mehr leisten oder ausdrücken zu können, als diese gedacht hätten.

■ "Scaffolding is the process by which experts assist novices to achieve a goal or solve a problem that the novice could not achieve or solve alone." (McCormick/Donato 2000, S.185) ■

Diese Hilfe, die beispielsweise Mütter und andere Bezugspersonen Kleinkindern beim Erwerb der Muttersprache angedeihen lassen, kann ganz unterschiedlich ausfallen. Im Unterricht geht es vor allem darum, durch gezielte Hilfen, geschickte Fragen oder Hinweise auf bereits Verstandenes und Gelerntes die Lernenden so zu unterstützen, dass sie etwas verstehen oder sagen können. Die Unterstützung durch *scaffolding* erfolgt dabei immer mit Blick auf ein bestimmtes Ziel, das die Lehrkraft im Auge hat. Wenn man den Unterricht als einen Prozess betrachtet, dessen Resultat durch Kooperation aller Beteiligten erreicht wird, dann kann man auch die gegenseitige Hilfe der Lernenden positiv einbeziehen, vor allem in jenen Unterrichtsphasen, in denen es darauf ankommt, Neues auszuprobieren, Gelerntes umzusetzen oder mit Sprache kreativ umzugehen (VAN LIER 2004, S. 162).

Das Konzept des *scaffolding* wird durch Vygotskys Theorie der "Zone of Proximal Development" begründet (vgl. VYGOTSKY 1978). Diese Theorie definiert die Distanz zwischen dem Entwicklungs- und Kenntnisstand einer Person und der damit verbundenen Leistungsfähigkeit mit der potenziellen Leistungsfähigkeit unter Hilfestellung; *scaffolding* ist somit die notwendige Hilfe zum Weiterkommen. Im Englischunterricht bedeutet eine solche Hilfe meist

- eine Fokussierung auf ein bestimmtes Element der Frage oder Aufgabe,
- zusätzliche Informationen oder Hinweise,
- schrittweise Zurücknahme von Hilfe oder Steuerung, wenn offenbar wird, dass die Lernenden die Aufgabe bewältigen.

Diese Unterstützung kann in Form von Aussagen, nonverbalen Impulsen (etwa zur Aufmerksamkeitssteuerung), korrektivem Feedback oder in Form von Fragen realisiert werden.

Fragen

Fragen ziehen sich wie ein roter Faden durch jede Unterrichtsstunde, denn das methodische Hauptmuster in unseren Schulen ist weiterhin der fragendentwickelnde Unterricht. Für Lehrerinnen und Lehrer ist es daher wichtig, die Kunst des Fragenstellens zu beherrschen, die es ihnen erlaubt, die richtigen Fragen zu stellen und Fragen richtig zu stellen.

Um mit dem zweiten Gesichtspunkt zu beginnen: Wie werden Fragen richtig gestellt? Eine **gute Frage** ist klar und eindeutig formuliert. Sie kann von den Lernenden verstanden, verarbeitet und beantwortet werden. Sie ist weder zu schwer noch zu einfach. Sie verlangt mehr als nur ein einfaches *yes* oder *no*. Schließlich benötigen die Schüler, die die Frage zum ersten Mal hören, genügend Zeit zur Beantwortung. Da der Lehrer die Frage formuliert und oft auch schon die Antwort kennt, tendiert er dazu, ungeduldig zu sein. Die folgende Liste entstammt einem Unterrichtstranskript; es handelte sich um den Versuch der Lehrperson, die Kinder zum Erzählen über einen Ausflug zu bewegen:

- "Hello, Monica, how are you?
 Last Wednesday, you went to [name deleted], didn't you?
 What did you do on Wednesday?
 It was nice, was it?
 Did you look at the animals?
 What else?
 Zdravko, did you go?
 What animals did you see?
 Was it good?
 Can you draw it?
 Is it small or big?
 What did you do?"
 (aus: NUNAN 1991, S. 192)

Viele der Lehrerfragen dieses Unterrichtsgesprächs sind geschlossen, das heißt, man kann darauf nur ganz bestimmte Dinge antworten. Auch ist zu vermuten, dass die fragende Lehrperson die Antworten zu vielen Fragen schon kannte. Keine der gestellten Fragen stimuliert wirklich zum Erzählen; keine lenkt die Aufmerksamkeit nachdrücklich auf die Erlebnisebene, auf die Gefühle der Kinder. Ähnlich vorhersagbare und kaum weiterführende Fragen finden sich oftmals bei der Textbehandlung im Englischunterricht.

Fragen lassen sich verschiedenen Kategorien zuordnen; die folgende Tabelle zeigt vier Fragetypen in zwei unterschiedlichen Gruppierungen, die sich teilweise überlappen, das heißt, echte Fragen können offen oder geschlossen sein. Möglich ist auch, Fragen danach zu sortieren, ob sie einfache oder komplexe mentale Operationen erfordern. Einfache Fragen zielen auf das Abfragen von deklarativem Wissen, auf die Überprüfung von Text-/Sprachverständnis und auf Sprachgebrauch. Auf komplexere kognitive Prozesse gerichtete Fragen erfordern eine Analyse oder Synthese, sie verlangen vom Schüler, dass er etwas einschätzt und bewertet. Es leuchtet ein, dass man für das Fragenstellen die alte pädagogische Regel ‚vom Leichten zum Schweren' beherzigen sollte, um Schüler nicht zu überfordern, sie aber dennoch zu fordern.

Typen von Fragen	Beispiele	Funktion, z. B.
geschlossene Fragen *closed questions*	What is the name of the American President? Is coffee a drink? Did M. pay the fine? (on a text)	Wissensüberprüfung Verständnisüberprüfung Gedächtnisleistung – *recall*
offene Fragen *open questions*	Which are your favourite authors? Why do you think that X failed? In which way could X improve Y?	Informationssuche, Evaluation Denkanstoß, Analyse Meinung erfragen, Synthese
didaktische Fragen *display questions* (Lehrer kennt die Antwort; i. d. R. geschlossen)	Which verb is missing in this sentence? What happened in 1989?	Wissensüberprüfung Sprachwissen deklaratives Wissen
echte Fragen *referential questions* (Lehrer kennt die Antwort nicht; können geschlossen und offen sein)	What do you think would happen if ...? Who won the Eurovision song contest in 1995? What are your reasons for ...?	alle oben genannten und weitere Funktionen

Fragen

Gerade Fragen, die komplexe mentale Operationen verlangen, benötigen genügend **Zeit zur Beantwortung**. Empirische Untersuchungen haben gezeigt, dass Lehrer oft nur eine Sekunde oder zwei Sekunden warten, ehe sie eine weitere Frage stellen oder selbst die Antwort geben (NUNAN 1991, S. 193). Da Lehrerinnen und Lehrer dazu tendieren, mehr didaktische Fragen zu stellen, deren Antworten sie bereits im Kopf haben, als echte, lässt sich diese Ungeduld erklären (LONG/SATO 1983); förderlich ist sie aber nicht. Denn nach einem Training von Lehrkräften zeigte sich, dass eine längere *wait time* zu erstaunlich positiven Resultaten führte:

- "1. There was an increase in the average length of student responses.
- 2. Unsolicited, but appropriate, student responses increased.
- 3. Failures to respond decreased.
- 4. There was an increase in speculative responses.

5. There was an increase in student-to-student comparisons of data.
6. Inferential statements increased.
7. Student-initiated questions increased.
8. Students generally made a greater variety of verbal contributions to the lesson."
(NUNAN 1991, S.193) ∎

Auch die DESI-Videostudie hat gezeigt, dass eine ausreichende Wartezeit nach Fragen die Unterrichtsqualität verbessert. Im Fremdsprachenunterricht müssen sich die Lernenden sowohl auf den Inhalt der Frage als auch auf das Formulieren einer Antwort konzentrieren und brauchen folglich mehr Zeit als im muttersprachlichen Fachunterricht. Daher ist es für Englischlehrerinnen und -lehrer wichtig, sich über Form und Funktion der Fragen bewusst zu werden, die sie im Unterricht stellen. Viele Lehrkräfte besitzen nur ein unzureichend entwickeltes Gespür dafür, wie sie den Unterrichtsdiskurs tatsächlich sprachlich gestalten. So unterschätzen sie in der Regel die Zahl der Fragen, die sie in einer Stunde selbst stellen, ebenso wie die Antwortzeit für ihre Schülerinnen und Schüler.

> **Tipp:** Lernende benötigen ausreichend Zeit, um Fragen gut zu beantworten und Gelegenheiten, um selbst Fragen zu stellen.

Aufgaben formulieren

Die meisten Handlungsanweisungen und Aufgabenstellungen im Unterricht erfolgen verbal, im Englischunterricht in der Regel in der Fremdsprache. Lehrkräfte regen so Lernprozesse an und steuern das Lernverhalten der Schüler. Es ist daher wichtig für Sprachlehrerinnen und Sprachlehrer, auf die Formulierung von Aufgaben zu achten, denn mangelnde Qualität der Anweisungen vergeudet wertvolle Unterrichtszeit und beeinträchtigt die Schülermotivation. Um verstanden zu werden, müssen die Anweisungen und Aufgabenstellungen im Englischunterricht dem Sprachleistungsstand der Lernenden angemessen sein. Gerade im Anfangsunterricht und im Englischunterricht mit leistungsschwächeren Schülerinnen und Schülern ist es eine Herausforderung für die Lehrkraft, gute Aufgaben auf elementarem sprachlichen Niveau zu stellen. Worauf kommt es an? Solmecke (2006) hält folgende Eigenschaften für wesentlich:
- Zielorientierung,
- sprachliche Passung,

- Klarheit und Eindeutigkeit,
- Reduktion von Komplexität,
- gezielter Einsatz von Routinen.

Zuerst muss sich die Lehrkraft im Klaren darüber sein, welches Handlungsziel mit der Aufgabe verknüpft ist; sodann muss sie dieses knapp, klar und so konkret wie möglich formulieren. Dass die Lehrersprache möglichst fehlerfrei sein sollte, versteht sich von selbst. Jeder Lehrer verfügt über einen gewissen Lehrstil (vgl. Kapitel 23) und setzt im Unterricht folglich bestimmte Verfahren regelmäßig ein. Daraus können sich **Routinen** ergeben, die wie eine Art „Kurzschrift" das Unterrichtshandeln steuern und von den Schülerinnen und Schülern aufgrund der Gewöhnung rasch und eindeutig verstanden werden, beispielsweise nonverbale Signale zur Aufmerksamkeitslenkung (Handzeichen oder Finger auf die Lippen), eine Aufforderung zur Partnerarbeit ("Turn to your partner now") oder als Feedback zu Fehlern. Es spricht viel dafür, solche Routinen gezielt zu planen und so lange einzusetzen, wie sie pädagogisch sinnvoll sind.

Die Lehrersprache ist das wichtigste Werkzeug, das ein Sprachlehrer oder eine Sprachlehrerin zur Verfügung hat. Im Unterrichtsalltag, aber auch in der Lehrerbildung erfährt dieser Aspekt jedoch nur wenig Beachtung. Die zahlreichen in der Tabelle auf S. 181 aufgeführten Funktionen der Lehrersprache verdeutlichen die Spannbreite sprachlichen Handelns. Wright/Bolitho (1997) fordern daher zu Recht, dass man in Forschung und Ausbildung das Englische als **"professional language for teachers"** stärker berücksichtigen sollte, nicht zuletzt um in der Lehrerschaft eine Sprachbewusstheit (*language awareness*) zu schaffen.

Interaktion im Englischunterricht wird durch die Lehrkraft und die Schülerinnen und Schüler gleichermaßen gestaltet. Bei aller Hervorhebung der Bedeutung der Lehrersprache darf man die Stimmen der Schülerinnen und Schüler nicht überhören. Um deren Kompetenzentwicklung und sprachliche Bildung geht es schließlich; deshalb muss man sie als Interaktionspartner ernst nehmen.

15 Üben

Will man eine Fertigkeit gut beherrschen, muss man sie intensiv üben. Das Üben ist unabdingbarer Bestandteil des Lernens. Nach Bollnow (1978) erfordert die Entwicklung jedes Könnens vorausgehendes Üben; das trifft auf musisches, sportliches oder eben auch sprachliches Können zu. Wir beherrschen eine Fertigkeit, wir können etwas, wenn wir in der Lage sind, es spontan, flüssig und korrekt zu tun. Der Weg zum Können ist mühsam und führt über ständig neues **Üben** und **Wiederholen** des Gelernten, bis es „sitzt".

Üben und Wiederholen gehören zusammen, denn in Übungen wird Gelerntes wieder aufgegriffen und vertieft sowie – eventuell in anderer Zusammenstellung – erneut be- und verarbeitet und schließlich auf neue Situationen übertragen. Mit dem Üben assoziieren wir daher eher negative Gefühle, denn wir empfinden es oft als langweilig und mühsam. Der Reiz des Neuen motiviert stärker als die Einsicht in die Notwendigkeit festigenden Übens. Gerade deshalb ist es wichtig, ansprechende Übungsformen im Unterricht einzusetzen, die die Übungsbereitschaft der Schülerinnen und Schüler wecken und erhalten.

15.1 Übung als *task*

In der englischsprachigen Fachliteratur (zum Beispiel NUNAN 1989, WILLIS 1996, ELLIS 2003, MÜLLER-HARTMANN/SCHOCKER-VON-DITFURTH 2005) beschäftigt man sich seit den 90er-Jahren des 20. Jahrhunderts mit dem *task-based language teaching*, einer Unterrichtskonzeption, die als zentrales Element Aufgaben – *tasks* – besitzt. Fasst man die zahlreichen unterschiedlichen Definitionen zusammen, so versteht man unter "*task*" grundsätzlich eine Arbeitsaufgabe ("work plan", ELLIS 2003, S.9), zu deren Lösung die fremde Sprache benutzt werden muss, ohne dass gezieltes sprachliches Üben im Vordergrund stünde. Es geht also in erster Linie um ein Ziel, das sich nicht allein im Umgang mit der Sprache erschöpft, etwa um das Gestalten eines Plakats oder die Vorbereitung und Durchführung eines Interviews.

> ■ "A task is intended to result in language use that bears a resemblance, direct or indirect, to the way language is used in the real world." (ELLIS 2003, S.16) ■

In Aufgaben soll die fremde Sprache in erster Linie als Kommunikationsmittel Verwendung finden, damit die Lernenden auf den Gebrauch der Fremdsprache in realen Situationen außerhalb des Klassenzimmers vorbereitet werden. Die Abgrenzung zwischen Aufgabe und Übung ist schwierig, denn auch in kommunikativen Übungen, die seit einem Vierteljahrhundert in stetig wachsender Zahl veröffentlicht werden, geht es um dieses Ziel. Während Übungen Sprachliches festigen, das zuvor eingeführt wurde, erwartet man, dass Lernende bei der Bearbeitung von Aufgaben auch Neues lernen, und zwar dann, wenn den Lernenden auffällt, dass sie eine Wissenslücke haben oder ihre Aufmerksamkeit durch die Aufgabe auf neue sprachliche Phänomene gelenkt wird (*focus on form*, vgl. Kapitel 7.3). Untersuchungen zu den Lernerleistungen in *tasks* haben bislang keine eindeutigen Ergebnisse dazu geliefert, wie die Dimensionen der Sprachproduktion der Lernenden, nämlich Komplexität (*complexity of language*), Korrektheit (*accuracy*) und Flüssigkeit (*fluency*), durch Gestaltung der Aufgaben gezielt gefördert werden können und wie die Dimensionen miteinander interagieren (SKEHAN 2003). So spielt hierbei nicht nur die Komplexität der Aufgabe selbst eine Rolle, sondern entscheidend sind auch die Bedingungen für deren Bearbeitung und die Passung im Hinblick auf die Lernenden. Können diese ihr Vorwissen nutzen? Haben sie ausreichend Zeit, ihre Sprachproduktion zu planen? Forschungsergebnisse (SKEHAN 2003, ROBINSON 2001) deuten in eine Richtung, die weitgehend mit dem Erfahrungswissen von Lehrkräften kompatibel scheint:

- Eine klare Aufgabenstruktur sowie Vertrautheit mit den Inhalten fördern Flüssigkeit und Korrektheit.
- Übungen und Aufgaben, die Begründungen und Argumentationen erfordern, führen zu komplexeren sprachlichen Äußerungen.
- Interaktive Übungen führen zu größerer Korrektheit und Komplexität der Äußerungen.
- Monologische Übungen fördern die individuelle Sprechflüssigkeit.

(vgl. SKEHAN 2003, S. 5 f.).

Ob die Lernanstöße einer Aufgabe jedoch von allen Lernenden in gleicher Weise erkannt und bereitwillig aufgegriffen werden, ist ungewiss, wenn nicht gar zweifelhaft. Immer wieder wird beklagt, dass individuelle Variablen des Arbeitens mit *tasks* noch nicht hinreichend untersucht sind (SKEHAN 2003). Für diejenigen Lernenden, die sich in der Schule kaum zu autonomem Lernverhalten motivieren lassen, ist angeleitetes, systematisches Üben durch sprachfokussierte Aufgabenstellungen sicher erforderlich.

15.2 Explizites und implizites Lernen

Nicht alles, was wir lernen, lernen wir mit bewusster Aufmerksamkeit oder Lernanstrengung. In der Spracherwerbstheorie ist jedoch umstritten, ob auch Erwachsene noch implizit etwas so Komplexes wie eine fremde Sprache erlernen können (DeKeyser 2005). Fest steht jedoch, dass die **Häufigkeit**, mit der wir der fremden Sprache begegnen, für den Lernerfolg eine wichtige Rolle spielt (Ellis 2002). Häufiges Üben von bereits bekannten Sprachelementen in neuer Kombination erhöht daher das langfristige Lernresultat, da die Schüler so immer wieder mit den hochfrequenten Sprachmustern in Kontakt kommen. In Übungen liegt die Aufmerksamkeit der Lernenden vor allem auf den Sprachphänomenen, um die es in der Übung vorrangig geht. Nebenbei wird aber auch anderes reaktiviert und gefestigt. Wichtig ist jedoch, dass nicht mechanisch geübt wird. Ein sturer *pattern drill*, bei dem man gar nicht nachdenken muss, wirkt kaum lernfördernd. Selbst simple Umformungs- oder Einsatzübungen können jedoch mit etwas Geschick kommunikativ „aufgemöbelt" werden, indem man sie für individuelle Antworten öffnet oder ein Element des *information gap* einführt (vgl. Kapitel 8.2). Drill-ähnlich, jedoch gar nicht langweilig sind die halb-kommunikativen Strukturübungen, die Butzkamm (2004) als Realisierung des generativen Prinzips vorschlägt. Häufige Wiederholungen, Abwandlungen und neue Einbettung markanter Satzmuster helfen den Schülern, Strukturen zu durchschauen, sie verfügbar zu haben und sinnstiftend zu gebrauchen. Wolfgang Butzkamm ist einer der wenigen, die die hohe Bedeutung des Übens hervorheben: „Beim Sprachenlernen ist Üben wichtiger als Intelligenz" (Butzkamm 2004, S. 218).

15.3 Individuelle Interpretation von Übungen

In seiner Studie zum Lösungsverhalten für Lernaufgaben mit erwachsenen Fremdsprachenlernern berichtet Börner (1999) davon, dass seine Probanden beim Bearbeiten von Aufgaben sich weitgehend auf ihr Sprachgefühl (implizites Wissen) verließen, da ihr explizites Wissen noch recht unsicher war.

> ■ „Vor die Wahl gestellt, eine Lernaufgabe intensiv und damit zeitaufwendig oder oberflächlich und damit schnell zu lösen, tendieren viele der Lerner eher zur zweiten

Option, wenn damit noch ein subjektiv befriedigendes Lösungsergebnis erreichbar ist." (BÖRNER 1999, S. 225) ■

Auch im schulischen Fremdsprachenunterricht kann man beobachten, dass Schülerinnen und Schüler sehr unterschiedlich auf Übungen reagieren. Sie interpretieren eine Übung oder Aufgabe sowohl auf der Basis ihrer Erfahrung mit ähnlichen Aufgabenformen, wie auch auf dem Verständnis der Anforderung und ihrer – vielleicht unzutreffenden – Einschätzung des Lösungswegs. Eine Reihe von Faktoren spielt dabei eine Rolle:

- Der Motivationsgehalt der Aufgabenstellung: Macht mir das Spaß?
- Die Einschätzung der Erfolgsaussichten: Kann ich das?
- Der Blick auf den Nutzen: Bringt mir das was?
- Das Abwägen von Nutzen und Aufwand: Lohnt sich das?

Je klarer und eindeutiger die Aufgabe oder Übungsanweisung formuliert ist, desto schneller kann der Lernende das tun, was er soll, nämlich zielorientiert mit der Sprache arbeiten. Je ansprechender die Aufgabe, desto williger wird er sich mit ihr beschäftigen. Je genauer die Anforderung dem gegenwärtigen Leistungsniveau des Lernenden entspricht, desto wahrscheinlicher ist es, dass er die Übung mit Erfolg absolviert.

> ■■ **Tipp:** Kurz gesagt: **Abwechslung**, **Passung** und **Stufung** gelten als generelle Qualitätsmerkmale auch für das Üben im Englischunterricht.

Diese Qualitätsmerkmale treffen nicht immer auf die in Lehrbüchern und Arbeitsmaterialien veröffentlichten Übungen und Aufgaben zu. Hier müssen Lehrkräfte in Kenntnis ihrer Schüler auswählen und anpassen. Klippel (1998c, S. 332) schlägt eine ausführliche Frageliste zur Übungsevaluation vor, die auf folgende Elemente von Übungen zielt: Ziel, sprachliche Gestaltung, Steuerung, Übungstätigkeiten, Durchführung, Niveau und Lernerfolgskontrolle. Schließlich gehört auch die Frage nach dem **Verhältnis von Aufwand** (unter anderem Zeitbedarf, Rechercheaufwand) und **Ertrag** einer Übung zu den Auswahlgesichtspunkten.

15.4 Übungsspaß

Üben muss nicht langweilig sein; es kann viel Spaß machen. Man übt als Lernender dann gern, wenn man es freiwillig tut, wenn man die Übung selbst ausgestalten und den Erfolg selbst feststellen kann. Besonders gern üben

Schülerinnen und Schüler Englisch in **Lernspielen**. Hier ist die Aufmerksamkeit auf das Spielziel gerichtet, und der sprachliche Übungszweck wird oftmals gar nicht erkannt. In Ratespielen lassen sich Frageformen üben, ohne dass es selbst bei dauernder Wiederholung des gleichen Sprachmusters langweilig wird (vgl. Kapitel 25.4).

Nicht nur die spielerische Form des Übens vermag zu motivieren, auch die Inhalte können Spaß machen. Zwar liegt im modernen Englischunterricht zu Recht das Hauptaugenmerk auf natürlicher und authentischer Sprache, doch kann auch künstliche und unsinnige Sprache wohldosiert eingesetzt Übungs- und vor allem Erinnerungseffekte entfalten. Guy Cook (2001) argumentiert in "'The philosopher pulled the lower jaw of the hen.' Ludicrous Invented Sentences in Language Teaching" sehr überzeugend für erfundene und merkwürdige Übungssätze:

- Man kann sie im Unterricht spontan und genau passend erschaffen, und zwar sowohl im Hinblick auf die sprachliche Form als auch durch Anspielung auf den gemeinsamen Erfahrungshintergrund in der Lerngruppe.
- Sie sind gute Gedächtnisstützen, weil sie vom Üblichen abweichen.
- Sie können die Aufmerksamkeit gezielt auf ein sprachliches Phänomen lenken.

Sprachspiele ebenso wie Lernspiele sorgen somit für Abwechslung im Übungsgeschehen und helfen, die Lernmotivation zu erhalten und Lernerfolge zu sichern.

15.5 Intelligentes Üben

Wenn Übungszeit sinnvoll eingesetzt werden soll, dann muss man die Auswahl von Übungen und die Gestaltung von Übungsphasen ebenso umsichtig planen wie die Neueinführung. Nur richtiges Üben führt zum Erfolg. Meyer (2004, S. 104 f.) nennt vier Merkmale guten Übens:

1. Man übt ausreichend oft und im richtigen Rhythmus.
2. Die Übungen passen genau zum Lernstand.
3. Die Schüler entwickeln Übekompetenz und setzen die richtigen Lernstrategien ein.
4. Die Lehrkraft gibt gezielte Hilfestellung.

Es ist also nicht damit getan, das Üben in die Hausaufgabe zu verschieben und dabei auf die Vorgaben des Lehrwerks, zum Beispiel das Workbook, zu vertrauen. Vielmehr sollte im Unterricht selbst Raum für Vertiefung und Anwendung des Gelernten gegeben sein, denn in der sozialen Klassensituation ist das Spektrum der möglichen Übungsformen (Partner-, Gruppen-, Teamarbeit, Stationenlernen, Freiarbeit) größer. Außerdem kann die Englischlehrerin sehr viel besser einschätzen, welche Fertigkeiten und welcher sprachliche Bereich noch geübt werden müssen, und Übungen dementsprechend individuell differenzieren. Die erforderlichen Lern- und Übestrategien lassen sich *on task* vermitteln.

Wichtig ist auch der Übungsrhythmus. **Verteiltes Üben** ist eher lernfördernd als massives Üben. Neu Gelerntes muss relativ bald geübt werden, am besten noch in derselben Unterrichtsstunde. Eine nächste Wiederholung wäre idealerweise innerhalb der nächsten zwei Stunden zu planen, was im Schulalltag wohl kaum zu realisieren ist. Weitere Wiederholungen und Übungen sollten nach etwa 12 Stunden, zwei Tagen, einer Woche und zwei Wochen erfolgen (JANK/MEYER 2002, S. 184 f.). Gerade für das Sprachenlernen ist die stetige Umwälzung der erworbenen Strukturen und Ausdrucksmöglichkeiten enorm wichtig.

Tipp: Eine geeignete Übung kann durchaus mehrfach leicht abgewandelt eingesetzt werden, indem man den Modus (schriftlich – mündlich) oder die Sozialform (Einzelarbeit – Partnerarbeit – Gruppenarbeit) oder den Inhalt (leicht) verändert. Das Vorwissen der Schülerinnen und Schüler zur Übung verschafft den Lernschwächeren Sicherheit; die Variation verhindert Langeweile.

15.6 Üben und Prüfen

Die Fachliteratur zum Fremdsprachenunterricht, Lehrwerke, Unterrichtsmaterialien und Übungsprogramme enthalten eine Vielzahl an Übungsformen (zum Beispiel HÄUSSERMANN/PIEPHO 1996), deren schlüssige Klassifikation zwar öfters versucht wurde (zuletzt SEGERMANN 1992), aber noch nicht überzeugend gelungen ist. Zentrale Kategorien der Beschreibung von Übungen sind: Zielsetzung, Übungstätigkeit(en), Steuerung, Material, Kriterien für den Erfolg. Die Veränderung einzelner Variablen führt zu neuen

Übungsformen; das Üben entfaltet dadurch eine gewisse Flexibilität und Dynamik.

In der Schule ist es angebracht, so zu üben, dass man Schülerinnen und Schüler auf Lernstandserhebungen und Prüfungen gut vorbereitet. Viele Übungsformen finden auch als Prüfungsaufgaben Verwendung (DOYÉ 1986). Umgekehrt werden Prüfungsaufgaben vorab trainiert, was sich mit dem sog. *backwash-effect* erklären lässt (vgl. Kapitel 16). Da das Ziel des Englischunterrichts jedoch nicht (nur) das Bestehen von Prüfungen, sondern der Erwerb kommunikativer Kompetenz in der fremden Sprache ist, sollten Übungen und Anwendungssituationen vielgestaltiger, individueller und differenzierter sein als die Verfahren der Leistungsmessung.

16 Leistungsmessung

Leistungsmessung gehört sowohl für Lehrkräfte als auch für Schüler zu den zentralen, wenn auch nicht zu den beliebtesten Bestandteilen des Englischunterrichts. Damit werden wichtige Aufgaben der Schule, nämlich Förderung und Auslese, erfüllt. Es gibt viele verschiedene Wege, um Leistung zu messen und je mehr davon eine Lehrkraft kennt, desto besser kann dieser Aspekt in den Englischunterricht integriert werden.

Prinzipiell ist zwischen den zwei Grundansätzen der normorientierten und der kriterienorientierten Leistungsmessung zu unterscheiden:

■ "With criterion-referenced tests, the primary purpose is not to compare the performances of examinees to one another (as it is with norm-referenced tests), but rather to examine the performance of each individual vis-à-vis a particular set of material or curriculum." (BROWN/HUDSON 2002, S. xiv) ■

Im deutschen Schulsystem wurde durch die Einführung von Bildungsstandards die Komponente des kriterienorientierten Testens gegenüber dem bisher dominanten normorientierten Testverfahren gestärkt. Diese wurden ab dem Schuljahr 2004/05 in allen deutschen Bundesländern eingeführt, um die Vergleichbarkeit innerhalb der Gesamtpopulation *einer* Jahrgangsstufe zu gewährleisten (KMK 2003). Sie messen unter anderem fremdsprachliche kommunikative Kompetenzen aller Schüler in der 10. Klasse auf der Grundlage des GeR (COUNCIL OF EUROPE 2001). Die für die Zehntklässler angestrebte Kompetenzstufe des GeR ist selbstständige Sprachanwendung auf dem Niveau B1 (*Threshold*).

Problematisch bleibt trotz dieser Reformen, dass neuere Inhalte und Formen des Englischunterrichts, wie beispielsweise die Stärkung der Mündlichkeit sowie offene und kreative Unterrichtsformen, eine Anpassung der Prüf- und Leistungsmessungsmodi bedingen (KIEWEG 2001 sowie SYSTEM 2001). Erfolgt diese Angleichung nicht, scheitern Innovationen am *backwash-effect*, das heißt, es wird im Sinne des generellen Problems von *teaching to the test* schwerpunktmäßig das gelehrt und gelernt, was dann auch geprüft wird. Um das zu vermeiden, können neben den klassischen Formen der Leistungsmessung im Englischunterricht verstärkt neuere Formen von Lernstandserhebungen wie zum Beispiel Selbst- und Fremdbewertung sowie Portfolios eingesetzt werden (MACHT/NUTZ 1999 sowie RAMPILLON 1999). Eine Möglichkeit zur Stärkung der Mündlichkeit durch entsprechende Prüfungsmodi zeigt der folgende Lehrertipp.

> **Lehrertipp: Buchpräsentation**
>
> An meiner Schule wird seit dem Schuljahr 2004/05 eine schriftliche Klassenarbeit bzw. Schulaufgabe der 11. Klasse durch eine mündliche ersetzt. Dies geschieht in Form einer Buchpräsentation. Die Schülerinnen und Schüler wählen selbst ein Buch aus einem beliebigen Genre, das sie in der ungekürzten englischsprachigen Originalfassung innerhalb eines zuvor vereinbarten Zeitraumes lesen. Eine gewisse Seitenzahl darf dabei in der Regel nicht unterschritten werden. Eine Woche vor dem Präsentationstermin geben die Referenten eine Zusammenfassung des Buchinhalts sowie den Verlauf der Präsentation bei der Lehrerin oder dem Lehrer ab. Dadurch kann die Lehrkraft schon im Vorfeld auf mögliche Probleme hinweisen. Die Präsentation selbst sollte ziemlich genau 12 Minuten dauern. Beurteilt werden die folgenden Kategorien: Präsentations- und Vortragsweise; Aufbau, Inhalt, Gliederung; Vermittlung und Ansprache an die Gruppe, Eigentätigkeit und Eingehen auf Fragen; Veranschaulichung; Aussprache; Sprachbeherrschung. Der Schwerpunkt bei der Bewertung liegt klar auf der Sprache. Nach bisheriger Erfahrung wird bei diesem Vorgehen die Notenskala voll ausgeschöpft, wobei schlechter beurteilte Schüler ihre Leistung durchaus kritisch sehen.
>
> *(C. Hübner, Gymnasium)*

16.1 Allgemeine Gütekriterien

Für die meisten Formen der Leistungsüberprüfung im Hinblick auf die vier Fertigkeiten, egal ob mündlich oder schriftlich, klassisch oder innovativ, gelten bestimmte Gütekriterien (KIEWEG 1999). Zu den wichtigsten gehören:

- **Objektivität**: Die Durchführung und Bewertung eines Tests ist von den durchführenden und bewertenden Personen unabhängig.
- **Reliabilität**: Ein Test ist unter vergleichbaren Bedingungen wiederholbar und führt auch zu vergleichbaren Ergebnissen.
- **Validität**: Ein Test prüft, was er zu prüfen vorgibt.
- **Praktikabilität**: Ein Test ist unter den gegebenen Umständen für alle Beteiligten ohne größere Schwierigkeiten praktisch durchführbar.

Weitere Kennzeichen guter Lernstandserhebungen sind:

- **Transparenz** für die Schüler hinsichtlich Aufbau, Aufgabenstellung und Bewertung,
- **Differenzierungsmöglichkeiten** für leistungsstarke und leistungsschwache Schülerinnen,
- ein **Bewertungssystem**, das Punkte und nicht Fehler zählt,
- das den Schülern zeitnah mitgeteilte **Ergebnis**.

16.2 Formen und Funktionen von Leistungsmessung

Leistungserhebungen können, je nachdem, was und wer wozu getestet wird, ganz verschiedene Formen (mit unterschiedlichen Vor- und Nachteilen) annehmen. Sowohl standardisierte Tests (zum Beispiel der TOEFL-Test, Zentralabitur) als auch informelle Tests (von Einzelnen erstellt und durchgeführt) sollten in der Regel eine Mischung verschiedener Aufgabentypen enthalten. Am leichtesten zu bewerten sind geschlossene Aufgabenformen, bei denen nur eine Lösung richtig ist (zum Beispiel Diktate und *multiple choice*-Tests). Offene Aufgaben, zum Beispiel aus dem Bereich des kreativen Schreibens, setzen dagegen in höherem Maß das Prinzip der Schülerorientierung um, sind aber im Hinblick auf die Bewertung wesentlich aufwändiger.

Bei halboffenen und offenen Aufgabenstellungen greift in der Bewertung die einfache Unterscheidung falsch/richtig häufig nicht mehr; vor allem bei mündlichen Leistungen gilt es, Zwischenstufen zu berücksichtigen und die Prozesshaftigkeit des Lernens in die Bewertung aufzunehmen. Diese Formen der Leistungsüberprüfung können leichter im Sinne des *formative assessment* eingesetzt werden, das den Lernfortschritt einzelner Schülerinnen fokussiert, im Gegensatz zum summativen, das heißt ergebnisorientierten Bewertungsprinzip.

Die Funktionen der Leistungsmessung im Englischunterricht sind vielfältig und beziehen sich nicht ausschließlich auf die unmittelbar daran beteiligten Personenkreise. Lernstandserhebungen …

- … dienen als **Rückmeldung** über Lehr- und Lernerfolge für Schülerinnen, Lehrkräfte, Eltern und die Öffentlichkeit (Letzteres zum Beispiel in Form der DESI-Studie, das deutschlandweit durchgeführte Pendant zu PISA für den Deutsch- und Englischunterricht),
- … werden dokumentiert und liefern die Grundlage für **Selektion**,
- … bieten die Grundlage für eine **Diagnose** hinsichtlich der weiteren Entwicklung der Fähigkeiten und Fertigkeiten der Schüler.

Eine Möglichkeit, um die Schülerorientierung auch im Bereich der Leistungsmessung zu stärken und dabei gleichzeitig das Bewusstsein für Aufgabenformen und spezifische Schwierigkeiten zu schärfen, zeigt der folgende Lehrertipp.

Lehrertipp: Keine Angst vor Prüfungen: Selber machen!

Als Prüfungsvorbereitung – etwa zum Abitur – werden meist Prüfungsaufgaben der vorangegangenen Jahre durchgearbeitet. Eine weitere Möglichkeit besteht darin, Schülerinnen und Schüler, die ja über die Jahre Erfahrung mit allerlei Tests, Prüfungs- und Aufgabenformen erworben haben, Prüfungsaufgaben selbst erstellen zu lassen. Beispielsweise erarbeiten sie zu einem von der Lehrkraft vorgegebenen Text in Einzel-, Partner- oder Kleingruppenarbeit Fragen *(questions on the text)*. Dabei sollen sie erstens auf unterschiedliche Schwierigkeitsgrade achten, zweitens den Fragen erreichbare Bewertungseinheiten zuordnen und drittens einen Erwartungshorizont formulieren. Die Fragen zum Text werden dann ausgetauscht, das heißt, von anderen Schülern schriftlich beantwortet und anschließend von den Aufgabenstellern korrigiert. Die Lehrerin oder der Lehrer kann bei jedem Arbeitsschritt unterstützend und beratend eingreifen.

Schülerinnen und Schüler, die mehr als einmal mit dieser Methode gearbeitet haben, gewinnen einen souveräneren Zugang zur jeweiligen Prüfungsform; außerdem macht den meisten diese Arbeit schon deshalb Freude, weil die übliche Routine umgekehrt wird und die ganze Sache auch ein wenig spannend ist.

(B. Schindlbeck, Gymnasium)

17 Umgang mit Fehlern

Unter „Fehler" versteht man in der Fremdsprachendidaktik die Abweichung von einer verbindlichen Norm, das heißt einen Verstoß gegen sprachliche Richtigkeit, Regelhaftigkeit oder Angemessenheit, kurz: eine Form, die zu Missverständnissen und Kommunikationsschwierigkeiten führen kann (LEWANDOWSKI 1990, II, S. 297). Die Feststellung eines Fehlers kann sich zum einen auf Sprachnormen im Sinne sozial verbindlicher Verhaltensregeln beziehen, zum anderen auf kodifizierte Regeln des Sprachsystems. Da eine Sprachgemeinschaft kein homogenes Gebilde ist, gelten diese Regeln immer nur innerhalb bestimmter regionaler oder sozialer Bereiche. Die Situation im Fremdsprachenunterricht ist dadurch besonders gekennzeichnet, dass keine Sprachgemeinschaft, sondern in den meisten Fällen die Lehrerin oder der Lehrer festlegt, was (nicht) als Fehler gilt.

17.1 Normen und Standards

Normen und Standards spielen eine immer wichtigere Rolle bei der Analyse von Fehlern, sowohl in der einschlägigen Forschung als auch in der Praxis des Lernens und Lehrens fremder Sprachen. Unter „Standard" wird die Varietät des Englischen verstanden,

> ■ "[...] which has the highest status in a community or nation and which is usually based on the speech and writing of educated native speakers of the language. [...] Standard English is sometimes used as a cover term for all the national standard varieties of English." (RICHARDS/SCHMIDT 2002, S. 509) ■

Bis vor nicht allzu langer Zeit galt in deutschen Schulen britisches Englisch, in der Ausgangssprache vorzugsweise *Received Pronunciation*, als gültiger Standard. Inzwischen wird diskutiert, ob neben dem mittlerweile akzeptierten amerikanischen Englisch auch das australische oder das in Indien gesprochene Englisch als Standard dienen und Normen entsprechend festgelegt werden können (KACHRU 1991 sowie QUIRK 1990).

Hinzu kommt, dass es eine zunehmend wichtigere Dimension von Englisch als *Lingua franca* gibt. Diese scheint einen eigenen Standard zu schaffen, der sich auch auf internationale Testformate auswirkt (DAVIES/HAMP-LYONS/KEMP 2003). Forschungsarbeiten der letzten Jahre (zum Beispiel für die Phonologie JENKINS 2000) beschäftigen sich damit, wie dieser neue Standard in verschiedenen sprachlichen Teilbereichen aussehen könnte, wenn er nicht mehr notwendigerweise auf einen muttersprachlichen Sprecher ausgerichtet sein muss. Andere Arbeiten, die sich an korpuslinguistischen Erkenntnissen orientieren (MUKHERJEE 2002), argumentieren aufgrund dieser veränderten Umstände dafür, sich in der Fehlerfrage wieder verstärkt am Ideal des Muttersprachlers zu orientieren. Diese Fragen sind auch für die Lehrkraft wichtig, die in der konkreten Situation entscheiden muss, ob eine sprachliche Äußerung fehlerhaft ist oder nicht.

Standards auf einer ganz anderen Ebene existieren inzwischen in Form des vom Europarat herausgegebenen GeR (COUNCIL OF EUROPE 2001), in dem unter anderem einheitliche fremdsprachliche Kompetenzniveaus festgelegt werden. Diese Standards erlauben es, funktionale Leistungen in verschiedenen Teilbereichen, zu verschiedenen Zeitpunkten erbracht, miteinander in Beziehung zu setzen; sie sind für viele Lehrenden und Lernenden in Europa mittlerweile bindend. Im deutschen Schulsystem wurde der GeR erstmals implementiert in Form von Bildungsstandards, das heißt verbindlichen Anforderungen an alle Schülerinnen und Schüler.

17.2 Die Rolle der Lehrkraft

Im Englischunterricht sind es in der Regel die Lehrkräfte, ihre Kenntnisse und Normvorstellungen, ihr Sprachgefühl sowie gegebenenfalls der Rückgriff auf ihre Handbibliothek, die – häufig implizit – darüber entscheiden, was für die jeweilige Klasse als Standard gilt (TIMM 1996, S. 171). Bereits hier wird die enorme Verantwortung des Lehrers klar.

> **Tipp:** Fehler sind in mehrerlei Hinsicht wichtig für die Lehrerin oder den Lehrer zu. Das Potenzial von Fehlern, das keineswegs immer nur negativer Art sein muss, können Lehrkräfte dann am besten nutzbar machen, wenn sie Fehler kategorisieren und ihr eigenes Korrekturverhalten kritisch unter die Lupe nehmen können.

Die Bedeutung von Fehlern für die Lehrkraft

Fehlerkorrektur gehört zu den zentralen Aufgaben der Englischlehrkraft. Darunter ist die Reaktion auf eine fehlerhafte Äußerung zu verstehen. Diese fällt in Abhängigkeit von den Rahmenbedingungen unterschiedlich aus, beispielsweise je nach Sprachmodus (mündlich oder schriftlich). Das Korrekturverhalten variiert auch zwischen formbezogenen Phasen (*focus on form*) und stärker mitteilungsbezogene Phasen (*focus on fluency*) des Unterrichts. Fehler dienen der Lehrkraft nicht nur als Grundlage für die Leistungsmessung, obwohl dies häufig als ihre offensichtliche und dominante Funktion wahrgenommen wird. Eine weitere wichtige Funktion von Fehlern im Englischunterricht liegt in der Feedbackfunktion: Den Lehrkräften geben Fehler, egal welcher Art, Hinweise auf die Struktur der Kenntnisse der Schülerinnen und Schüler, auf den Verlauf von Lernprozessen (CORDER 1967) und damit auf den Erfolg oder Misserfolg ihrer Lehrbemühungen.

Die Identifikation von Fehlern wird auf der Grundlage verschwimmender Standards für die Lehrerinnen und Lehrer zunehmend schwieriger. Wichtig ist es, als Lehrkraft konsequent *eine* Standardvarietät in der eigenen Sprachproduktion zugrunde zu legen, bei den Schülerinnen und Schülern jedoch auch andere Varietäten des Englischen zu akzeptieren.

Eine weitere zentrale Aufgabe der Lehrkraft besteht in der Fehlerprävention, also darin, vor allem schwerwiegenden (zum Zusammenbruch der Kommunikation führenden) Fehlern vorzubeugen. Dazu ist es notwendig:
- ein möglichst **angstfreies Lernklima** zu schaffen,
- den Lernern zum richtigen Zeitpunkt **geeignete Hilfen** zum Verstehen und Produzieren fremdsprachlicher Äußerungen anzubieten,
- durch transparentes Korrekturverhalten **klares Feedback** zu geben.

Fehlerkategorien

Die grundlegende Kategorisierung von Fehlern im Englischunterricht erfolgt entsprechend dem Bereich der Sprache, aus dem der Fehler stammt, also beispielsweise Grammatik, Lexik, Idiomatik, Pragmatik, Aussprache sowie sozio- und interkulturelle Kompetenz.

Im schulischen Kontext spielt ferner die Unterscheidung in Fehler im mündlichen und schriftlichen Sprachgebrauch eine große Rolle, vor allem im Kontext des übergeordneten Ziels des Englischunterrichts, der kommunikativen Kompetenz. Bei der schriftlichen Sprachproduktion liegt die Fehlertoleranz auch von Muttersprachlern in der Regel wesentlich niedriger. Das, was im geschriebenen Englisch ein Fehler ist, muss im mündlichen Sprachgebrauch noch lange keiner sein, wie beispielsweise neuere korpusbasierte Studien mit Muttersprachlern zeigen (CARTER/MCCARTHY 2003). Im mündlichen Sprachgebrauch sind insbesondere solche Fehler von Bedeutung, die zum Zusammenbruch der Kommunikation führen (würden). Hiermit überschneidet sich die Kategorisierung von Fehlern nach ihrer Schwere bzw. Gewichtung. Fehler aus dem Bereich Lexik, zum Beispiel so genannte *false friends*, beeinträchtigen die Kommunikation mit Sprechern anderer Muttersprachen in der Regel erheblich (HUGHES/LASCARATOU 1982), während dies bei Grammatikfehlern seltener ist. Ähnlich irritierend können fehlerhafte Intonation sowie interkulturelle Fehler wirken, die häufig auf mangelnde situative Angemessenheit zurückzuführen sind. Die Fehlerkorrektur im Rahmen eines kommunikativen Englischunterrichts orientiert sich idealerweise an diesen Erkenntnissen.

Man unterscheidet Fehler auch nach ihrer Ursache: Liegt diese im mangelnden Wissen der Schülerinnen (Kompetenz), so handelt es sich um *errors*. *Mistakes* sind dagegen Fehler, die aufgrund mangelnder Performanz zustande kommen, etwa Versprecher. Beide Kategorien sind nicht immer klar trennbar; ist die Zuordnung eines bestimmten Fehlers zu einer Kategorie möglich, wirkt sich dies jedoch auf das Korrekturverhalten der Lehrkraft aus. Gleiches gilt für Interferenzfehler, die auf einem negativen Transfer aus der Muttersprache beruhen (zum Beispiel **I want to become a steak*).

Fehlerkorrektur

Zum Korrekturverhalten gehören die Identifikation, die eigentliche Korrektur und in vielen Fällen die Bewertung eines Fehlers.

Die Beurteilung dessen, was Standard und was demzufolge ein Fehler ist, sowie Fragen des Umgangs mit Fehlern sind von sprachenpolitischen Entwicklungen sowie neueren fremdsprachendidaktischen Forschungen grundlegend berührt. Alternative Methoden der Fehlerkorrektur und Leistungsbeurteilung, die innovative Formen wie Portfolio, *self-* und *peer-assessment* umfassen, werden beispielsweise in der Praxis des Englischunterrichts schon vielfach erprobt (vgl. Kapitel 16). Überdies zeichnet sich eine deutliche Tendenz ab, unterschiedliche Strategien beim mündlichen und schriftlichen Korrekturverhalten verstärkt anzuwenden.

Jede Lehrkraft korrigiert individuell; für schriftliches Korrekturverhalten gilt jedoch allgemein, dass Fehler gekennzeichnet und nach dem sprachlichen Bereich, den sie betreffen, kategorisiert und gewichtet werden sollten. Letzteres kann zum Beispiel durch gestrichelte, einfache oder doppelte Unterstreichung geschehen. Das Anzeigen der korrigierten Fassung (zum Beispiel Richtigschreibung eines falsch geschriebenen Wortes) kann in Einzelfällen didaktisch sinnvoll sein. Bei der Korrektur von Oberstufenarbeiten sind Werke der einschlägigen Fachliteratur sowie Wörterbücher heranzuziehen, wenn möglich stellt die Auskunft eines Muttersprachlers, insbesondere in Zweifelsfällen, ein gutes Hilfsmittel für die Fehleridentifikation dar.

Wesentlich komplexer ist das mündliche Korrekturverhalten (KLEPPIN/ KÖNGIS 1991 sowie KLEPPIN 1998), unter anderem deswegen, weil Entscheidungen darüber oft simultan zur mündlichen Sprachproduktion der Schülerinnen und Schüler getroffen werden müssen. Abhängig von der Phase der Unterrichtsstunde ist im kommunikativen Englischunterricht zu unterscheiden zwischen mitteilungs- und formbezogener Korrektur. Wenn *if-clauses* gerade eingeführt worden sind, so ist zum Beispiel der falsche Zeitengebrauch im Bedingungssatz in einer sich anschließenden Übung auf jeden Fall zu korrigieren. Wenn dieser Typ Fehler dagegen in einem Rollenspiel in einer kommunikativen Phase auftaucht, wird man ihm weniger Bedeutung zumessen und Fehlertoleranz üben. Diese phasenbezogene Korrektur verwirrt Schüler dann nicht, wenn sie transparent ist.

> **Tipp:** Für den kommunikativen Englischunterricht eignen sich vor allem Korrekturtechniken, die den in einen kommunikativen Akt eingebetteten Fehler fokussieren und nicht den Sprecher, der den Fehler gemacht hat. Auch bei der Fehlerkorrektur kann den Schülerinnen und Schülern selbst bei entsprechendem Training mehr Verantwortung übertragen werden. Die in diesem Kontext häufig vorgebrachte These, dass Fossilisierung, das heißt die Verfestigung von Fehlern, verstärkt im Rahmen von Partner- und Gruppenarbeitsphasen auftrete, da dort eine zeitlich verzögerte, beziehungsweise keine explizite Fehlerkorrektur erfolge, hat sich als nicht haltbar erwiesen.

Die Kenntnis verschiedener Einzeltechniken bietet der Lehrkraft die Möglichkeit, das mündliche Korrekturverhalten der jeweiligen Phase der Unterrichtsstunde bzw. der Fehlerkategorie und -gewichtung anzupassen. Zu den wichtigsten Techniken gehören:

- **Selbstkorrektur** nach explizitem (verbalem oder nicht-verbalem) Hinweis der Lehrkraft oder nach impliziter Korrektur durch die Lehrkraft (Wiederholen der korrigierten Form der fehlerhaften Schüleräußerung ohne expliziten Hinweis auf den Fehler),

- **Partnerkorrektur** mit entsprechender Hilfestellung durch die Lehrkraft, die auf der Grundlage entsprechenden Trainings auch für die schriftliche Korrektur eingesetzt werden kann,
- Korrektur durch die **Lehrkraft**, beispielsweise durch Anbieten einer Alternative, durch explizite Fehlerkorrektur, durch Bitte an andere Schülerinnen zur Richtigstellung, durch Sammelkorrektur fehlerhafter Äußerungen am Ende der Stunde im gemeinsamen Unterrichtsgespräch, durch nonverbale Zeichen für die Indikation häufiger Fehler (zum Beispiel drei Finger für 3. Person Singular-*s*).

Zur schriftlichen wie zur mündlichen Fehlerkorrektur gehört häufig die Fehlerbewertung, die auf der Gewichtung eines Fehlers beruht und in der Regel Aufgabe der Lehrkraft ist. Im schulischen Englischunterricht in Deutschland werden in vielen Fällen Grammatikfehler schwerer gewichtet als beispielsweise Fehler aus den Bereichen Lexik und Pragmatik, auf die Überprüfung interkultureller Kompetenz wird nicht selten ganz verzichtet (vgl. Kapitel 9). Diese Praxis steht konträr zu grundlegenden Prämissen eines kommunikativen Englischunterrichts, ist unter anderem aber wohl dadurch erklärbar, dass Grammatikfehler schneller und einfacher zu korrigieren sind als solche aus anderen sprachlichen Bereichen.

17.3 Fehler aus Sicht der Lernenden

Fehler sind aus Lernersicht im Fremdsprachenunterricht nach wie vor in der Regel zu vermeiden, weil sie schlechte mündliche wie schriftliche Noten nach sich ziehen. Die Attribuierung von Fehlern, das heißt die Zuschreibung von Fehlerursachen, und der Umgang damit sind auch abhängig von Aspekten der Lernerindividualität, beispielsweise Geschlecht oder Extrovertiertheit bzw. Introvertiertheit (vgl. Kapitel 21).

Die Bereitschaft, das Risiko einzugehen, Fehler zu machen, heißt in der Fremdsprachendidaktik *risk-taking*. Je stärker diese Bereitschaft bei Lernern ausgeprägt ist, desto höher sind ihre Chancen, aus Fehlern zu lernen.

> **Tipp:** Durch professionelles Feedback und ein entspanntes und angstfreies Lernklima kann die Bereitschaft zum *risk-taking* gefördert und der Bedeutung von Fehlern für den Lernprozess sowohl von Lernenden als auch von Lehrenden erst Rechnung getragen werden. Dies steht allerdings im Widerspruch zu anderen Rahmenbedingungen in der Schule.

Insbesondere „mutige" und „intelligente" Fehler und deren Korrektur spielen bei der Verarbeitung neuen Wissens, das heißt beim Spracherwerb (vgl. Kapitel 20), eine große Rolle, wie der folgende Lehrertipp am Negativbeispiel zeigt.

Lehrertipp: Fehler verstehen statt ignorieren

Im Englischunterricht in der Grundschule hören die Kinder eine Geschichte und halten Bildkarten hoch, wenn der auf ihnen gezeigte Begriff genannt wird. Vier Kinder haben jeweils die gleiche Karte. Eine Schülerin mit der Bildkarte zur Protagonistin Susie hält die Karte auch bei dem Pronomen *she* hoch. Als sie bemerkt, dass sie die Einzige ist, zieht sie die Hand schnell verschämt zurück.
Hätte die Lehrerin das Mädchen ihre Entscheidung erläutern lassen, so wäre nicht nur diesem Kind, sondern der gesamten Gruppe geholfen worden. Ein kurzer Exkurs zum Verhältnis Nomen – Pronomen, noch dazu durch eine Schülerin, kann sicher nicht mit dem strikten Regellernen des traditionellen Grammatikunterrichts gleichgesetzt werden. Dieses Verfahren fördert aber erste Einsichten, die eine spätere, eher kognitiv orientierte Auseinandersetzung mit komplexen sprachlichen Strukturen vereinfacht.
(J. Rymarczyk, Pädagogische Hochschule)

Erst durch den kommunikativen Misserfolg oder eine explizite Korrektur können Lernende erkennen, dass bestimmte Formen und Regelhaftigkeiten falsch, unvollständig oder nicht übertragbar sind. Daraus resultiert das starke Bedürfnis vieler Lerner nach Fehlerkorrektur durch die Lehrkraft, solange diese nicht durch andere Faktoren, wie beispielsweise Angst, negativ konnotiert ist.

Die Komplexität des Themas Fehler im Spannungsfeld von Fremdsprache, Lerner und Lehrkraft verdeutlicht die folgende Übersicht.

FREMDSPRACHE
- Fehlerdefinition und -identifizierung
- Standards und Normen
- Fehlerkategorien
- Fehlerursachen

LERNER
- Reaktion auf Fehler
- Umgang mit Fehlern
(risk-taking)
- Bedeutung von Fehlern für den Lernprozess

LEHRKRAFT
- Fehlerbewertung
- Fehlerkorrektur
(input → intake)
- Fehlertherapie und
- Fehlerprävention

18 Einsprachigkeit

Das Motto eines kommunikativen Englischunterrichts lautet verkürzt „So viel Englisch wie möglich, so wenig Deutsch wie nötig". Im Widerspruch dazu scheint jedoch vielfach immer noch zu wenig Englisch im Klassenzimmer gesprochen zu werden.

18.1 Fremdsprache *und* Muttersprache?

In der Fremdsprachenforschung ist in dieser Hinsicht gegenwärtig eine erneute Hinwendung zum kontrastiven Ansatz feststellbar, der zum Erlernen der Fremdsprache die Muttersprache dann vergleichend heranzieht, wenn dadurch Lernprozesse bedeutend erleichtert werden (BUTZKAMM 2003 sowie DELLER 2003). Dieses Konzept wurde Anfang der 1970er-Jahre für den deutschsprachigen Raum von Wolfgang Butzkamm unter dem Schlagwort „aufgeklärte Einsprachigkeit" begründet (BUTZKAMM 1973, später „funktionale Fremdsprachigkeit"). Es war im Kontext der kommunikativen Wende, in deren Zuge mitteilungsbezogene Kommunikation und der situative Gebrauch der Fremdsprache im Mittelpunkt standen, schon damals umstritten. Befürworter der aufgeklärten Einsprachigkeit haben immer wieder auf die „artifizielle" Verwendung des Englischen hingewiesen. Dies betrifft vor allem Situationen, in denen die Fremdsprache eine erhebliche Hürde für die zumeist deutschen Muttersprachler im Klassenzimmer bedeutet, zum Beispiel bei der Vokabeleinführung, die zweisprachig zudem erheblich schneller funktioniere. Gegner argumentieren, dass es nur eine Frage der Zeit sei, bis die durch eine Lehrerin oder einen Lehrer konsequent angestrebte Einsprachigkeit im Englischunterricht zur Normalität werde, die einer authentischen Situation in Zielkulturen zudem eher entspräche.

Des Weiteren gilt es zu bedenken: die Muttersprache kann im Englischunterricht nur dann eine wichtige Rolle spielen, wenn Lehrkraft und Schüler – wie normalerweise in deutschen Klassenzimmern der Fall – auf eine gemeinsame Sprache außer Englisch zurückgreifen können. Für eine stärkere Orientierung an einer konsequenten Einsprachigkeit spricht jedoch, dass in vielen anderen Unterrichtssituationen, beispielsweise wenn die Lernergruppe sich aus Schülerinnen und Schülern mit unterschiedlichen Muttersprachen zusammensetzt, einsprachiger Unterricht häufig keine Alternative, sondern die einzige Option darstellt.

> ■■ **Tipp:** Von zentraler Bedeutung ist, dass eine Lehrerin oder ein Lehrer im Vorwege entscheiden kann, wie, wann und warum Ziel- und Muttersprache eingesetzt werden. Ein entsprechendes Problembewusstsein ermöglicht auch hier eine reflektierte Entscheidung. Fremdsprachenlehrkräfte sind in dieser Hinsicht besonders gefordert, da Inhalt und Medium der Kommunikation im Englischunterricht, anders als zum Beispiel in einem Sachfach, identisch sind.

18.2 Die Lehrkraft als Modell

Gleichgültig, ob eine Lehrkraft sich für ein Modell der aufgeklärten oder der konsequenten Einsprachigkeit entscheidet, *classroom language*, *classroom management* und Lehrersprache spielen in diesem Zusammenhang eine große Rolle (vgl. Kapitel 14). Jede Art von einsprachigem Unterricht bedeutet erhebliche Anforderungen an die sprachliche Kompetenz der Lehrkraft, die dazu in der Lage sein muss, spontan in unterrichtsbezogenen und organisatorischen Kontexten auf Englisch zu reagieren. Wichtig ist auch das Bewusstsein, dass der Standard der Lehrerin oder des Lehrers von den Schülerinnen und Schülern häufig modellhaft gesehen und – wenn auch unbewusst – imitiert wird.

Es gibt verschiedene Arten der Einsprachigkeit (ARENDT 1991); gerade in Klassen, die einsprachigen Unterricht noch nicht gewöhnt sind, bieten sich Kompromisse zum Beispiel in Form von Phasenmodellen (einige Phasen des Englischunterrichts zweisprachig, andere einsprachig) oder der Einsatz bilingualer Arbeitsphasen an. In jedem Fall sollte den Schülerinnen und Schülern klar signalisiert werden, wann es sich um ein- und wann um zweisprachige Phasen handelt. Auch Befürworter der funktionalen Fremdsprachigkeit, wie beispielsweise Butzkamm, haben sich für den Gebrauch der Muttersprache überwiegend durch die Lehrkraft, nicht aber durch die Schülerinnen und Schüler ausgesprochen. Wichtig ist also nicht nur konsequent festzulegen *wann*, sondern auch *von wem* die Muttersprache im Englischunterricht gebraucht werden darf.

18.3 Einsprachiger Unterricht: Wann und warum?

Ein Hauptargument für konsequente Einsprachigkeit im Klassenzimmer besteht darin, dass der sprachliche Input für die Schüler dadurch erhöht und auch auf alltägliche Diskurse ausgedehnt wird. Außerdem können gerade in Phasen, in denen die Verwendung der Fremdsprache problematisch ist, Strategien, beispielsweise des Nachfragens oder des Umschreibens, trainiert werden. Auch einsprachige verbale Verfahren, die systematische Beziehungen im Wortschatz nutzen (QUETZ 1998), lassen sich konsequent nur in einsprachigen Phasen des Englischunterrichts trainieren.

Erfahrungsgemäß ist es besonders schwierig, Schülerinnen und Schüler in Phasen der Gruppen- und Partnerarbeit zu konsequentem Gebrauch der Fremdsprache anzuleiten, doch gerade dies muss die Lehrkraft einfordern. Der Vorteil solcher Arbeitsphasen in englischer Sprache besteht zweifelsohne in der Erhöhung der Sprechzeit der einzelnen Schülerinnen und Schüler. Als Nachteil ist in diesem Zusammenhang zu nennen, dass Prozesse der Bedeutungsaushandlung (*negotiation of meaning*), wie sie mit Sprechern anderer Muttersprachen an der Tagesordnung sind, aufgrund der gemeinsamen Muttersprache in deutschen Klassenzimmern wohl weitgehend ausfallen. Die Vermutung, dass Fehler, die die Schülerinnen in solchen Arbeitsphasen machen, schneller fossilieren, konnte bisher nicht bestätigt werden (vgl. Kapitel 17).

Die Frage, wann ein bewusster Rückgriff auf die Muttersprache sinnvoll ist, muss also von jeder Lehrkraft selbst und wohl auch für verschiedene Lernergruppen individuell beantwortet werden. Viele Englischlehrerinnen und -lehrer entscheiden sich heute bewusst für eine Verwendung des Deutschen beispielsweise bei der Einführung komplexer Begriffe oder so genannter *false friends*, oder – vor allem in den unteren Jahrgangsstufen – bei der Erklärung von Grammatikregeln. Als Faustregel im Sinne eines kommunikativen Englischunterrichts kann gelten, dass der Einsatz der Muttersprache nur dann sinnvoll ist, wenn der Aufwand in englischer Sprache in keinem Verhältnis zum Ertrag steht.

19 Lehrerpersönlichkeit und professionelles Wachsen

Wenn wir an die eigene Schulzeit zurückdenken und die guten Lehrerinnen und Lehrer beschreiben würden, die uns fachlich und menschlich etwas für das Leben mitgegeben haben, so erhielten wir vermutlich eine Vielzahl unterschiedlicher Lehrerporträts. Innerhalb einer Schulklasse besteht zwar oft weitgehend Konsens darüber, wer ein guter Lehrer oder eine gute Lehrerin ist, doch reagieren nicht alle Schülerinnen und Schüler gleich stark auf dieselbe Lehrperson. Schülerreaktionen auf Lehrpersonen basieren auf einer ganzen Anzahl von Aspekten. Zusätzlich zu den fachlichen und methodisch-didaktischen Kompetenzen, die eine gute Lehrkraft in den Unterricht mitbringt (vgl. Kapitel 12), spielt hierbei auch die Lehrerpersönlichkeit eine ganz wichtige Rolle.

Das Klassenzimmer ist ein **sozialer Raum**, und in ihm bildet das soziale Beziehungsgeflecht zwischen den Schülern, aber auch das Verhältnis von Lehrperson zur Klasse und zu Einzelschülern die Basis für das unterrichtliche Arbeiten. In einer Atmosphäre gegenseitiger Wertschätzung lässt sich besser lehren und lernen. Allerdings kann man nicht exakt beschreiben, welche Persönlichkeitsmerkmale grundlegend oder gar unabdingbar für eine gute Lehrkraft sind; dazu sind die Menschen und ihre Reaktionen aufeinander zu verschieden. Wenn wir eine solche Liste besäßen, wäre es vielleicht möglich, zukünftige Lehrerinnen und Lehrer bereits zu Studienbeginn gezielt auszuwählen und all jenen vom Lehramtsstudium abzuraten, die nicht die erforderliche Persönlichkeitsstruktur besitzen. Zwar gibt es einige Selbstüberprüfungstests im Internet, die angehenden Studierenden helfen sollen zu entscheiden, ob ein Lehramtsstudium für sie sinnvoll ist, doch sind diese Verfahren bislang empirisch nicht hinreichend überprüft (s. unter anderem http://www.zfl.uni-trier.de/ass.htm).

Eine Schwierigkeit solcher Eignungsfeststellungen liegt darin, dass man nicht genau vorhersagen kann, wie sich Persönlichkeitsfaktoren entwickeln, in welcher Richtung das berufliche Umfeld die Verhaltensdispositionen und die Einstellungen einer Lehrperson beeinflussen wird. So viel ist jedoch festzuhalten: Wer nicht gern mit Kindern und Jugendlichen umgeht, wer heranwachsende Menschen mit ihren Fragen, Verhaltensformen oder Ansichten eher als lästig empfindet, der sollte nicht Lehrer werden.

> ■■ **Tipp:** Eine positive Grundeinstellung zu Menschen und dem Beruf gegenüber ist zusammen mit fachlichem, didaktischem und pädagogischem Wissen und Können die Voraussetzung für gute Lehrerarbeit.

19.1 Ein Blick in das Klassenzimmer

Vor über dreißig Jahren führte Gertrude Moskowitz in den USA eine Untersuchung durch, die Aufschluss über das Unterrichtsverhalten erfolgreicher Fremdsprachenlehrkräfte gibt: "The Classroom Interaction of Outstanding Foreign Language Teachers" (MOSKOWITZ 1976). Moskowitz bat mehrere tausend Studierende in Sprachenfächern, ihr die Namen hervorragender Fremdsprachenlehrkräfte zu nennen, die diese in ihrer Schulzeit erlebt hatten. Die am häufigsten erwähnten Lehrkräfte wurden im Unterricht beobachtet und interviewt. Diese Daten wurden mit Unterrichtsbeobachtungen aus einer Zufallsstichprobe von Fremdsprachenlehrkräften verglichen, um so den Unterschieden in der Gestaltung des Unterrichts durch herausragende und „reguläre" Lehrkräfte auf die Spur zu kommen. Mithilfe einer Interaktionsanalyse, dem in den 1960er-Jahren entwickelten FLInt System (MOSKOWITZ 1967), wurden die Unterrichtsstunden ausgewertet. Die Ergebnisse zeigen unter anderem, dass **exzellente Fremdsprachenlehrkräfte**
- den Unterricht überwiegend in der Fremdsprache führen,
- den Lernenden häufig Gelegenheit zum Sprechen geben,
- mehr loben und ermutigen,
- mehr Humor verwenden,
- offene und schülerbezogene Fragen stellen,
- über ein breites Repertoire an Techniken des nonverbalen Feedback verfügen.

Es wäre wünschenswert, die Moskowitz-Studie heute zu wiederholen, um zu sehen, ob sich – wie man vermuten könnte – die Haupterkenntnisse bestätigen lassen. Bezieht man nämlich die genannten Merkmale auf jene, die für **guten Unterricht** genannt werden (vgl. Kapitel 12), so führen ein hoher Anteil an Schülersprechzeit und eine überwiegend fremdsprachliche Unterrichtsführung zu **ausgedehnter Lernzeit**; Lob, Ermutigung und Humor dienen ebenso wie offene und auf die Lernenden selbst bezogene Fragen der **Motivation**; differenziertes Feedback schließlich schafft **Klarheit** für die Schüler.

19.2 Lehrer als Unterrichtsexperten

Wir kennen zwar wichtige Elemente eines guten Unterrichts, wissen aber nicht mit letzter Sicherheit, wie man alle Lehrer für einen solchen Unterricht gut ausbildet. Lehrersein hat viele berufliche Facetten, innerhalb und außerhalb des Klassenzimmers. Allein im Unterricht muss die Lehrerin oder der Lehrer eine ganze Palette unterschiedlicher Rollen und Aufgaben wahrnehmen und beherrschen.

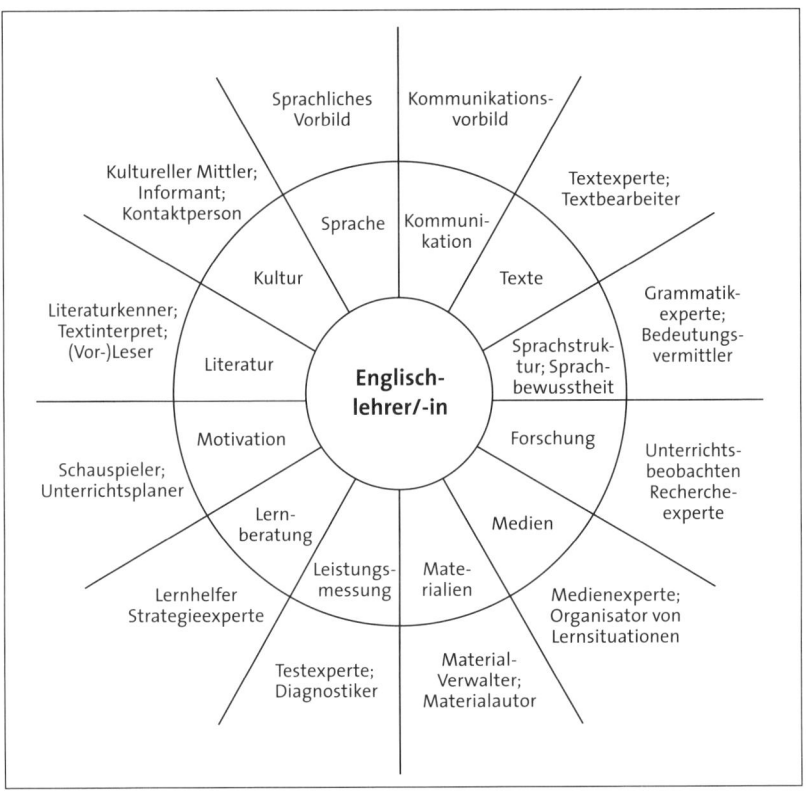

Lehrerrollen und -aufgaben im Unterricht

Die im vorstehenden Diagramm genannten **Aufgaben** und **Rollen** einer Englischlehrkraft erfordern zu ihrer erfolgreichen Ausübung nicht nur ein breites **Wissen** in vielen Feldern der betroffenen Disziplinen, das heißt der

Anglistik/Amerikanistik (Sprach-, Literatur-, Kulturwissenschaft), der englischen Fachdidaktik (Sprach- und Literaturdidaktik, Theorie des interkulturellen Lernens), der Pädagogik und der Psychologie, sondern auch **Handlungskompetenz** in der schülerorientierten Umsetzung sowie eine **positive Einstellung** zu Fach, Schülern und Beruf. Es leuchtet sofort ein, dass ein solches Bündel an Kompetenzen nur das Resultat eines langen Lern- und Entwicklungsprozesses sein kann. Vieles im Lehrerberuf lernt man erst im praktischen Alltagsgeschäft; die im Studium erworbenen Konzepte und Theorien geben dann das Fundament für die praktische Unterrichtsgestaltung ab. Die **Kernkompetenz** jedes Lehrers liegt im Unterrichten-Können, obwohl das Aufgabenspektrum einer Lehrkraft daneben auch Kompetenzen im Erziehen, Beraten, Bewerten und in der Weiterentwicklung von Schule vorsieht, wie es etwa in den erziehungswissenschaftlichen Standards der Lehrerbildung beschrieben ist, die 2005 von der KMK verabschiedet wurden (vgl. www.kmk.org/doc/beschl/standards_lehrerbildung.pdf).

Abhängig von Schulform und Altersgruppe, die eine Lehrerin oder ein Lehrer unterrichtet, rücken allgemeinpädagogische Lehrerfunktionen wie **Erziehen** und **Beraten** gegenüber dem Fach-Aspekt stärker in den Vordergrund. Aber auch diese Kompetenzen besitzen fachliche Anknüpfungspunkte: Im Fremdsprachenunterricht wirkt das Kommunikationsvorbild der Lehrkraft implizit erziehend; Beratung umfasst auch Lernberatung, die für das autonome Sprachenlernen bedeutsam ist.

Darüber, was Lehrer und Lehrerinnen als Unterrichtsexperten können sollten, herrscht trotz unterschiedlicher Terminologie auch international weitgehend Einigkeit. So hat die britische Regierung eine Liste von **Standards** verabschiedet, die sowohl Richtlinien für die Lehrerausbildung als auch Bewertungskriterien für Lehrkräfte darstellen:

- "The Threshold Standards"
Knowledge and understanding
1. Teachers should demonstrate that they have a thorough and up-to-date knowledge of the teaching of their subject and take account of wider curriculum developments which are relevant to their work.
Teaching and assessment
2. Teachers should demonstrate that they consistently and effectively plan lessons and sequences of lessons to meet pupils' individual learning needs.
3. Teachers should demonstrate that they consistently and effectively use a range of appropriate strategies for teaching and classroom management.

4. Teachers should demonstrate that they consistently and effectively use information about prior attainment to set well-grounded expectations for pupils and monitor progress to give clear and constructive feedback.
5. Teachers should demonstrate that, as a result of their teaching, their pupils achieve well relative to the pupils' prior attainment, making progress as good or better than similar pupils nationally. This should be shown in marks or grades in any relevant national tests or examinations, or school-based assessment for pupils where national tests and examinations are taken.

Wider professional effectiveness

6. Teachers should demonstrate that they take responsibility for their professional development and use the outcomes to improve their teaching and pupils' learning.
7. Teachers should demonstrate that they make an active contribution to the policies and aspirations of the school.

Professional characteristics

8. Teachers should demonstrate that they are effective professionals who challenge and support all pupils to do their best through:
   - inspiring trust and confidence
   - building team commitment
   - engaging and motivating pupils
   - analytical thinking
   - positive action to improve the quality of pupils' learning.

(KERRY/WILDING 2004, S. 56 f.) ■

Das Problem aller Standards liegt darin, dass man aus ihnen Messlatten ableiten müsste, mithilfe derer sich Leistungen unterschiedlicher Individuen exakt bestimmen lassen. Allerdings sind eine ganze Reihe der Lehrerkompetenzen in ihren Auswirkungen auf Schülerleistungen und auf die persönliche Entwicklung von Schülern kontext- und personenabhängig. Zudem können bestimmte Wirkungen auch erst mittel- oder langfristig ins Bewusstsein rücken – wie ein Rückblick auf die eigene Schulzeit belegt –, wenn man erst retrospektiv erkennt, wie sehr man von bestimmten Lehrkräften profitiert oder unter ihnen gelitten hat. So nützlich Standards dazu sind, allgemeine Richtlinien für Lehrerbildung und Unterrichtsanalyse zu fixieren, so wenig eignen sie sich jedoch dazu, etwa ein eindeutiges, quantitativ bestimmtes Ranking unterschiedlicher Lehrkräfte vorzunehmen, auch wenn man das in einigen Ländern versucht. In der konkreten Beobachtung des Unterrichts sind Kontext- und Persönlichkeitsfaktoren ebenfalls zu berücksichtigen, denn das Schulleben folgt keineswegs immer den erwarteten oder geplanten Bahnen. Vielmehr muss sich jede Lehrkraft immer wieder spontan auf die konkrete Situation einstellen.

Dennoch helfen **klare Zielvorgaben** natürlich dabei, die Qualität eines Unterrichts einzuschätzen und eine Stärken-Schwächen-Analyse der Lehrkraft zu erstellen. Diese Analyse bietet Anhaltspunkte für das Weiterlernen im Beruf. Die britischen Handreichungen zur Unterrichtsbeobachtung aus der "Performance Management Policy" (KERRY/WILDING 2004) sind dazu äußerst hilfreich:

- **"Lesson observation: guidance"**
    - The teacher plans effectively and sets clear objectives that are understood.
        - Objectives are communicated clearly at the start of the lesson.
        - Materials are ready.
        - There is a good structure to the lesson.
        - The lesson is reviewed at the end.
        - The learning needs of those with IEPs [=Individual Education Plan: for pupils at the extremes of a class's overall profile] are incorporated with the teacher's planning.
    - The teacher shows good subject knowledge and understanding.
        - Teacher has a thorough knowledge of the subject content covered in the lesson.
        - Subject material was appropriate for the lesson.
        - Knowledge is made relevant and interesting for pupils.
    - The teaching methods used enable all pupils to learn effectively.
        - The lesson is linked to previous teaching or learning.
        - The ideas and experiences of pupils are drawn upon.
        - A variety of activities and questioning techniques is used.
        - Instructions and explanations are clear and specific.
        - The teacher involves all pupils, listens to them and responds appropriately.
        - High standards of effort, accuracy and presentation are encouraged.
        - Appropriate methods of differentiation are used.
    - Pupils are well managed and high standards of behaviour are insisted upon.
        - Pupils are praised regularly for their good effort and achievement.
        - Prompt action is taken to address poor behaviour.
        - All pupils are treated fairly, with an equal emphasis on the work of boys and girls, and all ability groups.
    - Pupils' work is assessed thoroughly.
        - Pupil understanding is assessed throughout the lesson by the use of the teacher's questions.
        - Mistakes and misconceptions are recognised by the teacher and used constructively to facilitate learning.
        - Pupils' written work is assessed regularly and accurately.

- Pupils achieve productive outcomes.
  - Pupils remain fully engaged throughout the lesson and make progress in the lesson.
  - Pupils understand what work is expected of them during the lesson.
  - The pupil outcomes of the lesson are consistent with the objectives set at the beginning.
  - The teacher and pupils work at a good pace.
- The teacher makes effective use of time and resources.
  - Time is utilised well and the learning is maintained for the full time available.
  - A good pace is maintained throughout the lesson.
  - Good use is made of any support available, e.g. learning assistants and older pupils.
  - Appropriate learning resources are used, e.g. ICT. [i.e. Information and Communication Technology]
- Homework is used effectively to reinforce and extend learning.
  - Homework is set if appropriate.
  - The learning objectives are explicit and relate to the work in progress.
  - Homework is followed up if it has been set previously."

(KERRY/WILDING 2004, S.175 ff.) ■

Vergleicht man diese acht Leitsätze der Unterrichtsbeobachtung aus Großbritannien mit den von Helmke (2005) und Meyer (2004) erarbeiteten Merkmalen von Unterrichtsqualität (vgl. Kapitel 12), so erkennt man eine ganze Reihe von Überschneidungen, insbesondere im Hinblick auf zentrale Faktoren wie Klarheit, Lernzeit, Methodenvielfalt, individuelles Fördern und Klassenführung. Wir wissen demnach ziemlich genau, wie guter Unterricht – grob gesehen – beschaffen ist. Weniger exakt können wir bestimmen, wie eine einzelne Englischstunde optimal gestaltet werden kann, weil jeder Lehrkraft in der konkreten Schul- und Klassensituation zum aktuellen Zeitpunkt jeweils andere, weitgehend gleichwertige **Handlungsoptionen** zur Verfügung stehen. Diese Optionen, ihre Prämissen und Folgen, ihre Vor- und Nachteile, ihre Eignung für eine gegebene Unterrichtssituation schätzen Lehrkräfte auf der Basis ihrer **Unterrichtserfahrung** ein und wählen dementsprechend aus. Um die Einzelelemente des Englischunterrichts besser zu verstehen, muss man sich mit dem befassen, was Lehrerinnen und Lehrer wissen, nämlich mit **Erfahrungswissen**, *teacher thinking, teacher beliefs, teacher cognition* und subjektiven Theorien.

19.3 Erfahrungswissen

In der wissenschaftlichen deutsch- und englischsprachigen Literatur zum Lehrerwissen herrscht eine große begriffliche Vielfalt, hinter der sich eine Vielzahl von theoretischen Ansätzen erkennen lässt. Appel (2000) unterscheidet eine **kognitive** (BROMME 1992, KALLENBACH 1996, CASPARI 2003), eine **personenorientierte** (CLANDININ 1986, BORG 1998) und eine **soziale Sichtweise** (BREEN 1985); er bündelt diese Perspektiven in dem von ihm geschaffenen Begriff des Erfahrungswissens. Das Erfahrungswissen von Lehrkräften bedeutet **Können** und **Kompetenz** (APPEL 2000, S.14) sowie deren **Verbalisierung** und **Reflexion**. Erfahrungswissen ist biografisch fundiert, weil es auf individuellen Berufs- und Lernerfahrungen beruht, und Erfahrungswissen ist eingebettet in das soziale Feld, in dem es erworben wurde. Daraus entstehen gemeinsame Erfahrungen, die man im Lehrerzimmer einander berichtet und die man teilt. Das Erfahrungswissen einer Lehrperson bietet somit Anknüpfungspunkte für andere Lehrerinnen und Lehrer; viele Gemeinsamkeiten schaffen ein Gruppengefühl, eine verbindende **Kultur**, eine **gemeinsame Sprache**.

Wie auch in anderen Berufen, etwa bei Medizinern oder Juristen, so verbindet Lehrerinnen und Lehrer eine gemeinsame Erfahrungsbasis mit eigener Terminologie und einigen allen vertrauten **Ritualen** und Situationen. Teil des Erfahrungswissens von Englischlehrkräften ist daher erstens eine situative Kompetenz, „die LehrerInnen durch die Arbeit in und an [institutionellen, F.K.] Strukturen erwerben" (APPEL 2000, S.277). Zweitens besitzt das Erfahrungswissen eine persönliche Dimension, die biografische Fakten, wie beispielsweise Auslandsaufenthalte, Kontakte zu Muttersprachlern oder eigene Fremdsprachenlernerfahrungen, einschließt (APPEL 2000, S.159 ff., 280 ff.). Drittens schließlich ist das Erfahrungswissen in einem sozialen Kontext angesiedelt, zu dem Schüler und Schülerinnen gleichermaßen wie die Kollegen, die Schulleitung und die Eltern gehören. Für viele Lehrerinnen und Lehrer besitzt gerade die persönliche Beziehung zu den Schülerinnen und Schülern einen sehr hohen Wert, der die Berufszufriedenheit stark beeinflusst.

Die Professionsforschung, der die Lehrerforschung zuzurechnen ist, beschäftigt sich seit einigen Jahrzehnten, vor allem seit Schöns zentraler Studie "The Reflective Practitioner" (SCHÖN 1983), mit der Phänomenologie und der Genese professionellen Wissens. Als Kernfragen lassen sich unter anderem nennen:

- Was unterscheidet Experten von Laien? Wie entwickelt sich Expertenwissen? (TSUI 2003)
- Welche Konzepte steuern das Handeln in komplexen Berufsfeldern?
- Welche Arten von Ausbildung fördern den Erwerb professionellen Wissens und die berufsbezogene Weiterbildung?

Obwohl die Forschung zur Lehrerbildung sich diesen Fragen in den letzten beiden Jahrzehnten mit größerem Eifer gewidmet hat als zuvor (vgl. unter anderem FREEMAN/RICHARDS 1996, GEBHARD/OPRANDY 1999, APPEL 2000, FREEMAN 2002, CASPARI 2003, BORG 2003, TSUI 2003), ist unser Wissen weiterhin lückenhaft (BORG 2003), vor allem was die Konsequenzen für die Lehrerbildung betrifft. Zahlreiche Interview-, Fragebogen- und Fallstudien haben zwar unsere Informationsbasis zum Erfahrungswissen von Fremdsprachenlehrern verbreitert und den Betroffenen eine Stimme gegeben (zum Beispiel APPEL 1995), doch macht die Einsicht in die **Komplexität der Unterrichtssituation** und in die Vielzahl der Handlungsoptionen es uns eher schwerer, daraus klare Schlüsse für die Ausbildung zu ziehen. Vielmehr geht es darum, das Erfahrungswissen noch besser zu verstehen, den Austausch zwischen Lehrern mit unterschiedlicher Erfahrung zu erleichtern und den Kontext stärker ins Blickfeld zu rücken (FREEMAN 2002). Ein solcher Austausch wäre für Berufsanfänger dann besonders fruchtbar, wenn sie in Netzwerken mit erfahrenen Kolleginnen und Kollegen zusammenarbeiten könnten, wodurch alle Beteiligten für ihren Unterricht profitieren würden.

19.4 Mehrsprachige Englischlehrkräfte

Lange Zeit sah die anglo-amerikanische Lehrerforschung, deren Untersuchungsfeld sowohl die amerikanischen Colleges wie auch den weltweiten Englischunterricht zumeist außerhalb der staatlichen Schulen umfasst, den Muttersprachler als Englischlehrer – *the native-speaker teacher* – als den Regelfall an. Erst mit Medgyes (1992) frecher Frage "Native or non-native: Who's worth more?" begann das Bewusstsein zu wachsen, ob es angesichts der Tatsache, dass die Mehrzahl aller Englischlehrkräfte weltweit gerade nicht Muttersprachler der englischen Sprache sind, nicht eher angebracht wäre, Letzteren, den *non-native teachers of English,* mehr Aufmerksamkeit zu schenken. Parallel dazu wuchs die Einsicht in die sich wandelnde Rolle des Englischen als weltweites Verständigungsmittel:

■ "Now that English is the language of globalisation, international communication, information technology, commerce and trade, the media and pop culture, and even education, it is no longer the sole property of the native-English speaker. Indeed, while Graddol (1997) estimated that there are 375 million L1 speakers of English, there are also 375 million L2 speakers of English, and 750 million EFL speakers, with the latter category the fastest growing. Several writers have claimed that nativisation has occurred even in EFL varieties in places such as Europe (MODIANO 2003) and China (MCARTHUR 2003). Other researchers have posited a common core of international English, as opposed to NS standard varieties such as British English or American English (JENKINS 2000; SEIDLHOFER 2001; PRODOMOU 2003). Therefore, it is clear that both English and English language teaching are no longer the sole preserve of the native-English speaker." (GARVEY/MURRAY 2004, S. 4) ■

Garvey/Murray (2004, S. 4) schlagen vor, von **multilingual teachers** eher als von **non-native teachers** zu sprechen, da Letztere nur durch das Fehlen der muttersprachlichen Kompetenz charakterisiert seien. Mehrsprachige Englischlehrkräfte, die oftmals die gleiche Sprache sprechen wie ihre Schülerinnen und Schüler, besitzen eine Reihe von Vorteilen (vgl. MEDGYES 1994 und 1999, BRAINE 1999):

- sie verkörpern gute Sprachlernvorbilder,
- sie können Verstehensschwierigkeiten voraussehen und sie vermeiden oder beheben,
- sie kennen gute Sprachlernstrategien,
- sie verfügen über grammatisches Wissen und Erklärungskompetenz,
- sie arbeiten oft kontrastiv,
- sie zeigen Empathie und Verständnis.

Demgegenüber verfügen Englischlehrkräfte, deren Muttersprache das Englische ist, über Kommunikationsfähigkeit, kulturelles Wissen und pragmatische Kompetenz, die es ihnen ermöglichen, einsprachig zu unterrichten und interkulturelles Lernen aufgrund ihrer persönlichen Erfahrungen auf der affektiven und der Handlungsebene anzuregen. Vermutlich wäre es am besten, wenn an deutschen Schulen Muttersprachler des Englischen neben deutschsprachigen Lehrkräften unterrichteten, damit sich Vor- und Nachteile beider Gruppen ausgleichen und die Lernenden dadurch profitieren.

19.5 Lehrerbildung

In der gegenwärtigen Umbruchphase, die den deutschen Universitäten neue Studiengänge nach dem konsekutiven Bachelor-Master-Modell beschert, wird auch die Form der Lehrerbildung erneut diskutiert und an vielen Universitäten anders strukturiert: Es gibt beispielsweise sechssemestrige Zwei-Fach-BA-Studiengänge, auf die ein MA in Fachdidaktik und Erziehungswissenschaft folgt oder schulformspezifische BA-Studiengänge, die ein einjähriger MA vor allem in fachwissenschaftlicher Hinsicht vertieft. War früher die Lehrerbildung für jedes Bundesland spezifisch, so scheint es heute, als würde jede Universität ihr ureigenes Konzept entwickeln. So viele Experimente könnten dann insbesondere zu neuen Einsichten führen, wenn sie durch Begleitforschung evaluiert würden. Noch ist das nicht der Fall.

Die Leitlinien der Lehrerbildung sind durch die Quedlinburger Vereinbarung zur Lehrerbildung der KMK aus dem Jahre 2005 (http://www.kmk.org/doc/beschl/D38.pdf) und die sukzessive sich entwickelnden Kerncurricula und Standards festgelegt. Zwar ist dieser Prozess noch nicht abgeschlossen, doch können folgende Eckpunkte bereits festgehalten werden:

- Die Zweiphasigkeit der Lehrerbildung, das heißt Hochschulstudium plus Referendariat wird weitgehend erhalten, auch wenn es vereinzelt Modelle gibt, die das Referendariat in Teilen in das Studium integrieren.
- Schulpraktische Studien, Pädagogik, Psychologie und die Fachdidaktiken der studierten Fächer sind Bestandteile des grundständigen Studiums bereits in der Bachelor-Phase.

So weit der Trend der allgemeinen Entwicklung. Welche Forderungen lassen sich aus der Diskussion um Unterrichtsqualität, um Lehrerkompetenzen und -aufgaben für die Ausbildung von Englischlehrkräften ableiten? Man spricht heute von den **drei Phasen der Lehrerbildung**.

1. Phase Studium	2. Phase Referendariat	3. Phase Berufstätigkeit Weiterbildung
Wissen Fachwissen fachdidaktisches Wissen pädagogisches und psychologisches Wissen	Erfahrungswissen Methodikwissen Institutionenwissen	Weiterlernen: Vertiefen, Differenzieren, Ergänzen, infrage stellen
Einstellung Handlungsdisposition	Einstellung Handlungskompetenz	Berufsidentität Handlungsroutinen

Die drei Phasen der Lehrerbildung

Das **Studium**, die erste Phase, muss die **Grundlage für den Berufseinstieg** und das lebenslange Weiterlernen im Beruf schaffen. Gleichzeitig erfolgt im Studium die erste Begegnung mit der späteren Berufspraxis im Rahmen der **Praktika**. Insbesondere in den Praxisphasen des Studiums kann sich eine „berufsidentitätsstiftende Perspektive" (SCHOCKER-VON DITFURTH 2003, S. 186) für die Lehramtsstudierenden herausbilden, wenn die Praktikanten von Mentoren und Dozenten ernst genommen werden.

In der zweiten Phase, dem **Referendariat**, beginnt der Erwerb des **Erfahrungswissens** und der **Handlungskompetenz** in mehr oder weniger selbstbestimmter Weise. Während einige Referendare die Zeit bis zum zweiten Staatsexamen als hilfreiche Lernphase unter der Obhut erfahrener kooperativer Kollegen erleben, verzweifeln andere am Zwang, vorgegebene Unterrichtsmuster nachvollziehen zu müssen, die sich mit den im Studium erworbenen Konzepten und Theorien modernen Fremdsprachenunterrichts nicht in Einklang bringen lassen. Die im Studium grundgelegte – hoffentlich positive – Einstellung zum Lehrerberuf erfährt im Referendariat ihre erste Belastungsprobe.

Auch die **Berufseingangsphase** besitzt ihre Tücken: Mit wachsender Unterrichtserfahrung erwirbt man zwar Handlungsroutinen, die den Alltag erleichtern, allerdings erweitern sich Aufgabenspektrum und Stundenpensum. Zugleich entfällt der Zwang zu Reflexion und Rechtfertigung der eigenen Unterrichtsgestaltung, der im Referendariat zwar zuweilen lästig, dennoch aber lernfördernd ist. Das im Studium erworbene Wissen beginnt zu verblassen, wenn es nicht gezielt aktualisiert und lebendig erweitert wird.

19.6 Möglichkeiten der Weiterbildung und beruflichen Entwicklung

> **Tipp:** Ein guter Lehrer hört selbst nie auf zu lernen.

Ständig muss er sich auf andere Schüler, auf Neuerungen in seinem Fach, auf Innovationen auf dem Unterrichtsmedien- und Materialienmarkt, auf neue Lehrbücher und Lehrpläne und nicht zuletzt neue Verwaltungsvorschriften einstellen. Auch im eigenen Unterricht darf man nicht stagnieren, denn professionelle Weiterentwicklung erfordert es, das eigene Tun **kritisch zu reflektieren**, um nach Optimierung zu streben. Jede Reflexion verlangt es, zum eigenen Unterrichten auf Distanz zu gehen, das eigene Tun so zu betrachten, als handele jemand anders. Diese Selbstdistanz gelingt nicht allen Menschen gleich gut. Hier kann es helfen, sich mit einem Partner zusammenzuschließen oder eine Gruppe Gleichgesinnter zu suchen. Auch wenn Lehrkräfte einen Referendar oder eine Praktikantin betreuen, sind sie gezwungen, über ihr unterrichtliches Handeln nachzudenken, um die Gründe für Verfahrensschritte zu erläutern. Jemanden anderes zu unterweisen oder zu beraten, führt somit unweigerlich auch zur Klärung der eigenen Position.

Einige der zahlreichen Möglichkeiten zur **Fort- und Weiterbildung** sind in der folgenden Tabelle aufgeführt, wobei deutlich wird, dass viele Verfahren in unterschiedlichen Phasen geeignet sind.

individuell	mit Partner	in der Gruppe	institutionell
Selbstbeobachtung	gegenseitige Beobachtung	gegenseitige Hospitation	Lehrerfortbildungen
Tagebuch	*team teaching*	Arbeitskreis	Workshops
Lektüre von Fachzeitschriften, Fachliteratur	Betreuung von Referendar/in	Supervision	Interessengruppen
teaching portfolio	Betreuung von Praktikanten	Betreuung von Praktikanten	Berufsverbände
Handlungsforschung	kritische Freundschaft mit Kollege oder Kollegin	*critical incidents*	Verlagsveranstaltungen
Besuch von Kongressen	Handlungsforschung	Handlungsforschung	Erweiterungsstudium
Ton-/Video-Aufnahmen	Ton-/Video-Aufnahmen	Ton-/Video-Aufnahmen	
newsletters, mailing lists	Lehrer-Austausch	Online-Forum	

Wege der Fort- und Weiterbildung für Englischlehrkräfte

Genauere Hinweise zu Beobachtung und Supervision finden sich bei Wallace (1991), zu Unterrichtsbeobachtung, Handlungsforschung, Tagebuch-Schreiben und Supervision bei Gebhardt/Oprandy (1999); Richards/Farrell (2005) erörtern *peer observation*, Tagebücher, *teaching portfolios*, *critical incidents*, *team teaching* und Handlungsforschung (*action research*). Hilfreich ist auch ein Blick in die pädagogische Literatur (aktuell ARNOLD/SANDFUCHS/WIECHMANN 2006).

Allen Formen der professionellen Entwicklung ist gemeinsam, dass zuerst beschrieben und analysiert wird, was man im Unterricht wie tut, ganz gleich, ob der Fokus eng (zum Beispiel Gestaltung der ersten fünf Minuten) oder weit (zum Beispiel Reaktion auf Schülerfehler oder nonverbales Verhalten) ist. Auf die Analyse folgt der gezielte Versuch, es anders, besser zu machen. Je größer das methodische Repertoire und je breiter die Kenntnis von Materialien, Texten und Themen, desto flexibler lässt sich der Unterricht gestalten. Die Berufszufriedenheit wächst dann, wenn der Unterricht Schülern und Lehrkraft Spaß macht und alle Beteiligten merken, dass viel dabei herauskommt.

Teil IV
Die Lernperspektive

Erst seit den 70er- und 80er-Jahren des 20. Jahrhunderts wandte sich die Aufmerksamkeit der Fremdsprachenforschung den Schülerinnen und Schülern als Individuen zu. Deren persönliche Lernvoraussetzungen gelten heute als wesentliche Faktoren für Lernerfolg und Lernprobleme im Englischunterricht. Wenn man verstehen will, was es eigentlich heißt, eine fremde Sprache zu lernen, muss man auch die individuellen Lernprozesse erforschen.

Englischlehrkräfte, die eine klare Vorstellung davon haben, wie Lernprozesse ablaufen, was sie fördert oder behindert, können Probleme einzelner Schüler besser verstehen bzw. ihnen dabei helfen, Lernhindernisse von vornherein zu vermeiden. Solides Wissen dahingehend, was Lernerindividualität eigentlich bedeutet, bildet eine wichtige Voraussetzung dafür, Englischunterricht adressatengerecht und methodisch abwechslungsreich zu gestalten. Nur wer die Lernvoraussetzungen und Lernstile seiner Schülerinnen und Schüler ein wenig kennt, kann den Unterricht auch auf sie abstimmen: Je mehr individuelle Faktoren wie beispielsweise Motivation, Alter, Lerntyp und Geschlecht dabei einbezogen werden, desto besser passende Angebote kann der Englischunterricht an verschiedene Lernende machen. In diesem Zusammenhang stellt sich auch die Frage, ob es so etwas wie ideale Sprachenlerner überhaupt gibt. Und wie kann der Englischunterricht Schülerinnen und Schülern dabei helfen, zu autonomen Fremdsprachenlernern zu werden?

Inzwischen liegen vielfältige Erkenntnisse vor, die eine gute Grundlage für eine zielführende Analyse von Lernerfolg und Lernproblemen im Englischunterricht bilden. Das folgende Kapitel geht auf zentrale Aspekte ein.

20 Spracherwerb

Unter Spracherwerb versteht man Prozesse, die zur Entwicklung der sprachlichen Kompetenz in der Mutter- oder einer Fremdsprache führen. Englischlehrerinnen und -lehrer, die darüber Bescheid wissen, können besser
- Lernprozesse und evtl. auftauchende Probleme verstehen,
- einzelne Stufen im Erwerbsprozess, zum Beispiel Lernplateaus, identifizieren,
- Sprache und ihre Funktionalitäten begreifen.

Schülerinnen und Schüler bringen in den Englischunterricht oft vielfältiges Vorwissen zu Spracherwerbsprozessen mit, im Hinblick auf ihre Mutter- und/oder andere Fremdsprachen. Daran kann und sollte der Englischunterricht anknüpfen, insbesondere auch bei Schülerinnen und Schülern, deren Muttersprache nicht Deutsch ist.

20.1 Theorien des Spracherwerbs

Wer Sprachlernprozesse besser verstehen, Probleme erkennen und Schülerinnen und Schüler auch und gerade dann, wenn sie Lernprobleme im Englischunterricht haben, fördern will, kann wichtige Hinweise aus den verschiedenen Theorien darüber erhalten, wie Spracherwerb in der Mutter- und in der Fremdsprache funktioniert. Die drei folgenden Ansätze bieten dafür verschiedene Zugriffswege und führen in ihrem Zusammenwirken dazu, das komplexe Phänomen Spracherwerb besser zu verstehen.

Behavioristische Position

Der Behaviorismus ist eine lernpsychologische Sprachlerntheorie, die in den 1940er und 1950er-Jahren insbesondere in den USA sehr einflussreich war. Sie geht davon aus, dass Lernen eine beobachtbare, empirisch nachweisbare Verhaltensänderung ist, die nach einem Reiz-Reaktions-Schema abläuft und vor allem über Imitation und Wiederholung funktioniert. Der Lernende erhält von außen einen sprachlichen Reiz, seine Reaktion darauf wird durch positives oder negatives Feedback verstärkt, wie das folgende Beispiel zeigt:

Teacher:	Paul sees Mary. Alice	(Reiz)
Lisa:	Paul sees Alice	(Reaktion: einfache Substitution)
Teacher:	Fine	(Positive Verstärkung)

Im Hinblick auf den Fremdsprachenerwerb spielt im Behaviorismus die kontrastive Analyse von Ausgangs- und Zielsprache eine große Rolle. Auf der Grundlage einer solchen Analyse können Lernschwierigkeiten und Interferenzfehler, die auf einer unzulässigen Übertragung beispielsweise einer grammatischen Regel von der Mutter- in die Fremdsprache beruhen, vorausgesagt und eventuell vermieden werden.

Die Bedeutung der behavioristischen Lerntheorie für den Fremdsprachenunterricht besteht vor allem in der Erkenntnis, dass Lernen durch Imitation stattfindet und eine Verhaltensänderung ist. Daraus lässt sich der wichtige Stellenwert von Übung ableiten, die der Habitualisierung neuen Verhaltens dient, das heißt der Einschleifung von Sprachstrukturen durch deren Wiederholung. Die häufige Wiederholung sprachlicher Strukturen in Reihen (*patterns*) dient durch eine sinnvolle Gestaltung der Übungen auch der Fehlervermeidung.

Erwerbsprozesse im Hinblick auf strukturelle sprachliche Routineaspekte (wie beispielsweise das 3. Person Singular-*s* im Englischen) aber auch die Aneignung komplexer Strukturen (zum Beispiel die Wortstellung in englischen Fragesätzen, die mit dem Hilfsverb *do* gebildet werden) können mit der behavioristischen Theorie transparent gemacht werden. Allerdings erklärt diese nicht, wie und warum Lerner kreativ mit Sprache umgehen und wie sie deren situationsangemessenen Gebrauch erlernen.

Mentalistische Position

Kinder, die eine (Fremd-)Sprache lernen, wissen und können viel mehr, als sie jemals aufgenommen haben. So sind Lerner beispielsweise in der Lage, korrekte Sätze zu formen, die sie vorher noch nie gehört haben. Noam Chomsky folgerte daraus, dass jeder Mensch eine angeborene, das heißt genetische Fähigkeit zum Spracherwerb habe, das in der berühmten *black box* verankerte *language acquisition device* (LAD). Die Umgebung eines Lernenden, insbesondere bei Kindern, ist für die Stimulierung dieser angeborenen Fähigkeit verantwortlich. Sprachliche Vorbilder, wie beispielsweise die Lehrkraft beim Fremdsprachenerwerb, geben wichtige Anregungen für die Sprachproduktion.

Die auf der *universal grammar* von Chomsky aufbauende mentalistische Theorie des Spracherwerbs besagt, dass die Entwicklung der Kompetenz durch einen angeborenen Spracherwerbsmechanismus auf der Basis von grammatischen Universalien (wie zum Beispiel: fast alle Sprachen haben Vokale und bestimmte Konsonanten, ein mindestens aus Singular und Plural bestehendes Numerussystem etc.) erklärbar ist. Ein Lerner, der diese Prinzipien in seiner Muttersprache kennt, kann sie leicht auf andere Sprachen übertragen und dort kreativ anwenden. Dies ist eine zentrale Erkenntnis für den Fremdsprachenunterricht und zugleich ein Argument dafür, den Englischunterricht nicht isoliert zu sehen, sondern mit dem Deutschunterricht und dem Unterricht in anderen Fremdsprachen zu verknüpfen.

Wenn man davon ausgeht, dass Spracherwerb sich auf der Basis angeborener Voraussetzungen entwickelt, dann spielen dabei vermutlich auch biologische Funktionen eine Rolle. Die von Lenneberg formulierte Theorie einer *critical period* (LENNEBERG 1967), das heißt die Idee, dass Spracherwerb nur innerhalb einer bestimmten Lebensspanne (in der Regel bis zum 12.-14. Lebensjahr) in vollem Umfang stattfinden kann, bezieht sich, wie man inzwischen weiß, vor allem auf die Muttersprache. Auf den Erwerb einer Fremdsprache gibt es in dieser Hinsicht weniger starke Auswirkungen, doch bildet Lennebergs Konzept bis heute eine mögliche Erklärung für das Verhalten jener Lerner, die in der ersten Phase des Fremdsprachenunterrichts nicht sofort sprechen, sondern zunächst einmal nur die Fremdsprache rezeptiv aufnehmen wollen (*silent period*; vgl. ELLIS 1997, S. 20).

Interaktionistische Position

Die dritte einflussreiche Theorie zum Spracherwerb, der Interaktionismus, betont, dass sich Sprachkompetenz als Ergebnis eines Zusammenspiels von Lerner und Umwelt entwickelt. Darauf basiert auch die um 1970 eingeleitete kommunikative Wende in der Fremdsprachendidaktik. Sprache ist für die Vertreter der interaktionistischen Position vor allem Kommunikation, die gelingt, indem zwei oder mehrere Gesprächspartner interagieren, das heißt primär Bedeutungen aushandeln (*negotiation of meaning*). Der Interaktionismus, der auf Piagets Entwicklungspsychologie und Vygotskys soziokultureller Lerntheorie (VYGOTSKY 1978) beruht, fokussiert also nicht die Bausteine der Sprache oder deren innere Systematik, sondern ihre Funktion.

Um Kindern oder weniger kompetenten Sprechern Kommunikation zu ermöglichen, passen kompetente Sprecher, beispielsweise Mütter (in der Muttersprache) bzw. Muttersprachler oder Lehrkräfte (in der/n Fremdsprache/n), ihre Sprache an, indem sie langsam und deutlich sprechen, Wiederholungen und Paraphrasen einbauen oder kurze, klar strukturierte Sätze verwenden. Der hier umrissene Prozess heißt *scaffolding*, das Ergebnis *motherese*, *caretaker language* oder *teacherese* (vgl. Kapitel 14).

20.2 Kernbegriffe der Forschung

Ausgewählte Schwerpunkte der neueren Spracherwerbsforschung, die für den Englischunterricht von Bedeutung sind, werden nachfolgend im Überblick dargestellt. Diese beschäftigen sich mit der Bedeutung verschiedener Faktoren (Kognition und Emotion) für den Fremdsprachenerwerb, mit Prozessen impliziten und expliziten Lernens, sowie mit dessen Ergebnissen, der *interlanguage* und der Sprachbeherrschung der Lernenden.

Faktoren: Kognition und Emotion

Kognition beim Fremdsprachenlernen spielt seit jeher eine wichtige Rolle, die sich in verschiedenen Methoden widerspiegelt, wie zum Beispiel der traditionellen Grammatik-Übersetzungsmethode. In neuerer Zeit hat sich die Aufmerksamkeit der Forschung wieder stärker kognitiven Prozessen zugewandt (BAUSCH ET AL. 1998). Über die Bedeutung emotionaler Komponenten beim Sprachenlernen hat man sich phasenweise große, dann wieder fast gar keine Gedanken gemacht (ARNOLD 1999). In diesem Zusammenhang war unter anderem die These des affektiven Filters sehr einflussreich, die besagt, dass Erfolg beim Fremdsprachenerwerb entscheidend vom emotionalen Zustand der Lernenden abhängt (KRASHEN 1982).

Negative Einstellungen (zum Beispiel verursacht durch mangelnde Motivation, niedriges Selbstbewusstsein, Nervosität, negative Gruppendynamik) und negative Kausalattribuierung halten Lernende davon ab, die fremde Sprache aufzunehmen. Positive Faktoren, etwa lohnende Erfahrungen mit Zielkulturen, können erheblich dabei helfen, individuelle Lernprozesse zu verbessern. Dies erklärt unter anderem, warum verschiedene Lerner, die in einem Klassenzimmer dieselben Voraussetzungen haben, beim Lernen in unterschiedlichem Maße erfolgreich sind. Heute geht man davon aus, dass emotionalen und kognitiven Prozessen, die innerhalb der Lerner, zwischen Lernern und zwischen Lernern und Lehrkraft ablaufen, eine gleichermaßen hohe Bedeutung für den Fremdsprachenerwerb zukommt (BÖRNER/VOGEL 2004).

Prozesse: Explizites und implizites Lernen

Die während der 1980er-Jahre geführte Diskussion um die nicht abschließend geklärte Frage, ob eine Fremdsprache eher bewusst „gelernt" oder quasi nebenbei „erworben" wird (zum Beispiel BAUSCH/KÖNIGS 1983, FELIX/ HAHN 1985 sowie KRASHEN 1982), hat zu der heute weitverbreiteten Meinung beigetragen, dass sowohl explizite als auch implizite Prozesse beim Spracherwerb stattfinden und dabei eine gleichermaßen wichtige Rolle spielen (N. ELLIS 1994).

■ Beim **expliziten Lernen** selektiert der Lerner Information, stellt eine Hypothese auf und testet diese. Beispielsweise erschließt eine Schülerin oder ein Schüler auf der Grundlage ausgewählter Beispielsätze im Englischunterricht induktiv Regeln für die Verwendung des *simple present* und des *present progressive*, wendet diese dann an und testet anhand der Reaktion eines Kommunikationspartners, ob sie richtig oder falsch sind. Beim expliziten Lernen nehmen Lernende sprachliche Strukturen bewusst wahr bzw. speichern sie (*noticing*) und bringen sie mit deklarativen Informationen, zum Beispiel Regeln, in Zusammenhang. Regeln dienen der Steuerung der Wahrnehmung der Fremdsprache einerseits, sie können von den Lernenden aber andererseits auch für die Regulierung der eigenen Sprachproduktion eingesetzt werden.

■ **Impliziter Erwerb** findet statt, wenn fremdsprachliche Strukturen eher unbewusst abstrahiert werden. Dies kann zum Beispiel geschehen, indem Schülerinnen und Schüler bei einem Ratespiel die nötige Frageform immer wieder hören und schließlich automatisch selbst anwenden. Implizite Lernprozesse werden unter anderem durch Situationen ausgelöst, an die Lernende sich besonders gut erinnern können oder in die sie emotional involviert waren.

> ■■ **Tipp:** Aus der Feststellung, dass wir sowohl bewusst als auch unbewusst lernen, ergeben sich bestimmte Anforderungen an den Englischunterricht: Einerseits muss die Lehrkraft Aufgaben stellen, in denen bewusst gelernt und geübt werden kann (formbezogene Phasen der Übung). Andererseits gilt es, in ausreichendem Maße Lernsituationen zu schaffen, in denen Sprache nebenbei geübt und gelernt wird, weil die Aufmerksamkeit stärker auf den Inhalten liegt (mitteilungsbezogene Phasen der Kommunikation).

Ergebnisse: *Interlanguage* und Sprachbeherrschung

Sprachlernprozesse führen dazu, dass der einzelne Lerner ein individuelles sprachliches System ("my own private English") für die Fremdsprache aufbaut. Wenn Lernende die fremde Sprache verwenden, dann sind in ihrer ganz persönlichen *interlanguage* Elemente von Mutter- und Zielsprache enthalten, und zwar sowohl auf der semantischen (Bedeutungen und Begriffe) als auch auf der syntaktischen Ebene (Satzmuster).

Die *interlanguage* ist als sich beständig veränderndes Kontinuum zwischen Mutter- und Zielsprache vorstellbar. Das Konzept geht zurück auf Larry Selinker (1972), der Veränderungsprozesse der *interlanguage* untersuchte, unter anderem Prozesse des Sprachentransfers. Die Verbindungen zwischen Mutter- und Fremdsprache sind noch wenig erforscht, sicher ist jedoch, dass es zwei Arten des Transfers, das heißt der sichtbaren Auswirkungen von einer Sprache des Lerners auf die andere(n) gibt:

- **Negativer Transfer** (Interferenz): der Gebrauch einer Struktur bzw. die Anwendung einer Regel aus der Muttersprache führt in der Zielsprache zu fehlerhaftem Sprachgebrauch. Ein typisches Beispiel für Schülerinnen und Schüler mit Deutsch als Muttersprache ist der fehlerhafte Zeitengebrauch im Englischen, zum Beispiel **I am here since Monday* statt *I have been here since Monday*.
- **Positiver Transfer**: der Gebrauch einer Struktur bzw. die Anwendung einer Regel aus der Muttersprache führt in der Zielsprache zu korrektem Sprachgebrauch. Beispielsweise haben Schülerinnen und Schüler mit Deutsch als Muttersprache aus diesem Grund verhältnismäßig wenig Probleme mit der Wortstellung (Subjekt – Prädikat – Objekt) in englischen Parataxen.

> ■ **Tipp:** Das Wissen um diese auf die interlanguage einwirkenden Prozesse kann Englischlehrerinnen und -lehrern dabei helfen, Probleme zu vermeiden oder zu beheben. Beispielsweise kann die Ursache der fehlerhaften Verwendung eines Tempus im Englischen mit einer Regel aus der Muttersprache leichter identifiziert bzw. der Fortschritt beim Fremdspracherwerb durch den Hinweis auf übertragbare Ähnlichkeiten zwischen Mutter- und Fremdsprache gefördert werden.

Im Hinblick auf die Sprachbeherrschung unterscheidet man zwischen deklarativem Wissen *über* Sprache (zum Beispiel Kenntnis der Regeln zur Bildung von *if*-clauses) und prozeduralem Wissen, das heißt der Anwendung des deklarativen Wissens durch einen Lerner in seinem rezeptiven und produktiven Sprachgebrauch. Beide sind nicht automatisch gleichzusetzen, was zum Beispiel daran erkennbar ist, dass es Schülerinnen und Schüler gibt, die zwar die Regeln für *if*-Sätze genau kennen, aber solche Sätze nicht korrekt bilden oder sinnvoll in einen Kontext einbetten können. Neuere Forschungsarbeiten haben gezeigt, dass Schülerinnen und Schüler in mitteilungsbezogenen Phasen des Fremdsprachenunterrichts häufig zu wenig Zeit erhalten, um deklaratives in prozedurales Wissen zu verwandeln (DE BOT 1996). Lernschwierigkeiten, die auf Störungen dieser Art beruhen, können nichtmuttersprachliche Lehrkäfte, die selbst einmal Englisch als Fremdsprache gelernt haben, besser verstehen als Muttersprachler, deren deklaratives Wissen in der Regel eher weniger stark ausgeprägt ist. Tauchen solche Störungen nicht auf oder können sie beseitigt werden, so lässt sich im Englischunterricht in der Regel vermuten, dass die Kompetenz eines Sprechers an seiner Performanz erkennbar ist.

Man geht heute davon aus, dass die Umwandlung von explizitem Regelwissen in implizites Wissen möglich und wünschenswert ist (R. ELLIS 1994b sowie HULSTIJN/DE GRAAFF 1994). Die Lehrerin oder der Lehrer kann dies im Englischunterricht auf verschiedenen Wegen unterstützen:

■ Lernende erhalten ausreichend Gelegenheit, die in sinnvolle Kommunikationszusammenhänge eingebettete Fremdsprache (**Input**) über verschiedene Wege (beispielsweise mündlich und schriftlich, von verschiedenen Sprechern präsentiert etc.) wahrzunehmen. Um Lerner angemessen zu fördern, eignet sich in der Regel Input auf einem Niveau, das von ihnen mit einer gewissen Anstrengung verstanden werden kann (*zone of proximal development*).

- Input wird in mehreren Schritten zu *intake*. Dabei nehmen Lerner bestimmte sprachliche Merkmale oder Strukturen wahr (*noticing*), was zum Beispiel durch bestimmte Aufgabentypen (THORNBURY 1997) gefördert werden kann. Regelmäßige Übung und Anwendung führt zum Übergang ins Langzeitgedächtnis und in das *interlanguage*-System der Lerner.
- Lerner erhalten ausreichend Gelegenheit, selbst Sprache zu produzieren (**Output**) und so ihre Annahmen darüber, wie die Fremdsprache funktioniert, zu testen. Die Produktion von Fremdsprache hilft Lernern vor allem dann weiter, wenn sie dabei mit anderen Lernern oder der Lehrkraft interagieren (JONES 1992) und wenn es formbezogene Phasen gibt, in denen Fehler korrigiert werden (SWAIN 1985 und 1995).

21 Lernerindividualität

Individuelle Unterschiede zwischen Lernenden führen zu unterschiedlichen Ergebnissen im Englischunterricht. Das komplexe Gefüge von verschiedenen individuellen Faktoren kann zum Beispiel eine Erklärung dafür bieten, warum Schülerinnen und Schüler, die unter ähnlichen Bedingungen (beispielsweise hinsichtlich Lehrkraft, Lehrbuch und Atmosphäre im Klassenzimmer) lernen, ganz unterschiedliche Erfolge erzielen. Das differenzierte Eingehen auf einzelne Lerner kann dazu beitragen, Lernprozesse entscheidend zu verbessern. Damit gehört es zu den zentralen Aufgaben der Lehrkraft.

Zwei Faktoren der Lernerindividualität, nämlich Lernerpersönlichkeit und Motivation, haben einen besonders wichtigen Stellenwert im Englischunterricht und werden deswegen in den folgenden Teilkapiteln gesondert behandelt. Weitere individuelle Faktoren, die im Fremdsprachenunterricht von Bedeutung sind, werden anschließend im Überblick dargestellt.

Individuelle Faktoren bilden die Grundlage für den Lernstil der einzelnen Fremdsprachenlerner, das heißt für ihre theoretischen Anlagen und Präferenzen, die sie unter anderem in Form von Lernstrategien und -techniken realisieren. Dieser Komplex der Lernerindividualität wird in einem weiteren Teilkapitel behandelt.

21.1 *The Good Language Learner*

Den idealen Fremdsprachenlerner gibt es ebenso wenig wie die ideale Fremdsprachenlehrkraft; inzwischen geht man jedoch davon aus, dass bestimmte Persönlichkeitsmerkmale zum Erfolg beim Fremdsprachenlernen in höherem Maße beitragen können als andere. Einige solcher Persönlichkeitsmerkmale, über die es zum Teil widersprüchliche Forschungsergebnisse gibt (R. ELLIS 1994b, S. 517–522), sind:

- **Extrovertiertheit**: Extrovertierte Lerner nehmen öfter Kontakt mit Sprechern der Zielsprache auf, das heißt in der Regel auch mit der Lehrkraft. Durch häufigere Interaktion wird für sie der direkte Input erhöht, was dabei helfen kann, Angst und Nervosität abzubauen (NASCENTE 2001) und den Lernprozess zu beschleunigen.

- **Risikobereitschaft**: Risikobereite Lerner haben weniger Angst davor, Fehler zu machen und äußern sich häufiger spontan, auch ohne vorher sicher zu sein, ob die Äußerung in der Fremdsprache korrekt ist (*risktaking*). Sie beteiligen sich in der Regel häufiger an Unterrichtsgesprächen (ELY 1986) und erhalten dadurch ein größeres Feedback durch andere Sprecher.
- **Toleranz gegenüber Ambiguität**: Manche Lerner haben in höherem Maße als andere die Fähigkeit, auch mit nicht eindeutigen Stimuli in der Fremdsprache (also zum Beispiel mit undeutlich oder schnell ausgesprochenen Wörtern oder mit nur teilweise verstandenen Texten) umzugehen, ohne sofort frustriert zu sein oder an eine höhere Autorität zu appellieren. Studien legen nahe, dass solche Lernende vor allem ihre rezeptiven Fertigkeiten in der Zielsprache trainieren und verbessern können (NAIMAN et al. 1978).
- **Selbstvertrauen**: Lerner mit hohem Selbstvertrauen nehmen in der Regel leichter Kontakt zu anderen Sprechern auf. Außerdem ist ihr Verhalten bei der Fehlerattribuierung ausschlaggebend: Zumeist schreiben sie schlechte Leistungen externen Umständen (wie zum Beispiel einer unklaren Aufgabenstellung) zu, gute Leistungen aber sich selbst. Bei wenig selbstbewussten Lernern verläuft die Zuschreibung entgegengesetzt und kann daher Auswirkungen auf die Motivation haben. Lehrkräfte tragen eine große Verantwortung, da sie das Attribuierungsverhalten der Lernenden und die Konzeption, die Lerner von sich selbst entwickeln, maßgeblich beeinflussen können (WILLIAMS/BURDEN 1999).

> **Tipp**: Auch Lerner, die keines dieser Persönlichkeitsmerkmale ausgeprägt besitzen, können sehr erfolgreich Sprachen lernen; es gilt jedoch als wahrscheinlich, dass diese Charakteristika Sprachlernprozesse zumindest erleichtern und deswegen im Englischunterricht gefördert werden sollten.

Widersprüchliche Forschungsergebnisse haben unter anderem damit zu tun, dass bestimmte Persönlichkeitsfaktoren für Einzelaspekte beim Lernprozess eine Rolle spielen. So korrelieren Toleranz gegenüber Ambiguität und Hörverstehen positiv (NAIMAN et al. 1978), während diese Korrelation für andere sprachliche Fertigkeiten bisher nicht nachgewiesen werden konnte.

Eine enge Verbindung besteht zwischen der Persönlichkeit eines Lerners und seinen Einstellungen und Annahmen im Hinblick auf das Erlernen einer Fremdsprache. Letztere hängen einerseits zusammen mit den Erfahrungen von Lernenden mit der Zielsprache und den Zielkulturen bzw. mit dem Erlernen von Sprachen und dem Umgang mit fremden Kulturen im Allgemeinen, andererseits mit dem Selbstvertrauen der Lernenden und mit ihrer Angst vor Fehlern. Diese Angst korreliert in der Regel negativ mit der Bereitschaft zum *risk-taking*. Es wird deutlich, dass die Persönlichkeit ein komplexer Faktor der Lernerindividualität ist, der enorme Auswirkungen auf den Lernprozess hat. Eine enge Verbindung besteht auch zwischen den Faktoren Lernerpersönlichkeit und Motivation.

21.2 Motivation

Allgemein ist die Motivation von Schülerinnen und Schülern, Englisch zu lernen, hoch. Dies wird in der Regel verstärkt durch die Gesellschaft und die Eltern, da dem Englischen als Weltsprache eine wachsende Bedeutung im globalen Kontext zukommt.

Typen der Motivation

Motivation setzt sich zusammen aus dem Bemühen und dem Wunsch, ein bestimmtes Ziel zu erreichen sowie der Einstellung dazu (ELY 1986 sowie SKEHAN 1989, S. 50 f.). Die Motivation eines Lerners liefert einen wichtigen, wenn nicht den zentralen Beitrag zum Lernerfolg. Die Beschäftigung mit diesem Konzept hat deswegen eine lange Tradition, sowohl in der Pädagogik und in der Lernpsychologie als auch in der Fremdsprachendidaktik (vgl. exemplarisch HECKHAUSEN 1969, SOLMECKE 1981, FREUDENSTEIN 1995 sowie DÖRNYEI 2001a). Verschiedene Typen der Motivation können unterschieden werden, zum Beispiel nach der Art (intrinsisch, das heißt von „innen", also durch die Sache selbst motiviert, zum Beispiel durch Interesse an einer Zielkultur, und extrinsisch, von „außen", also beispielsweise durch Notendruck motiviert) oder dem Fokus (*goal-oriented*, *activity-oriented* sowie *learning-oriented*). Heute geht man davon aus, dass eine Mischung der verschiedenen Motivationstypen im Englischunterricht ein erfolgversprechendes und wünschenswertes Ziel ist.

Zwischen der Motivation und anderen Faktoren der Lernerindividualität wie beispielsweise Einstellung, Begabung, Risikobereitschaft und Toleranz gegenüber Ambiguität besteht ein hoher Zusammenhang. Ein bislang noch wenig untersuchter Zusammenhang besteht außerdem zwischen der Motivation der Lernenden und der Lehrenden.

Motivation bleibt jedoch nicht konstant, sondern verändert sich in verschiedenen Stufen des Lernprozesses. So ist die Anfangsmotivation im schulischen Englischunterricht vergleichsweise hoch und im Vergleich zu erwachsenen Lernergruppen relativ homogen. Damit alleine ist es aber nicht getan. Die Lehrerin oder der Lehrer muss gezielt Strategien einsetzen, um die Prozessmotivation der Schülerinnen und Schüler mittel- und längerfristig zu erhalten (DÖRNYEI 2001b, S. 127–133 sowie LITTLEJOHN 2001). Initialmotivation kann allerdings nur dann erfolgreich in eine dynamische Motivation umgewandelt werden, wenn der Englisch-Anfangsunterricht die Weichen für die mittel- und längerfristige Lernermotivation für den schulischen Englischunterricht sowie das lebenslange Englischlernen richtig stellt. Die Bedeutung eines guten Englischunterrichts in der Grundschule kann also gar nicht hoch genug bewertet werden.

Für die Lehrerin oder den Lehrer ist es außerdem wichtig, zwischen der Motivation in verschiedenen Phasen einer Unterrichtsstunde zu unterscheiden. So dient die erste kurze Phase zu Beginn einer Unterrichtsstunde in der Regel der Motivation und Hinführung zum Thema (vgl. Kapitel 13); aber auch während einer Unterrichtsstunde gilt es, die Motivation der Schülerinnen und Schüler aufrechtzuerhalten und immer wieder motivierende Impulse zu setzen.

Wege zur Motivation

Lehrkräfte können Schülerinnen und Schüler auf verschiedenen Wegen motivieren, beispielsweise über Verfahren, Medien und Materialien. Dabei besteht kein Automatismus nach dem Motto „Wenn ich x tue, sind meine Schülerinnen und Schüler motiviert"; es gibt jedoch einige Lehrstrategien, die helfen können, mittel- und langfristig Motivation zu sichern. Dazu gehören im Zusammenhang mit geeigneten Aufgabenstellungen:

- Wechsel von **Sozialformen,**
- Einsatz von (neuern) **Medien** (APPEL/GILABERT 2002),
- Verwendung **authentischer Materialien** (PEACOCK 1997),
- Einsatz **offener und spielerischer Unterrichtsformen** (vgl. Kapitel 25),

- Aufgaben, die stärker **Kooperation** statt kompetitives Arbeiten fördern,
- Anpassung des Schwierigkeitsgrades (**Differenzierung** für leistungsstarke und -schwache Schülerinnen und Schüler; sprachlicher und inhaltlicher Input, der leicht über dem gegenwärtigen Niveau der Lerner liegt und damit Unter- sowie Überforderung weitgehend ausschließt),
- gezielter Einsatz von differenziertem **Feedback** und **Lob**,
- Demonstration von **Enthusiasmus** auf Seiten der Lehrkraft (ALFES 1982 und DÖRNYEI 2001b, S. 156–180).

Auch die Schülerinnen und Schüler selbst sind für ihre Motivation verantwortlich. Dabei kann ihnen die Lehrkraft wichtige Tipps geben. Zu den wichtigsten Lernstrategien, um mittel- und langfristig Motivation zu sichern, gehören:

- **Angst vor Fehlern** abbauen und Bereitschaft zum *risk-taking* aufbauen durch gezieltes Zugehen auf andere fremdsprachige Sprecher (innerhalb und außerhalb des Englischunterrichts),
- Beziehung zu **Zielkulturen** aufbauen und pflegen (beispielsweise durch Auslandsaufenthalte) und den sprachlichen Input außerhalb der Schule maximieren,
- **Verantwortung** im Englischunterricht übernehmen und selbstständig Entscheidungen treffen, wenn sich die Möglichkeit bietet (vgl. Kapitel 26).

Solche Strategien können – wenn sie von Lehrenden und Lernenden konsequent angewendet werden – dazu beitragen, Motivationsverlust vorzubeugen (SOLMECKE 1995) und Lernplateaus zu überwinden. Dies zeigt am Beispiel eigenverantwortlichen Schülerhandelns auch der folgende Lehrertipp.

Lehrertipp: Themenwahl bei Facharbeiten

Die langjährige Betreuung von Facharbeiten für das Abitur zeigt, dass von durch die Lehrkraft vorgegebenen Themenlisten abzuraten ist, wenn einem an wirklich neuen und herausragenden Arbeiten gelegen ist. Die Motivation der Schülerinnen und Schüler ist bei großer Freiheit der Themenwahl ungleich höher und dauerhafter. Der Preis ist die Notwendigkeit, sich auf Neues einzulassen und taktvoll nachzuprüfen, ob es sich wirklich um Eigenleistungen handelt. Schülerinnen und Schüler sind bei einem solcherart zustande gekommenen Thema zu erstaunlich intensiver Arbeit und echten Forschungsleistungen fähig. *(B. Hieronymus, Gymnasium)*

21.3 Andere individuelle Faktoren

Neben Persönlichkeit und Motivation gibt es noch weitere individuelle Faktoren, die auf Lernprozesse und deren Ergebnisse maßgeblich einwirken. Es handelt sich dabei um Faktoren, die unterschiedlich kategorisiert werden können, beispielsweise in affektiv-soziale Faktoren (zum Beispiel Einstellung gegenüber fremden Sprachen und Kulturen) und kognitive Faktoren (zum Beispiel Intelligenz und Begabung). Differenziert werden kann – wie in der folgenden Zusammenstellung – auch im Hinblick auf solche Faktoren, die nicht beeinflussbar sind (zum Beispiel Alter und Geschlecht) und andere, die die Lehrerin oder der Lehrer beeinflussen kann (zum Beispiel Motivation). Der folgende Überblick erhebt keinen Anspruch auf Vollständigkeit, vermittelt aber einen Eindruck davon, wie komplex das Gefüge der Lernerindividualität ist.

Alter

Es gibt zahlreiche stereotype Vorstellungen darüber, wie das Alter den Lernprozess beeinflusst. Inzwischen geht die Forschung davon aus, dass höheres Alter sowohl positive und negative Auswirkungen auf den Lernprozess haben kann (R. ELLIS 1994b, S. 484–494 sowie GROTJAHN 2003). Je älter Lerner sind,

- ... desto schwieriger ist es in der Regel für sie, eine Standardversion der englischen **Aussprache** zu erlernen,
- ... desto mehr scheuen sie sich, **Fehler** zu riskieren. Das Resultat sind häufig Sprechhemmungen und Nervosität,
- ... desto höher ist oft ihre **intrinsische Motivation**, da sie im Vergleich zu Schülerinnen und Schüler öfter selbst die Entscheidung treffen, eine Fremdsprache zu erlernen,
- ... desto extensiver ist das Vorwissen, das sie mitbringen, zum Beispiel ihr Weltwissen, ihre Lernbiografie sowie ihre bisherigen Erfahrungen mit fremden Sprachen und Kulturen,
- ... desto wichtiger sind für sie in der Regel kognitive Lernprozesse, das heißt zum Beispiel grammatische Regeln und Erläuterungen dazu, wie eine Fremdsprache als System „funktioniert",
- ... desto unwichtiger sind für sie in der Regel imitative Lernverfahren.

Diese Aspekte verdeutlichen, dass der Faktor Alter einen wichtigen Teil der individuellen Lernervoraussetzungen bildet und im Anfangsunterricht sowie im Englischunterricht der Sekundarstufe I und II eine zentrale Rolle für die Lehrkraft spielt. Die Annahme „je jünger desto besser" kann für das Fremdsprachenlernen nicht automatisch bejaht werden (READ 2003).

Geschlecht

Häufig wird pauschal behauptet, Frauen seien die besseren Fremdsprachenlerner. Einige Studien stützen diese Annahme, andere scheinen sie zu widerlegen. Grundlegend ist in diesem Bereich zu unterscheiden zwischen *sex* (biologisches Geschlecht) und *gender* (kulturell bestimmte Geschlechterrolle). Insbesondere Letzteres dürfte im Zusammenhang mit der Frage, wer was besser lernt, von Bedeutung sein (SCHMENK 2002). Diese These wird unter anderem gestützt durch folgende Forschungsergebnisse:

- Ein überdurchschnittlich hoher Prozentsatz der weiblichen Studierenden medizinischer, mathematischer oder naturwissenschaftlicher Fächer kommt von reinen Mädchenschulen, an denen Rollenmuster vermutlich nicht so deutlich „zementiert" werden wie an gemischten Schulen.
- In den neueren Fremdsprachen erhalten Mädchen häufig bessere Noten, vor allem im Schriftlichen, können diese Position aber in Wettbewerbssituationen (zum Beispiel Bundeswettbewerb Fremdsprachen) nicht behaupten. Bei solchen Wettbewerben schneiden in der Regel die Jungen, obwohl sie weniger Teilnehmer stellen, überdurchschnittlich gut ab.
- Im Vergleich zu Mädchen haben überdurchschnittlich viele Jungen ein höheres Selbstbewusstein, attribuieren Misserfolge extern und gehen folglich häufiger das Risiko ein, Fehler zu machen.
- Festgestellt wurden ferner wesentliche Unterschiede im Verhalten von Lernern verschiedenen Geschlechts im Gespräch: Weibliche Gesprächspartnerinnen benutzen wesentlich häufiger als männliche so genannte *talk-support strategies*, die zum Beispiel aktives Zuhören sowie Interesse am Gegenüber signalisieren (SUNDERLAND 1994).

Durch die eigene Sensibilität können Lehrkräfte im Fremdsprachenunterricht auf eine gegenseitige Ergänzung und Kompatibilität dieser Rollen hinarbeiten, anstatt zu deren Verfestigung beizutragen.

Ethnischer und sozialer Hintergrund

Welchen Effekt der ethnische und soziale Hintergrund auf Lernprozesse im Fremdsprachenunterricht hat, ist bisher unzureichend erforscht. Die Notwendigkeit, darüber mehr zu wissen, wächst unter anderem auf dem Hintergrund der PISA-Studie, die gezeigt hat, dass die positive Korrelation zwischen sozialer Herkunft und Bildungsabschluss in Deutschland sehr hoch ist. Nicht nur soziale, sondern auch ethnische Fragen spielen im schulischen Kontext eine wichtige Rolle, was zum Beispiel die Diskussion um das Kopftuch-Verbot in einigen deutschen Bundesländern verdeutlicht hat. Dies zeigen unter anderem folgende Forschungsergebnisse mit großer Relevanz für die Unterrichtspraxis:

- Studien zur **Mehrkulturalität** belegen, dass der ethnische Hintergrund von Schülern, wie beispielsweise ihr Vorwissen hinsichtlich des Erwerbs von fremden Sprachen und des Umgangs mit fremden Kulturen, in deutschen Klassenzimmern häufig ignoriert wird (Hu 2003).
- Die Erwartungen hinsichtlich der **Lehrer- und Schülerrollen** sind wesentlich vom ethnischen Hintergrund der Schülerinnen und Schüler geprägt. Es ist im mehrsprachigen Klassenzimmer für die Lehrkraft zunehmend wichtig, für diese Erwartungen sensibilisiert zu sein; dies kann auch die Methodenwahl beeinflussen.

Solche Fragen sind im Englischunterricht von besonderem Interesse, da fremde Kulturen zu den zentralen Themen gehören. Deswegen steht der Englischunterricht beim Lernziel Toleranz gegenüber anderen Kulturen auch besonders in der Verantwortung.

Sprachbegabung

Zur Sprachbegabung gab es insbesondere in den 60er- und 70er-Jahren des 20. Jahrhunderts Studien in größerer Zahl. Die wohl bekannteste stammt von Carroll (Carroll 1959), der den so genannten *Modern Language Aptitude Test* (MLAT) entwickelte und mit mehreren tausend Lernern erprobte. Der Studie zufolge können begabte Sprachenlerner

- fremdsprachliche Laute so kodieren, dass sie später wieder erfolgreich dekodiert werden können (*phonemic coding ability*),
- grammatikalische Funktionen von Wörtern in Sätzen wiedererkennen (*grammatical sensitivity*),

- Sprachlernprozesse induktiv erfassen und in Angriff nehmen (*inductive language learning ability*),
- Assoziationen zwischen verschiedenen Stimuli herstellen und abrufen (*rote learning ability*),

Für Lehrerinnen und Lehrer ist es wichtig, Kinder zu stützen, die begabt sind und denjenigen, die Defizite in einem oder mehreren dieser Bereiche haben, mit gezielten Lerntechniken und -strategien zu helfen.

21.4 Lernstile und Lernstrategien

Lernstile stehen in engem Zusammenhang mit der Lernerpersönlichkeit und werden von den Lernenden in Lernstrategien und -techniken realisiert. Die einzelnen Komponenten bilden zusammen das komplexe Gefüge des Lerntyps.

Für Lehrerinnen und Lehrer ist es aus mehreren Gründen wichtig, über Lerntypen Bescheid zu wissen:

- Auf dieser Grundlage können verschiedene Angebote für einzelne Lerner gemacht werden (**Differenzierung**).
- Der Lerntyp der Lehrerin bestimmt nachweislich die eigene Art zu unterrichten, also den **Lehrstil** (vgl. Kapitel 23). Nur Lehrkräfte, die ihren eigenen Lerntyp reflektieren, können bewusst Angebote für andere Lerntypen machen.

Lernstile

Lernstile gründen sich auf individuellen Schwerpunkten in vier Bereichen, und zwar dem kognitiven, dem affektiven, dem perzeptiven und dem sozialen Bereich. Kurz gesagt: Der Lernstil charakterisiert den allgemeinen Zugang eines Individuums zum Lernen sowohl im außerschulischen Alltag als auch im Unterricht.

Es gibt verschiedene Wege der Klassifizierung von Lernstilen; ein Modell von großer Bedeutung für die Unterrichtspraxis klassifiziert Lernstile nach dem bevorzugten sensorischen Wahrnehmungskanal, wobei hier nur einer der genannten Bereiche isoliert betrachtet wird. Jeder Lerner hat einen Wahrnehmungskanal (visuell, auditiv oder kinästhetisch), über den er Informationen am besten, das heißt am einfachsten und effektivsten aufnimmt. Diese Lernstile kommen selten in Reinform vor, zumeist ist jedoch einer von ihnen dominant: Beispielsweise hören und sprechen auditive Lerner ein neues Wort am liebsten, bevor sie das Schriftbild sehen oder selbst schreiben, bei visuellen Lernern ist es dagegen genau umgekehrt. Kinästhetische Lerner fassen das Objekt, das durch das neue Wort benannt wird, gerne an oder zeichnen es.

Im Englischunterricht müssen, um möglichst viele Lerner zu erreichen, Angebote für alle Lernstile gemacht werden. Es ist also, um beim Beispiel zu bleiben, wichtig, neue Wörter auf verschiedenen Wegen einführen, Laut- und Schriftbild ausreichend und in unterschiedlichen Kombinationen zur Verfügung zu stellen und auch für die in unserem Schulsystem oft vernachlässigten kinästhetischen Lerner Angebote zu machen.

Ein anderes Modell, das auf Vorarbeiten von KOLB (1976) zurückgeht, klassifiziert Lernstile nach wahrnehmungsbezogenen, kognitiven und sozialen Verarbeitungsmodi. Es besteht aus zwei sich überlagernden Dimensionen, die zum einen die Achse von ‚Lernen durch konkrete Erfahrung (*sensing/feeling)*' zu ‚Lernen durch abstraktes Denken (*thinking)*' und zum anderen das Spektrum vom ‚Lernen durch Beobachtung (*watching*)' bis zum '*learning by doing*' abdecken. Daraus ergeben sich vier Typen von Lernstilen (s. Tabelle rechts), deren Bezeichnungen in späteren unterschiedlichen Fortentwicklungen des Modells jeweils variieren (vgl. VIOLAND-SÁNCHEZ 1995): aktive Lerner (*dynamic learners*), soziale Lerner (*innovative learners*), analytische Lerner (*analytic learners*) und problemlösende Lerner (*common sense learners*). Anhand der im folgenden Diagramm gegebenen Beschreibung kann man sein eigenes Lernverhalten einschätzen, wobei natürlich immer davon auszugehen ist, dass niemand einen Lernstil in Reinform verkörpert. Dennoch öffnen solche Beschreibungen die Augen für die individuelle Vielfalt der Lernzugänge; es ist bei der Unterrichtsplanung wie auch beim spontanen Lehrverhalten immer wieder erforderlich, ganz bewusst Lernsituationen auch für andere Lernstile zu konzipieren als für den, den man selbst realisiert (vgl. Kapitel 23, Lehr- und Lernstile).

Four types of learners

Concrete experience
Sensing/Feeling

DYNAMIC LEARNER	INNOVATIVE LEARNER
■ integrates experience and application ■ seeks hidden possibilities and fun ■ needs to know what can be done ■ learns by trial and error ■ perceives information concretely and processes it actively ■ flexible, likes to take risks ■ functions by acting and testing experience	■ integrates experience with 'self' ■ seeks meaning, clarity and integrity ■ needs to be personally involved with things ■ interested in people and culture ■ perceives information concretely and processes it reflectively ■ learns by listening and sharing ideas ■ functions through social interaction

Doing ──────────────────────────── Watching

THE COMMON SENSE LEARNER	THE ANALYTIC LEARNER
■ seeks usability, utility, results ■ needs to know how things work ■ learns by testing theories that seem sensible ■ perceives information abstractly and processes it actively ■ needs hands-on experiences ■ enjoys problem solving ■ functions through inferences drawn from sensory experience	■ seeks facts ■ needs to know what the experts think ■ learns by thinking through ideas ■ perceives information abstractly and processes it reflectively ■ values sequential thinking, needs details ■ enjoys traditional classrooms ■ functions by thinking things through and adapting to experts

Thinking

Lernstile

Lernstrategien und Lerntechniken

Lernstrategien und Lerntechniken sind als die praktische Realisation des Lernstils interpretierbar. Strategien sind die vom individuellen Lerner während des Lernprozesses angewandten Verfahren, die in der Regel mehrschrittig sind und zum Erreichen mittel- und längerfristiger Ziele (zum Beispiel innerhalb des nächsten Vierteljahres das englische Zeitensystem wiederholen und festigen) eingesetzt werden. Techniken sind meist einschrittig und dienen zum kurzfristigen Erreichen eines konkreten Ziels (zum Beispiel bis morgen mittels einer Mnemotechnik acht neue Wörter lernen). Sowohl Strategien als auch Techniken dienen der Optimierung des Lernprozesses und der Erhöhung des Lernerfolgs und werden vom Lerner häufig bewusst angewendet.

Die wohl bekannteste Kategorisierung von Lernstrategien gruppiert diese nach deren Zweck (RUBIN/WENDEN 1987 sowie OXFORD 1990):

- **Kognitive und metakognitive Lernstrategien**

Kognitive Lernstrategien "[...] refer to the steps and operations used in learning or problem-solving that require direct analysis, transformation or synthesis of learning materials" (RUBIN/WENDEN 1987, S. 23). Beispiele sind: übersetzen, paraphrasieren, Notizen machen, ableiten, Schlüsselwörter merken, Lernmaterial neu ordnen, gruppieren und organisieren etc.

Metakognitive Lernstrategien "[...] are used to oversee, regulate or self-direct language learning. They involve how learners regulate their learning by planning, monitoring and evaluating their learning activities" (RUBIN/WENDEN 1987, S. 24). Beispiele sind: konkrete Lernziele für bestimmte Zeiträume festlegen und anpassen, Lernergebnisse durch eigene Tests überprüfen, Lernstrategien reflektieren und anpassen etc.

- **Kommunikationsstrategien**

Diese werden angewandt, um an einer Kommunikation als Produzent oder Rezipient teilzunehmen. Beispiele sind: sich durch Sprachstil und Register auf Gesprächspartner einstellen, langsam, deutlich und klar sprechen, um verstanden zu werden, Wiederholungen und *clarification checks* benutzen, dem Gesprächspartner Interesse, Aufmerksamkeit und Verständnis signalisieren, Missverständnisse anzeigen und zum Beispiel durch Nachfragen klären. Solche Strategien lassen sich im Klassenzimmer anwenden, wie der folgende Lehrertipp zeigt.

> **Lehrertipp: Bypassing strategies**
>
> Kommunikationsstrategien lassen sich gut in Dolmetschübungen trainieren. Solche Übungen können zum Beispiel in Rollenspielen bestehen in Form von thematisch gebundenen Gesprächen zwischen einem deutschen Sprecher (Schüler 1) und einem englischen Sprecher (Schülerin 2), zwischen denen ein Dolmetscher (Schüler 3) vermitteln muss. Zu den Kommunikationsstrategien, die im Rahmen solcher Übungen mit den Schülerinnen und Schülern besprochen und geübt werden können, gehören:
>
> **Komplexe Satzstrukturen vereinfachen,** zum Beispiel Reduzierung/Wechsel der sprachlichen Register: *Would you mind telling me the way to the station?* → *Excuse me, where's the station?*
>
> **Unbekannte Wörter umschreiben,** zum Beispiel durch ...
>
> - Paraphrase: *Gabelstapler?* → *It's a vehicle with special equipment on the front for lifting and moving heavy things (a forklift truck).*
> - Oberbegriff: *Säge?* → *It's a tool for cutting wood (a saw).*
> - Verwendungszweck: *Bügeleisen?* → *You use it to make clothes smooth (iron).*
> - Synonyme und Antonyme: *Teuer?* → *The car is not cheap (expensive).*
>
> **Um Hilfe bitten, Rückfragen stellen,** zum Beispiel *What's the English word for this object? Could you say that again, please?*
>
> **Nonverbale Strategien einsetzen,** zum Beispiel Mimik, Gestik, Körperbewegung, auf Gegenstände deuten, etc.
> *(W. Hamm, Hauptschule)*

- **Sozio-affektive Strategien**

Diese Strategien "[...] involve either interaction with another person or control over affect" (O'MALLEY/UHL CHAMOT 1990, S. 45). Beispiele sind: Kontakt zu Muttersprachlern oder Sprechern mit höherer bzw. gleicher Sprachkompetenz herstellen, um die eigene Sprachkompetenz zu trainieren, Fernsehen oder Radio in der Fremdsprache hören, die eigene Angst vor Fehlern bewusst abbauen und sich selbst ermutigen.

Lernstrategien und Lerntechniken kommt im schulischen Kontext eine immer wichtigere Bedeutung zu, da Schülerinnen und Schüler – am besten im Rahmen gezielter Lerntrainings – darauf aufmerksam gemacht und in deren Anwendung konsequent geschult werden sollen, um ihre Eigenständigkeit zu fördern. Die Förderung von Lernerindividualität, Differenzierung nach Lernstilen sowie Training von Lerntechniken und -strategien wird immer wieder eng verknüpft mit dem Ziel, Lernern das Lernen beizubringen, also ihre Fähigkeiten und Motivation zum lebenslangen Lernen auszubilden und ihre Lernerautonomie (vgl. Kapitel 26) zu stärken.

22 Lernprobleme und Lernerfolg

Lernprobleme spielen in vielen fremdsprachendidaktischen Handbüchern neueren Datums kaum eine Rolle, weder in englischsprachigen Standardwerken (zum Beispiel CARTER/NUNAN 2001, HEDGE 2000 sowie RICHARDS/ RENANDYA 2002) noch in deren deutschsprachigem Pendant (BAUSCH ET AL. 2003; darin taucht „Lernschwierigkeiten" lediglich als Index-Stichwort im Kontext des Eintrags „Lernberatung" auf). Erhebliche Leistungsunterschiede innerhalb einer Klasse oder Lerngruppe sind jedoch die Realität, mit der sich viele Englischlehrerinnen und -lehrer täglich konfrontiert sehen – verstärkt in solchen Schularten, in denen alle Schülerinnen und Schüler eines Jahrgangs gemeinsam unterrichtet werden, zum Beispiel in der Grundschule oder der integrierten Gesamtschule.

Die Vernachlässigung solcher Fragen in der Fachdiskussion weist einerseits darauf hin, wie komplex die Erforschung kausaler Zusammenhänge („Schüler x hat dieses Lernproblem im Englischunterricht, weil ...") ist. Sie impliziert andererseits jedoch nach wie vor, dass „die Forderung nach Chancengleichheit im Fremdsprachenunterricht zu einer Leerformel abqualifiziert wird" (SCHWERDTFEGER 1976, S.11) und schülerorientierter Englischunterricht nur für bestimmte Gruppen von Schülerinnen und Schüler umgesetzt wird.

In diesem Kapitel werden zunächst in einem Überblick die Ursachen von Lernproblemen kategorisiert, um diese im nächsten Schritt anhand von drei Aspekten (*language learning awareness*, Legasthenie und Mehrsprachigkeit) kritisch zu betrachten. Für viele Schülerinnen und Schüler verringern sich Lernschwierigkeiten bereits dadurch, dass sie mehr Lernerfolge haben. Abschließend wird deshalb der komplementäre Aspekt diskutiert, nämlich die Förderung und Messung von Lernerfolg.

22.1 Lernprobleme und Lernerfolg im sozialen Raum

Lernprobleme können auf individuelle Dispositionen, auf Kontextfaktoren oder auf eine Kombination von beiden zurückzuführen sein. Sie tragen dazu bei, dass Kinder in ihrer schulischen oder außerschulischen Entwicklung bestimmte Lernprozesse nicht wie die Mehrheit ihrer Klassenkameraden

durchlaufen. Die Ursachen für Lernprobleme und Leistungsschwächen sind verschiedenen Kategorien zuordenbar. Einige davon sind:
- mangelnde Konzentrationsfähigkeit (zum Beispiel ADS – *attention deficiency syndrome*),
- physische oder psychische Ursachen (zum Beispiel Ausspracheprobleme aufgrund von Stottern, Nervosität oder Behinderung),
- Einstellung und Motivation (vgl. Kapitel 21 sowie EHRMANN 1996),
- Defizite in der allgemeinen Sprachentwicklung und individuelle Lernschwächen (zum Beispiel Legasthenie, s.u.),
- Störung der Interaktion (zum Beispiel durch mangelnde Passung von Lerntyp und Lehrstil, vgl. Kapitel 23),
- Unter- oder Überforderung aufgrund mangelnder Differenzierung (RAUTENHAUS 1978),
- Schwierigkeiten durch das Sozialisationsfeld (zum Beispiel Interferenzen bei mehrsprachigen Schülerinnen und Schülern, s.u.).

Eine ebenso große Rolle wie Lernprobleme sollte im Englischunterricht der Lernerfolg spielen. Viele Lernprobleme könnten behoben werden, wenn mehr Raum für die individuelle Förderung von Lernerfolgen gegeben wäre. Besonders wichtig ist in diesem Zusammenhang, dass Unterricht immer im sozialen Raum stattfindet. Die Forderung nach einem "socially more sensitive approach" (BLOCK 2003, S.7) gilt vor allem für den Fremdsprachenunterricht, denn dort ist fremdsprachliche Kommunikationsfähigkeit Weg und Ziel zugleich. Anders als in Sachfächern sind im Englischunterricht Inhalt und Medium zur Kommunikation des Inhalts nicht voneinander trennbar. Fremdsprachenunterricht, in dem man unweigerlich über soziale, kulturelle und persönliche Inhalte spricht, findet also in besonderer Weise im sozialen Raum statt, das heißt, dass auch Lernprobleme im Kontext dieses sozialen Raumes zu betrachten sind (BLOCK 2003). Deshalb müssen beispielsweise die besonderen Gegebenheiten eines mehrsprachigen Klassenzimmers oder die bisherigen Erfahrungen eines Schülers mit Spracherwerb stärker in den Englischunterricht und dessen Planung einbezogen werden.

22.2 Beispiele und Ursachen von Lernproblemen

Für die Lehrerin oder den Lehrer ist es wichtig, den Ursachen von Lernproblemen und Lernerfolg auf den Grund zu gehen, um ihnen gezielt entgegenwirken bzw. sie gezielt fördern zu können. Im Folgenden kann dies nur exemplarisch aufgezeigt werden; ausgewählt wurden Phänomene mit wachsender Bedeutung, nämlich *language learning awareness*, Legasthenie als Beispiel für eine individuelle Lernschwäche sowie Probleme und Chancen im mehrsprachigen Klassenzimmer.

Sprachlernbewusstheit und subjektive Theorien

Unter Sprachlernbewusstheit (*language learning awareness*) versteht man, dass sich Lerner auf der Meta-Ebene darüber im Klaren sind, wie Spracherwerb abläuft. Dazu gehört beispielsweise das Wissen um metakognitive Lern-, Denk- und Problemlösestrategien und darum, wie diese zur Zielsetzung, Vorbereitung, Durchführung und Evaluation von Lernprozessen eingesetzt werden können, so zum Beispiel zur Organisation des Lernmaterials. Zur Sprachlernbewusstheit gehört auch die Fähigkeit zur Reflexion über (Miss-)Erfolge von Sprachlernprozessen.

In der aktuellen Diskussion wird *language learning awareness* vielfach als Garant für erfolgreiches Fremdsprachenlernen angesehen (nach dem Motto: je höher die Sprachlernbewusstheit, desto größer der Lernerfolg). Jedoch gibt es bisher keine gesicherten Ergebnisse, die belegen, dass solches Wissen Sprachlernen generell fördert. Explizites Wissen darüber, wie Sprachenlernen funktioniert, kann nicht für alle Altersgruppen und Lernertypen der Schlüssel zum Erfolg sein; eine starke Förderung mag für analytische Lernertypen durchaus hilfreich sein und bei Schülerinnen und Schülern der Sekundarstufe II häufig zu Erfolgen führen, während dies gerade bei jüngeren Lernern eher zweifelhaft bleiben muss (vgl. Kapitel 20).

Fest steht, dass Sprachlernen sowohl über *explicit* als auch über *implicit learning* funktionieren kann und dass ein Aufrechterhalten der Motivation mittel- und langfristig wohl bedeutend wichtiger für Lernerfolge der Mehrzahl der Schülerinnen und Schüler ist als eine ausgeprägte Sprachlernbewusstheit (vgl. Kapitel 21.2). Einen besseren Zugang zu Erfolg und Misserfolg im Fremdsprachenunterricht bietet die Erforschung subjektiver Lernertheorien, das heißt der Vorstellungen, die Lerner über die Fremdsprache und deren Erwerb haben sowie ihre Motivation für das Sprachenlernen (CHAMBERS 1998 sowie KNAPP-POTTHOFF 1997). Wenn die Schülerinnen und Schüler dazu bereit sind, ihre Vorstellungen von Sprache und Sprachenlernen zu explizieren, zu prüfen und gegebenenfalls zu verändern, bietet das die Möglichkeit, lernerspezifisch auf Erfolge und Misserfolge bei Sprachverstehen und Sprachproduktion einzugehen.

Wenn *language learning awareness* für die Schülerinnen und Schüler nicht unbedingt als notwendige Voraussetzung für Erfolg beim Sprachlernen anzusehen ist, so ist sie doch für Lehrkräfte unverzichtbar: Nur Lehrerinnen und Lehrer mit ausgeprägter Sprachlernbewusstheit können ihren Schülerinnen und Schülern vielfältige Lernangebote machen und die Gefahr vermeiden, unbewusst auf Verfahren, Techniken, Strategien zurückzugreifen, die ausschließlich ihrem eigenen Lerntyp entsprechen (vgl. Kapitel 23).

Individuelle Lernschwächen am Beispiel Legasthenie

Legasthenie spielt im Englischunterricht eine wichtige Rolle, weil viele betroffene Kinder mit der ersten Fremdsprache häufig an ihre Grenzen geraten. Während die Schwäche gerade von gut geförderten Kindern im Grundschulalter noch kompensiert werden kann, gelingt dies im Fremdsprachenunterricht der Sekundarstufe I zumeist nicht mehr. Der deutsche Begriff „Lese-Rechtschreib-Schwäche" gibt nur unzureichend Probleme wieder, mit denen betroffene Schülerinnen und Schüler zu kämpfen haben; Legasthenie kann sich wesentlich umfassender, zum Beispiel in Form einer allgemeinen oder spezifischen Speicherschwäche äußern sowie (vgl. ZANDER 2005, S.5)

- im **auditiven** und **visuellen Bereich**, zum Beispiel können klangähnliche Wörter (zum Beispiel *mail* und *meal*) sowie ähnliche Buchstaben (zum Beispiel b/d/q/p) nicht unterschieden werden, was die Sinnentnahme erschwert,
- im **rhythmisch-melodischen Bereich**, beispielsweise entwickelt sich das Sprachgefühl nur langsam, was unter anderem zu einer fehlerhaften Satzbildung beitragen kann,
- im **kinästhetischen Bereich**, zum Beispiel kann die Position der Zunge zur Erzeugung unbekannter Laute (wie /th/) nicht gefunden werden.

> **Tipp:** Von diesen vielfältigen Störungen können im Englischunterricht alle vier Fertigkeiten betroffen sein. Wichtig ist, dass die Lehrerin oder der Lehrer die Schwäche rechtzeitig erkennt, diagnostiziert und ernst nimmt, das heißt in Gesprächen mit betroffenen Schülerinnen und Schülern und deren Eltern Therapiemaßnahmen bespricht und einleitet.

Schwachstellen, die rechtzeitig erkannt werden, lassen sich durch gezielte Übung beheben. Die Vorschläge von Zander (2005, S. 6 ff.) werden im Folgenden auf den *th*-Laut angewendet, der für viele Schülerinnen und Schüler mit Legasthenie problematisch ist. Solche Übungen können beispielsweise bestehen in:

- **auditivem Training**: verschiedene Wörter mit *th*-Laut (also *this, that, other, birth, cloth* etc.) hören und nachsprechen, dabei in jedem Wort den *th*-Laut mit der Lautgebärde anzeigen (haptische Komponente),
- **visuellem Training**: Einkreisen des *th* im geschriebenen Wort an der Tafel sowie auf jedem Arbeitsblatt in den ersten Wochen.

Englischlernen im mehrsprachigen Klassenzimmer

Mehrsprachigkeit, also eine Mehr-als-Zweisprachigkeit, spielt im Englischunterricht in zweifacher Hinsicht eine doppelte Rolle, und zwar

- als **Bildungsziel** (zum Beispiel durch viele Lehrpläne und Richtlinien in Europa mittlerweile vorgegeben; vgl. MEISSNER/REINFRIED 1998) und
- als **Bildungsvoraussetzung**, zum Beispiel im Englischunterricht für Kinder und Jugendliche, deren Muttersprache nicht Deutsch ist. Deren Zahl nimmt ständig zu; die damit verbundenen Fragen spielen aber erst seit kurzem eine Rolle in der Fachdiskussion.

Während Mehrsprachigkeit als Bildungsziel positiv konnotiert ist, wird sie als Bildungsvoraussetzung häufig negativ bewertet (nach dem Motto: Wie sollen Kinder, die schon nicht Deutsch können, überhaupt Englisch lernen?). Ohne Zweifel stellt Englischunterricht im Kontext von Mehrsprachigkeit und Mehrkulturalität eine zusätzliche Herausforderung an die Lehrerin oder den Lehrer dar, zum Beispiel dadurch, dass der Rückgriff auf eine gemeinsame Muttersprache nur bedingt möglich ist und Interferenzen der Schülerinnen und Schüler mit einer Sprache entstehen, die der Lehrkraft unbekannt ist (vgl. Kapitel 20). Andererseits bieten diese Voraussetzungen für den Englischunterricht großes Potenzial (vgl. HU 2003): Kinder, die Deutsch als Fremdsprache lernen bzw. gelernt haben, können etwa beim interkulturellen Lernen (vgl. Kapitel 9) ihr Vorwissen in den Englischunterricht einbringen. Dies ist allerdings nur dann möglich, wenn bei der Lehrkraft eine entsprechende Sensibilisierung für diese Problematik vorhanden ist, und wenn sie die Muttersprache und Kultur dieser Jugendlichen nicht automatisch abwertet, sondern in den Englischunterricht integriert.

22.3 Lernerfolge fördern und messen

Englischlehrkräfte können durch gezielte Maßnahmen auch konkrete Lernerfolge bei lernschwachen Schülerinnen und Schülern fördern, zum Beispiel durch:
- methodische **Differenzierung** innerhalb einer heterogenen Lerngruppe (zu konkreten Vorschlägen vgl. ROSE 1997 sowie WÖSKE 2001),
- Stärkung der **rezeptiven Kompetenz** in der Fremdsprache als wichtiges Lernziel,
- Erhöhung der **Toleranz** gegenüber Fehlern (insbesondere was Grammatik- und Aussprachefehler betrifft; vgl. Kapitel 17) sowie gegenüber dem Gebrauch einer Varietät der englischen Sprache, die durch kultur- und sprachbedingte Interferenzen leistungsschwacher Schülerinnen und Schüler geprägt ist (vgl. Kapitel 5.3),
- Ablösung des Frontalunterrichts durch die Arbeit in **Paaren** und **Gruppen** sowie durch **Projektphasen** (vgl. Kapitel 25.2), in denen Konzentrationsschwächen weniger schwerwiegende Folgen haben,
- ein verändertes **Schülerbild**, demzufolge Lernprozesse wichtiger sein können als konkrete Ergebnisse. Auch leistungsschwächere Schülerinnen und Schüler werden sich in die Richtung entwickeln, wie die Lehrkraft sie einschätzt.

Bei der Auswahl und Gestaltung von Übungen (vgl. Kapitel 15) für lernschwache Schülerinnen und Schüler sollten die folgenden Kriterien besondere Beachtung finden (Beispiele finden sich bei HOLMES 1991):
- passender **Schwierigkeitsgrad**, das heißt verständlicher Input, klare Fragen, kurze und präzise Arbeitsaufträge,
- strukturierte **Aufgabenstellung**, beispielsweise durch vorgegebene Tabellen oder Listen, die zu ergänzen sind,
- vertrauter, altersgerechter und relevanter **Kontext**,
- **visuelle Unterstützung** zum Beispiel durch Bilder und Zeichnungen,
- **schüleraktivierende** Elemente, durch die Lernen zu einem aktiven Prozess werden kann.

Auch die Schülerinnen und Schüler können bei der Gestaltung von schülerorientiertem Englischunterricht stärker einbezogen werden, beispielsweise, indem sie sich evaluieren. Inzwischen ist weitgehend klar, dass Schülerinnen und Schüler sich in der Regel ganz realistisch einschätzen. Für Selbstevaluation von Lernerfolgen gibt es mittlerweile verschiedene erprobte Wege, unter anderem Portfolios und Fragebögen.

Der eigene Lernfortschritt wird von den Schülerinnen und Schülern in einem **Portfolio** dokumentiert und kontinuierlich ergänzt, das zur Einschätzung ihrer Kompetenz in der Fremdsprache sowie zur Weiterentwicklung individueller Arbeits- und Lerntechniken dienen kann. Das Portfolio kann zum Beispiel Aussagen zur Auswahl von Lerninhalten, zu Lernprozessen und zu deren Ergebnissen beinhalten (SMITH 2002). Im europäischen Kontext spielen inzwischen auf dem Europäischen Referenzrahmen fußende „Europäische Sprachenportfolios" (LITTLE 2002 sowie SCHNEIDER 1995) eine große Rolle. Portfolios leiten Lerner mittel- und langfristig zum Führen eines lernbiografischen *cumulative record* (PIEPHO 1999, S. 82) an, wodurch Selbstverantwortung, Selbsteinschätzung und Selbstvertrauen sowie Sprachlernbewusstheit (s. o.) gefördert werden können. Entwürfe für Portfolios können entweder individuell angefertigt oder in Form von Vorlagen verwendet werden, die mittlerweile für verschiedene Sprachen, Alters- und Kompetenzstufen erprobt wurden. Eine aktuelle Übersicht über verschiedenste Portfolios findet sich unter www.coe.int/portfolio/. Weitere Portfolios für verschiedene Alters- und Kompetenzstufen finden sich unter den folgenden Websites:

- www.eaquals.org (European Language Portfolio) www.learn-line.nrw.de/angebote/portfolio (Europäisches Portfolio der Sprachen)
- www.sprachenportfolio.ch (Europäisches Sprachenportfolio. Version für Jugendliche und Erwachsene)
- www.schule.bremen.de/sprachen/portfolio.html (umfangreiches und übersichtlich aufgebautes Informationsangebot zum europäischen Portfolio der Sprachen)

Fragebögen zur Selbstevaluation von Lernerfolg können sich mit ähnlichen Aspekten wie Lernerportfolios befassen, beziehen sich in der Regel jedoch auf kürzere Zeiträume, also beispielsweise auf eine Unterrichtsstunde oder eine Unterrichtseinheit. Möglich ist auch die Evaluation der Bearbeitung einzelner Aufgaben oder Aufgabentypen. Solche Fragebögen sind nicht nur für Schülerinnen und Schüler aus den oben genannten Gründen wichtig, sondern können auch der Lehrkraft als Feedback dienen. Auch für Lehrerinnen und Lehrer gibt es inzwischen Fragebögen, mittels derer sie ihren Englischunterricht auf der Grundlage von Schülerfeedback evaluieren können (zum Beispiel ROZHOLDOVÁ 1998).

Teil V
Zur Interaktion von Lehren und Lernen

■ "... although classrooms are set up to optimise the interaction of teaching and learning, learning itself is complex and invisible (WAJNRYB/CRICHTON 1997, S. 8)". ■

Ein Großteil der bisherigen Forschung hat sich entweder fast ausschließlich auf die Lernperspektive oder aber auf die Lehrperspektive bezogen, sodass wir nun einiges über Lernmotivation, Lernstrategien und Lernprozesse wissen und eine ganze Menge über das, was Lehrer über das Unterrichten und ihre pädagogische Arbeit denken, nur ganz wenig jedoch darüber, wie sich Lehren und Lernen aufeinander beziehen lassen. Die diffusen Ergebnisse der großen Vergleichsstudien zu Lehrmethoden aus der Mitte des 20. Jahrhunderts, die zwar keine Überlegenheit einer Lehrmethode über eine andere belegen konnten, dafür aber unzweideutig die wichtige Rolle des Lehrerfaktors für den Unterricht und seinen Erfolg zeigten (SCHERER/WERTHEIMER 1964, SMITH 1970, LEVIN 1972; siehe dazu STERN 1983, S. 53 ff.; KLIPPEL 2000c), haben sicherlich auch eine Rolle dabei gespielt, dass diese schwierigen Forschungsfragen nicht weiter verfolgt wurden. Vielleicht hat Wolfgang Butzkamm (2004) recht, wenn er sagt, dass die Zeit für eine neue Synthese reif sei. Der Kondensationskern seiner Methodik, die Lern- und Lehrperspektive vereint und an vielen Punkten zielsicher auf die reiche Tradition des Fremdsprachenunterrichts zurückgreift, liegt im bilingualen Konzept, das jedoch nur eine der beiden möglichen Optionen eines grundsätzlichen Paradigmas für Fremdsprachenlehren darstellt (STERN 1983, S. 402 f.)

Lern- und Lehrperspektive treffen in den am Unterricht beteiligten Menschen aufeinander, denn im sozialen Feld des Klassenzimmers spielen Persönlichkeitsfaktoren, individuelle Einstellungen, Handlungsmuster und Erwartungen für den Erfolg eine nicht zu unterschätzende Rolle. Klassenklima und Lernatmosphäre hängen von gegenseitigem Respekt, von Kooperationsbereitschaft und einer Akzeptanz fairer Regeln ab; Humor und Spontaneität wecken Lehr- und Lernfreude. Vorstellungen zum Lehren bestimmter Inhalte und Einsichten in Lernprozesse verweben sich in methodischen Konzepten, die immer eine bestimmte Sicht des Lernens implizieren sowie eine Ordnung und Stufung der Lerninhalte vornehmen. Unterricht ist hoch komplex, denn viele unterschiedliche Faktoren spielen ineinander. Die Erkenntnis, dass es keine einfache Lösung für ein optimales Zusammenspiel von Lehren und Lernen geben kann, entbindet weder die Wissenschaft noch die Praxis davon, nach tieferer Einsicht in diese Interaktionen und nach Verbesserungen im konkreten Fall zu streben.

23 Lehr- und Lernstile

Jeder Lehrer steht vor einem großen Dilemma, das in zwei Teilprobleme zerfällt:

1. In jeder Klasse befinden sich Schülerinnen und Schüler, die in Bezug auf Persönlichkeit, Leistungs- und Lernverhalten sehr verschieden sind. Dennoch gelten für alle die gleichen Bildungsziele. Jedem Einzelnen gerecht zu werden und allen gegenüber gerecht zu sein – das ist eine fast unmögliche Aufgabe für die Lehrkraft.
2. Jeder Schüler und jede Schülerin verfügt über einen eigenen individuellen Lernstil; wir wissen, dass Unterricht dann besonders lerneffektiv ist, wenn Lernstil und Lehrstil zueinander passen. Nur haben Lehrerinnen und Lehrer unterschiedliche Lehrstile, die auf deren Persönlichkeiten, Einstellungen und Lernstilen basieren. Unterrichten sie gemäß ihrem eigenen Lehrstil, sind sie besonders effektiv. Wenn eine Lehrkraft feststellt, dass ihr Lehrstil nicht zum Lernstil einzelner Lernender passt, steht sie vor einem nur schwer zu lösenden Problem: Versucht sie ihren Lehrstil umzustellen, verliert sie an pädagogischer Wirkung und Überzeugungskraft, beharrt sie auf ihrem Lehrstil, erreicht sie nicht alle Lernenden optimal.

Eine Lösung wäre nur der Individualunterricht, für den Lehrende und Lernende auf der Basis ihrer Lehr- und Lernstile genau passend miteinander kombiniert werden müssten. Das ist im öffentlichen Schulwesen weder praktikabel, noch ist es pädagogisch wirklich sinnvoll, denn Unterricht ist immer auch eine soziale Lernsituation, in der sich individuelles und kollektives Lernen ergänzen. Was ist also zu tun?

23.1 Unterrichtsverantwortung

Die Verantwortung für die Gestaltung des Unterrichts liegt beim Lehrer, dem somit auch die Aufgabe zufällt, möglichst **optimale Lernbedingungen für alle Lernenden** zu schaffen. Wenn heute in der Lernpsychologie und Fachdidaktik die Bedeutung des autonomen, intrinsisch motivierten Lernens besonders hervorgehoben wird, so bedeutet das keineswegs, dass sich die Lehrkraft im Unterricht in eine lediglich moderierende und beratende Funktion zurückzieht. An ihr liegt es, dass die Lernenden passende Aufgaben, notwendige Hilfen und ausreichend **aktive Lernzeit** erhalten, denn guter Unterricht zeichnet sich durch einen hohen Anteil an sinnvoll genutzter, auf Aufgaben bezogener Lernzeit aus (vgl. Kapitel 12). Um für ihre Schülerinnen und Schüler passende Aufgaben zu finden, muss die Lehrerin das Lernziel im Auge haben, wie auch die Lernvoraussetzungen und -stile ihrer Lernenden kennen. Darüber hinaus sollte sie sich ihres eigenen Lehrstils bewusst sein und über ein differenziertes Repertoire an Aufgabenstellungen und Verfahren für die unterschiedlichen Lernstile verfügen:

- ■ "When standing in front of the class, a teacher must remain true to his or her preferred teaching style while at the same time accommodating and maintaining a facilitative relationship with the differing learning styles of students." (COOPER 2001, S. 311) ■

Das verlangt von der Lehrperson einen erheblichen Grad an Selbstreflexion und vor allem ein bewusstes Erweitern des eigenen Handlungsrepertoires in Bereiche hinein, für die sie sich spontan nicht begeistert. Konkret gesagt, eine Englischlehrerin, die selbst aufgrund der eigenen Wahrnehmungspräferenz am liebsten durch Lesen lernt, muss ganz gezielt Darbietungs- und Aufgabenformen für auditive oder kinästhetische Lernende in ihren Unterricht integrieren (vgl. Kapitel 21).

23.2 Kulturelle Dimensionen

Es scheint, als gebe es kulturell bedingte Tendenzen zu einzelnen Lernstilen, die sich beispielsweise in der Bevorzugung bestimmter Wahrnehmungskanäle oder Interaktionsmuster im Unterricht zeigen, jedoch hat die Forschung diese Frage bislang nur punktuell erhellt (HOFSTEDE 1986, SCARCELLA/OXFORD 1992, KRAMSCH 1998a).

In multikulturell zusammengesetzten Klassen kann es im Hinblick auf die Lernstile einzelner Schüler und den darauf aufbauenden Erwartungen an den Lehrstil durchaus zu Irritationen kommen. Oxford et al. (1992) schildern eine Reihe solcher *style conflicts*, bei denen zentrale Lernerbedürfnisse von „gegensätzlich gepolten" Lehrenden nicht erkannt wurden und es zu massivem Misserfolgserleben auf Seiten der (erwachsenen) Lernenden kam. Auf der individuellen Ebene spiegeln sich hier die Konflikte, die beim Export westlicher Unterrichtsmaterialien und -methoden in die Klassenzimmer Afrikas, Asiens und Lateinamerikas ohne Anpassung an die örtlichen Verhältnisse und Werte entstanden. Wir sollten erkennen, dass unsere gewohnten unterrichtlichen Verhaltensmuster weder die einzig möglichen noch notwendigerweise die einzig richtigen sind und die Vielfalt als positive Chance begreifen.

Sicherlich lassen sich nicht alle Inkompatibilitäten zwischen Lernstilen und Lehrstil im multikulturellen Englischunterricht völlig vermeiden, doch können einige Verhaltensweisen die Lage entspannen (vgl. unter anderem OXFORD et al. 1992, S. 451 ff.):

- Fragebögen (vgl. REID 1995) helfen den Lernenden und der Lehrkraft, sich des eigenen Lernstils bewusst zu werden. Daraus erhält die Lehrkraft Hinweise zur Unterrichtsgestaltung.
- Eine Differenzierung von Aufgabenstellungen nach Lernstilen und dementsprechende Gruppeneinteilung ermöglicht es Lernenden, zeitweise in stärker homogenen Gruppen zu arbeiten.
- Gezieltes Training von Lernstrategien führt zur Erweiterung des individuellen Repertoires.
- In der Unterrichtsplanung werden unterschiedliche Lernstile phasenweise besonders berücksichtigt.
- Man schafft eine positive Einstellung gegenüber der Vielfalt der Lernwege. Dadurch stärkt man einerseits das Selbstvertrauen Einzelner und bereichert andererseits das Strategierepertoire der gesamten Lerngruppe.

23.3 Lehrstile

Für die Klassifizierung von Lehrstilen gibt es fast so viele unterschiedliche Ansätze wie für die Lernstile. Nicht immer geht man dabei von ähnlichen Bezugsgrößen aus. Ein frühes Modell unterscheidet den autoritären, den sozial-integrativen und den Laissez-faire-Lehrstil (TAUSCH/TAUSCH 1970), von denen der sozial-integrative die besten Noten erhält. Zuweilen finden Forscher auch Bezeichnungen, die als Metaphern den Schwerpunkt eines Stils kennzeichnen. So unterteilt Katz (1996) auf der Basis von Selbstbeschreibungen von Lehrkräften diese in *choreographers, earth mothers, entertainers* und *professors*.

Ehrmann/Dörnyei schildern die vier Typen:
- "The **choreographer** is particularly attentive to arranging and structuring learning experiences [...], may make extensive use of teacher questioning [...], and provides carefully designed assignment and supplementary material [...]

- The **earth mother** is [...] making extensive use of the teacher's personal relationship with each student, relying on small group work, eliciting student opinions and feelings, sharing responsibility [...]
- The **entertainer** works with stories and metaphors, engaging students through the concrete experiences [...], bringing a sense of drama to the classroom and surprising students with [...] unconventional activities.
- The **professor** [...], whose primary focus is the subject matter, gets to the point, relies on direct presentation of material [...] and emphasizes ideas and critical thinking skills." (EHRMANN/DÖRNYEI 1998, S. 214)

Bei genauerem Hinsehen finden sich Anklänge an die Lernstile, die im Kapitel „Lernerindividualität" vorgestellt werden (vgl. Kapitel 21):

teaching style/Lehrstil	Fokus	learning style/Lernstil
choreographer	multiple activities	problem solving learner
earth mother	social relationship	social learner
entertainer	drama and media	active learner
professor	analysis and critical thinking	analytic learner

Lehr- und Lernstile

Auch wenn eine solche Zuordnung recht pauschal erfolgt und die Bezeichnungen darüber hinwegtäuschen, dass jeder Stil weitaus facettenreicher und stärker differenziert ist, so kann es doch hilfreich sein, sich anhand des in der Tabelle genannten Fokus zu überlegen, welcher Stil dem eigenen Lehren bzw. Lernen am nächsten kommt. Man darf solche Beschreibungen von Verhaltensweisen und Einstellungen allerdings nicht zu mechanistisch verstehen, sondern sollte sie vielmehr als Ausgangspunkt für Selbstreflexion und als Ansatz zur Erweiterung des Lehr-/Lernverhaltens begreifen. Der eigene Stil ist nicht auf alle Ewigkeit festgeschrieben; man kann immer Neues dazulernen und nicht (mehr) adäquates Verhalten verändern.

Für die Schülerinnen und Schüler, deren Lehrkräfte nach einigen Jahren wechseln, ist es dabei durchaus von Vorteil, immer wieder einen anderen Typus von Englischlehrkraft zu erhalten, in dessen Unterricht andere Akzente gesetzt werden. Wie man auf die unterschiedlichen Lerntypen in einzelnen Unterrichtsphasen eingehen kann, zeigt die Tabelle rechts: "Types of learners – ways of teaching".

TYPES OF LEARNERS – WAYS OF TEACHING

learner type	presentation	practice	production	cognitive processing	people & goals
dynamic learner active learner	concrete examples activities visual media	willing to make mistakes willing to talk interactive likes games, role play happy with "fuzzy" tasks	likes to try things out immediately keen on activities and projects keen on „Freiarbeit" process-oriented	made insecure by rules implicit processing	likes to work in pairs or groups sees language as a tool and a means of play
innovative (social) learner	concrete examples which have personal meaning encounters „Landeskunde" aural media	needs "silent period" needs time likes clear instructions wants to understand gets discouraged by corrective feedback	delayed production needs personal involvement keen on meaningful, imaginative tasks communicative	inductive learner conscious processing likes vocabulary	happy to work in pairs and groups but also by him-/herself language learning seen as personal enrichment
analytic learner	texts paradigms information & concepts explanations	likes guidance and clear tasks happy to look things up wants to avoid mistakes likes working step by step	not keen on unstructured tasks likes reading	explicit processing of rules needs rules deductive learner likes grammar	likes to work by him-/herself sees language as a system
common sense learner problem solving learner	texts all kinds of media	likes experimenting likes to be corrected enjoys problem solving	keen on using language as much as possible product-oriented likes speaking and writing	inductive learner finds rules helpful	happy to work by him-/herself and in groups sees language as a useful tool

Types of learners – ways of teaching

24 Methoden

In der langen Geschichte des Fremdsprachenunterrichts hat man sich immer wieder mit der Frage beschäftigt, mit welcher Unterrichtsmethode sich fremde Sprachen am effektivsten lehren lassen. Theoretiker und Praktiker der vergangenen Jahrhunderte haben auf diese Frage viele unterschiedliche Antworten gefunden, sodass wir über einen großen Fundus an Fremdsprachenlehrmethoden verfügen (KLIPPEL 2000c).

Im Deutschen spricht man von **Unterrichtsmethoden** oder der **Unterrichtsmethodik** eines Faches; im Englischen finden die Begriffe *teaching methods* und *methodology* weitgehend analog Anwendung. Folglich ist die Methodik Teil der (Fach-)Didaktik, da sich die Didaktik mit curricularen und Zielaspekten ebenso befasst wie mit der Einordnung des Faches und seiner Inhalte, Verfahren und Materialien in einen breiteren bildungs- und gesellschaftspolitischen Kontext. Der Begriff *method*/(Unterrichts-)Methode erfährt unterschiedlich breite Ausprägungen in der Fachdiskussion. Methodik/*methodology* im engeren Sinne umfasst die konkreten unterrichtlichen Prozesse der Vermittlung im Fach (zum Beispiel FREUDENSTEIN 1970, NUNAN 1991); Methode im weiteren Sinne bezieht die Auswahl, Stufung und Anordnung von Unterrichtsinhalten ebenso mit ein wie die Gestaltung von Unterrichtsmaterial (MACKEY 1965, RICHARDS/RODGERS 2001) und den schulischen Kontext (HEUER/KLIPPEL 1987).

In der Methodik vollzieht sich die Verknüpfung zwischen Theorie und Praxis, indem theoretische Konstrukte und Erkenntnisse in Empfehlungen für die Gestaltung des Unterrichts umgesetzt werden. Jede Methode basiert explizit oder implizit auf bestimmten Theorien von Sprache und Sprachenlernen, die einzelne Verfahren der Vermittlung und Aneignung nahelegen. Allerdings wäre es falsch, Methoden rein präskriptiv als Vorschriften für das Lehrerhandeln zu verstehen; **Methoden eröffnen Handlungsoptionen**, welche die Lehrenden im Blick auf Schüler, Rahmenbedingungen, Ziele und eigenen Lehrstil abwägend auswählen. Methoden sind keine feststehenden Handlungsregeln, die eisern befolgt werden müssen. Auch lässt sich durch Empfehlungen zur Methodik niemals eine Standardisierung des Unterrichts erreichen, abgesehen davon, dass dies auch gar nicht wünschenswert ist.

▪ "Any method is going to be shaped by a teacher's own understanding, beliefs, style, and level of experience. Teachers are not mere conveyor belts delivering language through inflexible prescribed and proscribed behaviors; they are professionals who can, in the best of all worlds, make their own decisions." (LARSEN-FREEMAN 2000, S. X) ▪

24.1 Wozu Methoden kennen?

Ein guter Unterricht zeichnet sich unter anderem aus durch Methodenvielfalt, Abwechslungsreichtum und Klarheit in Zielen und Strukturen (vgl. Kaptiel 12). Um gut unterrichten zu können, müssen Lehrerinnen und Lehrer über ein breites und vielseitiges Repertoire an Unterrichtsverfahren verfügen. Wenn sie also eine große Anzahl unterschiedlicher Methoden kennen, deren Zielsetzungen und theoretische Fundierung verstehen und deren Stärken und Schwächen einschätzen können, sind sie besser in der Lage, den Unterricht für ihre Lerngruppen so zu planen und spontan zu verändern, dass eine möglichst intensive Lernzeit erreicht wird. Breite Methodenkenntnis und umfassendes Methodenverständnis sichern Handlungsstärke.

Es gibt eine Reihe weiterer Gründe, warum eine Beschäftigung mit methodischen Fragen für Lehrkräfte unabdingbar ist.

1. "Teachers teach as they were taught and not as they were taught to teach" lautet ein häufig zitierter Satz, dessen Wahrheitsgehalt viele Menschen zustimmen werden, die in der Lehrerbildung tätig sind. Während der Schulzeit, der Phase der "apprenticeship of observation" (LORTIE 1975), erleben Schülerinnen und Schüler bestimmte Unterrichtsverfahren sehr häufig und nachhaltig. Was liegt näher, als auf dieses methodische Vorgehen, das tief im eigenen Erfahrungswissen verankert ist, später in der eigenen Lehrpraxis zurückzugreifen? Durch die Auseinandersetzung mit Methoden schärft sich der analytische Blick auch für das eigene, eher instinktiv gewählte Vorgehen im Unterricht. Lehrkräfte sind somit besser gerüstet, sich bewusst für oder gegen bestimmte Unterrichtsschritte zu entscheiden.

   ▪ "By becoming clear on where they stand, teachers can choose to teach differently from the way they were taught." (LARSEN-FREEMAN 2000, S. IX) ▪

2. Methodenkenntnis bildet die Basis für das eigene Nachdenken über das ‚Wie' des Unterrichts und damit für die Reflexion über das eigene Tun. In der Lehrerausbildung und -fortbildung hilft die Beschäftigung mit Metho-

den dabei, sich eigener subjektiver Theorien und unreflektierter Annahmen bewusst zu werden und diese zu überdenken und in bewusste Entscheidungen zu überführen.
3. Erfahrene Lehrkräfte, also Unterrichtsexperten, können tragende Muster in Unterrichtsverläufen schneller erkennen, sie analysieren und dann darauf aufbauend Entscheidungen treffen (Tsui 2003, S. 39). Gründliche Methodenkenntnis erweitert diese Wissensschemata auch und ermöglicht es Lehrerinnen und Lehrern, in vielen Unterrichtssituationen erfolgreich zu improvisieren.
4. Im Austausch zu methodischen Fragen mit Lehrkräften, Pädagogen und Fachdidaktikern nehmen Lehrkräfte an der *discourse community* des Berufsfeldes teil, tragen zur Weiterentwicklung der Methodik des Fremdsprachenunterrichts bei und halten das eigene Unterrichten lebendig und aktuell.
5. Wenn Lehrkräfte ein Bewusstsein dafür besitzen, wie lang und vielgestaltig die Geschichte der Methoden des Fremdsprachenunterrichts einerseits und wie differenziert das aktuelle Feld der Fremdsprachenunterrichtsmethoden andererseits ist, werden sie weniger anfällig für Versprechungen, jemand habe die beste Methode oder das allein zum Erfolg führende Verfahren oder Material gefunden. Wer umfassend informiert ist, weiß, dass es Ideallösungen nicht gibt. "There is no best method" (Prabhu 1990), das heißt, es gibt keine Methode, die immer und überall zum Erfolg führt.

24.2 Wie Methoden entstehen

■ "The conceptualization of language teaching has a long, fascinating, but rather tortuous history. For over a century, language educators have attempted to solve the problems of language teaching by focussing attention almost exclusively on teaching method." (Stern 1983, S. 452) ■

Zwar gab es schon im 18. und 19. Jahrhundert heftige Diskussionen um die rechte Methode, eine fremde Sprache zu lehren oder zu lernen, doch hat Stern sicherlich recht, wenn er die **Blütezeit der Methodendiskussion** in die Epoche seit der Neusprachlichen Reformbewegung (ab ca. 1880) verlegt. Allerdings wirkte das Versprechen, einen erfolgreichen, raschen und mühelosen Weg zu kennen, sich eine fremde Sprache anzueignen, auch schon in

früheren Jahrhunderten verkaufsfördernd für Grammatiken und Sprachlehrbücher, wie die folgende Auswahl an Titeln zeigt:
AHN, FRANZ: Praktischer Lehrgang zur schnellen und leichten Erlernung der englischen Sprache. Köln ²²1875.
BEHNSCH, OTTOMAR: English Made Easy. Breslau ⁵1849.
DEGENHARDT, RUDOLPH: Naturgemäßer Lehrgang zur schnellen und gründlichen Erlernung der Englischen Sprache. Bremen ³1869.
HOAR, ROB H.: Englisch per Dampf! Ganz neue Conversations-Methode, um in wenigen Tagen ohne alle Vorkenntnisse geläufig Englisch sprechen zu lernen. Berlin 1884.

Diese Titel zeigen, worauf es ankommt: Es soll schnell gehen und darf nicht schwierig sein. Am besten geht man naturgemäß vor, das suggeriert einfaches Hineinwachsen in die Sprache. Praktisch muss die Methode sein, denn Theorie ist trocken. Am schnellsten lernt man per Dampf? – Tatsächlich liegt dem Buch von Hoar eine Reihe von Gesprächen auf der Zugfahrt zum Fährhafen Richtung England zugrunde. Neue Verkehrsmittel, allgemeiner gesagt: neue Technikentwicklungen führen eben auch zu neuen Sprachlernmethoden. In der Geschichte des Fremdsprachenunterrichts entstanden neue Methoden aus einem ganzen Strauß an Gründen, etwa durch

- neue Theorien zum Sprachenlernen,
- die Entwicklung neuer Medien,
- neue Konzepte der schulischen Bildung.

Im 19. Jahrhundert wurde die **Interlinearmethode**, als deren Erfinder sich Hamilton und Jacotot sahen, vor allem mit einer neuen Einsicht in den Prozess des Sprachenlernens begründet, die auf eigene Lernerfahrungen von Hamilton zurückgingen (KLIPPEL 1994b, S. 225 f.). Allerdings besaß die Kombination von fremdsprachlichem Text mit wörtlicher, meist in zwei Spalten gesetzter deutscher Übersetzung eine bis ins Mittelalter zurückreichende Tradition. Hamiltons Neuerung war die zwischenzeilige Verschränkung von Originaltext, wörtlicher Übersetzung, die der Satzstellung des Originals folgt, und freier Übersetzung. Einige Anhänger der Interlinearmethode fügten eine zusätzliche Zeile oder Sonderzeichen wie hier im Beispiel mit Hilfen zur Aussprache ein.

- "Percéiving   the beads   in her hands,
  Bemerkend   den Rosenkranz   in ihren Händen,
  I   did not think   próper   to distúrb her.
  ich   that nicht (es) denken (für) passend, zu stören sie."
                                        (DÖSCHER 1845, S. 34)

Neue Medien und technische Möglichkeiten wirkten stets befruchtend auf die Methodenentwicklung. Schon Comenius setzte im 17. Jahrhundert Bilder ein, wenngleich die Anschauungsmethode, die Ignaz und Ernst Lehmann im 19. Jahrhundert propagierten (KLIPPEL 1994b, S. 379 f.), sich ebenso wenig flächendeckend durchsetzte und erst das 20. Jahrhundert mit der audio-lingualen und der audio-visuellen Methode die inzwischen weiterentwickelten technischen Möglichkeiten ausnutzte.

Die **audio-linguale Methode**, die in den späten 50er- und 60er-Jahren des 20. Jahrhunderts weltweit besonders populär war, entsprang einem schlagartig gewachsenen Interesse am Fremdsprachenunterricht in den USA, ausgelöst durch den ersten bemannten Raumflug der Sowjets, der den so genannten Sputnikschock verursachte. Diese Methode verband technische Neuerungen mit neuen linguistischen und psychologischen Theorien, und zwar dem Strukturalismus und dem Behaviorismus (RICHARDS/RODGERS 2001, S. 50–69; LARSEN-FREEMAN 2000, S. 35–51).

Als Beispiele für die Motivierung neuer Sprachlehrmethoden durch die Entwicklung von neuen Konzepten schulischer Bildung kann man zum Ersten die Übungs- und Sprechmethode der Pädagogen der Aufklärung, der Philanthropen, im späten 18. Jahrhundert anführen. Modern ausgedrückt sah das pädagogische Programm der Philanthropen einen stärkeren Schülerbezug und eine größere Handlungsorientierung des Unterrichts vor. Für den Fremdsprachenunterricht bedeutete dies den Einsatz von Lernspielen und eine Hinwendung zu dialogischen Verfahren (KLIPPEL 1994b, S. 202 ff.). Als zweites Beispiel ist die Methode der Fremdsprachenvermittlung an den Waldorfschulen zu nennen, die auf dem pädagogischen Konzept und den entwicklungspsychologischen Vorstellungen von Rudolf Steiner beruht (JAFFKE 1996). Hier ist der Englischunterricht eingebettet in Theorien kindlicher Reifung und der bildenden Kraft einzelner authentischer Textsorten wie Gedichte und Märchen.

Methoden verändern sich ständig im Gebrauch; insofern wohnt ihnen ein dynamisches Element inne, das eine Anpassung an weitere Sprachlernsituationen ermöglicht.

24.3 Methodenmuster: Ein Modell

Will man unterschiedliche Unterrichtsmethoden miteinander vergleichen, braucht man ein Modell der Beschreibung, das sich für alle Methoden anwenden lässt. Richards/Rodgers (2001) haben dazu ein Drei-Ebenen-Modell entwickelt, das es sowohl erlaubt, die einer Methode zugrunde liegenden theoretischen, linguistischen und fremdsprachendidaktischen Annahmen als auch curriculare Inhalte und instruktionelle Rollen zu bestimmen und konkrete Verfahren zu beschreiben. Eine Methode umfasst demnach die folgenden Bereiche: *approach*, *design*, *procedure* (RICHARDS/RODGERS 2001, S. 18–35).

Approach

"Approach refers to theories about the nature of language and language learning that serve as the source of practices and principles in language teaching." (RICHARDS/RODGERS 2001, S. 20). Aufbauend auf einer Sicht von Sprache entweder als Struktur oder als Funktionalität oder als Mittel der Interaktion wird man sich für eine jeweils andere Sprachlehrmethode entscheiden, deren praktische Umsetzung die der Sprache zugeschriebenen Qualitäten stützen und Kompetenz zu erreichen hoffen. Neben der linguistischen Basis besitzt jede Methode auch ein explizit genanntes oder implizites Verständnis des Spracherwerbsprozesses, also eine Vorstellung davon, wie eine zweite oder fremde Sprache gelernt wird, etwa zunächst rein rezeptiv (*Total Physical Response* – RICHARDS/RODGERS 2001, S. 73 ff.; LARSEN-FREEMAN 2000, S. 107 ff.) oder durch das Interaktionsbemühen der Lernenden, anderen in der Fremdsprache etwas Persönliches mitzuteilen (*Community Language Learning* – RICHARDS/RODGERS 2001, S. 90 ff.; LARSEN-FREEMAN 2000, S. 121 ff.) Diese theoretischen Grundlagen einer Methode legen bestimmte Unterrichtsverfahren nahe, jedoch nicht fest: "What links theory with practice (or approach with procedure) is what we have called design" (RICHARDS/RODGERS 2001, S. 24).

Design

Auf dieser Ebene setzt die **Methodenanalyse** an, indem die Ziele, die Anordnung des Lernstoffs, die Art der Aufgaben und Übungen, die Rollen von Lernenden und Lehrkraft sowie Funktionen von Unterrichtsmaterialien beschrieben werden. Im Hinblick auf die Ziele geht es um die Gewichtung und Abfolge der Fertigkeiten oder der relativen Bedeutung von sprachlicher Korrektheit *(accuracy)* bzw. flüssigem Gebrauch der Fremdsprache *(fluency)*.

Das einer Methode zugrundeliegende Prinzip der Organisation des Lernstoffs gibt ebenfalls Aufschluss über die Ziele und die Schwerpunkte. So legt ein in grammatischer Progression ausgerichtetes Curriculum andere Verfahren, Materialien, Lehrer-/Lernerrollen nahe als ein thematisch strukturiertes Curriculum. Die Methode des *Community Language Learning* (CLL) verzichtet völlig auf ein vorher bestimmtes Curriculum, da der sprachliche Input von den Lernenden selbst in Gruppensitzungen generiert wird (RICHARDS/RODGERS 2001, S. 90 ff.); was sprachlich und thematisch in diesem Unterricht abläuft, lässt sich somit nur im Nachhinein anhand von Unterrichtsaufzeichnungen feststellen.

Das **Ziel einer Methode** ist entweder produkt- oder prozessorientiert. Dies wirkt sich auf die vorgesehenen Aufgaben- und Übungsformen ebenso aus wie auf die Gestaltung des

Materials. In der audio-lingualen Methode steht beispielsweise das Produkt, nämlich die möglichst fehlerfreie Beherrschung der Fremdsprache im Vordergrund, zunächst im Mündlichen, später auch schriftlich, daher spielen Dialoge und Drillübungen eine wichtige Rolle. Die Lernenden besitzen hier keine Freiheit, diese Übungen inhaltlich oder sprachlich zu verändern; sie vollziehen sie lediglich, was selbst dann noch als sinnvoll angesehen wird, wenn die Lernenden den Sinn der Sätze gar nicht verstehen, die sie umformen (RICHARDS/RODGERS 2001, S. 62.).

Komplementär zu den Rollen der Lernenden sind die Rollen der Lehrerin oder des Lehrers in einer Methode definiert. Welche Funktionen muss die Lehrkraft übernehmen? Inwieweit kann sie Inhalte und Verfahren frei bestimmen? Wie interagiert der Unterrichtende mit den Lernenden? Im Audiolingualismus ist die Lehrerin das zentrale Sprachvorbild und steuert den Lernprozess bis ins Einzelne. Demgegenüber besitzt sie im *Community Language Learning* lediglich die Aufgabe, als Beraterin und Helferin den Lernenden zur Seite zu stehen. Typischerweise zieht man die Parallele zum Lehrenden als *"nurturing parent"* (RICHARDS/RODGERS 2001, S. 95), der das Heranwachsen fördernd begleitet.

Schließlich spielen auf der Ebene des *design* Form, Inhalt und Einsatzort von Unterrichtsmaterialien für eine Methode eine wichtige Rolle, etwa in der Weise, dass Materialien, mit denen die Lernenden autonom arbeiten sollen, verständlicherweise ganz anders aufgebaut und gestaltet sein müssen als ein Lehrbuch für den Frontalunterricht. Die Fragen, inwieweit authentische oder didaktische Texte zum Einsatz kommen, ob das Material die Lehrperson ersetzt oder nur durch sie in den Unterricht eingeführt wird, sind ebenfalls von hoher Relevanz.

Das Modell von Richards und Rodgers sagt nichts zum Status der Lernstandserhebung und Leistungsmessung in einer Methode aus, obwohl auch dies von erheblicher Bedeutung für das Erreichen des Ziels einer Methode sowie für die Rollen von Lehrern, Schülern und Material ist. Ebenfalls unberücksichtigt bleibt die Stellung der Muttersprache, die sich entweder als ein Teilaspekt unter die Sprachlerntheorie auf der Ebene des *approach* oder als ein weiteres Element auf der Ebene des *design* hinzufügen ließe.

Procedure

Hierzu zählen die konkreten Arbeitsformen, die in einer Methode Verwendung finden. Für den Audiolingualismus sind es etwa die *pattern drills* und *substitution tables*, für den *Total Physical Response* die Anweisungsketten des Lehrers, die von den Schülern in Handlungen umgesetzt werden, für den Kommunikativen Fremdsprachenunterricht die *information gap* und *opinion gap activities*, für das *task-based learning* die *tasks*. Zwar sind einzelne Verfahren, wie die soeben genannten, für bestimmte Methoden als typisch anzusehen, doch kennen wir darüber hinaus eine Vielzahl von Darbietungs-, Übungs- und Anwendungsformen, die in vielen Methodenkontexten brauchbar und sinnvoll sind.

Im Sinne eines **Methodeneklektizismus** erscheint es geradezu erforderlich, dass Lehrkräfte ihr methodisches Handwerkszeug aus vielen Bereichen zusammenstellen, um es abhängig von der konkreten Unterrichtssituation dem didaktischen Zwecke passend und den Schülervoraussetzungen entsprechend zu verwenden. Es lohnt sich daher immer, sich auch mit denjenigen Methoden zu befassen, die man in ihrer Gesamtheit zwar nie umsetzen möchte, die aber auf der Ebene der konkreten Verfahren Übungsformen und Anregungen liefern.

24.4 Methodenmuster: Lehroptionen

In seinem weit ausgreifenden Grundlagenwerk zum Fremdsprachenunterricht konstatiert Stern nicht zuletzt auf der Basis einer Analyse der geschichtlichen Entwicklung des Sprachenlehrens, dass man das Konzept einer feststehenden Methode, eines *"package deal"* (STERN 1983, S. 505) zugunsten des breiteren und flexibleren Konzepts der **Lehrstrategie** (*teaching strategy*, STERN 1983, S. 505) aufgeben solle. Aus drei Kernfragen des Fremdsprachenunterrichts leitet er sechs Strategien ab, die sich zu Lernstrategien in Beziehung setzen lassen und somit Methodik-Optionen darstellen.
Als drei Kernbereiche identifiziert Stern (1983):
- *the L1-L2 connection*
- *the code-communication dilemma*
- *the explicit-implicit option*

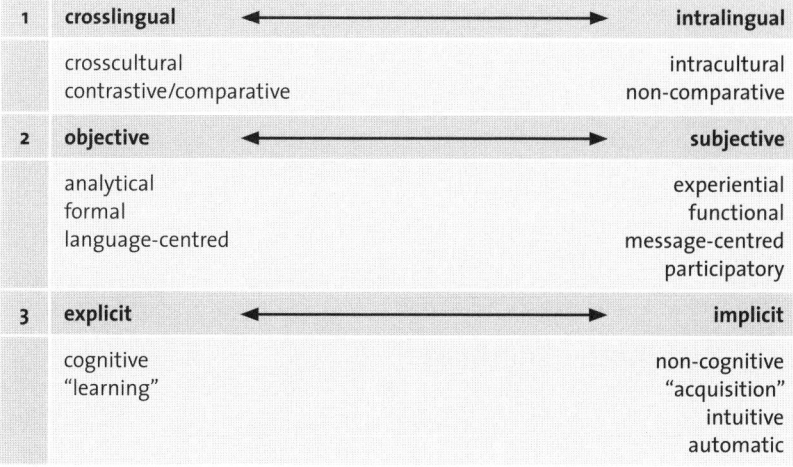

Teaching Strategies (nach STERN *1983, S. 506)*

Im ersten Kernbereich geht es um die seit Jahrhunderten aktuelle Frage, welche Rolle die **Muttersprache** der Lernenden im Fremdsprachenunterricht spielen sollte, beziehungsweise spielen darf. Die beiden Begriffe deuten jeweils die Endpunkte eines Kontinuums an, auf dem sich Verfahren verorten lassen. *"Crosslingual"* bedeutet also, dass die Muttersprache und die Ausgangskultur (*"crosscultural"*) als Bezugsgröße fungieren, wie etwa bei Butzkamm (2004), während ein rein einsprachiges Vorgehen (*"intralingual"*) darauf verzichtet. Stern versteht diese Kategorien rein deskriptiv und keinesfalls wertend.

Das zweite Begriffspaar *"objective-subjective"* verweist auf das alte Dilemma, dass die fremde Sprache im Fremdsprachenunterricht sowohl Unterrichtsgegenstand, das heißt „Stoff" ist, der gelernt wird, als auch gleichzeitig als **Kommunikationsmittel** dient, das erfahren wird. Ein Unterrichtsansatz wie das *task-based language learning* ist eher im rechten, dem Erfahrungsbereich, einzuordnen, die Grammatik-Übersetzungsmethode dagegen ganz links.

Anklänge an diesen Gegensatz finden sich auch im dritten Bereich, der auf Krashens (1988) Unterscheidung zwischen willentlich gesteuertem, auf kognitive Durchdringung zielendem **Lernen** (*learning*) einerseits und in natürlichen Situationen stattfindenden impliziten **Spracherwerb** (*acquisition*) andererseits basiert. Lehrmethoden, in denen die grammatische Bewusstmachung und die Erklärung sprachlicher Phänomene großen Raum einnehmen, sind daher links anzuordnen, der spielerische Englischunterricht in der Grundschule eher rechts.

Beide Wege, die von Stern (1983) vorgeschlagene Analyse von Verfahren durch drei begriffliche Parameter und die Analysematrix von Richards/Rodgers (2001), tragen dazu bei, Methoden und ihre Elemente genau betrachten und kritisch einschätzen zu können.

24.5 Alternative Methoden

Bei der Diskussion der Analyseinstrumente sind alternative Methoden, wie *Total Physical Response* oder *Community Language Learning* schon als Beispiele herangezogen worden. Im Verlauf der langen Geschichte des Fremdsprachenunterrichts hat es immer wieder Menschen gegeben, die eine zentrale Idee oder eine prägende Lernerfahrung zum Ausgangspunkt für eine neue Unterrichtsmethode genommen haben. Das ist auch der Fall für die uns heute bekannten alternativen Methoden, die in Anbetracht ihrer doch eher randständigen Position im Englischen auch *fringe methods* heißen.

method	approach	design	procedure
Total Physical Response (ASHER 1977)	L2-Lernen ähnelt L1-Erwerb. Verknüpfung mit Handlung und Bewegung ist lernfördernd; Stress-Reduktion durch Hinausschieben des Sprechens *(silent period)*	Hörverstehen als Weg zum Sprechen; schriftliche Fertigkeiten unwichtig; Lehrer dominiert als Modell, steuert Unterricht; später übernehmen Lernende z. T. seine Funktion. Großteil des Input sind Imperative	Lehrer gibt Anweisungen in der Fremdsprache; Lernende führen sie aus
Silent Way (GATTEGNO 1972)	Lerner entdecken Sprache. Problemlösendes Lernen auf der Basis eigener Hypothesen (autonomes Lernen); Sprachstruktur zentral	Korrekte Aussprache und *fluency*; grammatische Progression. Hilfsmittel: Cuisenaire-rods, Lauttafel; Lehrer ist still	Lehrer gibt neues Wort / neue Struktur nur einmal vor, bleibt dann still; Lerner reagieren auf nonverbale Aufforderung und nonverbales Feedback
Community Language Learning (CURRAN 1971)	Aussageintention der Lernenden zentral; Sprache ist Kommunikation; Kultur ist wichtig	Lehrer ist Helfer. Affektives Lernen ist wichtig; Hilfsmittel: Tonband, Tafel, um Schüleräußerungen festzuhalten; Curriculum entsteht durch Lernerbeiträge; Pragmatik	individuell gesteuertes Kreisgespräch als Basis für spätere Arbeit an sprachlichen Strukturen
Suggestopedia (LOZANOV 1978)	Lernumgebung muss angenehm gestaltet sein; Steigerung von Lerneffizienz und -freude durch Entspannung (Musik)	Wortschatz ist wichtig; Übersetzungen in L1 zur Bedeutungserhellung; Sprechen und Lesen (Dialoge) zentral; Hilfsmittel: Musik	Lernspiele und Lieder; Lehrkraft liest Text zu Musikbegleitung rhythmisch vor

Alternative Methoden

Larsen-Freeman (2000) unterscheidet nicht zwischen *main-stream* und *fringe methods*; sie behandelt neben Klassikern – Grammatik-Übersetzungs-Methode, Direkte Methode, Audiolinguale Methode – den *Silent Way* (SW), *Desuggestopedia*, *Community Language Learning* (CLL), *Total Physical Response* (TPR), dazu *Communicative Language Teaching*, *Task-Based Approaches* und *Cooperative Learning*. Richards/Rodgers (2001) zählen die folgenden zu den alternativen Methoden: TPR, SW, CLL, *Suggestopedia*, *Whole Language*, *Multiple Intelligences*, *Neurolinguistic Programming*, *Lexical Approach* und *Competency-Based Language Teaching*.

Die alternativen Methoden können hier nicht im Detail vorgestellt werden; auf einschlägige Werke sei daher verwiesen (zusätzlich zu den bereits zitierten ORTNER 1998, THOMAS 1987, BLAIR 1982).

24.6 *Postmethod pedagogy*

Während man um die Mitte des 20. Jahrhunderts noch optimistisch war, dass die richtige Methode des Sprachunterrichts zu finden sei, auch wenn die großen Vergleichsuntersuchungen der 50er- und 60er-Jahre des 20. Jahrhunderts diese Hoffnung nicht nähren konnten (KLIPPEL 2000c), so setzte gegen Ende des Jahrhunderts eine gewisse **Desillusionierung mit dem Methodenkonzept** ein. Dies hing zum einen mit dem wachsenden Misstrauen gegenüber westlichen Theorien und Konzepten in den Ländern Asiens und Afrikas zusammen, deren Verwirklichung zu Spannungen zwischen den regionalen Bildungstraditionen und -werten und denen der westlichen Welt führten. Der Vorwurf des Imperialismus wurde laut (PENNYCOOK 1989, PHILLIPSON 1992). In der Tat exportierten die großen Verlage der USA und Großbritanniens Lehrbücher, Materialien und Lehrerhandbücher zu methodischen Fragen des Englischunterrichts in großer Zahl in alle Welt, in denen auf andere örtliche Traditionen und Ziele keine Rücksicht genommen wurde. In weltweit angebotenen Lehrerbildungskursen wurden etwa Verfahren des Gruppenunterrichts und der kommunikativen Interaktion in der Fremdsprache als das Non-plus-ultra gefordert, obwohl regionale Rahmenbedingungen und Wertvorstellungen diese Form des Sprachenlernens als unpassend ansahen.

Es mehren sich daher die Stimmen, die nicht nur den westlichen Einfluss für die Vermittlung des Englischen weltweit beklagen, sondern zugleich auch das Konzept der Methode für wenig tragfähig halten (KUMARAVADIVELU

2001), und zwar solange es sich um Methoden handele, die aus der Theorie entwickelt worden seien, wie die audio-linguale Methode oder der Kommunikative Ansatz (so KUMARAVADIVELU 2003, S. 540). Angesichts der langen Tradition methodischer Innovation durch die Fremdsprachenlehrer selbst, ist es etwas schwierig, Fremdsprachenlehrmethoden generell als Konstrukte kolonialer Intention zu begreifen, wie es Kumaravadivelu (2003) tut. Allerdings ist die Kritik berechtigt, dass sich die Vermarktung des Englischen weltweit bis vor kurzem nur wenig um die regionalen Gegebenheiten gekümmert hat und es daher dringend notwendig ist, dies zu tun.

Kumaravadivelu (2001) fordert eine drei Ansprüchen genügende Fremdsprachenmethodik:

- *"Pedagogy of particularity"*, die gleichzeitig Prozess und Ziel darstellt und auf dem Erfahrungswissen der Lehrer aufbaut,
- *"pedagogy of practicality [which] aims for a teacher-generated theory of practice"* (KUMARAVADIVELU 2001, S. 541),
- eine *"pedagogy of possibility"*, die soziale Ungleichheit abbauen hilft und Lernenden autonomes Lernverhalten ermöglicht.

Es gehört zur pädagogischen Tradition aller Kulturen, über die Methoden des Unterrichtens nachzudenken. Daher ist es gut, wenn Lehrerinnen und Lehrer zum Ausgangspunkt dieser Überlegungen werden, um in Kenntnis ihrer Lernenden und Lernsituation, das heißt unter Berücksichtigung des jeweiligen Unterrichtskontexts, geeignete Unterrichtsverfahren zu entwickeln, zu erproben und zu implementieren. Wie eingangs begründet wurde, kann dieser Prozess durch eine gute Kenntnis der verfügbaren Methodenansätze nur bereichert werden. Eher als auf eine Post-Methode-Ära sollten wir daher auf einen Zustand hinarbeiten, der Methodenvielfalt und Methodeneklektizismus in Klassenzimmer und Lehrerbildung Realität werden lässt.

25 Handlungsorientierung

Im kommunikativen Englischunterricht besteht das Ziel darin, die englische Sprache mündlich und schriftlich, rezeptiv und produktiv zum Zweck der Verständigung gebrauchen zu können. Der handelnde Umgang mit der Fremdsprache ist Ziel und Weg dorthin zugleich. Konkret bedeutet dies, dass die Schülerinnen und Schüler das Englische nicht (nur) als Lernstoff ansehen sollten, den man für die nächste Klassenarbeit lernen muss, sondern dass sie sich die fremde Sprache schrittweise aneignen, sie als Bereicherung ihrer eigenen sprachlichen und interaktiven Kompetenz empfinden und in die eigene Persönlichkeit integrieren. Ausgehend von der Prämisse, dass ein Zielverhalten nur über einen Lernprozess in gleichartigen Situationen erreicht werden kann, in denen das gewünschte Verhalten geübt wird, lassen sich Schlussfolgerungen für die Gestaltung des Englischunterrichts ziehen. Guter und lerneffektiver Unterricht muss daher Lernformen enthalten, in denen die fremde Sprache in sinnvollen Szenarien und Zusammenhängen gebraucht wird. In solchen Situationen kommt es darauf an, sich inhaltlich zu verständigen, Informationen und Meinungen auszutauschen und mit anderen sinnvoll zu interagieren. Schule ist in dieser Hinsicht Vorbereitung auf den Sprachgebrauch außerhalb der Schule. Aber Schule ist auch ein vom Leben getrennter Raum, der abseits von den vielfältigen Anforderungen der kommunikativen Realität zahlreiche in Form und Inhalt reduzierte und fokussierte Übungs- und Lernmöglichkeiten bietet.

Handlungsorientierung ist einerseits eng verknüpft mit einer funktionalen und sozialen Sicht von Sprache und daher dem heutigen Fremdsprachenunterricht als Unterrichtsprinzip angemessen. Andererseits wird die Forderung nach Handlungsorientierung des Unterrichts auch aus allgemein pädagogischer Sicht gestützt, denn erfolgreiches Lernen verlangt nach Sinnhaftigkeit. Nur das, was wir als sinnvoll wahrnehmen und für uns selbst als nützlich einschätzen, lernen wir bereitwillig. Eine Unterrichtsgestaltung, die den Schülerinnen und Schülern zeigt, wie sie mit der fremden Sprache in konkreten Handlungsszenarien umgehen können, weckt und erhält daher Lernmotivationen. Schließlich ist Sprache in solchen Lernsituationen kontextuell eingebettet und wird dadurch besser im Gedächtnis verankert.

Tasks

Konzeptuell sind sich *task-based learning* und handlungsorientierter Fremdsprachenunterricht sehr ähnlich (vgl. Kapitel 15), nur die Benennung bezieht sich im ersten Fall auf ein Unterrichtsverfahren, im zweiten auf ein **Unterrichtsprinzip**. Immer geht es jedoch um den Einsatz von Sprache, der nicht allein durch den Zweck der Sprachübung bestimmt ist. Ein handlungsorientierter Englischunterricht erfordert häufig Partner- und Gruppenarbeit und damit verstärkt die Interaktion der Lernenden untereinander (vgl. Kapitel 14). Man kann Handlungsorientierung als Unterrichtsprinzip unterschiedlich stark zur Leitlinie des Englischunterrichts machen. Richtet man den Englischunterricht curricular daran aus, muss man ein Kurskonzept nach dem Muster des *task-based language teaching* entwickeln, in dem die Progression der *tasks* derjenigen der grammatischen und lexikalischen Strukturen übergeordnet ist.

> ■ "In task-based approaches, therefore, language development is prompted by language use, with the study of language form playing a secondary role. Recent research, however, suggests while communicative language use is the driving force for language acquisition we also need to focus at some point on language form if acquisition is to be maximally efficient." (WILLIS/WILLIS 2001, S. 174) ■

Aber auch der umgekehrte Weg ist denkbar: In ein auf grammatischer Progression aufgebautes Curriculum werden handlungsbezogene Elemente an vielen Stellen eingefügt, vor allem in Phasen der Anwendungsorientierung und der sprachlichen Konsolidierung. Wichtig ist jedoch stets, dass beide Ziele des Fremdsprachenunterrichts im Auge behalten werden, Aneignung und Verstehen korrekter sprachlicher Formen ebenso wie situationsadäquater und flüssiger Sprachgebrauch (*accuracy and fluency*).

Ganzheitlichkeit und Kontext

Forderungen nach Handlungsorientierung gehen oft Hand in Hand mit der Empfehlung, Sprachenlernen ganzheitlich, multisensorisch und in sinnvolle Kontexte eingebettet zu realisieren. Ebenso wie „Handlungsorientierung" ist auch „Ganzheitlichkeit des Lernens" äußerst positiv konnotiert und mit großen Effizienz- und Motivationserwartungen versehen (KLIPPEL 2000b). Allein, es darf nicht bei der unspezifischen Forderung nach Ganzheitlichkeit bleiben, denn Lernen wird nicht durch bloße Sinnesvielfalt und affektive Ansprache ausgelöst (KAHLERT 2000, S. 39). Vielmehr müssen die Voraussetzungen der Schüler, die Lernaufgabe selbst und das Lernziel in einem fruchtbaren Spannungsverhältnis zueinander stehen, sodass Vorwissen aktiviert und die Sinnhaftigkeit des Lernens für die Beteiligten deutlich wird. Im Fremdsprachenunterricht sollten sich Phasen der Arbeit an einzelnen Phänomenen der fremden Sprache, das heißt Aussprachetraining, Wortschatzübung, grammatische Bewusstmachung, abwechseln mit Phasen des holistischen Umgangs mit Sprache in sinnvollen Kontexten, das heißt in *tasks*, in Texten oder Szenarien. Diese Mischung aus scharf fokussiertem Arbeiten, unter anderem einem *focus on forms* (vgl. Kapitel 7.3), das die Aufmerksamkeit der Lernenden auf die Strukturebene lenkt, und eher ganzheitlichem Arbeiten am Gebrauch der Sprache im Kontext unter Rückgriff auf alles, was die Lernenden bereits beherrschen, erleichtert den Erwerb von *fluency* (Flüssigkeit) und *accuracy* (Korrektheit des Sprachgebrauchs).

Unsere Sprachunterrichtstradition hat lange Zeit – auch noch nach der so genannten kommunikativen Wende – die Sprachrichtigkeit in den Vordergrund gerückt; daher sollen Unterrichtsformen, die Sprachenlernen im Sinnzusammenhang größerer Aufgaben zum Ziel haben oder außerhalb der traditionellen Unterrichtsgestaltung stehen, in den folgenden Teilkapiteln vorgestellt werden.

25.1 Freiarbeit

Freiarbeit, Projektarbeit, Stationenlernen und Lernzirkel, Wochenplanarbeit, Arbeit in Lernwerkstätten – diese Unterrichtsformen werden häufig unter dem Begriff „Offener Unterricht" zusammengefasst, denn sie bauen auf verwandten Prinzipien auf und verfolgen vergleichbare Ziele. Dazu gehören beispielsweise eine konsequente Schülerorientierung, die Förderung von Selbstständigkeit und Eigenverantwortung der Lerner sowie eine stärkere Einbeziehung der außerschulischen Lebenswelt.

Was ist Freiarbeit?

„Freiarbeit ist nach meinen Beobachtungen nicht der Weg ins Chaos, sondern der Weg zu mehr Freude an Unterricht und Schule" (GNASS-FRANKE 1993, S. 373). Diese Aussage einer erfahrenen Englischlehrerin lässt erkennen, dass die in der Freiarbeit enthaltene Komponente der „Freiheit" offenbar recht unterschiedlich erlebt werden kann. Auffällig ist, dass der Begriff

Freiarbeit heute vielfach sehr unscharf verwendet wird; fast entsteht der Eindruck, er diene als pauschaler Gegenbegriff zu lehrergesteuertem Frontalunterricht. Knüpfen wir daher an diesem Gegensatzpaar an und stellen uns die Frage, was der Frontalunterricht *nicht* leisten kann. Da im Frontalunterricht die Lenkung des Unterrichtsgeschehens weitgehend vom Lehrer ausgeht, ist für alle Schüler der gleiche Lernweg vorgegeben, die Lernerindividualität Einzelner kann dabei nur in begrenztem Umfang berücksichtigt werden. Möglichkeiten, selbstbestimmtes und selbstständiges (Fremdsprachen-)Lernen zu erfahren und einzuüben (vgl. Kapitel 26) sowie Gelegenheiten für soziales Lernen gibt es wenig. Für genau diese Formen des Lernens gilt es jedoch mehr Raum in Schule und Unterricht zu schaffen, das heißt für eine Unterrichtsform,

■ „[...] in welcher der Schüler aus einem differenzierten Lernangebot den Gegenstand seiner Tätigkeit, die Ziele, die Sozialform sowie die Zeit, die er auf den gewählten Aufgabenbereich verwenden will, im Rahmen allgemeiner Vorstrukturierungen selbst bestimmen kann. [...] Mit der Wahl der Arbeit ist die Verpflichtung verbunden, sie möglichst auch zu Ende zu führen." (LUDWIG 1996, S. 247) ■

Als allgemein-didaktisches und pädagogisches Motiv spielte „freie Arbeit" schon in den Konzeptionen verschiedener Vertreter der Reformpädagogik eine zentrale Rolle. Das Prinzip der freien Wahl der Arbeit ist ein zentrales Merkmal der Montessori-Pädagogik und war ursprünglich als fächer*übergreifendes* Unterrichtsprinzip im Rahmen eines ganzheitlichen Bildungskonzeptes gedacht. Verwandte Konzeptionen finden sich unter anderem in Gaudigs und Kerschensteiners Arbeitspädagogik, Petersens Wochenplanarbeit und Freinets Überlegungen zur Schreibwerkstatt (vgl. KLEIN-LANDECK 1998, S. 220). In Abwandlung der reformpädagogischen Idee wird Freiarbeit im Sekundarbereich heute aufgrund schulorganisatorischer Rahmenbedingungen in der Regel fach*intern* durchgeführt.

Organisatorisch-methodische Überlegungen

Freiarbeit ist ebenso wenig wie andere „innovative" Unterrichtsformen ein didaktisch-methodisches „Allheil-" oder „Wundermittel". Soll Freiarbeit gelingen, bedarf dies neben der Aufgeschlossenheit der Lehrenden einer schrittweisen Hinführung der Schülerinnen und Schüler sowie sorgfältiger methodischer Vorbereitung. Die oben schon genannte Komponente der „Freiheit" darf keinesfalls mit einer *Laissez-faire*-Haltung gleichgesetzt werden. – Was bedeutet dies nun konkret für die Planung und Vorbereitung von Freiarbeit? Grundsätzlich sind von kürzeren Zeiteinheiten während einer Unterrichtsstunde oder -einheit bis zu festen Freiarbeitsstunden im Stundenplan alle zeitorganisatorischen Formen denkbar. Kürzere Freiarbeitsphasen eignen sich dabei für die Einführung der Unterrichtsform, für Freiarbeit im Vollsinn des Wortes sind dagegen Doppelstunden besonders geeignet.

Die Hauptaufgabe der Lehrerin oder des Lehrers besteht in der Vorbereitung der zu selbsttätigem Lernen „anregenden Umgebung". Dies betrifft zum einen die Strukturierung und Gestaltung des Materials und zum anderen die Einrichtung des (Klassen-)Raums. Eine – stationäre oder mobile – Aufbewahrungsmöglichkeit für das Freiarbeitsmaterial muss gefunden werden, die Anordnung der Tische und Stühle sollte die Arbeit in unterschiedlichen Sozialformen erlauben, auch Leseecken, Spielinseln etc. sind denkbar. Methodisch müssen in Absprache mit den Schülern für alle verbindliche Freiarbeitsregeln aufgestellt werden. Neben der Einhaltung eines niedrigen Geräuschpegels und großer Sorgfalt im Umgang mit dem Material ist im Englischunterricht insbesondere die Vereinbarung von Sprachregeln zum Gebrauch des Englischen zentral (vgl. KUTY 1997, S. 347).

Die Fähigkeit zum selbstbestimmten (Fremdsprachen-)Lernen ist dem Menschen nicht in die Wiege gelegt, sondern eine methodische Schlüsselqualifikation. Zu den vorbereitenden Aufgaben der Lehrkraft gehört daher auch, den Schülerinnen und Schülern entsprechende Lerntechniken und Lernstrategien sowie Formen der Selbstkontrolle und -evaluation vorzustellen und diese einzuüben. Dies betrifft Lerntechniken wie den Umgang mit Wörterbüchern, Lernprogrammen sowie Lesetechniken. Für die mit dieser Unterrichtsform wenig vertrauten Schüler kann eine (anfängliche bzw. zeitweise) Steuerung durch Pflicht- und Wahlpflichtaufgaben unterstützend und daher lernförderlich wirken. Mancher Schüler wird erkennen, dass in der „freien" Arbeit unter Umständen intensiveres Arbeiten eingefordert wird als im herkömmlichen Frontalunterricht.

Aufgabenstellungen und Material

Selbstverständlich kann das schulische Erlernen einer Fremdsprache nicht ausschließlich über Freiarbeit erfolgen. Eine Reihe von Aufgabenstellungen ist jedoch für Freiarbeitsphasen, die den lehrergesteuerten Englischunterricht methodisch sinnvoll ergänzen, bestens geeignet. Bereits erlerntes

Sprachmaterial kann wiederholt und geübt werden, ebenso ist die selbstständige Erarbeitung neuer Inhalte denkbar. Aus der Fülle möglicher Aufgabenstellungen seien einige exemplarisch genannt (vgl. dazu GNASS-FRANKE 1993 und KUTY 1997, S. 348):

- **Einzelarbeit:** bildgesteuerte Worträtsel, Puzzles, Leseübungen und Lektüren, Hörübungen (mit Kopfhörern), (kreatives) Schreiben, Bastel- und Gestaltungsarbeiten, Arbeit am Sprachenportfolio, Arbeit mit Sprachlernprogrammen,
- **Partnerarbeit:** Worträtsel, Partnerdiktate, *information gap activities*, Arbeit mit Fragebögen, Konversationsspiele,
- **Gruppenarbeit:** Karten-, Würfel-, Domino-, Wortspiele, Bingo, *guessing games, surveys.*

Viele dieser Aufgabenstellungen können an unterschiedliche Lernniveaus angepasst werden; Freiarbeit muss daher keineswegs ein unterrichtsmethodisches „Privileg" der Unterstufe bleiben. Bei der Zusammenstellung von geeignetem Material bieten folgende Kriterien Orientierung:

> **Tipp:** Freiarbeitsmaterial sollte
> - mittels klarer Aufgabenstellungen eine selbstständige Bearbeitung durch die Schüler gewährleisten,
> - vielseitig und ansprechend gestaltet sein, das heißt zu sprachlichem und inhaltlichem Tätigwerden anregen,
> - alle Sinne ansprechen und dadurch verschiedene Lerntypen berücksichtigen,
> - unterschiedliche Sozialformen ermöglichen,
> - alle Teilbereiche des sprachlichen Systems (Aussprache, Wortschatz, Grammatik, Diskurs) sowie alle vier Fertigkeiten berücksichtigen,
> - inhaltliche Angebote aus den Bereichen Literatur und Kultur einbeziehen,
> - je nach Aufgabentypus die Möglichkeit zur eigenständigen Fehlerkontrolle bzw. zur Selbstevaluation beinhalten.

Wenn man Freiarbeit ernst nimmt und etablieren will, darf die Frage der Bewertung nicht ausgeklammert werden. Es müssen vielmehr differenzierte Formen der Selbsteinschätzung und Rückmeldung entwickelt werden, die dem Lerner Aufschluss über seinen Lernstand geben sowie konkrete Hinweise für die individuelle Weiterarbeit liefern.

Freiarbeit und die Lehrkraft

Es wird deutlich, dass die Einführung von Freiarbeit eine Reihe von konzeptionellen Veränderungen mit sich bringt. Die Vorbereitungsarbeit besteht für die Lehrkraft in der Zusammenstellung des Freiarbeitsmaterials, im Unterricht selbst übernimmt sie nicht mehr die Rolle der „Lenkerin", sondern die der – aufmerksam beobachtenden – Lernberaterin. Ob ein solches Umdenken gelingt, ist auch eine Frage des beruflichen Selbstverständnisses (vgl. Kapitel 19). Felten (1997, S. 296) geht daher so weit, Freiarbeit zunächst als eine „pädagogische Haltung" zu bezeichnen, aus der dann die entsprechende Methode erwachse: „Hilf mir, es – das Lernen und Üben – selbst zu tun".

Insbesondere in der Einführungsphase sind schulinterne und schulübergreifende Kooperationen sehr hilfreich. Ist an den „abgebenden" Grundschulen die Freiarbeit schon etabliert, können die Sekundarlehrkräfte von den Erfahrungen der Primarlehrkräfte profitieren. Gleichzeitig wird den Schülerinnen und Schülern durch eine solche Kooperation ein sanfter Übergang ermöglicht (vgl. GNASS-FRANKE 1997, S. 361 f.). Auch schulintern ist die Zusammenarbeit im Kollegium zu empfehlen. Schulorganisatorische Fragen werden gemeinsam geklärt (z.B. feste Freiarbeitsstunden in der Stundentafel) und damit auch gemeinsam getragen. Auch die Erstellung des Materials lässt sich auf diese Weise leichter bewältigen. Als weitere Hilfe gibt es Ratgeber für die schrittweise Annäherung an die Freiarbeit (vgl. JÜRGENS 2000, KRIEGER 1998 und 2000, SEHRBROCK 1993), außerdem erleichtern Angebote der Verlage die Materialbereitstellung. In diesem Sinne gilt mit Krieger (1998): „Mut zur Freiarbeit"!

25.2 Projektarbeit

Ihrer Grundidee zufolge ist Projektarbeit eine themenbezogene offene Unterrichtsform, die sich durch ein hohes Maß an Lernerorientierung auszeichnet (vgl. LEGUTKE 2003a). Mit ihr verbindet sich das Ziel, die Trennung von Schule und Leben – zumindest phasenweise – zu überwinden und ganzheitliches, lebensnahes Handeln zu ermöglichen. Die philosophisch-pädagogischen Ursprünge der Projektmethode liegen zum einen im amerikanischen Pragmatismus und in Deweys pädagogischem Postulat des *learning by doing* (vgl. APELT 1993). Zum anderen lassen sich wesentliche Grundgedanken in der Reformpädagogik finden, insbesondere in Freinets Überlegungen zum erfahrungsorientierten Lernen und zur Arbeit mit freien Schülertexten.

Viele Praxisberichte unterstreichen den positiven Ertrag von Projektarbeit, doch nicht immer lässt sich der hohe Anspruch einlösen. Der Blick auf die Praxis zeigt auch, dass die Vorbereitung von Projektarbeit in der Regel zeitintensiver, ihre Durchführung aufwändiger und weitaus anspruchsvoller ist als die herkömmlichen Unterrichts. Zudem schränken ungünstige schulische Rahmenbedingungen die Möglichkeiten ein. Die Chancen der Projektarbeit und die Herausforderungen bei ihrer praktischen Umsetzung können demnach nicht voneinander losgelöst, sondern nur als Gesamtgefüge betrachtet werden.

Projekte im Englischunterricht: Inhalt und Sprache

Das Potenzial von Projekten im Fremdsprachenunterricht liegt in der integrierten Förderung von Sprache und Inhalt (vgl. dazu auch den Ansatz des *task-based learning*). Beide Bereiche verdienen daher bei der Konzipierung und Durchführung didaktisch-methodische Aufmerksamkeit.

Projektthemen und -aufgaben

Bei der Suche nach geeigneten Themen für Projekte im Englischunterricht eröffnet sich ein großes Spektrum an möglichen Inhalten. Schülerinteressen und aktuelle Ereignisse können Anlass für Projektarbeit sein, ebenso gut lassen sich Projekte aber auch aus der Lehrbucharbeit heraus entwickeln. Der gewählte Themenkomplex sollte ein hohes Maß an inhaltlicher Offenheit aufweisen, sich für eine selbstständige Erarbeitung eignen bzw. diese herausfordern und die Lerner dabei zu vielseitigem sprachlichen Handeln einladen (vgl. auch die Kriterien zur Auswahl von Freiarbeitsmaterial, vgl. Kapitel 25.1). Grundsätzlich sind Themen aus der Erfahrungswelt der Lernenden, aus Landeskunde und Literatur sowie aus dem Bereich realer oder virtueller Begegnungen denkbar (vgl. APELT 1993).

Projektphasen

Ein Projekt im Vollsinn des Wortes umfasst folgende Arbeitsschritte: Am Anfang stehen die Projektidee und die gemeinsam ausgehandelte Auswahlentscheidung für ein Hauptthema und geeignete Unterthemen. Es folgt die Erstellung eines Projektplans, in dem der organisatorische Rahmen für die Projektarbeit festgelegt wird (zeitlicher Ablauf der Projektphasen, Gruppeneinteilung und Zuteilung der Unterthemen, Projektarbeitsregeln, Ideensammlung zu Materialbeschaffung, Aufgabenstellungen, Produkten und möglichen Präsentationsformen etc.). In den einzelnen Projektteams erfolgt dann – möglichst in Eigenregie – die Erarbeitung des jeweiligen Gruppenthemas anhand selbstgestellter oder von der Lehrkraft übertragener Aufgaben. In den Projektablauf werden funktional, das heißt den Erfordernissen des Themas und der einzelnen Arbeitsschritte entsprechend, Phasen der Spracharbeit eingebaut (vgl. STOLLER 2002, S. 112). Die in den Projektteams entstandenen Produkte werden in der Ergebnisphase in einer inhaltlich, sprachlich und didaktisch vorbereiteten Präsentation vorgestellt, eine Evaluation rundet das Projekt ab (vgl. LEGUTKE 2003a, S. 261).

Projekttypen

Folgende Grundtypen von Projekten lassen sich unterscheiden (vgl. LEGUTKE 2003a, STOLLER 2002). Häufig empfiehlt sich eine Kombination der Grundtypen, oft bietet sich auch fächerübergreifendes Arbeiten an.

- **Textprojekte**: Bei diesem Projekttyp steht die handlungs- und erfahrungsorientierte Erarbeitung von Texten im Zentrum. Sach- oder literarische Texte aus den Bereichen (Alltags-)Kultur, Landeskunde und Literatur dienen als Ausgangstexte. Sie werden von den Schülern ausgewertet, interpretiert, diskutiert und in der eigenen Textproduktion inhaltlich, stilistisch oder medial transformiert (s.u. Theaterprojekte) und anschließend „publiziert". Im Fremdsprachenunterricht spielen Elemente des Typs „Textprojekt" naturgemäß in allen Projekten eine prominente Rolle.
- **Begegnungsprojekte**: Im Zentrum dieser Projekte stehen Begegnungssituationen mit Englisch sprechenden Personen. Als „legendär" zu bezeichnen ist das *Airport*-Projekt, im Rahmen dessen Schülerinnen und Schüler bei einem vorbereiteten Flughafenbesuch Passagiere und Flugpersonal befragen und anschließend ihre Gesprächsdaten auswerten (LEGUTKE 2003b, S. 95 ff.; vgl. auch KNEBLER/WAGNER 1995). In Schüleraustausch-Projekten erfolgt die inhaltliche und sprachlich-interkulturelle Vorbereitung, Strukturierung und Nachbereitung von Austauschbesuchen (EHRENREICH 2002).

- **Korrespondenzprojekte**: Seit einigen Jahren werden die traditionellen Formen der Klassenkorrespondenz per Brief (EDELHOFF/LIEBAU 1988) durch virtuelle Begegnungen via E-Mail oder Chat ergänzt (DONATH 2003). Die anfänglich damit verbundene Euphorie weicht allmählich der Einsicht in die organisatorischen, vor allem aber auch interkulturellen Herausforderungen, die diese virtuellen Austauschprojekte an Lehrer und Lerner stellen. Der Titel des Beitrags von MÜLLER-HARTMANN (2000) über ein E-Mail-vermitteltes Lektüreprojekt spricht in dieser Hinsicht Bände: „Wenn sich die Lehrenden nicht verstehen – wie sollen sich da die Lernenden verstehen?"
- **Rechercheprojekte**: Hier können die Lerner ihren Entdeckerdrang ausleben. Sie nutzen die verfügbaren Informationsquellen zur themenbezogenen Recherche und stellen ihre Ergebnisse in eigenen – konventionellen oder elektronischen – Text- und Bildarrangements (Poster, Broschüren, PowerPoint-Präsentationen, Webseiten etc.) zusammen. Insbesondere landeskundliche Themen bieten sich hier an (vgl. zur *Native American culture* SCHOCKER-VON DITFURTH 2001), aber auch die Förderung der Sprachbewusstheit (vgl. Kapitel 7.5) kann im Zentrum eines solchen Projekts stehen (GÖBEL/SCHMID-SCHÖNBEIN 1995).

> **Lehrertipp: Internetgestützte Projektarbeit**
>
> Eine interessante Möglichkeit zu internetgestützter Projektarbeit findet sich unter www.youthlinks.org. Auf dieser von der kanadischen Regierung geförderten Seite erfährt man viel über die kanadische Geschichte und kann sich in Themen wie *Personal Security, War and Peace, Environmental Issues* usw. einarbeiten. Aufgrund der Internationalität der teilnehmenden Schulen lernt man im gegenseitigen Austausch unterschiedliche Meinungen kennen. Das Ziel am Ende des mehrwöchigen Projekts ist die Veröffentlichung englischsprachiger Essays im *E-Zine* auf der *Youthlinks*-Seite. Wir nehmen immer wieder mit einer Gruppe (ab der 10. Jahrgangsstufe) daran teil. Besonders interessant war dabei der Austausch mit einer Gruppe aus Taiwan, die zu den oben genannten Themenkreisen teilweise völlig andere Ansichten hatte als wir Deutsche. *(C. Hübner, Gymnasium)*

Theater-, Film- und Musikprojekte bringen originale oder transformierte Texte zur Aufführung bzw. Aufzeichnung (vgl. THALER 2002b).

> **Lehrertipp: Filmprojekt *"Robin in the Wood"***
>
> Zum Abschluss der 5. Klasse *(Lehrbuch English G-2000)* wurde ein Film erarbeitet und gedreht, der die wesentlichen sprachlichen Inhalte des Schuljahres aufgriff und neu kontextuierte. Jede Schülerin und jeder Schüler bekam eine Kopie des Filmes. Damit wurde nicht nur den Eltern ein Beleg für die Unterrichtsarbeit im ersten Lernjahr geliefert; der Film diente und dient bei der (wiederholten) Betrachtung zu Hause auch als gutes Mittel zur Wiederholung von Wortschatz und Grammatik.
>
> *(W. Fiebig, Gymnasium)*

Die Funktion der Fremdsprache bei der Projektarbeit

Die Fremdsprache nimmt bei der Projektarbeit in je unterschiedlicher Gewichtung folgende Funktionen ein: Bei der Arbeit an englischsprachigem Material steht der rezeptive Umgang, bei der Erstellung und Überarbeitung von englischsprachigen Texten der schrift-produktive Umgang mit der Zielsprache im Zentrum. Mit der didaktischen Zielsetzung, reale zielsprachige Kommunikationssituationen übend vorwegzunehmen, dient die Fremdsprache im Klassenzimmer innerhalb der Lerngruppe als Kommunikationsmedium und „Arbeitssprache". In Begegnungs- und Korrespondenzprojekten kommt die Fremdsprache in realen Kontaktsituationen zum Einsatz. In den funktional integrierten Spracharbeitsphasen wiederum stehen die Wortschatzerweiterung, Schreibprozesse und/oder der Ausbau der Diskursfähigkeit im Mittelpunkt. Sinnvoll erscheint auch, die für eine geplante Projektarbeit erforderlichen sprachbezogenen Fertigkeiten aus dem eigentlichen Projekt „auszulagern" und langfristig vorbereitend zu trainieren.

Von Projekten lernen – Herausforderung für Lerner und Lehrkraft

Projektarbeit erfordert sowohl auf Seiten der Lehrkraft als auch auf Seiten der Lerner hohe Kompetenzen. Diese müssen im Vorfeld der Projektarbeit schrittweise eingeübt werden (vgl. Kapitel 25.1). So besteht die Projektkompetenz von Lernern darin, mit einer Reihe von Lernstrategien und Arbeitstechniken vertraut zu sein, ebenso sind Autonomie, aber auch Teamfähigkeit erforderlich. Die Projektkompetenz der Lehrerin oder des Lehrers umfasst neben der sprachlich-inhaltlichen und methodischen Kompetenz vor allem genaue Planung bei gleichzeitiger Bereitschaft, Offenheit auszuhalten, damit der postulierten Schülerorientierung tatsächlich auch Raum gegeben wird. Diese, auf die Lernergruppe abgestimmte Balance zwischen Offenheit und Steuerung wird damit für den Erfolg eines Projekts ausschlaggebend. Im Blick auf die Leistungsbewertung sind beide, Lerner und Lehrer, aufgefordert, sich auf neue Formen (Produkte, Gruppenpräsentation etc.) zu verständigen (vgl. GRUNDER/BOHL 2001).

25.3 Musik, Bewegung und Rhythmus

Wir kommunizieren durch Sprache, aber auch durch Musik und Bewegungen. Man spricht von Sprachmelodie, und einige Sprachen, so sagt man, klingen wie Musik. Im Englischunterricht gebührt Musik, Rhythmus und Bewegung ein wichtiger Platz, und zwar als Lernhilfe und Lernziel.

Lernen durch/mit Musik und Bewegung

Eine Sprache gut zu lernen fordert die ganze Persönlichkeit, das heißt auch affektive und körperliche Voraussetzungen der Lernenden. Musik und Bewegung sprechen den ganzen Menschen an; sie unterstützen vor allem Lerntypen, die nicht vorwiegend analytisch vorgehen, etwa die kinästhetischen Lerner, für die körperliche Aktivität lernnotwendig ist (vgl. Kapitel 21). Zudem unterstützen sie besonders das Mündliche, das ja im kommunikativen Englischunterricht dem Schriftlichen zumindest gleichbedeutend, wenn nicht sogar wichtiger ist.

Sowohl der Einsatz von **Musik** wie auch die Integration von Bewegungsabläufen in das Sprachenlernen besitzen eine lange Tradition, auf die man sich immer dann besinnt, wenn man den Fremdsprachenunterricht an die Grundmuster des Erstsprachenerwerbs anpassen und eine „natürliche" Methode verwenden möchte. Lieder und liturgische Gesänge wurden schon in den Lateinschulen des Mittelalters zum Einüben des lateinischen Sprachrhythmus im Anfangsunterricht verwendet, ehe man sich mit der formalen Grammatik beschäftigte (KELLY 1969, S. 99). Singen und Rezitieren rhythmischer, meist poetischer Texte im Chor wird schon seit Jahrhunderten praktiziert; heute wird diese Tradition durch rhythmisch begleitete Reime (VAUGHAN-REES 1994), Raps und *jazz chants* (GRAHAM 2003) fortgesetzt. Weiterhin können Merksätze oder bestimmte sprachliche Abfolgen, beispielsweise unregelmäßige Verben oder Steigerungsformen, durch rhythmische Bewegungen und ebensolches Chorsprechen gefestigt werden.

Auch die **Verknüpfung von körperlicher Bewegung und Sprachenlernen**, wie sie etwa in der Methode des *Total Physical Response* (ASHER 1977) realisiert wird (vgl. Kapitel 24), ist keineswegs neu (KLIPPEL 2001c). Schon im 18. Jahrhundert setzte man in den Philanthropien, den Knabenschulen der Aufklärung, das Kommandierspiel ein, um das Verstehen fremdsprachlicher Anweisungen spielerisch zu üben (KLIPPEL 2001c). Heute heißt eine Variation dieses alten Spiels *"Simon Says"* (KLIPPEL 1980, S. 157); insbesondere im Anfangsunterricht und in der Grundschule gehören *action rhymes* ebenso wie Vokabelstaffeln oder Reaktionsspiele (KLIPPEL 1980) zum methodischen Repertoire. Durch die Kombination von Bewegung und fremdsprachlichem Tun lässt sich zum einen ein **mehrdimensionales Lernerlebnis** inszenieren, das zumindest für einige Schüler bessere Behaltensleistungen erwarten lässt, zum anderen gewinnt der Unterricht an Abwechslung durch Unterbrechung der Stillsitzschule. Vieles lässt sich so nachhaltig üben: der Zeitengebrauch (FROESE 1999, SCHLOSSER 2006), das freie Sprechen (Lehrtechnik: „Englisch im Gehen" in SIEBOLD 2004, S.128 ff.) oder das Einhören in den Rhythmus der fremden Sprache (BERMEJO 2003).

Das gemeinsame **Singen** im Englischunterricht kommt leider zunehmend aus der Mode. Zwar bieten die Lehrmittel-Verlage CDs mit Liedern in großer Zahl an, die auch jeweils eine Karaoke-Spur zum Mitsingen enthalten, doch ist es etwas ganz anderes, mit der Klasse die fehlende Singstimme einer Tonkonserve zu ersetzen, als im eigenen Tempo zusammen mit der Lehrkraft ein Lied zu singen, die vielleicht sogar auf der Gitarre begleitet. Singen entspannt, baut Sprechhemmungen ab und stimmt fröhlich. Das ist Grund genug, es oft zu praktizieren. Neben Kinderliedern, traditionellen Songs, Popsongs und speziell für den Englischunterricht geschriebenen Liedern, die sich alle zum (Mit-)Singen und Umdichten eignen (Beispiele bei BUTZKAMM 2004, S.284 ff.), kann man auch **Instrumentalmusik** sinnvoll als **Sprech- und Schreibanlass** verwenden (CRANMER/LAROY 1992, MURPHEY 1992), etwa um zu Musik- bzw. Geräuschfolgen eine Geschichte zu entwickeln oder einen Dialog zu sprechen.

Es ist schon in der Muttersprache schwierig, einen gesungenen Text exakt zu verstehen; in der Fremdsprache fällt es uns noch schwerer, zumal **moderne Songs**, die nicht zu Lehrzwecken produziert werden, auf klare Aussprache, korrekte Grammatik und gute Verständlichkeit nicht immer Wert legen. Tatsächlich kommt es oft zu Missverständnissen, weil sich jeder Hörer bemüht, dem Gehörten Bedeutung zuzuschreiben. Sowohl das Transkribieren von Liedern wie auch die Behandlung der Texte und sogar der dazugehörigen, auf den einschlägigen Internetseiten (zum Beispiel www.kissthisguy.com) aufgeführten häufigen Missverständnisse, können zu *language awareness* und Verstehenskompetenz beitragen.

Inhaltliche Aspekte

Mithilfe von Liedern und Bewegungen sprachliche Strukturen und Fertigkeiten zu üben, ist der eine große Bereich; der andere betrifft die Inhalte der **Liedtexte**. Schließlich sind viele traditionelle Lieder eng mit der Geschichte des jeweiligen Ursprungslandes verknüpft: *"Clementine"* bezieht sich auf den *gold rush* in Kalifornien im 19. Jahrhundert; *"Waltzing Matilda"* beschreibt das frühere Leben im australischen Outback. Moderne Songs kommentieren zeitgenössische Ereignisse und Werte, während Musicals oft literarische Vorlagen umsetzen. Die bei Jugendlichen beliebten Fernsehsender senden fast unaufhörlich **Musikvideoclips**, viele davon in englischer Sprache. Und natürlich gibt es im Internet viel Musik zum Herunterladen (Tipps bei Hock 2001).

Einerseits bieten moderne Lieder gerade unter Motivationsaspekten vielfältige Anknüpfungsmöglichkeiten für **Diskussionen**, aber auch für die gezielte Spracharbeit im Unterricht (Thaler 1999, 2002a, 2002b; Plitsch 1997), andererseits empfinden es die Jugendlichen gelegentlich als lästig oder desillusionierend, Musiktexte, die sie einfach nur genießen wollen, im Unterricht analysieren zu müssen. Bei der **Auswahl der Songs** oder Clips sollten die Schülerinnen und Schüler ein Mitspracherecht haben. Folgende **Kriterien** sollten die Entscheidung beeinflussen (vgl. auch Setzer 2003):
- sprachliche Qualität des Textes/des Clip, unter anderem Artikulation, Verständlichkeit, Abweichung von der Standardsprache (Slang, Dialekt), Komplexität, strukturelle und lexikalische Besonderheiten, Sprech-/Singgeschwindigkeit, Länge, Wiederholungen,
- inhaltliche Qualität, unter anderem Thematik (Altersangemessenheit, Relevanz), kulturspezifischer Hintergrund, Kernaussage, Textstruktur,
- Bekanntheitsgrad und Akzeptanz von Musikstil und Interpreten in der Klasse.

Lieder im Englischunterricht einzusetzen, bedeutet immer auch Textarbeit, nämlich Arbeit am Hör- und in den meisten Fällen auch Leseverstehen. Hierfür bieten sich die auch für andere Texte bekannten **Verfahren** an (vgl. Kapitel 8 und 10). Durch die musikalische (Tonträger) oder audiovisuelle (DVD, Clip) Aufbereitung vergrößert sich das Spektrum der möglichen Zugriffe:

zum Beispiel mit, ohne oder mit lückenhafter Textvorlage, mit oder ohne sprachliche Hilfen, mit mehrfacher, evtl. nur auf Teile bezogener Wiederholung. Ob die Arbeit mit Liedern im Englischunterricht die erwünschten Motivations- und Lerneffekte mit sich bringt, hängt sowohl von der Auswahl der Songs als auch maßgeblich von der geschickten methodischen Gestaltung einer solchen Stunde ab.

25.4 Spiel, Improvisation und Theater

Wir lernen eine neue Sprache, um mit ihr neue Kommunikationssituationen bewältigen zu können, in Freizeit, Ausbildung oder Beruf. Spiel, Improvisation und Theater stellen für dieses Ziel bestimmte Lernsituationen zur Verfügung, die dabei helfen, dass sprachliches Lernen die ganze Person ergreift. Denn die drei genannten Vorgehensweisen haben eines gemeinsam: sie schaffen einen von der Unterrichtsrealität abgesetzten Raum, eine Quasi-Realität, die es den Lernenden leichter macht, die fremde Sprache zu verwenden, als dies in der „Ernstsituation" des Unterrichts oft der Fall ist.

Allerdings erfordern spielerische Lernformen im weitesten Sinne auch die Bereitschaft der Lernenden, sich auf andere Regeln und Rollen einzulassen. Kindern fällt das oft leichter als Jugendlichen, was aber nicht heißen soll, dass Spielen nur in unteren Klassen sinnvoll ist. Vielmehr kann man gerade in spielerischen Situationen die Fähigkeit üben, auf unvorhergesehene Sprechanlässe in der fremden Sprache zu reagieren. Wie viele andere Unterrichtsformen gehören auch Spiel und Rollenspiel schon lange zum methodischen Handwerkszeug des Fremdsprachenunterrichts – vom Schulspiel im Lateinunterricht der frühen Neuzeit über die Sprechspiele der Philanthropen im 18. Jahrhundert bis zu elektronischen Sprachspielen heute. Kein Wunder, denn der Hang zum Spielen liegt in der menschlichen Natur und bildet die Grundlage vieler Phänomene der Kultur (HUIZINGA 1949).

Eine allgemein akzeptierte Klassifizierung von spielerischen Arbeitsformen gibt es zwar nicht, doch lässt sich mit der groben Unterscheidung in Regel- und Rollenspiele – im Englischen *game* und *play* – vieles klären.

Sprachlernspiele

Regelspiele, meist auch als Lernspiele bezeichnet, werden durch Regeln gesteuert und können im Gitter der vier Merkmale Können, Zufall, Wettbewerb und Kooperation eingeordnet werden.

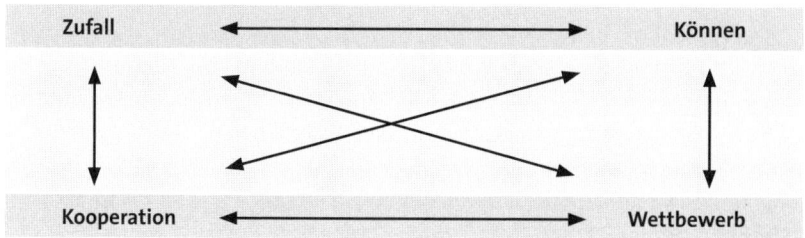

Spielmerkmale

Ist ein Merkmal besonders ausgeprägt, hat dies Auswirkungen auf die Spielfreude der Teilnehmer. So wird ein auf reinem Können basierendes Spiel, das keine Zufallselemente enthält und nur Einzelspieler im Wettbewerb zueinander sieht, natürlich diejenigen entmutigen, die verlieren. Wer im Spiel immer verliert, will nicht mehr mitspielen. Zählt das Können jedoch gar nicht und ist lediglich der Zufall spielentscheidend, so kann das bei leistungsorientierten Spielteilnehmern ebenfalls zum Abfallen der Spielfreude führen. Eine Mischung aus allen vier Elementen macht Spiele für viele attraktiv und erhält die Motivation.

Die Grenze zwischen Spiel und Übung ist fließend, ganz besonders gilt dies für Sprachlernspiele, die ja zur Festigung und Anwendung der Fremdsprache eingesetzt werden. Zu unterscheiden ist zwischen dem Spielziel, das man als Spieler anstrebt, und dem Lernziel, das mit dem Prozess des Spielens und den Spielinhalten aus Sicht der Lehrperson verknüpft ist (KLIPPEL 1998a, 1998b). Ein Ratespiel, bei dem die Klasse raten soll, welchen Gegenstand die Lehrerin verdeckt in ihrer Hand hält, besitzt als Lernziel das Üben der Frageform *Is it ...?*, als Spielziel das Erraten des Gegenstands.

Lernspiele gibt es für alle sprachlichen Bereiche und Fertigkeiten. Durch Verändern der Regeln, etwa eine andere Organisationsform (Paare statt Einzelspieler), ein neues Zeitlimit oder die Eingrenzung bzw. Ausweitung der Spielaufgabe oder des Spielinhalts lassen sich einfache Spielmuster vielfach abwandeln und den Lernvoraussetzungen einer Lerngruppe ebenso anpas-

sen wie den Unterrichtszielen einer Lehrkraft. Einige grundlegende Lernspielformen sind:
- Kettenspiele/*chain games*, in denen reihum etwas (wiederholt und) ergänzt werden muss. Beispiele: Wörterkette zu einem Sachfeld, Ergänzungen zu einem Ausgangssatz wie "*I went to the supermarket and bought* ...", Fortführen einer Geschichte oder Argumentationskette (Beispiele in KLIPPEL 1980, 1984, 1998a),
- Frage-Antwort-Spiele/*questioning games*, in denen entweder etwas geraten (Ratespiel) oder etwas herausgefunden werden muss. Variationen ergeben sich durch Festlegung erlaubter Frageformen, des Zeitrahmens, der Organisationsform und der Vorgabe von Dingen, die erfragt werden sollen (Beispiele unter anderem in KLIPPEL [22]2004, LEE 1986, WRIGHT/BETTERIDGE/BUCKBY 2004),
- Brettspiele/*board games*, in denen meist in der Kleingruppe durch Weiterrücken auf einem Spielfeld gemeinsam oder einzeln bestimmte Aufgaben erfüllt werden müssen. Klassische Brettspiele wie ‚Dame' oder ‚Mensch ärgere dich nicht' eignen sich kaum für den Sprachunterricht, weil man sie fast ohne zu sprechen spielen kann; hingegen fördert ein Spiel wie ‚Scrabble' Orthografie und Wörterkenntnis, ‚Taboo' das Umschreiben. Am sinnvollsten ist es, einfache Vorlagen oder bekannte Spielformen den jeweiligen Übungs- und Lernbedürfnissen anzupassen (Beispiele in KLIPPEL [22]2004, 1998b).

Darstellendes Spiel

Improvisationen, Rollenspiele und *drama activities* können unter dem Begriff darstellendes Spiel zusammengefasst werden. Bei diesen Aktivitäten stehen weniger festgefügte und von allen zu befolgende Regeln im Mittelpunkt, sondern eher die Übernahme bestimmter (Sprecher-)Rollen und das Handeln innerhalb von Szenarien und Situationen. Daraus folgt, dass in *drama activities* nicht isoliert eine grammatische Struktur oder ein Wortfeld geübt werden, sondern die Lernenden ihr bisher erworbenes sprachliches Können aktivieren müssen, über das sie verfügen. Kurtz (2001a) beschreibt Improvisationen als interaktive Lernarrangements, in denen in der Gruppe gelernt wird; der soziale Aspekt des Spielens und Sprechens wird hier besonders betont. Zusammen mit den aus der britischen Tradition stammenden Ansätzen des *drama teaching*, in der Klassiker des Fremdsprachenunterrichts wie die zuerst 1978 erschienene Übungs- und Spielesammlung von

Maley/Duff (³2005) stehen, und methodischen Vorschlägen zum Einsatz von Rollenspielen (PORTER LADOUSSE 1987) gehören Improvisationen zum dramapädagogischen Repertoire des Sprachenlernens. Diese Unterrichtsformen bereiten vor allem auf das spontane freie Sprechen vor und nehmen daher auch bei den Lehrtechniken zum Sprechen und Üben (SIEBOLD 2004) einen wichtigen Platz ein.

Mit Rollenspielen und darstellendem Spiel kann aber auch erreicht werden, dass Fantasie und Gefühle der Lernenden im Englischunterricht stärker berücksichtigt werden, was eine der Voraussetzungen dafür ist, dass man sich mit der fremden Sprache identifiziert. Pubertierenden Jugendlichen fällt es zudem manchmal leichter, in einer Rollenübernahme Englisch zu sprechen als im normalen Unterrichtsgespräch.

> ■ "[drama techniques] draw, too, on students' imagination and memory, and their natural capacity to bring to life parts of their past experience that might never otherwise emerge. [...] Every student brings a different life, a different background, a different set of memories and associations into the class. It is this we seek to tap into; and in doing so, we inevitably restore some of the neglected emotional content to language." (MALEY/DUFF ³2005, S. 2) ■

Will man Spiele, ganz gleich ob Lernspiele oder darstellendes Spiel, erfolgreich im Sprachunterricht verwenden, muss man selbst davon überzeugt sein, dass diese Methoden sinnvoll sind und bereit sein, sich intensiv mit ihnen auseinanderzusetzen. Wer gerne spielt, hat es ein wenig leichter; derjenige wird auch mit Englischlernenden gut spielen können; wer gerne etwas darstellt, wird auch die Schüler mitziehen und ihnen dadurch eine weitere Dimension des Sprachenlernens und des Sprachgebrauchs eröffnen. Aber auch wer im Privatleben Gesellschaftsspielen nichts abgewinnen kann, vermag den Spieleeinsatz als methodisches Verfahren zu erlernen.

26 Autonomes Lernen

Die Forderung nach autonomem Lernen wird in der Fremdsprachendidaktik etwa seit Beginn der 1980er-Jahre immer wieder aufgestellt und ist in der Forschung bis heute ein vieldiskutiertes Thema, nicht zuletzt im Kontext der Arbeiten des Europarates (HOLEC 1988).

Da unterrichtliches Lernen immer an curriculare Vorgaben gebunden ist, kommt dem Konzept des autonomen Lernens im weiteren Sinne (das heißt Lernziele völlig eigenständig setzen inklusive der Entscheidung, nicht zu lernen) im schulischen Englischunterricht eher geringe Bedeutung zu. „Autonomie" wird in diesem Kontext vielmehr verstanden als die Fähigkeit und Bereitschaft von Schülerinnen und Schülern, selbst mehr Verantwortung für ihre Lernprozesse zu übernehmen. Synonyme für diese Art des autonomen Lernens sind selbstverantwortliches oder selbstständiges Lernen (RAMPILLON 2003). Es kann dann stattfinden, wenn weitgehend extern gesetzte Wissensinhalte in einer Weise präsentiert werden, die Schülern eine selbstständige Erarbeitung ermöglicht.

Zu den wichtigsten Zielbereichen autonomen Lernens im schulischen Kontext gehören (WISSNER-KURZAWA 1995):

- **Lebenslanges Lernen**: Die enorm beschleunigte Informationsexpansion erfordert lebenslanges Lernen vom Einzelnen, auf das es in der Schule vorbereitet werden muss. Das gilt in besonderem Maße für eine Fremdsprache, die man anders als ein begrenztes Stoffpensum nie abschließend gelernt hat.
- **Persönlichkeits- und motivationspsychologische Gesichtspunkte**: Erfolgreiche Lerner erleben sich selbst als Urheber des eigenen Tuns, was zu größerer Selbstzufriedenheit führt. Dies kann im Englischunterricht beispielsweise in Form von Projekten oder anderen handlungsorientierten und ganzheitlichen Unterrichtsformen bzw. Aufgabenstellungen gefördert werden (vgl. Kapitel 25).
- **Kognitionspsychologische Aspekte**: Lernaktivität sowie Behaltens- und Anwendungsleistung erhöhen sich in der Regel dann, wenn Inhalte selbsttätig erarbeitet werden.

Autonome Verfahren bieten im Englischunterricht folgende Vorteile, vorausgesetzt, sie werden im Zusammenhang mit passenden Inhalten eingesetzt:

- Sie können von den Schülerinnen und Schülern auch weitgehend **lehrerunabhängig** eingesetzt werden, zum Beispiel bei Hausaufgaben oder zur eigenständigen Wiederholung.
- Die Schüler können das **Tempo** selbst bestimmen.
- Der Schwerpunkt **lehrergesteuerter Phasen** kann primär auf die Anwendung (statt auf die Übung oder Wiederholung) sprachlicher Strukturen und zentraler Inhalte gelegt werden.

26.1 Merkmale und Formen autonomen Lernens

Im Vergleich zum traditionellen Unterricht verändern sich grundlegende Prinzipien und Formen, wenn die Lerner selbst in höherem Maß Verantwortung für den Lernprozess übernehmen (RAMPILLON 2003). Dabei brauchen sie Anleitung durch die Lehrkraft und häufig indirekte Steuerung, was wiederum entsprechende methodische Kompetenzen auf Seiten der Lehrkräfte erfordert (SOLMECKE 1993).

Wichtige Veränderungen finden bei einer stärkeren Hinwendung zum autonomen Lernen in mehreren Teilbereichen statt. Die Lernziele wandeln sich dahingehend, dass nicht mehr ausschließlich die fremdsprachliche Kompetenz der Lernenden im Mittelpunkt des Englischunterrichts steht, sondern auch die Entfaltung ihrer Individualität im Sinne der Autonomie. Außerdem verändern sich Lehrer- und Schülerrollen grundlegend, wenn die Lehrkraft prinzipiell nichts mehr tut, was die Lernenden auch selbst tun könnten (RAMPILLON 2003, S. 5).

Folglich gewinnen Formen des offenen Unterrichts an Bedeutung; diese Aufstellung enthält einige solcher Formen, die für den schulischen Kontext relevant sind und die hier nach zunehmendem Grad der Lernerautonomie aufgeführt werden:

- **Selbstständigkeit** als Unterrichtsprinzip: Schülerinnen und Schüler handeln selbstständig zum Beispiel bei der Benutzung von Materialien und Medien. Der Lehrervortrag als Präsentationsform tritt in den Hintergrund.
- **Gruppen- und Partnerarbeit**: Feinziele, Inhalte, Vorgehensweisen und Ergebnissicherung werden weitgehend selbstständig und in wechselnden Sozialformen festgelegt.
- Lernen mit einem **Arbeitsplan**: In einem Wochenplan werden von der Lehrkraft die zu bearbeitenden Inhalte für eine Woche vorgegeben, die

Schülerinnen bestimmen dann Reihenfolge, Zeiteinteilung, Sozialformen und Lernhilfen selbst.
- **Lernen an Stationen** oder im Lernzirkel: Inhalte und Aufgabenstellungen werden von der Lehrkraft festgelegt, beim Lernzirkel auch die Reihenfolge der zu bearbeitenden Aufgaben (vgl. beispielsweise DOFF 2002b). Über andere Schritte vor, während und nach dem Lernen entscheiden die Schülerinnen und Schüler selbst.
- Lernen in der **Lernwerkstatt** (häufige Arbeitsform: Freiarbeit): Lernen findet in einer relevanten Lernumgebung statt, das heißt mit vielfältigen und animierenden Arbeitsmaterialien und Medien. Die Lerner bestimmen Arbeits- und Lernziele sowie das methodische Vorgehen selbst, die Lehrkraft gibt den Zeitrahmen vor.

26.2 Leistungsbewertung beim autonomen Lernen

Autonome Lernverfahren und traditionelle Leistungsmessung passen nur selten zusammen und haben, wenn sie dennoch kombiniert werden, häufig negative Auswirkungen auf die Motivation. Von zentraler Bedeutung ist, dass die Leistungsbewertung den Lernprozessen angeglichen wird.

> **Tipp:** Die Art der Leistungsmessung hat einen hohen *backwash-effect* (vgl. Kapitel 16): Wenn beispielsweise Teamfähigkeit bei einer Gruppenarbeit nicht in irgendeiner Form bewertet wird, wird sie auch nicht in besonderer Weise unter Beweis gestellt bzw. geübt.

Bei der Leistungsbewertung autonomen Lernens sind die folgenden Dimensionen verstärkt zu berücksichtigen:
- zielerreichendes, fachliches Lernen,
- sozialkommunikatives Lernen,
- methodisch-strategisches Lernen,
- selbst erfahrendes und selbst beurteilendes Lernen.

Außerdem kann nicht mehr die Lehrkraft allein die Verantwortung für die Leistungsbewertung tragen, sondern sollte diese mit den Lernern teilen. Am Prozess der Leistungsbewertung sind idealerweise also die Lehrkraft, die Lerner selbst sowie deren Ko-Lerner beteiligt.

Formen der Leistungsbewertung, die die Beteiligten im Rahmen des autonomen Lernens umsetzen können, sind (RAMPILLON 2003, S. 9–10):
- Epochalnote,
- mündliche Note,
- bewertende Kommentare (evtl. gesteuert),
- Beobachtungsbögen,
- Lernkontrollen im Team der Lernenden,
- Selbstevaluation,
- Lernbericht,
- Portfolio.

Literatur

Standardwerke, die einen umfassenden Überblick bieten, sind mit folgendem Symbol ✔ gekennzeichnet.

AEHLE, WILHELM (1938): Die Anfänge des Unterrichts in der englischen Sprache, besonders auf den Ritterakademien. Hamburg.

AITCHISON, JEAN (1997): Words in the Mind. An Introduction to the Mental Lexicon. 2. überarb. Aufl. Oxford.

ALDERSON, CHARLES J. (2000):Assessing Reading. Cambridge.

ALDERSON, CHARLES J./BACHMAN, LYLE F. (2004): Series editors' preface to "Assessing Speaking". In: LUOMA, Assessing Speaking, S. IX – XI.

ALFES, LEONARD (1982): Der Lehrer als Motivationsfaktor – "whatever the method used". In: Englisch 17, S. 22–27.

ALLWRIGHT, DICK (1984):The importance of interaction in language learning. In: Applied Linguistics 5 (2), S. 156–171.

ALLWRIGHT, DICK (1998): Contextual factors in classroom language learning: an overview. In: MALMKJÆR, KIRSTEN/WILLIAMS, JOHN: Context in Language Learning and Language Understanding: Cambridge, 115–134.

ALTENDORF, ULRIKE (2003): What would Eliza Doolittle be taught today? or How to define a target variety for British English pronunciation today. In: Englisch 38, S. 145–152.

ANDERMAN, GUNILLA & ROGERS, MARGARET (Hrsg.) (1996): Words,Words,Words. The Translator and the Language Learner. Clevedon.

APELT, WALTER (1993): Projektmethode im Fremdsprachenunterricht – Ursprung und Grundlagen (1). In: Fremdsprachenunterricht 37/46, S. 253–257; Projektmethode im Fremdsprachenunterricht – Ziele, Inhalte, Verfahren (2). In: Fremdsprachenunterricht 37/46, S. 381–387.

APPEL, CHRISTINE/GILABERT, ROGER (2002): Motivation and task performance in a web-based tandem project. In: RECALL 14 (1), S. 16–31.

APPEL, JOACHIM (1985): Dolmetschen als Übungsform im Oberstufenunterricht. In: Praxis des neusprachlichen Unterrichts 32, S. 54–58.

APPEL, JOACHIM (1990): No, Prime Minister. Dolmetschübungen in der Schule. In: Der fremdsprachliche Unterricht 104, S. 38–39.

APPEL, JOACHIM (1995): Diary of a Language Teacher. Oxford.

APPEL, JOACHIM (2000): Erfahrungswissen und Fremdsprachendidaktik. München.

APPEL, JOACHIM (Hrsg.) (2004): Aufschwung im Rückblick. Fremdsprachendidaktik der 1960er-Jahre. München.

ARENDT, MANFRED (1991): Die vier Arten der Einsprachigkeit. In: Praxis des neusprachlichen Unterrichts 38, S. 115–122.

ARENDT, MANFRED (2000): Vom Lesen zum Sprechen. In: Englisch 35, S. 121 – 126.

ARMSTRONG, DERRICK/HEATHCOTE, VICKIE (2003): Literature Review of ESOL for Learners with learning difficulties and/or disabilities. London (www.nrdc.org.uk).

ARNOLD, JANE (Hrsg.) (1999): Affect in Language Learning. Cambridge.

ARNOLD, KARL-HEINZ/SANDFUCHS, UWE/WIECHMANN, JÜRGEN (Hrsg.) (2006): Handbuch Unterricht. Bad Heilbrunn.

Assbeck, Johann (1999): Englisch lernen mit System. Berlin.
Assbeck, Johann (2002): Thesen zur Wortschatzüberprüfung – „An der Tafel habe ich immer Mattscheibe". In: Der fremdsprachliche Unterricht Englisch 36, S. 28–32.
Asher, J. (1977): Learning Another Language Through Actions. Los Gatos.
✶ Bach, Gerhard/Timm, Johannes-Peter (Hrsg.) (2003): Englischunterricht. Grundlagen und Methoden einer handlungsorientierten Unterrichtspraxis. 3. Aufl., Weinheim.
Bach, Gerhard (2005): Bilingualer Unterricht: Lernen – Lehren – Forschen. In: Bach/Niemeyer: Bilingualer Unterricht, S. 9–22.
Bach, gerhard/Niemeyer, Susanne (Hrsg.) (2005): Bilingualer Unterricht. Grundlagen, Methoden, Praxis, Perspektiven. 3. Aufl. Frankfurt.
Bachman, L. F./Palmer, A. S. (1996): Language Testing in Practice. Oxford.
Baddock, Barry (1996): Using Films in the English Class. Clevedon.
Ball, Pete (2003): First-aid phonetics. In: English Teaching Professional 26, S. 8–10.
Bausch, Karl-Richard/Burwitz-Melzer, Eva/Königs, Frank G./Krumm, Hans-Jürgen (Hrsg.) (2005): Bildungsstandards und Kerncurricula im Fremdsprachenunterricht. Tübingen.
Bausch, Karl richard/Christ, Herbert/Königs, Frank/Krumm, Hans-jürgen (Hrsg.) (2000): Interaktion im Kontext des Lehrens und Lernens fremder Sprachen. Tübingen.
✶ Bausch, Karl-Richard/Christ, Herbert/Krumm, Hans-Jürgen (Hrsg.) (2003): Handbuch Fremdsprachenunterricht, 4. Aufl., Tübingen (3. Auflage 1995).
Bausch, Karl-Richard/Königs, Frank G. (1983): „Lernt" oder „erwirbt" man Fremdsprachen im Unterricht? Zum Verhältnis von Sprachlehrforschung und Zweitsprachenerwerbsforschung. In: Die Neueren Sprachen 82, S. 308–336.
Bausch, Karl-Richard et al. (1998): Kognition als Schlüsselbegriff bei der Erforschung des Lehrens und Lernens fremder Sprachen. Tübingen.
Bednarek, Nicola (2000): Jugendliteratur im Englischunterricht am Beispiel des australischen Jugendbuches. In: Klippel, Friederike (Hrsg.): Textsalat. Fremdsprachliche Texte finden, lesen, schreiben und bearbeiten. München, S. 9–54.
Bermejo, Ignacio J. (2003): Speaking English with your feet. In: English Teaching Professional 28, S. 28–29.
Black, Colin/Butzkamm, Wolfgang (1977): Klassengespräche. Kommunikativer Englischunterricht. Heidelberg.
Blair, R. W. (Hrsg.) (1982): Innovative Approaches to Language Teaching. Rowley.
Block, David (2003): The Social Turn in Second Language Acquisition. Washington, D.C.
Block, David/Cameron, Deborah (Hrsg.) (2002): Globalization and Language Teaching. London.
Bönsch, Manfred (2000): Intelligente Unterrichtsstrukturen: Eine Einführung in die Differenzierung. Hohengehren.
Bollnow, Otto Friedrich (1978): Vom Geist des Übens. Freiburg.
Börner, Wolfgang (1999): Fremdsprachliche Lernaufgaben. In: Zeitschrift für Fremdsprachenforschung 10 (2), S. 209–230.

BÖRNER, WOLFGANG/VOGEL, KLAUS (2004): Emotion und Kognition im Fremdsprachenunterricht. Tübingen.

BORG, SIMON (1998): Teacher's pedagogical systems and grammar teaching: a qualitative survey. In: TESOL Quarterly 32, S. 9–35.

BORG, SIMON (2003): Teacher cognition in language teaching: A review of research on what language teachers think, know, believe, and do. In: Language Teaching 36, S. 81–109.

BRAINE, GEORGE (Hrsg.) (1999): Non-native educators in English language teaching. Mahwah.

BRAMMERTS, HELMUT/KLEPPIN, KARIN (2000): Übersetzen im Tandem und Kooperatives Dolmetschen in mehrsprachigen Lerngruppen. In: Fremdsprache Deutsch 23, S. 40–46.

BRAUN-BAU, SUSANNE (2002): Konstruktives Textverstehen: schüleraktivierende Verfahren für short stories (Thema: ethnische Konflikte) aus dem Bereich der „neuen englischen Literaturen". In: Neusprachliche Mitteilungen 55, S. 202–212.

BREDELLA, LOTHAR (2003): Literaturdidaktik. In: BAUSCH/CHRIST/KRUMM: Handbuch Fremdsprachenunterricht, S. 54–60.

BREDELLA, LOTHAR (2004): Grundlagen für eine rezeptionsästhetische Literaturdidaktik. In: BREDELLA/BURWITZ-MELZER: Rezeptionsästhetische Literaturdidaktik, S. 25–80.

BREDELLA, LOTHAR/BURWITZ-MELZER, EVA (2004): Rezeptionsästhetische Literaturdidaktik mit Beispielen aus dem Fremdsprachenunterricht Englisch. Tübingen.

BREDELLA, LOTHAR, DELANOY, WERNER (1999): Was ist interkultureller Fremdsprachenunterricht? In: BREDELLA, LOTHAR/DELANOY, WERNER (Hrsg.): Interkultureller Fremdsprachenunterricht. Tübingen, S. 11–31.

BREEN, MICHAEL PETER (1985): The Social Context for Language Learning – A Neglected Situation. In: Studies in Second Language Aqusition 7, S. 135–158.

BROADY, ELSPETH (2005): The four language skills or 'juggling simultaneous constraints'. In: COLEMAN/KLAPPER (Hrsg.): Effective learning and teaching in modern languages. London, S. 52–66.

BROMME, RAINER (1992): Der Lehrer als Experte: zur Psychologie des professionellen Wissens. Bern, Göttingen, Toronto.

BROWN, JAMES D./HUDSON, THOM (2002): Criterion-referenced Language Testing. Cambridge.

BRUSCH, WILFRIED (1986): Text und Gespräch in der fremdsprachlichen Erziehung. Hamburg.

BRUTHIAUX, PAUL (2003): Squaring the circles: issues in modelling English worldwide. In: International Journal of Applied Linguistics 13 (2), S. 159–178.

BURGER, GÜNTER (2004): Webradio (Streaming Audio) – eine neue Ressource für das Hörverstehenstraining. In: Neusprachliche Mitteilungen 57, S. 229–233.

BURWITZ-MELZER, EVA (2003): Allmähliche Annäherungen: Fiktionale Texte und kreative Verfahren als Beitrag zum Fremdverstehen im Englischunterricht der Sekundarstufe I. Tübingen.

BURWITZ-MELZER, EVA (2004a): Lernende und Lehrende im fremdsprachlichen Unterricht. In: BREDELLA/BURWITZ-MELZER: Rezeptionsästhetische Literaturdidaktik, S. 201–236.

BURWITZ-MELZER, EVA (2004b): Unterrichtsgespräche beim Einsatz von Literatur im Fremdsprachenunterricht. In: BREDELLA/BURWITZ-MELZER: Rezeptionsästhetische Literaturdidaktik, S. 237–324.

BUTTJES, DIETER/BYRAM, MICHAEL (Hrsg.) (1991): Mediating Languages and Cultures: Towards an Intercultural Theory of Foreign Language Education. Clevedon.

BUTZKAMM, WOLFGANG (1973): Aufgeklärte Einsprachigkeit. Heidelberg.

BUTZKAMM, WOLFGANG (1980): Praxis und Theorie der bilingualen Methode. Heidelberg.

BUTZKAMM, WOLFGANG (1997): Communicative shifts in the regular FL-classroom and in the Bilingual Content Classroom. In: IRAL 35 (3), S. 167–186.

BUTZKAMM, WOLFGANG (2000): Medium-oriented and message-oriented communication. In: BYRAM: Routledge Encyclopedia of Language Teaching and Learning.

BUTZKAMM, WOLFGANG (2003): We only learn a language once. The role of the mother tongue in FL classrooms: death of a dogma. In: Language Learning Journal 28, S. 29–39.

✱ BUTZKAMM, WOLFGANG (2004): Lust zum Lehren, Lust zum Lernen. Eine neue Methodik für den Fremdsprachenunterricht. Tübingen und Basel.

BYRAM, MICHAEL (1997a): Teaching and Assessing Intercultural Communicative Competence. Clevedon.

BYRAM, MICHAEL (1997b): "Cultural awareness" as vocabulary learning. In: Language Learning Journal 16, S. 51–57.

✱ BYRAM, MICHAEL (Hrsg.) (2000): The Routledge Encyclopedia of Language Teaching and Learning. London.

CAMERON, DEBORAH (2002): Globalization and the teaching of 'communication skills'. In: BLOCK, DAVID/CAMERON, DEBORAH (Hrsg.): Globalization and Language Teaching. London, S. 67–82.

CANALE, MICHAEL/SWAIN, MERRILL (1980): Theoretical bases of communicative approaches to second language teaching and testing. In: Applied Linguistics 11 (1), S. 1–47.

CANALE, MICHAEL (1983): From communicative competence to communicative language pedagogy. In: RICHARDS, J.C./SCHMIDT, R.W. (Hrsg.): Language and Communication. London, S. 3–27.

CARROLL, JOHN B. (1959): Modern Language Aptitude Test – Form A. New York.

✱ CARTER RONALD/NUNAN, DAVID (Hrsg.) (2001): The Cambridge Guide to Teaching English to Speakers of Other Languages. Cambridge.

CARTER, RONALD/MCCARTHY, MICHAEL (1995): Spoken Grammar: what is it and how can we teach it? In: ELT Journal 49 (3), S. 207–218.

CARTER, RONALD/MC CARTHY, MICHAEL (2003): If you ever hear a native speaker, please let us know. Plenary Talk at the IATEFL Conference Brighton, April.

CASPARI, DANIELA (1994): Kreativität im Umgang mit literarischen Texten im Fremdsprachenunterricht. Frankfurt/Main.

CASPARI, DANIELA (1995): Literarische Texte im Fremdsprachenunterricht und/mit/ durch kreative Verfahren. In: Fremdsprachenunterricht 48, S. 241–246.

CASPARI, DANIELA (2003): Fremdsprachenlehrerinnen und Fremdsprachenlehrer. Studien zu ihrem beruflichen Selbstverständnis. Tübingen.

CATTLIFF, ROSLYN E./THORNE, SIDNEY (1988): English in the classroom. Frankfurt/Main.

CHAMBERS, GARY N. (1998): Pupils' perceptions of the foreign language learning experience. In: Language Teaching Research 2 (3), S. 231–259.

CHAPELLE, CAROL A. (2003): English Language Learning and Technology. Amsterdam.

CHAUDRON, CRAIG (1988): Second Language Classrooms. Research on teaching and learning. Cambridge.

CLANDININ, D. JEAN (1986): Classroom Practice. London u.a.

COOK, GUY (1989): Discourse. Oxford.

COOK, GUY (2001): 'The philosopher pulled the lower jaw of the hen.' Ludicrous Invented Sentences in Language Teaching. In: Applied Linguistics 22 (3), S. 366–387.

COOPER, THOMAS C. (2001): Foreign Language Teaching Style and Personality. In: Foreign Language Annals 34, S. 301–317.

CORDER, PIT S. (1967): The Significance of Learner's Errors. In: IRAL 5, S. 161–170.

COUNCIL OF EUROPE (Hrsg.) (2001): Common European Framework of Reference for Languages: Learning, Teaching, Assessment. 2. überarb. Aufl., Cambridge.

CRANMER, DAVID/LARDY, CLEMENT (1992): Musical Openings. Using Music in the Language Classroom. Harlow.

CURRAM, CHARLES A. (1971): Counselling-learning. A Whole-Person-Model for Education. New York

DAVIES, ALAN/HAMP-LYONS, LIZ/KEMP, CHARLOTTE (2003): Whose norms? International proficiency tests in English. In: World Englishes 22 (4), S. 571–584.

DAVIS, ALAN (2005): A Glossary of Applied Linguistics. Edinburgh.

DE BOT, KEES (1996): The Psycholinguistics of the Output Hypothesis. In: Language Learning 46 (3), S. 529–555.

DEKEYSER, ROBERT (2005): Implicit and explicit learning. In: DOUGHTY, CATHERINE J./LONG, MICHAEL (Hrsg.): The Handbook of Second Language Acquisition. Oxford, S. 313–348.

DE SZENDEFFY, JOHN (2005): A Practical Guide to Using Computers in Language Teaching. Michigan.

DECKE-CORNILL, HELENE (2004): Die Kategorie der Authentizität im mediendidaktischen Diskurs der Fremdsprachendidaktik. In: BOSENIUS, PETRA/DONNERSTAG, JÜRGEN (Hrsg.): Interaktive Medien und Fremdsprachenlernen. Frankfurt/Main, S. 17–27.

DELLER, SHEELAGH (2003): The language of the learner. In: English Teaching Professional 26, S. 5–7.

Der fremdsprachliche Unterricht – Themenhefte: Indien. (Heft 50/2001), Musikvideoclips (Heft 60, 2002), Teaching Films (Heft 68, 2004), Presse (Heft 71, 2004), Teaching Comics (Heft 73, 2005).

DIEHR, BÄRBEL (2005): Listening to 'Spoonface Steinberg'. Eine Unterrichtsreihe mit Hörbucheinsatz für die Klasse 10. In: Englisch 40 ,S. 1–4.

DOFF, SABINE (2002a): Englischlernen zwischen Tradition und Innovation. Fremdsprachenunterricht für Mädchen im 19. Jahrhundert. München.

DOFF, SABINE (2002b): Der Lernzirkel American Dream – Durchführung und Evaluation handlungsorientierter Arbeitsformen in der Sekundarstufe I. In: Englisch 37, S. 81–93.

DOFF, SABINE (2004): A Trip through Britain's National Parks. In: HOBRECHT: Computer, Internet & Co. S. 97–101.

DOFF, SABINE (2006): Die Frühphase der Englischdidaktik in der BRD: Eine konzeptuelle Analyse. In: DOFF, SABINE/WEGNER, ANKE (Hrsg.): Fremdsprachendidaktik im 20. Jahrhundert. München, S. 193–208.

DOFF, SABINE et al. (Hrsg.) (2002): Tutortraining. Arbeitsmaterialien für die Ausbildung von Online-SprachtutorInnen. München.

DOFF, SABINE/WANDERS, MONA (2005): Stories with and without words – Comics im Englischunterricht der Unterstufe. In: Der fremdsprachliche Unterricht Englisch 73, S. 9–17.

DONATH, REINHARD (1996): E-Mail-Projekte im Englischunterricht. Stuttgart.

DONATH, REINHARD (2003): E-Mail-Projekte: Sprachlich und kulturell kompetent kommunizieren. In: Bach/Timm: Englischunterricht, S. 132–148.

DÖRNYEI, ZOLTÁN (2001a): Motivational Strategies in the Language Classroom. Cambridge.

DÖRNYEI, ZOLTÁN (2001b): Teaching and Researching Motivation. Harlow.

DÖRNYEI, ZOLTÁN (2005): The Psychology of the Language Learner. Individual Differences in Second Language Acquisition. Mahwah.

DÖSCHER, C.A. (1845): Theoretisch-praktische englische Grammatik für Anfänger und Geübtere. Bremen.

DOYÉ, PETER (1971): Systematische Wortschatzvermittlung. Hannover.

DOYÉ, PETER (1986): Typologie der Testaufgaben für den Englischunterricht. München.

EASTMENT, DAVID (1999): The Internet and ELT. The impact of the internet on English Language Teaching. Oxford.

EDELHOFF, CHRISTOPH/LIEBAU, ECKART (Hrsg.) (1988): Über die Grenze. Praktisches Lernen im fremdsprachlichen Unterricht. Weinheim.

EHRENREICH, SUSANNE (2002): Riverdance und Semmelknödel in irischen Klassenzimmern. Interkulturelles Lernen während eines Schüleraustauschprojekts. In: Englisch 37, S. 41–48.

EHRENREICH, SUSANNE (2004): Auslandsaufenthalt und Fremdsprachenlehrerbildung. Das assistant-Jahr als ausbildungsbiographische Phase. München.

EHRMAN, MADELINE E. (1996): Understanding Second Language Learning Difficulties. Thousand Oaks.

EHRMAN, MADELINE E./DÖRNYEI, ZOLTÁN (1998): Interpersonal Dynamics in Second Language Education. The Visible and Invisible Classroom. London.

ELLIS, NICK (Hrsg.) (1994): Implicit and explicit learning of languages. London.

ELLIS, NICK (2002): Frequency Effects in Language Processing. A review with implications for theories of implicit and explicit language acquisition. In: Studies in Second Language Acquisition 24, S. 143–188.

ELLIS, ROD (1994a): A Theory of Instructed Second Language Acquisition. In: ELLIS: Implicit and Explicit Learning, 79–114.

ELLIS, ROD (1994b): The Study of Second Language Acquisition. Oxford.

ELLIS, ROD (1997): Second Language Acquisition. Oxford.
ELLIS, ROD (2003): Task-based Language Learning and Teaching. Oxford.
ELY, CHRISTOPHER (1986): An analysis of discomfort, risk taking, sociability, and motivation in the L2 classroom. In: Language Learning 36, S. 1–25.
FÆRCH, CLAUS/KASPER, GABRIELE (1983): Plans and Strategies in Foreign Language Communication. In: FÆRCH, CLAUS/KASPER, GABRIELE (Hrsg.): Strategies in Interlanguage Communication. Harlow, S. 20–60.
FAIRCLOUGH, NORMAN (1992): Critical Language Awareness. London.
FALKMANN, CHRISTIAN FRIEDRICH (1839): Einige Bemerkungen über den Unterricht in den neuern Sprachen. Lemgo.
FELDNER, KARIN (2001): WebQuest: Harper Lee's To Kill A Mockingbird. In: Der fremdsprachliche Unterricht Englisch 6, S. 40–45.
FELIX, SASCHA W./HAHN, ANGELA (1985): Fremdsprachenunterricht und Spracherwerbsforschung. Eine Antwort an K.-R. Bausch und F. Königs. In: Die Neueren Sprachen 84 (2), S. 191–206.
FELTEN, HERIBERT ET AL. (1997): Freiarbeit unter der Lupe. Was spricht dafür, was spricht dagegen? PRAXIS-Leserinnen und Leser diskutieren. In: Praxis des neusprachlichen Unterrichts 3, S. 296–307.
FIELD, JOHN (1998): Skills and strategies: towards a new methodology for listening. In: English Language Teaching Journal 52, S. 110–118.
FIELD, JOHN (2003): Promoting perception: lexical segmentation in L2 listening. In: English Language Teaching Journal 57, S. 325–333.
FLÄCHER, CHRISTINE (1998): Wortschatzarbeit im Englischunterricht in der gymnasialen Oberstufe. In: Neusprachliche Mitteilungen 51, S. 144–156.
FLIETHMANN, REINHILD (2002): Literature Study Groups im Fremdsprachenunterricht. In: Neusprachliche Mitteilungen 55, S. 155–162.
FRANZ, JAN (2005): Englischlernen für Amerika. Sprachführer für deutsche Auswanderer im 19. Jahrhundert. München.
FREEMAN, DONALD (2002): The hidden side of the work: Teacher knowledge and learning to teach. In: Language Teaching 35, S. 1–13.
FREEMAN, DONALD/RICHARDS, JACK C. (1996): Teacher Learning in Language Teaching. Cambridge.
FREMDSPRACHE DEUTSCH (2000): Themenheft Übersetzung im DaF-Unterricht 23.
FREUDENSTEIN, REINHOLD (1970): Aufgaben und Möglichkeiten der Unterrichtsmethodik, dargestellt am Beispiel des Fremdsprachenunterrichts. In: Funkkolleg Erziehungswissenschaften Bd. 2. Weinheim, S. 167–187.
FREUDENSTEIN, REINHOLD (1995): Motivation „zum Anfassen". Lernpsychologische Folgerungen für ein handlungsorientiertes Lernen im Fremdsprachenunterricht. In: Fremdsprachenunterricht 48, S. 81–85.
FRIES, CHARLES (1945): Teaching and Learning English as a Foreign Language. Ann Arbour, MI.
FROESE, WOLFGANG (1999): Lernerlebnisse im Englischunterricht. In: Fremdsprachenunterricht 43 (52), S. 87–92.
GAIRNS, RUTH/REDMAN, STUART (1986): Working with Words. A Guide to Learning and Teaching Vocabulary. Cambridge.

GANSCHOW, LEONORE/SPARKS, RICHARD (2001): Learning difficulties and foreign language learning: A review of research and instruction. In: Language Teaching 34, S. 79–98.
GARVEY, ERICA/MURRAY, DENISE E. (2004): The multilingual teacher: Issues for teacher education. In: Prospect 19 (2), S. 3–24.
GATTEGNO, CALEB (1972): Teaching Foreign Languages in Schools: The Silent Way. Second Edition. New York.
GEBHARD, JERRY G./OPRANDY, ROBERT (1999): Language Teaching Awareness. A Guide to Exploring Beliefs and Practices. Cambridge.
GERNGROSS, GÜNTER/PUCHTA, HERBERT (1992): Pictures in Action. Hemel Hempstead.
GILMORE, ALEX (2004): A comparison of textbook and authentic interactions. In: English Language Teaching Journal 58, S. 363–371.
GNASS-FRANKE, TRAUDEL (1993): Freiarbeit im Englischunterricht. Möglichkeiten des partnerschaftlichen Lernens. Ein Erfahrungsbericht. In: Die Neueren Sprachen 92, S. 358–380.
GNUTZMANN, CLAUS (1997): Language Awareness. Geschichte, Grundlagen, Anwendungen. In: Praxis des neusprachlichen Unterrichts 44, S. 227–236.
GNUTZMANN, CLAUS (2003): Language Awareness, Sprachbewusstheit, Sprachbewusstsein. In: BAUSCH/CHRIST/KRUMM: Handbuch Fremdsprachenunterricht, S. 377–382.
GNUTZMANN, CLAUS (2005): 'Standard English' and 'World Standard English'. Linguistic and Pedagogical Considerations. In: GNUTZMANN/INTEMANN (Hrsg.): Globalisation of English. Tübingen, S. 107–118.
GNUTZMANN, CLAUS/INTEMANN, FRAUKE (Hrsg.) (2005a): The Globalisation of English and the English Classroom. Tübingen.
GNUTZMANN, CLAUS/INTEMANN, FRAUKE (2005b): Introduction: The Globalisation of English. Language, Politics, and the English Language Classroom. In: GNUTZMANN/INTEMANN (Hrsg.): Globalisation of English. Tübingen, S. 9–24.
GNUTZMANN, CLAUS/KIFFE, MARION (1998): Language Awareness und Bewusstmachung auf der Sekundarstufe II. In: TIMM: Englisch lernen und lehren, 319–327.
GÖBEL, ANJA/SCHMID-SCHÖNBEIN, GISELA (1995): Why English? "Language Awareness" in einer Projektwoche. In: Englisch 30, S. 41–49.
GRABE, WILLIAM (1991): Current Developments in Second Language Reading Research. In: TESOL Quarterly 25, S. 375–406.
GRABE, WILLIAM (2002): Reading in a second language. In: KAPLAN, ROBERT B. (Hrsg.) The Oxford Handbook of Applied Linguistics. Oxford, S. 49–59.
GRADDOL, DAVID (1997): The Future of English. London.
GRADDOL, DAVID (2006): English Next. Why global English may mean the end of 'English as a Foreign Language'. British Council.
GRAHAM, CAROLYN (2003): Jazz Chants. Oxford.
GREENALL, SIMON (1984): Language Games and Activities. Leckhampton.
GRESSMANN, LUDWIG/RICH, ANTHONY (1982): Classroom Language. München.
GROTJAHN, RÜDIGER (2003): Der Faktor „Alter" beim Fremdsprachenlernen. Mythen, Fakten, didaktisch-methodische Implikationen. In: Deutsch als Fremdsprache 40 (1), S. 32–41.

GRUNDER, HANS-ULRICH/BOHL, THORSTEN (Hrsg.) (2001): Neue Formen der Leistungsbeurteilung in den Sekundarstufen I und II. Baltmannsweiler.

GUDJONS, HERBERT (2003): Frontalunterricht – neu entdeckt. Integration in offene Unterrichtsformen. Bad Heilbrunn.

GUEST, MICHAEL (2006): Culture research in foreign language teaching: Dichotomizing, stereotyping and exoticizing cultural realities? In: Zeitschrift für interkulturellen Fremdsprachenunterricht [Online], 11 (3) (www.ualberta.ca/~german/ejournal/Guest1.htm)

GYMNICH, MARION/NÜNNING, ANSGAR (1998): ‚Der Film zum Buch' oder ‚Das Buch zum Film'. Vorschläge zum Einsatz von Romanverfilmungen im Englischunterricht der Sekundarstufe II. In: Fremdsprachenunterricht 50, S. 367–373.

HÄUSSERMANN, ULRICH/PIEPHO, HANS-EBERHARD (1996): Aufgaben-Handbuch. Abriß einer Aufgaben- und Übungstypologie. München.

HALLIDAY, MICHAEL A. K. (2003): Written language, standard language, global language. In: World Englishes, 22 (4), S. 405–418.

HANCOCK, MARK (1995): Pronunciation Games. Cambridge.

HASENEDER, ANNETTE (2004): SMS-Englisch. In: Englisch 39, S. 70–71.

HAWKINS, ERIC W. (1981): Languages in the Curriculum. Cambridge.

HECKHAUSEN, HEINZ (1969): Förderung der Lernmotivierung und der intellektuellen Tüchtigkeiten. In: ROTH, HEINRICH (Hrsg.): Begabung und Lernen. Ergebnisse und Folgerungen neuerer Forschungen. 2. Aufl., Stuttgart, S. 193–228.

HEDGE, TRICIA (1988): Writing. Oxford.

✔ HEDGE, TRICIA (2000): Teaching and Learning in the Language Classroom. Oxford.

HELLWIG, KARLHEINZ (2000): Anfänge englischen Literaturunterrichts. Frankfurt.

HELMKE, ANDREAS (2005): Unterrichtsqualität erfassen, bewerten, verbessern. 4. Aufl. Seelze.

HERMES, LIESEL (1979): Texte im Englischunterricht der Sekundarstufe I. Auswahl und Einsatz. Hannover.

✔ HEUER, HELMUT /KLIPPEL, FRIEDERIKE (1987): Englischmethodik. Problemfelder, Unterrichtswirklichkeit und Handlungsempfehlungen. Berlin.

HOBRECHT, PETRA (Hrsg.) (2004): Computer, Internet & Co im Englischunterricht. Berlin.

HOCK, MICHAEL W. (2001): Sing along with the internet! In: Fremdsprachenunterricht 45 (54), S. 411–415.

HOFSTEDE, GERT (1986): Cultural differences in teaching and learning. In: International Journal of Intercultural Relations 10, S. 301–320.

HOLEC, HENRY (1988): Autonomy and Self-Directed Learning: Present Fields of Application. Strasbourg.

HOLMES, BERNADETTE (1991): Communication re-activated. Teaching pupils with learning difficulties. London.

HOWATT, ANTHONY P. R. (1984): A History of English Language Teaching. Oxford.

HOWATT, ANTHONY P. R. (with H. G. WIDDOWSON) (2004): A History of English Language Teaching. 2. Aufl. Oxford.

HU, ADELHEID (2003): Schulischer Fremdsprachenunterricht und migrationsbedingte Mehrsprachigkeit. Tübingen.

Hughes, Arthur/Lascaratou, Chryssoula (1982): Competing criteria for error gravity. In: English Language Teaching Journal 36 (3), S. 175–183.

Hughes, Rebecca (2002): Teaching and Researching Speaking. London.

Hüllen, Werner (Hrsg.) (1979): Didaktik des Englischunterrichts. Darmstadt.

Hüllen, Werner (1998): ghoti – das Leittier der internationalen Kommunikation, oder: das Englische als National- und als Weltsprache. In: Gogolin, Ingrid/Graap, Sabine/List, Günter (Hrsg.): Über Mehrsprachigkeit. Tübingen, S. 275–292.

Hüllen, Werner (2000): Ein Plädoyer für das Studium der Geschichte des Fremdsprachenunterrichts. In: Zeitschrift für Fremdsprachenforschung 11, S. 31–39.

✓ Hüllen, Werner (2005): Kleine Geschichte des Fremdsprachenlernens. Berlin.

Huizinga, Johan (1949): Homo Ludens. Versuch einer Bestimmung des Spielelementes in der Kultur. Köln.

Hulstijn, Jan/De Graaff, Rick (1994): Under what conditions does explicit knowledge of a second language facilitate the acquisition of implicit knowledge? A research proposal. In: Hulstijn, Jan/Schmidt, Richard (Hrsg.): Consciousness in Second Language Learning. Amsterdam, S. 97–112.

Hunfeld, Hans (1982): Englischunterricht: Literatur 5–10. München.

Jaffke, Christoph (1996): Fremdsprachenunterricht auf der Primarstufe: Seine Begründung und Praxis in der Waldorfpädagogik. Weinheim.

James, Allan R. (2000): English as a European Lingua Franca. Current Realities and Existing Dichotomies. In: Cenoz, Jasone/Jessner, Ulrike (Hrsg.): English in Europe. The Acquisition of a Third language. Clevedon, S. 22–38.

Jank, Werner/Meyer, Hilbert (1994/2002): Didaktische Modelle. 3. Aufl., Frankfurt/Main 1994, 5. Aufl. Berlin 2002.

Jenkins, Jennifer (2000): Phonology of English as an International Language. Oxford.

Johnson, Keith/Johnson, Helen (1998): Encyclopedic Dictionary of Applied Linguistics. Oxford.

Jones, Francis (1992): A language-teaching machine: input, uptake and output in the communicative classroom. In: System 20 (2), S. 133–150.

Jürgens, Eiko (2000): Von der Praxis lernen – für die Praxis lernen. Wochenplan- und Freiarbeit aus dem Deutsch- und Fremdsprachenunterricht für die Sekundarstufe I. Baltmannsweiler.

Kachru, Braj B. (1985): Standards, codification and sociolinguistic realism: the English language in the Outer Circle. In: Quirk, Randolph/Widdowson, Henry G. (Hrsg.): English in the World. Cambridge, S. 11–30.

Kachru, Braj (1991): Liberation linguistics and the Quirk Concern. In: English Today 25 (3), S. 3–13.

Kahlert, Joachim (2000): Ganzheitlich lernen mit allen Sinnen? Plädoyer für einen Abschied von unergiebigen Begriffen. In: Grundschulmagazin, 15 (12), S. 37–40.

Kallenbach, Christiane (1996): Subjektive Theorien. Tübingen.

Kallenbach, Christiane/Ritter, Markus (2000): Computer-Ideen für den Englischunterricht. Berlin.

KATZ, A. (1996): Teaching style. A way to understand instruction in language classrooms. In: BAILEY, KATHLEEN M./NUNAN, DAVID (Hrsg.): Voices from the language classroom: Qualitative research in second language education. New York, S. 57–87.

KELLY, LOUIS G. (1969): 25 Centuries of Language Teaching (500 BC – 1969). Rowley.

KERRY, TREVOR/WILDING, MANDY (2004): Effective Classroom Teacher. Developing the skills you need in the classroom. Harlow.

KESSLING, VIOLA (1995): „Ist das nicht viel zu schwer?" Gedichte im Englischunterricht der Sekundarstufe I. In: Fremdsprachenunterricht 39 (48), S. 260–263.

KIELHÖFER, BERND (1994): Wörter lernen, behalten, erinnern. In: Neusprachliche Mitteilungen 47, S. 211–220.

KIEWEG, WERNER (1999): Allgemeine Gütekriterien für Lernzielkontrollen. In: Der fremdsprachliche Unterricht 33, S. 4–11.

KIEWEG, WERNER (2001): Evaluation fremdsprachlicher Leistungen im schulischen Kontext. In: Fremdsprachen lernen und lehren 30, S. 65–86.

KIEWEG, WERNER (2002): Die lexikalische Kompetenz zwischen Wunschdenken und Realität. In: Der fremdsprachliche Unterricht Englisch 36, S. 4–10.

KIEWEG, WERNER/KIEWEG, MARIA (2002): Systematische Wortschatzarbeit im Schulalltag. In: Der fremdsprachliche Unterricht 36, S. 20–27.

KIEWEG, WERNER/RAMPILLON, UTE/REISENER, HELMUT (Hrsg.) (2001): Dictionary Skills. Der fremdsprachliche Unterricht Englisch 35.

KIEWEG, WERNER/RAMPILLON, UTE/REISENER, HELMUT (Hrsg.) (2002): Wortschatz. Der fremdsprachliche Unterricht Englisch 36.

KLEIN-LANDECK, MICHAEL (1998): Freiarbeit und Lernerautonomie im Englischunterricht. Möglichkeiten und Grenzen in allgemeindidaktischer Sicht. In: Neusprachliche Mitteilungen 51, S. 220–227.

KLEPPIN, KARIN (1998): Fehler und Fehlerkorrektur. Berlin.

KLEPPIN, KARIN/KÖNIGS, FRANK G. (1991): Der Korrektur auf der Spur – Untersuchungen zum mündlichen Korrekturverhalten von Fremdsprachenlehrern. Bochum.

KLIPPEL, FRIEDERIKE (1980): Lernspiele im Englischunterricht. Paderborn.

KLIPPEL, FRIEDERIKE (1982): Ideas. Übungsvorschläge und Arbeitsblätter für einen aktiven Englischunterricht. Berlin.

KLIPPEL, FRIEDERIKE (1984/2004): Keep Talking. Communicative fluency activities for language teaching. Cambridge ^{22}2004 (^{1}1984).

KLIPPEL, FRIEDERIKE (1984): Chain Games. In: Praxis des neusprachlichen Unterrichts 20, S. 367–370.

KLIPPEL, FRIEDERIKE (1991): Zielbereiche und Verwirklichung des interkulturellen Lernens im Englischunterricht. In: Der fremdsprachliche Unterricht 25 (1), S. 15–21.

KLIPPEL, FRIEDERIKE (1994a): Cultural Aspects in Foreign Language Teaching. In: Journal for the Study of British Cultures 1, S. 49–61.

KLIPPEL, FRIEDERIKE (1994b): Englischlernen im 18. und 19. Jahrhundert. Die Geschichte der Lehrbücher und Unterrichtsmethoden. Münster.

KLIPPEL, FRIEDERIKE (1995): Wörternetze. In: BAUSCH, KARL-RICHARD/CHRIST, HERBERT/KÖNIGS, FRANK G./KRUMM, HANS-JÜRGEN (Hrsg.): Erwerb und Vermittlung von Wortschatz im Fremdsprachenunterricht. Tübingen, S. 101–107.

KLIPPEL, FRIEDERIKE (1996a): Working with words – Wörterarbeit. Teil 1–2. In: Englisch 31, S. 48–51; S. 130–134.

KLIPPEL, FRIEDERIKE (1996b): Treasure Chest. Übungen und Kopiervorlagen für einen aktiven Englischunterricht. Berlin (dazu Zusatzfolien mit Erläuterungen 1999).

KLIPPEL, FRIEDERIKE (1998a): Spielend lernen: Lernspiele im Fremdsprachenunterricht. In: JUNG, UDO O. H. (Hrsg.): Praktische Handreichung für Fremdsprachenlehrer. Frankfurt, S. 341–347.

KLIPPEL, FRIEDERIKE (1998b): Spielen im Englischunterricht. In: Der fremdsprachliche Unterricht 33 (35), S. 4–13.

KLIPPEL, FRIEDERIKE (1998c): Systematisches Üben. In: TIMM: Englisch lernen und lehren, S. 328–341.

KLIPPEL, FRIEDERIKE (2000a) : Englisch in der Grundschule. Berlin.

KLIPPEL, FRIEDERIKE (2000b): Überlegungen zum ganzheitlichen Fremdsprachenunterricht. In: Fremdsprachenunterricht 44, S. 242–248.

KLIPPEL, FRIEDERIKE (2000c): Teaching methods. In: BYRAM, Encyclopedia of Language Teaching and Learning. S. 616–621.

KLIPPEL, FRIEDERIKE (2000d): Zum Verhältnis von altsprachlicher und neusprachlicher Methodik im 19. Jahrhundert. In: Zeitschrift für Fremdsprachenforschung 11, S. 41–61.

KLIPPEL, FRIEDERIKE (2001a): Englischunterricht in der gymnasialen Oberstufe: Rahmenbedingungen und Entwicklungsmöglichkeiten eines Kernfachs. In: TENORTH, HEINZ-ELMAR (Hrsg.) Kerncurriculum Oberstufe: Mathematik – Deutsch – Englisch. Weinheim und Basel, S. 195–211.

KLIPPEL, FRIEDERIKE (2001b): Look Here! Folienmappe für den Englischunterricht. Berlin 2001.

KLIPPEL, FRIEDERIKE (2001c): Bewegtes Fremdsprachenlernen – ein Gang durch drei Jahrhunderte Fremdsprachenmethodik. In: ABENDROTH-TIMMER, DAGMAR/ BACH, GERHARD (Hrsg.) Mehrsprachiges Europa. Tübingen, S. 223–232.

KLIPPEL, FRIEDERIKE (2002): Fremdsprachen machen Schule. In: EHLICH, KONRAD/ SCHUBERT, VENANZ (Hrsg.): Sprachen und Sprachenpolitik in Europa. Tübingen, S. 97–121.

KLIPPEL, FRIEDERIKE (2003): Teaching in English – Teacher Language in Primary School. In: HERMES, LIESEL/KLIPPEL, FRIEDERIKE (Hrsg.): Früher oder später? Englisch in der Grundschule und Bilingualer Sachfachunterricht. München, S. 53–68.

KLIPPEL, FRIEDERIKE (2005): The Cinderella of 'Anglistik': Teacher Education. In: KOHL, STEPHAN (Hrsg.): Research Paradigms and Institutional Policies 1930–2000. Trier, S. 423–444.

KMK (Hrsg.) (2003): Bildungsstandards für die erste Fremdsprache (Englisch/ Französisch) für den Mittleren Schulabschluss. Erhältlich unter www.kmk.org [01.08.04].

KNAPP, KARLFRIED (1998): Dolmetschen im Fremdsprachenunterricht? In: JUNG, UDO O.H. (Hrsg.): Praktische Handreichung für Fremdsprachenlehrer. Frankfurt, S. 376–380.

KNAPP-POTTHOFF, ANNELIE (1997): Sprach(lern)bewußtheit im Kontext. In: Fremdsprachen Lernen und Lehren 26, S. 9–23.

KNEBLER, ULRIKE/WAGNER, MARION (1995): A visit to the MS Hamburg: Ein Projekt in Klasse 6 der Orientierungsstufe. In: Englisch 30, S. 121–126.

KOHN, MARTIN (2003): Leitfaden Moderne Medien. PC-Einsatz im Englischunterricht. Hannover.

KÖNIG, JOHANN (1755): Der getreue Englische Wegweiser, oder kurtze, doch gründliche Anleitung zur Englischen Sprache für die Teutschen. 6. Aufl. Leipzig.

KÖNIGS, FRANK G. (1998): Übersetzen im Fremdsprachenunterricht: Theoretische Erwägungen und praktische Anregungen. In: JUNG UDO, O.H. (Hrsg.): Praktische Handreichung für Fremdsprachenlehrer. Frankfurt, S. 95–101.

KÖNIGS, FRANK G. (2003): Übungen zur Sprachmittlung. In: BAUSCH/CHRIST/KRUMM: Handbuch Fremdsprachenunterricht, S. 315–317.

KÖNIGS, FRANK G. (2004): Mehrsprachigkeit ernst genommen: Überlegungen zum Übersetzen (und Dolmetschen) im Fremdsprachenunterricht mit Lernern unterschiedlicher Muttersprache. In: British Council/Goethe-Institut/ENS (Hrsg.): Triangle 19, S. 83–106.

KOLB, D.A. (1976): The Learning Style Inventory. Boston.

KRAMSCH, CLAIRE (1993): Context and Culture in Language Teaching. Oxford.

KRAMSCH, CLAIRE (1998a): Language and Culture. Oxford.

KRAMSCH, CLAIRE (1998b): The privilege of the intercultural speaker. In: BYRAM, MICHAEL/FLEMING, MICHAEL (Hrsg.): Language Learning in Intercultural Perspective. Approaches through Drama and Ethnography. Cambridge, 16–31.

KRASHEN, STEPHEN (1982): Principles and Practice in Second Language Acquisition. Oxford.

KRASHEN, STEPHEN (1988): Second Language Acquisition and Second Language Learning. New York.

KRIEGER, CLAUS GEORG (1998): Mut zur Freiarbeit. Praxis und Theorie des freien Arbeitens für die Sekundarstufe. Baltmannsweiler.

KRIEGER, CLAUS GEORG (2000): Schritt für Schritt zur Freiarbeit: praktische Anregungen zu Organisation und Arrangement von Lernzirkel, Lernmosaik, Projektarbeit und Freiarbeit für Einsteiger. Baltmannsweiler.

KUMARAVADIVELU, B. (2001): Toward a Postmethod Pedagogy. In: TESOL Quarterly 35, S. 537–560.

KUMARAVADIVELU, B. (2003): A postmethod perspective on English language teaching. In: World Englishes 22, S. 539–550.

KURTZ, JÜRGEN (2001a): Improvisierendes Sprechen im Fremdsprachenunterricht. Tübingen.

KURTZ, JÜRGEN (2001b): Zur Verknüpfung von Lehrbuch und Internet im Englischunterricht. Praxisskizze und Überlegungen zum Lehrwerk der Zukunft. In: Englisch 36, S. 81–93.

KURTZ, JÜRGEN (2005): Schülerpräsentationen im Englischunterricht. In: Englisch 40, S. 6–18.

KUTY, MARGITTA (1997): Frontal und/oder anders? Montessori und die Freiarbeit heute. In: Fremdsprachenunterricht 50, S. 346–354.

LARSEN-FREEMAN, DIANE (1997): Grammar Dimensions: Form, Meaning and Use. 2. Aufl., Boston.

LARSEN-FREEMAN, DIANE (2000): Techniques and Principles in Language Teaching. Second Edition. Oxford.

LARSEN-FREEMAN, DIANE (2001a): Grammar. In: CARTER/NUNAN (Hrsg.): Cambridge Guide, S. 34–41.

LARSEN-FREEMAN, DIANE (2001b): Teaching Language. From grammar to grammaring. Boston, MA..

LEE, W. R. (1986): Language Teaching Games and Contests. 2. Aufl. Oxford.

LEGUTKE, MICHAEL K. : (2003a) Projektunterricht. In: BAUSCH/CHRIST/KRUMM: Handbuch Fremdsprachenunterricht, S. 259–263.

LEGUTKE, MICHAEL K. (2003b): Lernwelt Klassenzimmer: Szenarien für einen handlungsorientierten Fremdsprachenunterricht. In: BACH/TIMM: Englischunterricht, S. 82–109.

LEHBERGER, REINER (1981): Das realistische britische Jugendbuch im Englischunterricht. Zur Erschließung eines literaturdidaktischen Begründungszusammenhanges. In: Die Neueren Sprachen 80, S. 476–488.

LEHBERGER, REINER (1986): Englischunterricht im Nationalsozialismus. Tübingen.

LENNEBERG, ERIC H. (1967): The Biological Foundations of Language. New York.

LEVELT, W. J. M. (1989): Speaking: From intention to articulation. Cambridge (MA).

LEVIN, L. (1972): Comparative Studies in Foreign Language Teaching. The GUME Project. Stockholm.

LEVIS, JOHN M. (1999): The intonation and meaning of normal yes/no questions. In: World Englishes 18 (3), S. 373–380.

LEWANDOWSKI, THEODOR (1990): Linguistisches Wörterbuch. 3 Bde., 5. Aufl., Heidelberg.

LEWIS, MICHAEL (1993): The Lexical Approach: The State of ELT and a Way Forward. Hove.

LEWIS, MICHAEL (1997): Implementing the Lexical Approach. The On-Going Debate. Hove.

LEWIS, MICHAEL (Hrsg.) (2000): Teaching Collocation – Further Developments in the Lexical Approach. London.

LIGHTBOWN, PATSY/MEARA, PAUL/HALTER RANDALL H. (1998): Contrasting patterns in classroom lexical environments. In: ALBRECHTSEN, D. et al. (Hrsg.): Perspectives on Foreign and Second Language Pedagogy. Odense, S. 221–238.

LIGHTBOWN, PATSY/SPADA, NINA (1999): How Languages are Learned. Revised edition. Oxford.

LINDSTROMBERG, SETH (Hrsg.) (2004): Language Activities for Teenagers. Cambridge.

LITTLE, DAVID (2002): The European Language Portfolio: structure, origins, implementation and challenges. In: Language Teaching 35, S. 182–189.

LITTLEJOHN, ANDREW (2001): Motivation. Where does it come from? Where does it go? In: English Teaching Professional 19, S. 5–8.

LONG, MICHAEL H. (1988): Instructed interlanguage development. In: BEEBE, LESLIE M. (Hrsg.): Issues in Second Language Acquisition: Multiple perspectives. New York, S. 115–141.

LONG, MICHAEL H. (2000): Focus on form in task-based language teaching. In: LAMBERT, RICHARD D./SHOHAMY, ELANA G. (Hrsg.): Language policy and pedagogy. Essays in honour of A. Ronald Walton. Philadelphia, S. 179–192.

LONG, BRIAN/KURZWEIL, JOSHUA (2002): PPP under the microscope. In: English Teaching Professional 25, S. 18–20.

LONG, MICHAEL H./SATO, CHARLENE J. (1983): Classroom Foreigner Talk Discourse: Forms and Functions of Teachers' Questions. In: SELIGER, H. W./LONG, MICHAEL H. (Hrsg.): Classroom Oriented Research in Second Language Acquisition. Rowley, S. 268–285.

LONGMAN DICTIONARY OF CONTEMPORARY ENGLISH (2003). Edinburgh.

LONGMAN LANGUAGE ACTIVATOR (2003). Harlow.

LORTIE, DAN C. (1975): School-Teacher. A Sociological Study. Chicago.

LOVELOCK, CLIVE (1996): The Post-PPP Debate: an alternative model? In: The Teacher Trainer 10 (2), S. 3–6.

LOZANOV, G. (1978): Suggestology and Outlines of Suggestopedy. New York.

LUDWIG, HARALD (1996): Die Montessori-Schule. In: SEYFARTH-STUBENRAUCH, MICHAEL/SKIERA, EHRENHARD (Hrsg.): Reformpädagogik und Schulreform in Europa. Grundlagen, Geschichte, Aktualität. Bd. 2: Konzeptionen und Länderstudien. Baltmannsweiler, S. 237–252.

LUMMEL, MICHAEL (2000): Sprechhandlungen im gymnasialen Englischunterricht. In: Englisch 35, S. 57 – 67.

LUOMA, SARI (2004): Assessing Speaking. Cambridge.

LYNCH, TONY (1996): The listening-speaking connection. In: English Teaching Professional 1, S. 10–11.

MACHT, KONRAD/NUTZ, MARTIN (1999): Schülerselbstbewertung. In: Der fremdsprachliche Unterricht Englisch 37, S. 40–45.

MACKEY, WILLIAM F. (1965): Language Teaching Analysis. London.

MALEY, ALAN/DUFF, ALAN (2005): Drama Techniques in Language Learning. 3. Aufl. Cambridge.

MARSH, DAVID/MALVERS, ANNE/HARTIALA, AINI KRISTIINA (2001): Profiling European CLIL Classrooms. Jyväskylä.

MARTIN, ISABEL (2002): Wallcharts, Audio, Video, www: Multimedia in Contemporary British Poetry. In: Neusprachliche Mitteilungen 55, S. 25–31.

MCARTHUR, TOM (1991): A Foundation Course for Language Teachers. Cambridge.

MCARTHUR, TOM (2001): World English and world Englishes: Trends, tensions, varieties and standards. In: Language Teaching 34, S. 1–20.

MCARTHUR, TOM (2003): English as an Asian language. In: English Today 19 (2), S. 19–22.

MCCARTHY, MICHAEL (1991): Discourse Analysis for Language Teachers. Cambridge.

MCCARTHY, MICHAEL (1998): Spoken Language and Applied Linguistics. Cambridge.

MCCARTHY, MICHAEL/CARTER, RON (1997): Written and spoken vocabulary. In: SCHMITT, NORBERT/MCCARTHY, MICHAEL (Hrsg.): Vocabulary: Description, Acquisition and Pedagogy. Cambridge, S. 20–39.

McCormick, Dawn/Donato, Richard (2000): Teacher Questions as Scaffolded Assistance in an ESL Classroom. In: Hall, Joan Kelly/Verplaetse, Lorrie Stoops (Hrsg.): Second and Foreign Language Learning through Classroom Interaction. Mahwah, S. 183–201.

McDonough, Steven (2002): Applied Linguistics in Language Education. London.

Medgyes, Peter (1992): 'Natives' or 'Non-natives': Who's worth more? In: English Language Teaching Journal 46, S. 340–349.

Medgyes, Peter (1994): The non-native teacher. London.

Medgyes, Peter (1999): Language training: a neglected area in teacher education. In: Braine, George (Hrsg.): Non-native educators in English language teaching. Mahwah, S. 177–195.

Meissner, Franz-Josef/Reinfried, Markus (Hrsg.) (1998): Mehrsprachigkeitsdidaktik. Konzepte, Analysen, Lehrerfahrungen mit romanischen Fremdsprachen. Tübingen.

Meyer, Hilbert (1993): Leitfaden zur Unterrichtsvorbereitung. 12. Aufl. Frankfurt/Main.

Meyer, Hilbert (2004): Was ist guter Unterricht? Berlin.

Mindt, Dieter (1995): Unterrichtsplanung Englisch für die Sekundarstufe I. Neubearbeitung. Stuttgart.

Modiano, Marko (2001): Linguistic imperialism, cultural integrity, and EIL. In: English Language Teaching Journal 55, S. 339–346.

Modiano, Marko (2003): Euro-English: A Swedish Perspective. In: English Today 19 (2), S. 35–41.

Moir, J. & Nation, I.S.P. (2002): Learner's use of strategies for effective vocabulary learning. In: Prospect 17, S. 15–35.

Morgan, John/Rinvolucri, Mario (1986): Vocabulary. Oxford.

Moser, Heinz (2000). Abenteuer Internet. Lernen mit WebQuests. Donauwörth.

Moskowitz, Gertrude (1967): The FLInt System: An Observational Tool for the Foreign Language. In: Simon, Anita (Hrsg.): Mirrors for Behavior: An Anthology of Classroom Observation Instruments. Vol. III., Philadelphia, Section 15, S. 1–5.

Moskowitz, Gertrude (1976): The Classroom Interaction of Outstanding Foreign Language Teachers. In: Foreign Language Annals 9 (2), S. 135–143.

Mukherjee, Joybrato (2002): Korpuslinguistik und Englischunterricht: eine Einführung. Frankfurt/Main.

Mukherjee, Joybrato (2006): You 've got mail ;-). E-Mails verfassen, Internet Englisch verwenden. In: Der fremdsprachliche Unterricht 40 (83), S. 10–15.

Müller, Bernd-Dietrich (1994): Wortschatzarbeit und Bedeutungsvermittlung. Fernstudieneinheit zur Fort- und Weiterbildung im Bereich Germanistik und Deutsch als Fremdsprache. Berlin.

Müller, Richard Matthias (2003): Probleme des Fortschritts in der Fremdsprachendidaktik. In: Hermes, Liesel/Klippel, Friederike (Hrsg.): Früher oder später? Englisch in der Grundschule und Bilingualer Sachfachunterricht. München, S. 7–20.

Müller-Hartmann, Andreas (1999): Die Integration der neuen Medien in den schulischen Fremdsprachenunterricht: Interkulturelles Lernen und die Folgen in E-Mail-Projekten. In: Fremdsprachen lehren und lernen 28, S. 58–79.

MÜLLER-HARTMANN, ANDREAS (2000): Wenn sich die Lehrenden nicht verstehen – wie sollen sich da die Lernenden verstehen? Fragen nach der Rolle der Lehrenden in global vernetzten Klassenräumen. In: BREDELLA, LOTHAR/CHRIST, HERBERT/LEGUTKE, MICHAEL (Hrsg.): Fremdverstehen zwischen Theorie und Praxis. Tübingen, S. 275–301.

↗ MÜLLER-HARTMANN, ANDREAS/SCHOCKER-VON DITFURTH, MARITA (2004): Introduction to English Language Teaching. Stuttgart.

MÜLLER-HARTMANN, ANDREAS/SCHOCKER-VON-DITFURTH, MARITA (Hrsg.) (2005): Aufgabenorientierung im Fremdsprachenunterricht. Tübingen.

MUNRO, JAMES (1999): Interpreting as a Teaching Tool. In: Language Learning Journal 20, S. 3–7.

MURPHEY, TIM (1992): Music and Song. Oxford.

NAIMAN, NEIL ET AL. (1978): The Good Language Learner. Clevedon (reprint 1995).

NASCENTE, RENATA (2001): Student Anxiety? In: English Teaching Professional 19, S. 18–20.

NATION, PAUL (2001): Learning Vocabulary in Another Language. Cambridge.

NATION, PAUL/MEARA, PAUL (2002): Vocabulary. In: SCHMITT, NORBERT (Hrsg.): An Introduction to Applied Linguistics. London, S. 35–54.

NESSELHAUF, NADJA (2003): The use of collocations by advanced learners of English and some implications for teaching. In: Applied Linguistics 24, S. 223–242.

NISSEN, RUDOLF (1974): Kritische Methodik des Englischunterrichts. Heidelberg.

NISSEN, RUDOLF (1998): Lerngespräche. In: TIMM: Englisch lernen und lehren, S. 158–167.

NUNAN, DAVID (1991): Language Teaching Methodology. New York.

NUNAN, DAVID (2004): Task-based Language Teaching. (Überarbeitete Neuauflage von: Designing Tasks for the Communicative Classroom. Cambridge 1989.) Cambridge.

NUTTALL, CHRISTINE (1996): Teaching Reading Skills in a Foreign Language. 2. Aufl. Oxford.

O' MALLEY, MICHAEL J./UHL CHAMOT, ANNA (1990): Learning Strategies in Second Language Acquisition. Cambridge.

ORTNER, BRIGITTE (1998): Alternative Methoden im Fremdsprachenunterricht. Ismaning.

O'SULLIVAN, EMER/RÖSLER, DIETMAR (2002): „Fremdsprachenlernen und Kinder- und Jugendliteratur: Eine kritische Bestandsaufnahme." In: Zeitschrift für Fremdsprachenforschung 13, S. 63–111.

OXFORD, REBECCA (1990): Language Learning Strategies. What every teacher should know. New York.

OXFORD, REBECCA L. et al. (1992): Language learning styles: research and practical considerations for teaching in the multicultural tertiary ESL/EFL classroom. In: System 20, S. 439–456.

PAUL, LINDA/PURSER, EMILY (1999): Translation: Übersetzung: Language Genre. Berlin.

PEACOCK, MATHEW (1997): The effect of authentic materials on the motivation of second language learners. In: English Language Teaching Journal 51, S. 144–156.

PENNINGTON, MARTHA C. (1996): Phonology in English language teaching: An international approach. London.

PENNYCOOK, ALASTAIR (1989): The concept of method, interested knowledge and the politics of language teaching. In: TESOL Quarterly 23, S. 589–618.

PETERS, CHRISTOPH M./UNTERWEG, FRIEDRICH-K. (2005): Nichts Neues zu vermeiden? Eine Umfrage zum Einsatz von Literatur im Englischunterricht der Sekundarstufe II. In: Neusprachliche Mitteilungen 59 (3), S. 19–25.

PHILLIPSON, ROBERT (1992): Linguistic Imperialism. Oxford.

PIEPHO, HANS-EBERHARD (1999): Portfolio – ein Weg zur Binnendifferenzierung und individuellem Fremdsprachenwachstum? In: Fremdsprachenunterricht 43 (52), S. 81–86.

PLATE, HEINRICH (1859): The English Reader. Eine Sammlung leichter Englischer Lesestücke für den ersten Unterricht in der englischen Sprache. Hannover.

PLITSCH, AXEL (1997): Musik + Song = Authentic Listening in the Language Classroom. In: Der fremdsprachliche Unterricht 31 (25), S. 4–13.

PORTER LADOUSSE, GILLIAN (1987): Role Play. Oxford.

PRABHU, N. S. (1990): There is no best method. Why? In: TESOL Quarterly 24, S. 161–176.

PRODOMOU, LUKE (2003): Idiomaticity and the non-native speaker. In: English Today 19, S. 42–48.

QUETZ, JÜRGEN (1998): Der systematische Aufbau eines „mentalen Lexikons". In: TIMM: Englisch lernen und lehren, S. 272–290.

QUIRK, RANDOLPH (1990): Language Varieties and standard language. In: English Today 21, S. 3–10.

RAMPILLON, UTE (1999): Englischlernen neu denken – und neu bewerten. In: Der fremdsprachliche Unterricht Englisch 37, S. 26, S. 35–39.

RAMPILLON, UTE (2003): Autonomes Fremdsprachenlernen – Wege zu einer veränderten Lernkultur. In: Der fremdsprachliche Unterricht 66, S. 4–12.

RAUTENHAUS, HEIKE (1978): Der lernschwache Englischschüler. Die Ergebnisse eines Forschungsvorhabens. Berlin.

READ, CAROL (2003): Is younger better? In: English Teaching Professional 28, S. 5–7.

READ, JOHN (2000): Assessing Vocabulary. Cambridge.

READ, JOHN (2004): Research in teaching vocabulary. In: Annual Review of Applied Linguistics 24, S. 146–161.

REID, JOY M. (Hrsg.) (1995): Learning Styles in the ESL/EFL Classroom. Boston.

REINFRIED, MARCUS (1992): Das Bild im Fremdsprachenunterricht. Eine Geschichte der visuellen Medien am Beispiel des Französischunterrichts. Tübingen.

REINHARDSTÖTTNER, CARL VON (1868): Über das Studium der modernen Sprachen an den bayerischen Gelehrten-Schulen. Landshut.

RICHARDS, JACK C. (2002): Addressing the Grammar Gap in Task Work. In: RICHARDS/RENANDYA: Methodology, S. 153–166.

RICHARDS, JACK C./FARRELL, THOMAS S.C. (2005): Professional Development for Language Teachers. Strategies for Teacher Learning. Cambridge.

✦ RICHARDS, JACK C./RENANDYA, WILLY A. (Hrsg.) (2002): Methodology in Language Teaching. An Anthology of Current Practice. Cambridge.

RICHARDS, JACK C./RODGERS, THEODORE S. (2001): Approaches and Methods in Language Teaching. Second Edition. Cambridge.

✱ RICHARDS, JACK C./SCHMIDT, RICHARD (2002): Longman Dictionary of Language Teaching and Applied Linguistics. 3. Aufl., London et al.

RICHTER, TOBIAS/CHRISTMANN, URSULA (2002): Lesekompetenz: Prozessebenen und interindividuelle Unterschiede. In: GROEBEN, NORBERT/HURRELMANN, BETTINA (Hrsg.) Lesekompetenz. Bedingungen, Dimensionen, Funktionen. Weinheim und München, S. 25–58.

ROBINSON, PETER (2001): Task complexity, cognitive resources, and syllabus design: a triadic framework for examining task influences on SLA. In: ROBINSON, PETER (Hrsg.): Cognition and second language instruction. Cambridge, S. 287–318.

RODRIGUEZ, MÁXIMO/SADOSKI, MARK (2000): Effects of Rote, Context, Keyword and Context/Keyword Methods on Retention of Vocabulary in EFL Classrooms. In: Language Learning 50, S. 385–412.

ROSE, JIM (1997): Mixed Ability: an inclusive classroom. In: English Teaching Professional 3, S. 3–5.

RÖSLER, DIETMAR (1998): Autonomes Lernen? Neue Medien und ‚altes' Fremdsprachenlernen. In: Info DaF 25, S. 3–20.

ROST, MICHAEL (1990): Listening in Language Learning. London.

ROST, MICHAEL (1991): Listening in Action. Activities for Developing Listening in Language Teaching. London.

ROZHOLDOVÁ, NADEŽDA (1998): Self-evaluation questionnaires. In: English Teaching Professional 7, S. 36–38.

RUBIN, JOAN/WENDEN, ANITA (Hrsg.) (1987): Learner Strategies in Language Learning. Englewood Cliffs.

RÜLCKER, TOBIAS (1969): Der Neusprachenunterricht an höheren Schulen. Zur Geschichte und Kritik seiner Didaktik und Methodik. Frankfurt.

SALABERRI, SAGRARIO (1995): Classroom Language. London.

SAMPEDRO, RICARDO/HILLYARD, SUSAN (2004): Global Issues. Oxford.

SAUSSURE, FERDINAND DE (1916): Cours de Linguistique Générale (Hrsg. BALLY, CHARLES/SÉCHEHAYE, ALBERT unter Mitwirkung von Albert Riedlinger, Nachdruck der Ausgabe von 1916). Paris 1988.

SAYER, PETER (2005): An intensive approach to building conversation skills. In: ELT Journal 59, S. 14–22.

SCARCELLA, ROBIN/OXFORD, REBECCA (1992): The Tapestry of Language Learning: The Individual in the Communicative Classroom. Boston.

SCHERER, G.A.C./WERTHEIMER, M. (1964): A Psycholinguistic Experiment in Foreign Language Teaching. New York.

SCHERFER, PETER (2003): Wortschatzübungen. In: BAUSCH/CHRIST/KRUMM: Handbuch Fremdsprachenunterricht, S. 280–283.

SCHERLING, THEO/SCHUCKALL, HANS FRIEDRICH (1992): Mit Bildern lernen. München.

SCHLOSSER, FRANZ (2006): Singing grammar oder Mach dir einen Reim drauf. In: Praxis Fremdsprachenunterricht 3, S. 24–27.

SCHMENK, BARBARA(2002): Geschlechtsspezifisches Fremdsprachenlernen? Zur Konstruktion geschlechtstypischer Lerner- und Lernbilder in der Fremdsprachenforschung. Tübingen.

SCHMITT, NORBERT (2000): Vocabulary in Language Teaching. Cambridge.
SCHMITT, NORBERT/MCCARTHY, MICHAEL (Hrsg.) (1997): Vocabulary: Description, Acquisition and Pedagogy. Cambridge.
SCHNEIDER, GÜNTHER (1995): Kompetenzbeschreibungen für das „Europäische Sprachenportfolio". In: Fremdsprachen lernen und lehren 24, S. 193–214.
SCHNEIDER, WERNER (2002): Filmisches Erzählen. Analyse, Deutung, Evaluation. In: Praxis des neusprachlichen Unterrichts 49, S. 364–368.
SCHOCKER-VON DITFURTH, MARITA (2001): Reviving Native American culture in the German EFL-classroom. Ein handlungsorientiertes Internet-Rechercheprojekt in einer 8. Realschulklasse. In: Der fremdsprachliche Unterricht Englisch 35, S. 23–29.
SCHOCKER-VON DITFURTH, MARITA (2003): Vom ignoranten Anfänger zum erfahrenen Experten? Die berufliche Entwicklung angehender Fremdsprachenlehrer/innen im Diskurs der Ausbildungsforschung. In: LEGUTKE, MICHAEL/ SCHOCKER-VON DITFURTH, MARITA (Hrsg.): Kommunikativer Fremdsprachenunterricht: Rückblick nach vorn. Festschrift für Christoph Edelhoff. Tübingen, S. 181–201.
SCHÖN, DONALD (1983): The Reflective Practitioner. New York.
SCHRÖDER, KONRAD (1969): Die Entwicklung des Englischunterrichts an den deutschsprachigen Universitäten bis zum Jahre 1850. Ratingen.
SCHRÖDER, KONRAD (1975): Lehrwerke für den Englischunterricht im deutschsprachigen Raum 1665–1900. Darmstadt.
SCHWAB, GÖTZ (2006): Die Schülerinitiative im lehrerzentrierten Unterrichtsgespräch der Hauptschule. In: Englisch 41 (1), S. 25–29.
SCHWERDTFEGER, INGE C. (1976): Fremdsprache: mangelhaft. Zum Verhältnis von Persönlichkeitsvariablen und Leistung im Englischunterricht. Paderborn.
SCRIVENER, JIM (1994): Learning Teaching. A guidebook for English language teachers. Oxford.
SEGERMANN, KRISTA (1992): Typologie des fremdsprachlichen Übens. Bochum.
SEHRBROCK, PETER (1993): Freiarbeit in der Sekundarstufe I. Berlin.
SEIDLHOFER, BARBARA (2001): Closing a conceptual gap: The case for a description of English as a lingua franca. In: International Journal of Applied Linguistics 11 (2), S. 133–158.
SEIDLHOFER, BARBARA (2005): Standard Future or Half-Baked Quackery? Descriptive and Pedagogic Bearings on the Globalisation of English. In: GNUTZMANN/ INTEMANN: Globalisation of English. S. 159–176.
SELINKER, LARRY (1972): Interlanguage. In: International Review of Applied Linguistics 10, S. 209–231.
SENIOR, ROSE (2006): The Experience of Language Teaching. Cambridge.
SETZER, BARBARA (2003): Kriterien bei der Auswahl von Popsongs für den Englischunterricht. In: Englisch 38, S. 54–61.
SHEEN, RON (2003): Focus on form – a myth in the making? In: ELT Journal 57, S. 225–233.
SIEBOLD, JÖRG (1998): Let that be a warning to you! Mini-Sagas im Englischunterricht. In: Fremdsprachenunterricht 51, S. 18–21.

SIEBOLD, JÖRG (Hrsg.) (2004): Let's talk: Lehrtechniken – Vom gebundenen zum freien Sprechen. Berlin.
SINCLAIR, JOHN/COULTHARD, MALCOLM (1975): Towards an Analysis of Discourse. Oxford.
SINCLAIR, JOHN ET AL. (1992): Language Awareness: Wat is dat? In: Language Awareness 1, S. 1-3.
SINGLETON, DAVID (1997): Learning and processing L2 vocabulary. In: Language Teaching 30, S. 213-225.
SKEHAN, PETER (1989): Individual Differences in Second Language Learning. London.
SKEHAN, PETER (2003): Task-based instruction. In: Language Teaching 36 (1), S. 1-14.
SMIT, UTE/DALTON, CHRISTIANE (2000): Motivational patterns in advanced EFL pronunciation learners. In: International Review of Applied Linguistics 38, S. 229-246.
SMITH, KARI (2002): Learner Portfolios. In: English Teaching Professional 22, S. 39-41.
SMITH, P.D. JR. (1970): A Comparison of the Cognitive and Audiolingual Approaches of Foreign Language Instruction. The Pennsylvania Foreign Language Project. Philadelphia.
SOLMECKE, GERT (1981): Motivation und Motivieren im Fremdsprachenunterricht. Paderborn.
SOLMECKE, GERT (1993): Steuerung und Offenheit in der methodischen Gestaltung von Fremdsprachenunterricht. In: BAUSCH, KARL-RICHARD/CHRIST, HELMUT/KRUMM, HANS-JÜRGEN (Hrsg.): Fremdsprachenlehr- und -lernprozesse im Spannungsfeld von Steuerung und Offenheit. Bochum, S. 155-160.
SOLMECKE, GERT (1995): Motivationsprobleme im Englischunterricht und einige Vorschläge zu ihrer Bewältigung. In: Fremdsprachenunterricht 48, S. 2-8.
SOLMECKE, GERT (2006): Dem Lernenden helfen: Steuerung durch Aufgabenstellungen und Handlungsanweisungen im Englischunterricht der Hauptschule. In: Englisch 41 (1), S. 18-24.
STEIN, GABRIELE (2002): Developing your English Vocabulary. A Systematic New Approach. Tübingen.
✱ STERN, HANS H. (1983): Fundamental Concepts of Language Teaching. Oxford.
STOLLER, FREDERICKA L. (2002): Project Work: A means to promote language and content. In: RICHARDS/RENANDYA: Methodology, S. 107-119.
SUNDERLAND, JANE (Hrsg.) (1994): Exploring Gender. Questions and Implications for English Language Education. New York.
SURKAMP, CAROLA (2004): Teaching Films: Von der Filmanalyse zu handlungs- und prozessorientierten Formen der filmischen Textarbeit. In: Der fremdsprachliche Unterricht 68, S. 2-12.
SURKAMP, CAROLA/SOMMER, ROY (2002): „Mit anderen Augen" – Multikulturalismus und Fremdverstehen am Beispiel ausgewählter britischer multikultureller Erzähltexte. In: Neusprachliche Mitteilungen 55, S. 227-237.
SWAIN, MERRILL (1985): Communicative Competence: Some roles of comprehensible input and comprehensible output in its development. In: GASS, SUSAN M./

MADDEN, CAROLYN G. (Hrsg.): Input in second language acquisition. Rowley, MA., S. 235–253.

SWAIN, MERRILL (1995): Three functions of output in second language learning. In: COOK, GUY/SEIDLHOFER, BARBARA (Hrsg.): Principle and practice in applied linguistics: Studies in honour of H. G. Widdowson. Oxford, S. 125–144.

SWAN, MICHAEL (1985): A critical look at the communicative approach. In: English Language Teaching Journal 39, S. 2–12 und 76–87.

SWAN, MICHAEL (2002): Seven Bad Reasons for Teaching Grammar – and Two Good Ones. In: RICHARDS/RENANDYA: Methodology, S. 148–152.

SWAN, MICHAEL/WALTER CATHERINE (1997): How English Works. A Grammar Practice Book with Answers. Oxford.

SYSTEM (2001): Special issue: Expanding perspectives on Language Testing in the 21st century 28 (4).

TAUSCH, REINHARD/TAUSCH, ANNE-MARIE (1970:) Entwicklungspsychologie. Göttingen.

THALER, ENGELBERT (1999): Musikvideoclips im Englischunterricht. Phänomenologie, Legitimität, Didaktik und Methodik eines neuen Mediums. München.

THALER, ENGELBERT (2002a): Englisch lernen mit Musikvideoclips. In: Der fremdsprachliche Unterricht 36, S. 4–12.

THALER, ENGELBERT (2002b): Ein Musikvideoclip per DVD: Möglichkeiten und Umsetzung in einer Doppelstunde. In: Der fremdsprachliche Unterricht. 36 (60), 21–24.

THALER, ENGELBERT (2004): Dogme – eine alte methodische Innovation? In: Englisch 39, S. 56–63.

THOMAS, UWE (1987): Alternative Fremdsprachenvermittlungsmethoden. Berlin.

THORNBURY, SCOTT (1997): Reformulation and reconstruction: tasks that promote „noticing". In: ELT Journal 51 (4), 326–335.

THORNBURY, SCOTT (2000): A Dogma for EFL. In: IATEFL Issues 153, 2000, 2.

THORNBURY, SCOTT (2002): How to Teach Vocabulary. Harlow 2002.

THORNBURY, SCOTT (2005): Beyond the sentence. London.

TIMM, JOHANNES-PETER (1996): Fehlerkorrektur zwischen Handlungsorientierung und didaktischer Steuerung. In: BACH/TIMM: Englischunterricht, S. 167–191.

TIMM, JOHANNES-PETER (Hrsg.) (1998): Englisch lernen und lehren. Didaktik des Englischunterrichts. Berlin.

TRIBBLE, CHRIS (2003): Five electronic learners' dictionaries. In: English Language Teaching Journal 57, S. 182–197.

TRIM, J.L.M./RICHTERICH, R./VAN EK, J.A./WILKINS, D.A. (1980): Systems development in adult language learning. Oxford.

TRUDGILL, PETER (2002): Sociolinguistic Variation and Change. Washington.

TSUI, AMY B. (2003): Understanding Expertise in Teaching. Case Studies of ESL Teachers. Cambridge.

UNDERWOOD, MARY (1989): Teaching Listening. London.

UNRUH, THOMAS/PETERSEN, SUSANNE (2006): Guter Unterricht. Handwerkszeug für Unterrichtsprofis. Lichtenau.

UR, PENNY (1981): Discussions that work. Cambridge.

UR, PENNY (1984): Teaching Listening Comprehension. Cambridge.

UR, PENNY (1988): Grammar Practice Activities. Cambridge.
VAN LIER, LEO (1995): Introducing Language Awareness. London.
VAN LIER, LEO (2004): The Ecology and Semiotics of Language Learning. A Sociocultural Perspective. Boston und Dordrecht.
VANDERGRIFT, LARRY (1999): Facilitating second language listening comprehension: acquiring successful strategies. In: English Language Teaching Journal 53, S. 168–176.
VAUGHAN-REES, MICHAEL (1994): Rhymes and Rhythm. A poem-based course for English pronunciation. London
VIËTOR, WILHELM (1882): Der Sprachunterricht muß umkehren! Heilbronn (Nachdruck in HÜLLEN, Didaktik 1979, S. 9–31).
VIËTOR, WILHELM (1882/1982): Der Sprachunterricht muß umkehren! Ein Beitrag zur Überbürdungsfrage. In: Die Neueren Sprachen 81, S. 120–148.
VIOLAND-SÁNCHEZ, EMMA (1995): Cognitive and learning styles of high school students: Implications for ESL curriculum development. In: REID, JOY M. (Hrsg.): Learning Styles in the ESL/EFL Classroom. Boston, S. 48–62.
VYGOTSKY, LEV S. (1978): Mind in Society. Cambridge, MA.
WAJNRYB, RUTH (2003): Stories. Cambridge.
WAJNRYB, RUTH/CRICHTON, JONATHAN (1997): To ask or not to ask: questions of face in the language learning classroom. In: EA Journal 15 (1), S. 7–27.
WALKER, ROBIN (2001): International Intelligibility. In: English Teaching Professional 21, S. 10–13.
WALLACE, MICHAEL J. (1991): Training Foreign Language Teachers. A reflective approach. Cambridge.
WALSH, STEVE (2002): Construction or obstruction: teacher talk and learner involvement in the EFL classroom. In: Language Teaching Research 6, S. 3–23.
WALTER, GERTRUD (1991): Fremdsprachliche Gesprächsfähigkeit im Englischunterricht der Kollegstufe. In: Neusprachliche Mitteilungen 44, S. 12–20.
WANDEL, REINHOLD (2001): Von „Raj" zu „Roy" – Indien im Englischunterricht. In: Der fremdsprachliche Unterricht Englisch 50, S. 4–7, S. 13.
WATCYN-JONES, PETER (1993): Vocabulary Games and Activities for Teachers. London.
WATCYN-JONES, PETER (1997): Pair Work 2. Harmondsworth.
WELLER, FRANZ RUDOLF (2003): Übersetzungswissenschaft. In: BAUSCH/CHRIST/KRUMM: Handbuch Fremdsprachenunterricht, S. 66–70.
WESTHOFF, KARIN (2001): Wider die heimlichen Regeln: das laute Lesen. In: Fremdsprachenunterricht 54, S. 180–182.
WIDDOWSON, HENRY G. (1979): Explorations in Applied Linguistics. Oxford.
WIDDOWSON, HENRY G. (1990): Aspects of Language Teaching. Oxford.
WIESHUBER, ANDREA (2002): „Schüleraktivierender Unterricht – Möglichkeiten der Anknüpfung an die Lehrbucharbeit in der 7. Klasse." In: Englisch 37, S. 48–54.
WILLIAMS, MARION/BURDEN, ROBERT (1999): Students' Developing Conceptions of Themselves as Language Learners. In: The Modern Language Journal 83 (2), S. 193–201.

WILLIAMS, RAYMOND (1958): Culture is ordinary. Zit. n. dem Wiederabdruck in: GRAY, ANN/MCGUIGAN, JIM (Hrsg.) (1993): Studying Culture: An introductory reader. London, S. 5–14.

WILLIS, DAVE/WILLIS, JANE (2001): Task-based language learning. In: CARTER/NUNAN: The Cambridge Guide, S. 173–179.

WILLIS, JANE (1981): Teaching English Through English. London.

WILLIS, JANE (1996): A Framework for Task-based Learning. London.

WINGATE, JIM (1993): Getting beginners to talk. Hemel Hempstead.

WISSNER-KURZAWA, ELKE (1995): Materialien zum Selbstlernen. In: BAUSCH/CHRIST/KRUMM. Handbuch Fremdsprachenunterricht. 3. Aufl. 1995, S. 308–311.

WOLFF, DIETER (1990): Zur Bedeutung des prozeduralen Wissens bei Verstehens- und Lernprozessen im schulischen Fremdsprachenunterricht. In: Die Neueren Sprachen 89, S. 610–625.

WOLFF, DIETER (1993): Sprachbewußtheit und die Begegnung mit Sprachen. In: Die Neueren Sprachen 92, S. 510–531.

WOODMAN, GILL (2003a): Intercultural Communication Online. München.

WOODMAN, GILL (2003b): The Intercultural Project: an innovation at Ludwig-Maximilians-Universitaet (LMU), Munich. In: Englisch 38, S. 111–117.

WOODWARD, TESSA (2001): Planning Lessons and Courses. Designing sequences of work for the language classroom. Cambridge.

WÖSKE, HEIDE (2001): Förderung lernschwacher Schüler im Englischunterricht. In: Fremdsprachenunterricht 54, S. 183–188.

WRAY, ALISON (2000): Formulaic sequence in second language teaching: Principle and practice. In: Applied Linguistics 21, S. 463–489.

WRAY, ALISON (2002): Formulaic Language and the Lexicon. Cambridge.

WRIGHT, ANDREW (1989): Pictures for Language Learning. Cambridge.

WRIGHT, ANDREW/BETTERIDGE, DAVID/BUCKBY, MICHAEL (2004): Games for Language Learning. Cambridge.

WRIGHT, TONY/BOLITHO, ROD (1997): Towards Awareness of English as a Professional Language. In: Language Awareness 6/2 & 3, S. 162–170.

WRINGE, COLIN (1994): Ineffective lessons: reasons and remedies. Jottings from the tutor's note-pad. In: Language Learning Journal 10, S. 11–14.

WULF, HERWIG (2001): Communicative Teacher Talk. Vorschläge zu einer effektiven Unterrichtssprache. Ismaning.

ZANDER, GISELA (2005): Legasthenie im Englischunterricht. In: Englisch 40, S. 4–9.

ZIEGÉSAR DETLEF/ZIEGÉSAR MARGARET (1992): Einführung von Grammatik im Englischunterricht. München.

ZIMMERMANN, GÜNTHER (1990): Grammatik im Fremdsprachenunterricht der Erwachsenenbildung. Ergebnisse empirischer Untersuchungen. Ismaning.

ZYDATISS, WOLFGANG (2005): Bildungsstandards und Kompetenzniveaus im Englischunterricht. Frankfurt.

Register

A
Abwechslung 137, 171, 190, 282
accuracy 37, 38, 79, 93, 263, 272
affektiv 50, 226, 236
Alltagskultur 116, 123
Alter 62, 137, 149, 236
Anfangsunterricht 38, 45, 67
Angst 231, 232, 235, 243
Antonym 52–53, 243
approach-design-procedure 263, 264
Arbeitssprache 23, 40
ARC-Modell 60, 173
audio-linguale Methode 99, 262, 269
audiovisuelle Medien 146, 160
auditive Medien 122, 146, 155, 158, 239, 247–248
Aufgaben 153, 185, 263
Auslandsaufenthalte 45, 235
Aussprache 43, 46, 51, 54, 101, 200, 236
Aussprachefehler 46, 249
authentisch 81, 82, 89, 92, 137, 151-154, 205, 234
Authentizität 89, 151
Automatisierung 62, 64, 77
Autonomie 56, 178, 243, 280, 289

B
backwash-effect 61, 194, 290
Begegnungen 93, 278, 280
Beobachtung 139, 212, 220, 291
Bilder 146, 155, 156, 262
Bildung 39, 121, 261
Bildungsstandards 24, 36, 194, 199
bilinguale Sachfachunterricht 23, 26, 206
bottom-up processing 77, 80–81

C
classroom discourse 66, 177
Community Language Learning 263–266

D
Darbietung 51–52
Darstellendes Spiel 286
debate 67, 103
deduktiv 63
deklaratives Wissen 57, 117, 229
DESI-Studie 29, 196
design 263, 264
Dialog 100, 104–105, 131, 134, 140, 264
didaktische Fragen 144, 150, 180, 184
didaktische Texte 66, 153, 264
Differenzierung 171, 195, 235, 239, 243, 245, 249
disembodied voice 80, 157
Diskurs 51, 65
Dolmetschen 57, 113–114

E
E-Mail 93–95, 118, 122, 126, 279
Einsprachigkeit 71, 114, 205–206
Einstellung 34, 117, 119, 233–234
Einzelarbeit 132, 173, 197, 275
Emotion 70, 139, 141, 226
Englisch, internationales 12, 13, 39
Englisch als Weltsprache 43, 69, 70, 138, 233
englischsprachige Länder und Kulturen 121–122, 135
Erfahrungswissen 123, 169, 170, 214
Erschließungsstrategien 54, 78
Europarat 94, 199, 288
Extrovertiertheit 203, 231

F

Fachzeitschriften 143
false friends 201, 207
Feedback 200, 203, 223, 232, 235, 250
Fehler 44, 46, 70, 71, 173, 195, 198, 200, 202–203, 207, 230, 232, 233, 235, 236, 237, 243, 249
Fehlerkorrektur 47, 199, 201, 202, 203, 204
Fehler 233, 235, 243, 249
Fertigkeiten 41, 71–115, 247
Film 161, 279
fluency 37, 79, 93, 200, 263, 272
focus on form 63, 188, 200
formbezogene Phasen 200, 202, 228, 230
Fossilisierung 202, 207
Fragebögen 137, 250
Fragen 100, 131, 178, 182
Freiarbeit 132, 154, 272, 290
Frontalunterricht 172, 249, 273, 274
funktionale Fremdsprachigkeit 58, 72, 121, 205–206
Funktionen 148, 264

G

Gemeinsamer europäischer Referenzrahmen (GeR) 24, 41, 73, 117, 199, 250
generatives Prinzip 62, 100
Geschichten 85, 100, 102
Geschlecht 203, 236
Grammatik 35, 46, 58, 59, 61, 119, 200, 249, 280
Grammatikfehler 61, 201–203
Gruppenarbeit 202, 207, 271, 275, 289

H

Hamburger Abkommen 28
Handlungsorientierung 40, 60, 61, 117, 173, 214
Hauptschule 28, 40

Hausaufgaben 90, 92, 172, 289

I

Identifikation 121, 128, 129, 135, 201
Identitätsfindung 130, 131
Imitation 46, 62, 206, 223, 224
Improvisation 284–286
Individualisierung 29, 112
individuelle Voraussetzungen 145, 164, 203, 289
induktiv 63, 173, 239
information gap 105, 264, 275
Input 45, 62, 144, 172, 178, 207, 229, 230, 231, 235, 249
Interaktion 107
interaktives Sprechen 94, 104
intercultural speaker 37, 104
Interferenz 47, 201, 224, 228, 245, 248, 249
Interferenzfehler 201, 224
interkulturelle kommunikative Kompetenz 24, 37, 56, 116, 120, 130, 135, 161, 200, 203, 248
interlanguage 226, 228, 229–230
Intonation 43, 45, 101, 201
Intonationsmuster 44–46

J

jazz chants 281
jigsaw tasks 106

K

kinästhetisch 239, 240, 247
Klarheit 167, 209
Klassenklima 74, 231, 251
Kognition 71, 141, 226, 236, 242, 288
Kognitivierung 60–63, 71
Kohärenz 65, 66
Kollokationen 51, 52, 53, 56, 115
Kommunikationsstrategien 53, 56, 114, 115, 118, 242, 243
kommunikativer Englischunterricht 35, 58, 61, 201–205, 269

kommunikative Kompetenz 35, 37, 69, 200, 204
kommunikative Wende 58, 205, 225
Kompetenz 23, 34, 201, 225, 229, 280
Kompetenzniveaus 74, 199
Komplexität 98, 216
Kontextinformationen 78, 80, 176
Kontrastivität 69, 71, 205, 224
Korrektur 46, 98, 118, 199, 200, 201, 202
Korrespondenzprojekte 279–280
kreatives Schreiben 55, 112, 275
kreative Verfahren 133, 137, 140, 141, 194
Kultur 51, 115–126,

L

Landeskunde 117, 130, 152, 277, 278
language awareness 25, 68
language learning awareness 244, 246, 247
lebenslanges Lernen 70, 120, 123, 243, 288
Legasthenie 244, 245, 246, 247
Lehrbuch 128, 133, 144, 171, 231
Lehrer- und Schülerrollen 238, 289
Lehrerbildung 14, 28, 186, 212, 216
Lehrersprache 45, 172, 179, 183, 206, 289
Lehrstile 150, 252
Lehrstrategien 234, 264, 265
Lehrwerk 28, 45, 61, 133, 137, 143, 150, 169
Leistungsfeststellung 51, 57, 201
Leistungsmessung 56, 200, 244, 264, 281, 290
Lernerfolg 69, 171, 196, 233, 242
Lernerorientierung 71, 276
Lernerpersönlichkeit 231, 233, 236, 239
Lernprozesse 55, 56, 70, 71, 200, 203, 223, 226, 227, 231, 233, 234, 236, 238, 241, 242, 244, 246, 249, 270, 289, 290
Lernschwächen 29, 133, 224, 245

Lernspiele 101, 105, 108, 191, 285
Lernstil 231, 241, 243, 253
Lernstrategien 55, 70, 100, 231, 242, 265, 274, 280
Lerntypen 59, 62, 114, 130, 239, 245, 247, 275, 281
Lernziele 79, 120, 169, 172, 242, 249, 289, 290
Lernzirkel 170, 272, 290
Lesemotivation 129, 130
Lesen 52, 79, 128, 129, 130, 141, 274
Lexik 50, 56, 200, 201, 203
Lieder 47, 281, 283
Lingua franca 14, 16, 38, 40, 44, 121, 198
literacy 72, 108, 160
Literarische Texte 121, 129
Literatur 34, 116, 122, 142, 277, 278

M

Materialien 74, 146, 264
Medien 56, 93, 101, 122, 146, 160, 161, 171, 234, 261, 290
Medieneinsatz 132, 155, 170
Medienerziehung 160, 161
Medienverbund 133, 138
Mehrkulturalität 238, 248
mehrsprachiges Klassenzimmer 69, 238, 245, 246
Mehrsprachigkeit 25, 114, 244, 248
mentales Lexikon 49, 52, 96
Methoden 238, 258–270
minimal pairs 45, 47
mitteilungsbezogene Kommunikation 58, 108, 200, 202, 205, 228, 229
Mnemotechniken 56, 242
Motivation 69, 116, 123, 163, 209, 226, 231, 232, 233, 243, 245, 246, 290
mündliches Korrekturverhalten 202
Musik 279, 281–283
Muttersprache 43, 264, 266

N

Nachsprechen 46, 52, 101
native speaker 12, 39, 45, 118, 120, 122, 180
negotiation of meaning 68, 172, 175, 207, 225
Nervosität 231, 245
non-native speakers 12, 122, 217
Normen 194–198
noticing 63, 227, 230

O

offener Unterricht 170, 172, 234, 272, 276
opinion gap activities 105, 106, 264
Orthografie 97, 108

P

Paraphrase 52, 56, 243
Partner- und Gruppenarbeit 172, 197, 202, 271
Partnerarbeit 105, 203, 207, 275
Passung 83, 95, 190
pattern drill 189, 224, 264
peer-assessment 57, 201–203, 221
Performanz 201, 229
Persönlichkeitsmerkmale 208, 231, 232
Phasen 60, 83, 130, 131, 132, 133, 140, 141, 169, 171, 172, 173, 202, 206, 207, 234, 278, 289
PISA-Studie 24, 29, 196, 238
Planung 97, 108, 259
Portfolio 194, 201, 250, 275, 291
Pragmatik 200, 203
presentation – practice – production 173
Progression 132, 144, 150, 215, 263
Projektarbeit 126, 170, 249, 272, 276, 280

R

Received Pronunciation 43, 198
Redemittel 54, 114, 178
Reflexion 56, 122, 246
Reformpädagogik 273, 276
Register 70, 242, 243
risk-taking 203, 232, 233, 235
Rollenspiele 101, 284, 286
Rückmeldung 51, 196, 275

S

Satzschalttafeln 99
scaffolding 181, 226
Schriftbild 52, 240
Schüleraustausch 122, 278
Schülerorientierung 173, 196, 244, 272, 280
Selbstevaluation 57, 249, 250, 275, 291
Semantisierung 52–53
Sozialformen 132, 169, 170–172, 234, 275, 290
Sprachbeherrschung 34, 226
Sprachbewusstheit 68, 113, 114, 279
Sprachcorpora 150, 200
Sprache als Werkzeug 36, 37
Spracherwerb 204, 223, 245, 246
Sprachkompetenz 128, 131, 135, 137, 225, 243
Sprachlernprozesse 25, 69, 115, 223, 232, 246
Sprachmittlung 113, 115
Sprachproduktion 96, 128, 133, 134, 200, 202, 224, 227, 246
Sprachrezeption 40, 51, 57, 128, 133, 134, 230, 232
Sprech- und Schreibanlass 94, 128, 130, 282
Sprechzeit 102, 207

Standard 13, 39, 43, 198, 199, 201, 206, 211
Stationenlernen 154, 272, 290
Stereotypen 119, 126
subjektive Theorie 214, 246, 260
Synonyme 52, 53, 56, 243

T

task-based learning 60, 173, 187, 264, 271, 277
Tasks 271
Text 24, 65, 74, 128, 130, 161
Textarbeit 82, 130, 137, 140, 279, 283
Textsorte 70, 95, 97, 109, 133
Theater 279, 284
Toleranz 120, 232, 238, 249
top-down processing 77, 78, 81
Total Physical Response 55, 263, 264, 266, 282

U

Üben 53, 61, 81, 98, 187, 192
Übersetzung 52, 54, 57, 113, 115, 261
Übung 45, 46, 51, 55, 92, 99, 118, 172, 173, 187, 189, 202, 224, 228, 230, 243, 248, 249, 262, 263, 285, 289

V

Varietäten 44, 45, 200, 249
Videokonferenz 118, 122
visuelle Medien 64, 146, 155, 157, 239, 240, 247
Vorentlastung 51, 172
Vorwissen 130, 138, 140, 141, 172

W

wait time 184
Waldorfschulen 262
Wiederholen 187, 289
Wochenplanarbeit 272, 273, 289
Wortbildung 43, 52, 56
Wortbildungsprozesse 53

Z

Zielkultur 117, 118, 121, 122, 205, 206, 226, 233, 235, 263
Zielsprache 54, 129, 130, 131, 228, 232, 233